Franz Binder jr.

Franz »Bimbo« Binder

Ein Leben für den Fußball

Residenz Verlag

FRANZ BINDER JR.

Franz »Bimbo« Binder

Ein Leben für den Fußball

RESIDENZ VERLAG

Der Bundespräsident Dr. Heinz Fischer

Sein Schuss hatte eine solche Wucht, dass wir Buben manchmal befürchtet bzw. gehofft haben, jetzt zerreißt der Ball das Netz des gegnerischen Tores – was manchmal auch wirklich geschah …

So war auch mir als fußballbegeistertem Buben mit erst neun oder zehn Jahren – damals im Nachkriegsösterreich – eines klar: hier stürmt ein Spitzensportler, ein „Super-Bomber", ein Ausnahmetalent, kurzum: einer, der Fußball-Geschichte schreiben würde. So bin ich bis heute ein Fan von Franz Binder geblieben, der in den 1930er Jahren zum österreichischen Fußball-Idol aufstieg, 19 Jahre bei Rapid spielte und bis 1949, als er seine aktive Karriere beendete, die Zuschauer in den Fußballstadien – und ganz besonders in Hütteldorf – immer wieder zu Begeisterungsstürmen hinriss.

Das Leben des »Jahrhundert-Fußballers" Franz „Bimbo" Binder, der unbeirrbar seinen Weg vom St. Pöltner ASV Sturm 19 zum europaweit bewunderten und erfolgreichen Torjäger ging, beeindruckt auch heute noch: Er war ein in höchstem Maße kämpferischer Teamspieler. Vor allem die Kombination von fulminanter Schusskraft und Technik, von körperlichem Einsatz und jener unbändigen Spielfreude, mit der er seine Mannschaft so oft zum Sieg führte, machten aus ihm den populärsten Torschützen seiner Zeit. Mehr als 1000 Tore, mehrfacher österreichischer Meister mit „seinem" Klub, dem SK Rapid, Pokalsieger, österreichischer Nationalspieler und Teamkapitän, mehrfacher Torschützenkönig, mehrfacher „Sportler des Jahres", erfolgreicher Spieler in Deutschland, dazu Auszeichnungen, Ehrungen, Anerkennungen etc.

Einer seiner größten Erfolge war wohl der Sieg von Rapid gegen den FC Schalke 04 im Finale der „großdeutschen" Fußballmeisterschaft im Juni 1941. Franz „Bimbo" Binder zog im Berliner Olympiastadion alle Register seines Könnens: Nach einem aussichtslos scheinenden Rückstand von 0:3 und dem Anschlusstreffer von Georg Schors schoss er seine Mannschaft mit drei Toren zum Sieg. Rapid gewann 4:3 – zum großen Ärger der Nationalsozialisten, die auch den Sport längst für Propagandazwecke missbrauchten.

Als Rekordtorschütze Europas und Dritter der Fußball-Weltrangliste machte „Bimbo“ Binder den österreichischen Fußball weit über unsere Grenzen und die Grenzen Europas hinaus bekannt und anerkannt. Er konnte später als Trainer in seiner Heimat Österreich genauso beachtliche Erfolge erzielen wie im Ausland. Ausnahme-Sportler wie Franz Binder sind Vorbilder, sowohl sportlich als auch menschlich. Sie zeigen uns damals wie heute, wie es gelingt, als Einzelner zu begeistern und dabei immer auch in einem Team für ein gemeinsames Ziel zu kämpfen. Er konnte sich auf seine Mitspieler verlassen, und sie verließen sich auf ihn.

Als Rekordtorschütze Europas und Dritter der Fußball-Weltrangliste machte „Bimbo“ Binder den österreichischen Fußball weit über unsere Grenzen und die Grenzen Europas hinaus bekannt und anerkannt.

Dass er schon zu Lebzeiten als Legende galt, mag auch damit zusammenhängen, dass er aus einfachsten Verhältnissen stammte und 1911 in eine Zeit hineingeboren wurde, in der vieles – persönlich, politisch, sozial, wirtschaftlich – erst mühsam erkämpft werden musste.

Die Erinnerung an Franz Binder ist sehr lebendig. Ich bin ihm später im Hanappi-Stadion, der Heimat „seines“ Vereines SK Rapid Wien, auch persönlich begegnet. Ihn zu sehen und ein paar Worte zu wechseln, war immer eine Freude und ein menschlicher Gewinn.

„Bimbo“ Binder hätte heuer seinen 100. Geburtstag gefeiert, und ich freue mich, dass Franz Binder jr. durch dieses Buch die Erinnerung an seinen Vater und zugleich an einen der ganz Großen in der Welt des Fußballs lebendig hält.

Ich danke ihm und allen, die am Zustandekommen dieser Festschrift beteiligt waren. Noch viele Generationen sportbegeisterter Menschen werden sich bei der Lektüre über Franz „Bimbo“ Binder und über ein großartiges Stück österreichischer Fußball-Geschichte freuen!

Vorwort

Der Bürgermeister der Stadt Wien Dr. Michael Häupl

Es muss eine tolle Zeit für die Fußballfans gewesen sein, als die österreichische Mannschaft mit den Besten der Welt mitspielte.

Auch wenn die meisten von uns die große Ära des österreichischen Fußballs nicht miterlebt haben – das legendäre „Wunderteam" der Dreißigerjahre des letzten Jahrhunderts ist und bleibt unvergessen. Es muss eine tolle Zeit für die Fußballfans gewesen sein, als die österreichische Mannschaft mit den Besten der Welt mitspielte, sie sogar oft überspielte, als die „Wiener Schule" auf dem grünen Rasen das Maß aller Dinge war. Fußball wurde damals zum Massenphänomen, das Arbeiterschaft und Bürgertum auf den Zuschauertribünen einte.

Franz Binder war schlicht und einfach ein „Star" dieser Zeit – aufgrund seiner imposanten Statur, seiner kräftigen Spielweise und vor allem aufgrund seines wuchtigen Schusses. Und diesem Star, dem „erfolgreichsten Torjäger Europas", ist nun ein Buch gewidmet.

Wien ist die traditionelle Hochburg des österreichischen Fußballs. Hier wurden vor mehr als 100 Jahren die ersten Vereine gegründet. Hier sind mit Rapid und der Austria die beiden erfolgreichsten Klubs der österreichischen Fußballgeschichte zu Hause. Das Wiener Stadion ist gleichsam das Mekka des österreichischen Fußballs, wo viele Triumphe gefeiert, aber auch Niederlagen betrauert wurden. Für den Wiener Bürgermeister ist es geradezu eine Verpflichtung, ein Herz für den Fußball zu haben. Daher freut es mich, dass zum 100. Geburtstag von Franz Binder sein Sohn ein Buch verfasst hat, das diesem einzigartigen österreichischen Fußballertalent wohl gerecht wird. Ich wünsche viel Spaß beim Lesen und hoffe, dass unser Land wieder „Wunderteam-Zeiten" erleben wird können!

Der Landeshauptmann von Niederösterreich Dr. Erwin Pröll

Fußball ist in unserem Land die beliebteste und populärste Sportart. Dass der Fußballsport seit der Nachkriegszeit so einen Aufschwung genommen hat, verdanken wir Idolen wie Franz „Bimbo“ Binder, der als Rekordtorschützenkönig heuer seinen 100. Geburtstag feiern würde und dessen Erfolgsweg nun in einer eigenen Publikation nachgezeichnet wird. Dabei werden nicht nur seine sportlichen Erfolge dokumentiert – immerhin hält er den „Weltrekord“ als effizientester Torschütze –, sondern auch gezeigt, was für ein charaktervoller Mensch „Bimbo“ Binder war.

Das runde Leder ist aus der Freizeitgestaltung unserer Jugend und aus dem Sport- und Vereinsleben unserer Gemeinden gar nicht mehr wegzudenken. Etwa 60.000 junge Niederösterreicher in mehr als 500 Vereinen sind aktive Fußballer. Das gilt auch für den österreichischen Fußballspieler und Rekordtorschützenkönig Franz „Bimbo“ Binder, der eine wichtige Vorbildfunktion für die Menschen in unserem Land hat, speziell für die Jugend.

Franz „Bimbo“ Binder hat eine wichtige Vorbildfunktion für die Menschen in unserem Land, speziell für die Jugend.

Einen tieferen Sinn gewinnt ein solches Jubiläum wie der 100. Geburtstag von „Bimbo“ Binder aber erst, wenn es gelingt, einen Bogen von der Vergangenheit in die Gegenwart und in die Zukunft zu spannen und einen bleibenden Beitrag für den Sport zu leisten. Das Buch zu seinen Ehren von seinem Sohn Franz Binder und die „Bimbo“-Binder-Promenade in St. Pölten zeigen, dass man diesen tieferen Sinn richtig erkannt hat.

Hinter einem solchen Buch stecken ungeheuer viel Arbeit und Mühe – vom Durchforsten eines Berges von Urkunden, Zeitschriften und Chroniken bis zur letzten Korrektur. Mein Dank gilt daher ganz besonders dem Verfasser des Buches, Franz Binder. Es ist sicher ein Glückstreffer für die Leserinnen und Leser, dass sich so ein hochkarätiger „Profi“ dieser Aufgabe gestellt hat. In diesem Sinn wünsche ich dem Werk, dass es nicht nur den Weg in viele Bücherregale findet, sondern auch viele interessierte Leserinnen und Leser hat.

Der Bürgermeister der Stadt St. Pölten Mag. Matthias Stadler

Ein großes Projekt in diesem Zusammenhang ist das neue Fußballstadion des SKN St. Pölten. Auch Franz Binder hätte sicher gerne dort gespielt.

Eine herausragende Persönlichkeit der ältesten Stadt Österreichs und der jüngsten Landeshauptstadt der Republik würde im Jahr 2011 ihren 100. Geburtstag feiern. Die Legende Binder lebt jedoch nach wie vor. So soll sein Schuss etwa so gewaltig gewesen sein, dass er damit das eine oder andere Tornetz durchtrennt hat.

In diesem Buch wird die Person und der herausragenden Sportler Franz „Bimbo" Binder gewürdigt. Sein Name wird schon lange in einem Atemzug mit den „Local Heroes" St. Pöltens wie Jakob Prandtauer, Julius Raab, Karl Renner, Daniel Gran, Liese Prokop oder Franz König ausgesprochen.

Wir St. Pöltner sind stolz auf „unseren Bimbo Binder". Er hat sowohl als Sportler als auch als Trainer die Farben der Stadt in die Welt getragen, wofür ihm unser Dank und unsere Wertschätzung gebühren.

2009 feierte St. Pölten 850 Jahre Stadtrecht, heuer – 2011 – ein Vierteljahrhundert Landeshauptstadt. Diese beiden Zahlen symbolisieren, wie viel Geschichte, aber auch Modernität und Urbanität diese Stadt zu bieten hat. Ich bin mir sicher, auch die Fußball-Legende Franz Binder würde mir zustimmen, wenn ich sage: „In St. Pölten hat sich etwas getan!"

Gerade im Sportbereich tragen wir mit der Schaffung entsprechender Infrastruktur und Einrichtungen maßgeblich dazu bei, Personen dabei zu unterstützen, ihre sportlichen Ziele zu erreichen und auch für internationale Bewerbe gerüstet zu sein. Zahlreiche Staats-, Europa- und Weltmeistertitel von St. Pöltnern in den verschiedensten Sportarten liefern den Beweis.

Ein großes Projekt in diesem Zusammenhang ist das neue Fußballstadion des SKN St. Pölten. Auch Franz Binder hätte sicher gerne dort gespielt und die Netze der Niederösterreich-Arena auf ihre „Bimbo-Tauglichkeit" getestet.

Ich danke Herrn Franz Binder jun., dass er seine Eindrücke und Erfahrungen über einen besonderen Sportler und Menschen in diesem Buch zusammengefasst hat, und wünsche Ihnen, liebe Leserinnen und Leser, viel Spaß mit dieser gleichsam unterhaltsamen wie informativen Lektüre.

Der Bundesminister für Sport Mag. Norbert Darabos

Der Name Franz „Bimbo" Binder wird in der Geschichte des Fußballs zu recht mit den besten Stürmern der Welt in Verbindung gebracht. Dabei kam der 1,90 Meter große Modellathlet aus einem Milieu, in dem solche Karrieren nur selten ihren Anfang nehmen. Franz stammte aus dem „Glasscherbenviertel" am St. Pöltner Mühlweg, in der Sichtweite des Platzes des Arbeiter-Fußballvereines „Sturm 19", die Kunstseidenfabrik „Glanzstoff" vor Augen.

Wie andere bedeutende Spieler - Matthias Sindelar, Eusébio, Maradona oder Zinedine Zidane - muss Franz von einem zähen Willen beseelt gewesen sein, es schaffen zu wollen. Dieser führte ihn von „Sturm 19" zu Rapid Wien. Der 19-jährige begeisterte von Beginn an mit seinem knallharten, platzierten Schuss und seiner wilden, ungezähmten Art, Fußball zu spielen: manchmal zerschoss „Bimbo" sogar Tornetze!

Franz Binder war mehrfacher österreichischer Torschützenkönig und auch in der „großdeutschen" Fußballmeisterschaft erfolgreich. Insgesamt schoss er weit über 1000 Tore.

Legendärer Höhepunkt seiner Karriere war seine - im wahrsten Sinne des Wortes -Meisterleistung im Spiel gegen Schalke 04 am 22. Juni 1941 in Berlin, übrigens der Tag des Überfalls Hitler-Deutschland auf die Sowjetunion. Obwohl die Mannschaft aus Gelsenkirchen schon 3:0 geführt hatte, gelang den Wienern in der 60.Minute der Anschlusstreffer, und dann drehte „Bimbo" explosionsartig das Spiel und schoss innerhalb von 10 Minuten drei Tore. Rapid war somit deutscher Meister. (Ein sehr bemerkenswerter „Zufall" war, dass er daraufhin bald an die Front geschickt wurde, während die Schalke-Spieler noch bis Herbst 1944 regulär Meisterschaft spielen konnten).

Franz „Bimbo" Binder ist bis heute bei Rapid lebendig und ein leuchtendes Vorbild für junge Spieler. Binders legendäre Leidenschaft für das Spiel, seine Zähigkeit und sein Mut sind jene Bausteine, die großen Erfolg möglich machen.

Ich gratuliere zu diesem gelungenen Buch, das uns einen großen Menschen wieder in Erinnerung ruft und wünsche allen Leserinnen und Lesern eine anregende und interessante Lektüre.

Mit sportlichen Grüßen
Norbert Darabos

Franz „Bimbo" Binder ist bis heute bei Rapid lebendig und ein leuchtendes Vorbild für junge Spieler.

SPORT MINISTERIUM

Der Präsident des SK Rapid Rudolf Edlinger

Ein Hütteldorfer Kanonier

Lässt man seine Gedanken durch die nunmehr 112-jährige Geschichte des SK Rapid schweifen, dann bleibt man unweigerlich bei vielen unvergesslichen Spielen hängen. Da gibt es manche Partien, an die man sich rückblickend immer wieder gerne erinnert; andere hat man vielleicht nicht selbst miterlebt, durch die Überlieferung der Generationen konnten sie aber den Nimbus des Besonderen bewahren und werden so bei diversen Anlässen immer wieder in Erinnerung gerufen.

Eines dieser Spiele ist der legendäre 4:3-Erfolg des SK Rapid über Schalke 04 im Finale der „großdeutschen" Meisterschaft 1941. Über die gesellschaftspolitischen Hintergründe hat gerade der SK Rapid in Zusammenarbeit mit dem DÖW (Dokumentationsarchiv des Österreichischen Widerstands) mit seiner Publikation „Grün-Weiß unterm Hakenkreuz. Der Sportklub Rapid im Nationalsozialismus 1938–1945" umfassend berichtet und den Sieg des deutschen Meistertitels in den richtigen Kontext gestellt. Trennbar davon ist aber der sportliche Erfolg, mit dem sich unser Verein bis heute rühmen darf; untrennbar damit verbunden ist aber vor allem ein Name: Franz „Bimbo" Binder, der mit drei Toren maßgeblich am Triumph beteiligt war.

Den legendären Stürmer des SK Rapid aber auf diese drei – wohlgemerkt, sehr wichtigen – Treffer zu reduzieren, würde seiner Leistungen für den Verein nicht gerecht: Franz Binder war unglaubliche 19 Saisonen für Grün-Weiß aktiv, traf in 319 Pflichtspielen überragende 395 Mal und wurde je sechsmaliger österreichischer Meister und Torschützenkönig – ein Wert, der bis heute nicht mehr erreicht werden konnte. Weiters je einmal österreichischer und deutscher Cupsieger und wie erwähnt mit der Mannschaft von 1941 auch deutscher Meister.

Der Stürmer erarbeitete sich den Ruf, der heute noch bestens bekannt ist. Einer, der unzählige Tore schießt, immer trifft, die Rapid-Tugenden verkörpert – und bei der Jagd nach dem Treffer auch schon mal mit einer Wucht ins Tor trifft, sodass das Netz reißt und der Ball hinten wieder herauskommt: Eine Erzählung, über die Jahrzehnte hinweg überliefert, aber nicht fiktional, sondern tatsächlich geschehen und gesehen bei Trainings oder Spielen am Red Star-Platz. Sehr gut in Erinnerung sind auch mir die vielen Diskussionen, die mit solchen Erlebnissen verbunden waren: Wenn Binder mal wieder einen seiner gefürchteten Torschüsse abgegeben hatte und dann der Ball das Netz durchriss, kam es nicht selten vor, dass sich Spieler, Schiedsrichter oder auch Zuschauer oft uneinig waren, ob – je nach Perspektive – nun ein Treffer vorlag oder nicht. Dieses Beispiel ist nur eines, um den Mythos um einen der ganz großen Spieler des Vereins zu erklären.

Bereits während seiner aktiven Laufbahn übernahm Binder das Amt des Sektionsleiters beim SK Rapid und übte dies bis 1951 sehr erfolgreich aus. Danach arbeitete er als Trainer im Ausland (Deutschland, Holland), ehe er 1962 als Sektionsleiter wieder zu seinem Stammverein zurückkehrte und den SK Rapid 1964 abermals zum Meistertitel führte.

1966 verließ er Hütteldorf, die von ihm und Robert Körner aufgebaute Mannschaft konnte aber 1967 und 1968 den Meistertitel holen. Nach weiteren Stationen in Deutschland kehrte Binder nach Hütteldorf zurück, wo er mit Trainer Körner 1976 Cup-Sieger wurde. Auch nach Niederlegung seines Amtes beim SK Rapid blieb er dem Verein bis zu seinem Tod im Jahr 1989 stets treu verbunden.

Es verwundert somit auch nur wenig, dass Franz Binder von unseren Rapid-Fans vor mittlerweile mehr als zehn Jahren ins „Rapid-Team des Jahrhunderts“ gewählt wurde. Eine Entscheidung, die seinen Leistungen für den SK Rapid voll und ganz zur Ehre gereicht. Heute befindet sich am ehemaligen Red Star-Platz die Wiener Stadthalle, auch die legendäre Pfarrwiese gibt es nicht mehr. Manchmal blickt man wehmütig auf die alten, längst vergangenen Zeiten zurück. Aber es liegt in der Pflicht des SK Rapid, die Erinnerungen an Legenden wie Franz „Bimbo“ Binder zu wahren und für die weiteren Generationen aufzufrischen. Damit auch in Zukunft jeder Rapid-Fan um die Ursprünge weiß, aus denen der Verein über die Jahrzehnte hinweg wuchs und sich weiterentwickelte. Franz „Bimbo“ Binder ist einer dieser Eckpfeiler.

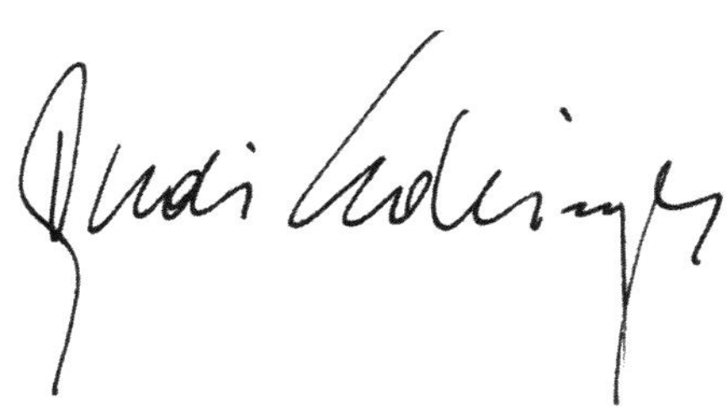

Franz Binder war unglaubliche 19 Saisonen für Grün-Weiß aktiv, traf in 319 Pflichtspielen überragende 395 Mal und wurde je sechsmaliger Österreichischer Meister und Torschützenkönig – ein Wert, der bis heute nicht mehr erreicht werden konnte.

Der Präsident des ÖFB Dr. Leo Windtner

Mehr als 1000 Tore in seiner Laufbahn untermauern die Treffsicherheit des Sturmtanks aus St. Pölten und zerschossene Tornetze die unvergleichliche Schusskraft des Sprösslings aus einer klassischen Arbeiterfamilie.

Am 24. April 1989 musste die rot-weiß-rote Fußballfamilie leider einem ihrer größten Vorbilder und Idole Lebewohl sagen. An diesem Tag verstarb der legendäre Franz „Bimbo“ Binder, der am 1. Dezember 2011 seinen 100. Geburtstag gefeiert hätte. In den Herzen der Anhänger lebt er aber bis heute weiter, und es ist ein wunderbares Ereignis, dass der gleichnamige Sohn dem unvergessenen „Kanonier“ zu diesem Jubiläum ein umfangreiches Buch widmet.

Leider raubte der schreckliche Zweite Weltkrieg „Bimbo“ Binder einige Jahre einer unvergleichlichen Karriere, die von sechs österreichischen und einem deutschen Meistertitel mit dem Sportklub Rapid Wien, dem er auch nach seiner Laufbahn so verbunden blieb, gekrönt wurde. Mehr als 1000 Tore in seiner Laufbahn untermauern die Treffsicherheit des Sturmtanks aus St. Pölten und zerschossene Tornetze die unvergleichliche Schusskraft des Sprösslings aus einer klassischen Arbeiterfamilie.

Im österreichischen Nationalteam waren Franz Binder lediglich 19 Einsätze, bei denen er allerdings gleich 16 Tore erzielen konnte, vergönnt, in der unsäglichen Nazi-Ära traf er in neun Länderspielen zehn Mal für Deutschland. Später wurde er ein echter Botschafter der österreichischen Fußballschule und angesehener Trainer bei international renommierten Vereinen wie dem TSV 1860 München, dem 1. FC Nürnberg oder dem PSV Eindhoven.

Die niederösterreichische Landeshauptstadt St. Pölten hat bekanntlich ihren großen Sohn mit einer eigenen Straße geehrt, und es ist ein besonders schönes Zeichen, dass im Jahr des einhundertsten Geburtstages in der „Bimbo“-Binder-Promenade das Nationale Zentrum für Frauenfußball seine Pforten öffnet.

Ich freue mich gemeinsam mit sicherlich zahllosen Leserinnen und Lesern auf ein interessantes Buch zu Ehren einer der bedeutendsten Persönlichkeiten der österreichischen Fußballgeschichte.

Inhalt

Franz Binder jr.

„Hast du gesehen, da ist der ‚Bimbo'!"

Als mein Vater 1949 mit 38 Jahren seine aktive Fußballkarriere beim Sportklub Rapid beendete, war ich erst drei Jahre alt. Wie gerne hätte ich ihn doch als Spieler gesehen. Ich habe es sehr bedauert, dass ich kein Spiel der großartigen Rapid-Mannschaft vor dem Zweiten Weltkrieg miterleben durfte. Es ist ein Jammer, wie wenig die Medien große sportliche Leistungen aus dieser Zeit dokumentiert haben bzw. dokumentieren konnten. Sicher, die Zeitungen waren mit Berichten randvoll, aber Film- und Bildmaterial gibt es nur sehr wenig. Aus der aktiven Zeit meines Vaters habe ich zwar viele Fotos, aber leider sind diese oft verblasst, zerkratzt und vor allem fast immer unscharf. Ich präsentiere aber bewusst dieses Bildmaterial, da der Aussagewert für mich sehr hoch ist, wenn auch die Qualität zu wünschen übrig lässt.

Auch die wenigen aus dieser Zeit noch vorhandenen Filmaufnahmen konnten mir kein Bild von den fußballerischen Qualitäten eines Franz „Bimbo" Binder vermitteln. Zum Glück gab es die unzähligen Erzählungen im Freundes- und Bekanntenkreis über seine zahllosen schönen Tore, tollen Spiele, über ängstliche Torhüter, zerfetzte Tornetze, volle Stadien und begeisterte Fußballfans. Besonders die Erzählungen und Spielberichte vom Endspiel um die deutsche Meisterschaft 1941 gegen Schalke 04 habe ich so oft gehört, dass ich meinte, im Berliner Olympiastadion dabei gewesen zu sein, und dieses Match vor meinen Augen ablief.

Die große Popularität meines Vaters habe ich natürlich sehr schnell mitbekommen, auch wie sehr man ihn im In- und Ausland verehrte und bewunderte. Alle Fußballfreunde kannten und respektierten meinen Vater als fairen Sportsmann, großen Goalgetter, Fußballfachmann und charakterstarke Persönlichkeit. Wir waren eine richtige Fußballfamilie. Schon am Beginn seiner Karriere bei Rapid hatte er die volle Unterstützung seiner Frau Erna. Er war ein Familienmensch und liebte seine Familie über alles, aber der Fußball und Rapid, das war sein Leben, seine Berufung. Für meine Schwester Elisabeth und für mich war der Fußball stets präsent, und auch wir waren fußballbegeistert. Meine Schwester hatte das Glück, unseren Vater noch als aktiven Spieler zu erleben. In seiner Trainerzeit aber war ich immer mit ihm am Ball. Sein Bekanntheitsgrad hat mich stark beeindruckt. Überall wurde er erkannt, und besonders gefiel mir, wenn die Leute dann einander zuflüsterten: „Hast du gesehen, da ist der ‚Bimbo'."

Einleitung

Franz Binder war ein Familienmensch und liebte seine Familie über alles, aber der Fußball und Rapid, das war sein Leben, seine Berufung.

In späteren Jahren konnte ich an meinem Vater sein ständiges Mitleben an den Entwicklungen des Fußballs bewundern. Problemlos schaffte er den Übergang vom aktiven Fußballer zum Trainer. Seine Spezialität war der Aufbau von Mannschaften, er hatte ein Auge für gute Spieler.

Er wusste genau, wie eine Spielerposition zu besetzen war, und setzte die richtigen Spieler auch dafür ein. Er beschäftigte sich mit Spieltaktiken und modernen Trainingsmethoden und war im Fußball immer „up to date". Er gehörte nie zu den Ewiggestrigen, wie leider viele seiner Generation, die immer nur die „gute alte Zeit" glorifizierten und in der Vergangenheit lebten. Bei Diskussionen über Fußball oder Trainingsmethoden sagte er immer, dass er und seine Mitspieler, so wie sie trainiert und gespielt haben, in den achtziger Jahren keine Chance gehabt hätten. Er war aber auch davon überzeugt, dass er und seine Kameraden mit den heutigen Trainingsmethoden es auch sehr weit gebracht hätten. Technik, Taktik, Medizin, Kraft und Ausdauer haben sich enorm verbessert und sind mit den Vorkriegsjahren nicht mehr zu vergleichen.

Franz „Bimbo" Binder war von 1930 bis 1949 in der damals noch jungen, im Aufbau begriffenen Sportart Fußball einer der großen und wichtigen Pioniere. Er wirkte maßgeblich mit, den Fußballsport für viele nachfolgende Generationen von jungen Sportlern interessant zu machen. In seinen Spielen für Rapid und in den Auswahlmannschaften half er mit, den Mythos Rapid zu prägen und die Qualitäten des heimischen Fußballs in alle Welt zu tragen.

Mit diesem Buch möchte ich meinem Vater, dem Goalgetter „Bimbo" Binder, ein Denkmal setzen und den Familienmenschen Franz Binder vorstellen, damit sich spätere Generationen noch an den „effektivsten Stürmer der Welt" erinnern.

Eine wertvolle Unterstützung bei der Sichtung des umfangreichen Archivs war meine Frau Irene Binder-Bergold, welche mir bei der Gestaltung des Buches immer hilfreich zur Seite stand.

Ich bedanke mich herzlich beim Bürgermeister der Stadt Wien, Dr. Häupl, beim Landeshauptmann von Niederösterreich, Dr. Pröll, bei der Stadt St. Pölten und Bürgermeister Mag. Stadler, beim Sportklub Rapid, den Sponsoren und Präsident Edlinger für die großen Unterstützungen, die das Erscheinen dieses Buches möglich gemacht haben.

Die Entdeckung

SOMMER 1930. Das niederösterreichische Städtchen St. Pölten, 60 km westlich von Wien, brütet unter einer erdrückenden Hitzeglocke. Die Straßen sind wie leergefegt, die meisten St. Pöltener sind im städtischen Schwimmbad oder suchen zuhause den schützenden Schatten auf. In der Innenstadt steht ein junger Mann mit seinem Freund vor einem Kino und betrachtet interessiert das Spielprogramm, nicht ahnend, dass die nächsten Minuten sein Leben völlig verändern werden.

Ein elegant gekleideter Herr, der einen jungen St. Pöltener Fußballspieler sucht, hat den Tipp mit dem Kino bekommen. Wie zufällig stellt er sich, scheinbar gelangweilt, zu den beiden jungen Männern. Er beobachtet die beiden aber genau und verfolgt ihr Gespräch. Dieser Herr fällt auf, er muss wohl aus Wien kommen, denken sich die beiden, denn bei der Hitze trägt hier kein Einheimischer Anzug und Krawatte. So vergehen einige Augenblicke, dann spricht der elegante Fremde den größeren der beiden Burschen an: „San Sie net der Binder?“

Franz Binder

Franz will nicht unhöflich sein und antwortet: „Ja. Warum?“ – „Maier“, stellt sich der Fremde vor und tupft sich die Schweißperlen von der Stirn. „Ich möcht’ Sie bitten, mit mir heute noch nach Wien zu fahren, denn ich bin der Sekretär vom Sportklub Rapid. Wir interessieren uns nämlich für Sie.“

Sekretär Maier vom Sportklub Rapid Wien

RAPID – RAPID – RAPID

Franz verschlägt es die Sprache und auch sein Kamerad ist völlig perplex. Da kommt doch tatsächlich extra ein Rapidler aus Wien zu ihm nach St. Pölten, um einen Provinzler zu verpflichten? Obwohl er die Mannschaft von Rapid noch nie gesehen hat, so gilt jeden Montag doch sofort sein erster Blick in die Zeitung, wie Rapid gespielt hat. Die tollen Leistungen der Hütteldorfer haben auch viele Bewunderer in Niederösterreich. Jene, die es sich finanziell leisten können, nach Wien zu fahren und Rapid auf der Pfarrwiese oder im Wiener Stadion zu sehen, müssen immer Bericht erstatten und werden genau ausgefragt.

Von klein auf war der Fußball der Mittelpunkt im Leben von Franz, und Rapid war sein Lieblingsverein. Sollte jetzt wirklich ein Jugendtraum für ihn in Erfüllung gehen? Träumen von Rapid durfte man ja auch auf dem Dorf, aber selbst mitspielen konnte man bei diesen „Kanonen“ sicher nicht. Nach der ersten großen Freude über das unglaubliche Angebot wird er doch etwas verlegen. Schnell ist er wieder auf dem Boden der Realität angelangt, Zweifel plagen ihn, ob er sich in Wien überhaupt durchsetzen wird können, ob er die Qualitäten für eine Spitzenmannschaft wie Rapid hat. Außerdem ist er noch minderjährig und braucht für alles noch die Zustimmung seiner Eltern.

Sekretär Maier kennt diese „Schneckenhaus-Symptome“ der Kleinstadtjugend, wenn ihnen die „Großstadtluft“ um die Nase weht. Er ist erstaunt darüber, dass ihm der Provinzler nicht gleich begeistert um den Hals fällt. Da gibt es doch nichts zu überlegen für diesen Kleinstadtkicker. Wenn Rapid mit einem Vertrag winkt, so hat man zuzugreifen. Aber Maier weiß, dass er nicht locker lassen darf.

Mit einer Abfuhr in St. Pölten kann er nicht nach Wien zurückkommen. „Schaun S’“, beruhigt er den zweifelnden Franz: „Da drüben ist ein Wirtshaus und ich möchte Sie zum Essen einladen. Gehn S’ nach Hause, reden in Ruhe mit Ihrer Familie, denken S’ über Rapid und Ihre Zukunft nach, und in einer Stunde treffen wir uns wieder!“

Das lehnt Franz nicht ab. „Bis dann!“ – und die beiden jungen Männer machen sich auf den Weg nach Hause. „Du spinnst wohl“, meint der Begleiter von Franz ganz aufgeregt. „So a Angebot! Du wirst dich doch nicht dagegen wehren und vielleicht ablehnen!“

Franz bleibt wortkarg auf dem ganzen Heimweg, große Zweifel plagen ihn. Rapid, das wäre zwar die Chance in den schwierigen 30er Jahren, einen guten Job zu haben, die Chance, der Kleinstadt zu entfliehen, bei Rapid zu lernen. Vielleicht kann er doch mit den „großen“ Rapidlern einmal mithalten. Aber würde er, der Junge aus ärmlichen Verhältnissen, es überhaupt schaffen können?

Als er zu Hause ankommt, ist er bereits fest entschlossen, das Angebot abzulehnen. Er ist neunzehn, und obwohl er sich in St. Pölten und Niederösterreich schon einen Namen gemacht hat, weiß er, dass er

Vater Julius und Mutter Maria Binder

fußballerisch noch längst nicht „fertig" ist. Außerdem hat er jetzt eine Anstellung bei der Gemeindeverwaltung in Aussicht. Man will den jungen Goalgetter in St. Pölten halten und ihm auch ein stabiles soziales Umfeld ermöglichen. Die Anstellung bei der Stadt würde ihm ein sicheres Einkommen bieten. Also, wenn Rapid ernstlich an ihm interessiert sein sollte, so wird sich der Verein später, wenn er selbst weiter sportliche Fortschritte gemacht hat, erst recht wieder melden. So denkt er!

Zuhause angekommen fällt seiner Familie seine geistige Abwesenheit auf. In seinem Gehirn arbeitet es auf Hochtouren. Erst nach einer Weile rückt er mit der Sprache heraus. „Da ist einer von Rapid gekommen, der möchte mich verpflichten." Ganz beiläufig wirft er diese Neuigkeit in die Runde. Alle horchen auf, es verschlägt ihnen die Sprache. Als Erster reagiert sein älterer Bruder Odo und ergreift die Initiative. Odo selbst stand schon einmal mit dem Wiener Spitzenverein Admira in Verhandlungen, ohne aber einen Vertrag zu erhalten. Er staucht seinen Bruder Franz gehörig zusammen. „So a Angebot lasst man ganz einfach net aus! Des gibt's nie, nie wieder! Des probierst auf jeden Fall. Was kann dir schon passieren? Wenn's bei Rapid net hinhaut, kummst halt zu uns zurück! Und jetzt geh wieder zum Sekretär Maier und red mit ihm!"

Franz geht also zum Rendezvous mit Sekretär Maier und redet sich alle seine Bedenken und Hoffnungen von der Seele. Der erfahrene Funktionär erkennt sofort, dass die Unsicherheit und die Zweifel zu bereinigen sind. Nach einer Stunde gehen sie gemeinsam zur Familie Binder, und Herr Maier kann Franz noch am Nachmittag nach Wien mitnehmen. Auf der Fahrt nach Wien steigt die Nervosität des jungen Fußballers. Er kommt in die Metropole Wien, er wird die berühmte Pfarrwiese sehen, die bekannten Rapid-Spieler, den Trainer und wird mit dem Vereinsvorstand über seinen Vertrag, eigentlich über seine Zukunft, verhandeln. Eine gute Stunde braucht der Zug vom Hauptbahnhof St. Pölten bis zum Bahnhof Hütteldorf-Hacking, und er ahnt noch nicht, dass er diese 60 Bahnkilometer in den kommenden acht Jahren täglich auf sich nehmen wird.

Vom Bahnhof Hütteldorf-Hacking war es nur mehr ein Katzensprung auf die Pfarrwiese, das Stadion des Sportklub Rapid. Sekretär Maier, heute würde man sagen „Leiter der Geschäftsstelle", und der junge Binder trafen dann am Rapid-Platz auf die Vereinsleitung. Der wichtigste Mann bei Rapid war der legendäre Sektionsleiter Dionys Schönecker (heute General Manager). Ohne Schönecker ging bei Rapid gar nichts, weder wirtschaftlich noch sportlich. Er war auf der Suche nach einem neuen Stürmer, und seine Wahl fiel, trotz vereinsinterner Kritik, auf Franz Binder aus St. Pölten.

„Wos brauch ma an Gscherten, wenn ma in Wean genug guate Kicker ham?" So waren die ersten internen Meinungen bei Rapid. Sektionsleiter Dionys Schönecker war bekannt dafür, ein Auge für gute Fußballtalente zu haben. Ihm und seinem Trainer Edi Bauer war schon bekannt, dass es da in Niederösterreich ein junges Talent mit einer außergewöhnlichen Schusskraft gab. Einmal spielte Franz mit dem VAFÖ in Wien und fiel den beiden durch seinen gewaltigen „Hammer" auf.

Als Franz dann Sektionsleiter Schönecker und Trainer Edi Bauer vorgestellt wird, zittern ihm die Knie. Edi Bauer mustert den Neunzehnjährigen aufmerksam von oben bis unten und meint:

„Na, groß san S' ja! Aber können S' auch Fußball spielen?"

Man bietet dem „Youngster" einen Profivertrag an. Ein Grundgehalt von 200,- Schilling monatlich, plus Prämien. Das Grundgehalt, das der frischgebackene Berufsfußballer Binder erhält, waren damals immerhin drei Viertel des durchschnittlichen Monatseinkommens eines Industriearbeiters. Dies war natürlich auch die Chance auf eine wirtschaftliche Besserstellung, auf eine geregelte und sorgenfreiere Zukunft. Natürlich musste er diese einmalige Chance wahrnehmen, um zu seinem Lieblingsverein Rapid nach Wien zu kommen. Geld verdienen durch Kicken beim Lieblingsklub: Es gibt nichts Schöneres auf dieser Welt. Rapid hatte damals schon bezahlten Profifußball, und versuchen wollte er es jetzt auf jeden Fall. Er stimmte dem Vertrag zu, aber eine Hürde war noch zu nehmen. Franz war mit nicht ganz 19 Jahren noch minderjährig und durfte selbst noch keinen Vertrag abschließen. Also nahm er das Schriftstück mit, um es von seiner Mutter in St. Pölten unterschreiben zu lassen. Leider war vor kurzem sein Vater bei einem Betriebsunfall getötet worden, und so unterschrieb seine Mutter ohne zu zögern. Sie wusste, dass sie damit ihrem Franz eine große und gesicherte Zukunft im Fußballsport ermöglichen würde.

Schönecker und Bauer waren sich darüber im Klaren, dass sie einen Rohdiamanten verpflichtet hatten, den es nun galt, für Rapid richtig zu schleifen. Damals gab es zwei Sportverbände, die „Bürgerlichen" und den VAFÖ. Da es aber zwischen den Verbänden keine Abmachungen gab, war Franz praktisch schon am nächsten Tag für die Hütteldorfer spielberechtigt. Der Abschluss des Profivertrages mit Rapid war sicher der bisherige Höhepunkt im Leben des Franz Binder. Aber Rapid hatte an diesem Tag noch eine ganz spezielle Überraschung für den Neo-Rapidler parat. Schon bei der Ankunft auf der Pfarrwiese war dort große Hektik. Am Nachmittag des 3. September 1930 stand ein Mitropacupspiel gegen den FC Genua auf dem Programm. Trainer Bauer nahm Binder mit in die Kabine, und er wurde der Mannschaft vorgestellt. Franz war sehr beeindruckt. Pepi Smistik, den Mittelläufer des „Wunderteams", Bugala, Schramseis, Karl Rappan (später der Erfinder des Schweizer Riegels) und den Wundersturm mit Kirbes, Wesselik, Kaburek, Luef und Wessely lernte er nun persönlich kennen. Auf der Tribüne saß er mitten unter der Rapid-Prominenz und war auch vom Spiel schwer beeindruckt, denn die Rapidler fegten die Italiener mit einem 6:1 von der Pfarrwiese und gewannen später den Mitropacup 1930.

Am Abend reist ein sehr aufgewühlter junger St. Pöltener in sein Heimatstädtchen zurück, in dem er von seiner Familie schon spannungsvoll erwartet wird. In seiner Tasche knistert der Vertrag, alle Fragezeichen sind verschwunden, und er hat sein Lebensziel genau vor Augen. Er will einer der Besten von Rapid werden. Egal, wie schwer der Weg dorthin auch sein sollte. Die St. Pöltener freuten sich mit ihm, dass einer der ihren den Sprung zu einer großen Mannschaft nach Wien geschafft hat. Auch mit Sturm 19 einigt sich Rapid. In den kommenden Jahren sollte der SK Rapid einmal im Jahr zu einem kostenlosen Freundschaftsspiel nach St. Pölten kommen, was er dann auch wirklich tat. Der Jugendtraum Franz Binders aus den „Zehn Häusern" in St. Pölten ist also wahr geworden.

Wer war dieses junge Fußballtalent, das der Sportklub Rapid unbedingt haben wollte, und wie lebte er?

Franz Binder erblickte am 1. Dezember 1911 in St. Pölten das Licht der Welt. In der Provinz herrschten zu dieser Zeit unvorstellbar triste wirtschaftliche Verhältnisse. Er war eines der 10 Kinder von Julius und Maria Binder, einer armen Arbeiterfamilie, die in St. Pölten in den berüchtigten „Zehn Häusern" wohnte. Die Arbeitslosigkeit trieb die Jugend auf die Straße und für viele war eine positive Zukunft nicht vorstellbar. In St. Pölten gab es zu dieser Zeit wenig Industrie. Eine davon war die Kunstseidenfabrik „Glanzstoff". Vater Julius arbeitete dort im Kohlenlager und hatte riesige Probleme, seine Großfamilie zu ernähren. Man muss sich vorstellen, dass Franz geboren wurde, als in Wien noch Kaiser Franz Joseph I. regierte. Bereits drei Jahre später begann der Erste Weltkrieg, durch den sich die wirtschaftliche Situation in Niederösterreich weiter verschlechterte. Als Franz in die Schule kam, war der Krieg praktisch verloren, 1918 die Monarchie beendet. Die überlebenden Soldaten kehrten aus dem Krieg zurück, es gab weiterhin kaum Arbeit, nur Armut und Hunger. Die Familie war zum Glück in den „Zehn

Franz (Mitte) 1926 mit Freunden in St. Pölten

Häusern" untergebracht, den Werkswohnungen der „Glanzstoff". Die aus dem Zusammenbruch der Monarchie entstandene Erste Republik brachte für das auf das jetzige Staatsgebiet Österreich reduzierte Land vorerst keine gravierenden Besserungen der Wirtschaft und des Lebensstandards. Der einzige potente Arbeitgeber weit und breit – die „Erste Österreichische Glanzstoff-Fabrik AG" – stand im Jahre 1919 wegen Rohstoff- und Kohlenmangel längere Zeit still und konnte erst wieder 1922 die Produktionszahlen der Vorkriegszeit erreichen. Die Großfamilie Binder hatte 10 Kinder, und neben dem Vater mussten auch schon sehr früh die älteren Kinder zum Erhalt der Familie beitragen. Franz war der zweitjüngste von fünf Buben.

Man kann sich heute kaum vorstellen, wie 12 Personen in einer Kleinwohnung mit Küche, Schlafzimmer und Kabinett, mit Wasser und Toilette am Gang, gelebt haben. Sie waren eine fußballbegeisterte Familie, bis auf den Vater. Ihr Verein war Sturm 19 St. Pölten. Ohne die fünf Binder-Buben wäre dieser Klub gar nicht denkbar gewesen, vielleicht nie gegründet worden. Der älteste Sohn Karl war Gründungsmitglied, und so spielten alle fünf Brüder der Reihe nach bei Sturm 19.

Da für die Familie ein „Wohnen" in dieser Kleinwohnung im heutigen Sinn nicht möglich war, sondern hauptsächlich eine Ess- und Schlafmöglichkeit bot, spielte sich die Freizeit der Kinder immer im Freien ab. Schon als kleiner Bub spielte Franz, wie auch seine Brüder, leidenschaftlich Fußball, es gab kaum eine andere leistbare alternative Freizeitbeschäftigung. Die Kinder der „Zehn Häuser" jagten also pausenlos hinter dem Ball her und spielten heiße Matches. Leider brauchte die Familie ihr Geld zum Leben und konnte den Buben für ihr Hobby keinen Lederfußball kaufen. Also mussten mit Lederriemen und Schnüren zusammengebundene Stofffetzen („Fetzenlaberl") als Ball herhalten.

Franz im Jahr 1930

Hier, auf der „Gstättn", unter erschwerten Bedingungen, erwarb sich Franz seine technischen Grundlagen und seine dann später so gefürchtete Schusstechnik. Der Franz war, noch mehr als seine bereits fußballbesessenen Brüder, dem runden Leder verfallen. Schon als Kind stand bei ihm fest: Er will ein erfolgreicher Fußballer werden. Und diesem Ziel widmete er sich beharrlich schon in ganz jungen Jahren. Alles war für ihn Training für seine sportliche Karriere: das Herumbolzen mit seinen Freunden auf der Wiese, seine Schüsse auf die Holzplanken des Sportplatzes und die Spiele in der Jugendmannschaft.

Fast alles musste er sich selbst beibringen, denn echte Trainer standen in der Provinz noch nicht zur Verfügung. Er war ein „Selfmademan" des Fußballs im wahrsten Sinne des Wortes. Nach seiner Schulzeit versuchte Franz eine Lehrstelle zu bekommen, aber es gab keine. Nur zeitweise konnte er bei einem seiner älteren Brüder als Installateurgehilfe arbeiten. Zeit für den Fußball hatte er also genug, denn wer anderer als sein Bruder könnte soviel Verständnis für Franz' Lieblingsbeschäftigung aufbringen? Zum Training bei Sturm 19 stand ihnen nur eine von penetrantem Schwefelgestank umnebelte Gstätten der nahen „Glanzstofffabrik" zur Verfügung. Trotzdem begann man mit viel Eifer mitzuhelfen, den Fußball in St. Pölten zu etablieren. Das erste Spiel des Arbeiter-Fußballvereines Sturm 19 fand am 7. September 1919 auf dem Platz des bürgerlichen „Turnvereines St. Pölten 1863" statt. Gegner war der „St. Pöltener Sportklub", ein 1913 vom austro-britischen Textilfabrikanten Charles Godderidge gegründeter Fußballverein. Dieser verfügte natürlich schon über britische Erfahrungen im Fußball und auch über etwas Geld. Siehe da, schon damals spielte Geld im Fußballsport eine Rolle?!

Nun, die Arbeiter von „Sturm 19" standen gegen den so britisch angehauchten, noblen „Sportklub" auf verlorenem Posten und unterlagen mit 6:1. Diese erste Niederlage für einen neu gegründeten Verein war aber eigentlich gar nicht so schlimm. Der SK Rapid hatte nach seiner Gründung durch die Wiener Konkurrenz weit höhere Niederlagen erhalten, meist mit weit über zehn Toren Differenz. Man sprach schon belustigt von „Arbeiterresultaten", wenn sie so hoch ausfielen. Letztendlich hat Rapid aber den anderen gezeigt, wer der eigentliche Herr im Fußballhause ist.

Mutter Binder versäumte kaum ein Spiel ihrer Buben. Ein eigenes Sportheim hatte Sturm 19 in dieser Frühzeit noch nicht. Aber man traf sich oft bei Mutter Binder in den „Zehn Häusern", um den Fußball auch außerhalb des Platzes zu leben. Sie half auch Karl, die Dressen der Mannschaft zu waschen und die Hosen zu flicken. Sie war so fußballbegeistert, dass sie durch Beschluss der Vorstandschaft von Sturm 19 zum Ehrenmitglied ernannt wurde.

Sturm 19 dümpelte lange Jahre in der 2. Klasse Niederösterreich West des Arbeiterfußball-Verbandes VAFÖ dahin. Ein erster Lichtblick für eine sportliche

Mit 15 Jahren (Mitte, stehend) debütierte Franz in der Kampfmannschaft von Sturm 19.

Die Mannschaft des ASV Sturm 19, Meister 1928 der Gruppe West. 3. Reihe: Odo und Franz Binder (5. von links)

Verbesserung in der Zukunft ergab sich dann ab dem Jahre 1926, als ein 15-jähriger Bursche aus dem „Glasscherbenviertel" in die erste Mannschaft kam. Mit 10 Jahren holte Bruder Karl ihn zum Verein, und Franz spielte in der Schülermannschaft. Er war ein großer, schlaksiger Bursche, der oft unbeholfen wirkte, aber er verfügte über eine gute Kopfballtechnik und eine enorme Schusskraft, die sofort auffiel. Mit 15 Jahren hatte Franz als vierter Binder sein Debüt in der Kampfmannschaft von Sturm 19. In der Spielsaison 1926/27 hatte der St. Pöltener Klub wieder einen Binder I und Binder II in seinen Reihen.

Der vier Jahre ältere Odo organisierte als Stopper die Abwehr und der blutjunge Franz stürmte als „Halblinker" und schoss Tor um Tor. Die Jahre, die er mit seinem Bruder Odo bei Sturm 19 spielte, hatten immer einen besonderen Platz unter den schönsten Erinnerungen in Franz Binders langer Fußballlaufbahn. Schon bald wurde er zum Schrecken der niederösterreichischen Torhüter. Bereits 1928, mit 17 Jahren, wurde er das erste Mal in die Arbeiterauswahl des VAFÖ einberufen. In diesem Jahr wurde „Sturm 19" auch Meister der Gruppe West in Niederösterreich, seine Tore hatten maßgeblich dazu beigetragen. Aus dieser Zeit stammt auch die Anekdote, dass Franz eine Einberufung in die VAFÖ-Auswahl für ein internationales Spiel in Belgien ablehnen wollte, da er keine ordentliche Bekleidung hatte. Dafür setzte sich der St. Pöltener Bürgermeister persönlich ein und Franz wurde komplett neu einkleidet. Er bedankte sich dafür mit zwei Toren in Belgien. Es war dies sein erster Einsatz für eine österreichische Auswahl-

Mit der VAFÖ-Auswahl 1930 in Belgien. Franz Binder: 3. von rechts

mannschaft im Ausland. Dieses sein erstes großes Sporterlebnis genoss er in vollen Zügen und schnupperte die Luft des „großen" Fußballs. Der internationale Einsatz in der VAFÖ-Auswahl stärkte ihn in seinem Entschluss, einmal die Laufbahn eines Fußballprofis anzutreten. Leider gibt es aus der Zeit zwischen 1926 und 1930 keinerlei Aufzeichnungen mehr über seine Spiele und Tore.

Wieso aber war gerade Rapid sein Traumklub? In den zwanziger Jahren waren in Wien auch die Vereine Vienna, Amateure (Austria), Sportklub, Admira, WAC und Wacker Wien große Konkurrenten von Rapid und in der Spielstärke auf eine Ebene mit den Hütteldorfern zu stellen. Sicher wäre der junge Franz auch dem Ruf eines anderen Wiener Vereines gefolgt, denn er wollte unbedingt als Fußballer Karriere machen. Aber Rapid war in aller Munde, die großen nationalen und internationalen Erfolge, die kraftvolle Spielart, die geliebten und verehrten Stars und die vielen Anhänger machten gerade diesen Verein nicht nur in Wien, sondern auch in Niederösterreich interessant und beliebt.

Obwohl erst seit knapp 36 Jahren in Österreich Fußball gespielt wurde, war damals der Sportklub Rapid bereits eine Institution im Fußballsport. Rapid wurde noch in Zeiten der Monarchie gegründet. Im September 1898 wurde der „1. Wiener Arbeiter-Fußballklub" aus der Taufe gehoben, aus dem dann in einer legendären Hauptversammlung am 8. Jänner 1899 der „Sportklub Rapid Wien" mit den neuen Vereinsfarben Grün-Weiß hervorging. Die Namensänderung und die neuen Vereinsstatuten wurden am 17. März 1899 von der k.u.k. Niederösterreichischen Statthalterei genehmigt, damit existierte der Sportklub Rapid auch offiziell. Im Geburtsjahr von Franz Binder fand bereits die erste heimische Meisterschaft 1911/12 für Wien und Niederösterreich statt und Rapid wurde der erste österreichische Fußballmeister. Damals begann Rapid schon mit der Aufstellung einiger ewiger Rekorde im österreichischen Fußball.

Rapid hatte die erste, 1912 ausgetragene Meisterschaft gewonnen, auch die zweite 1913, und damit als erster Verein zwei Meisterschaften hintereinander siegreich beendet. In den Saisonen 1919, 1920 und 1921 gelang es erstmals, drei Meisterschaften in Folge nach Hütteldorf zu holen. Im Gründungsjahr des Wiener Cups gewann Rapid auch diesen Titel, damit erreichten die Hütteldorfer 1919 das erste Double (Meister und Cupsieger). Bereits 1920 folgte der zweite Cupgewinn in Folge. Schon in der zweiten Meisterschaftssaison 1912/13 gewann Rapid den Titel ohne Niederlage. In 18 Spielen gab es 15 Siege und drei Unentschieden. Dies waren bereits Erfolge, die nie mehr gebrochen werden können und für immer in den Annalen Rapids und des österreichischen Fußballs ihren Ehrenplatz haben. Aber die wirklich große Zeit begann für Rapid ab 1930. Auf die unzähligen Rapid-Fans warteten große Spieler, zahllose Superspiele, nationale und internationale Erfolge und viele, viele Tore eines gewissen Franz Binder aus St. Pölten.

SPIELSAISON 1930/31:

Aller Anfang ist schwer!

Der junge Mann aus Niederösterreich kam also 1930 zu seinem Wunschverein Rapid, der gerade seine 10. Meisterschaft und 1930 auch den Mitropacup gewonnen hatte, einen Vorgänger der europäischen Fußballbewerbe. Rapid hatte bereits Fußballidole wie Kuthan, Brandstetter, Bauer, Nitsch und Uridil hervorgebracht – das waren auch seine Vorbilder. Die Meistermannschaft von 1930 war gespickt mit hervorragenden Fußballspielern. Keine leichte Aufgabe für einen jungen, unerfahrenen Mann aus St. Pölten, sich hier einen Stammplatz zu erarbeiten. Nun begann eine sehr schwere Zeit für Franz. Täglich pendelte er mit dem Personenzug zwischen St. Pölten und Hütteldorf-Hacking hin und her, auf „Buche-Eiche", wie die 3. Klasse im Volksmund genannt wurde.

Die Personenzüge hielten, wie er sich ausdrückte, bei jedem Misthaufen, und so verbrachte er unzählige Stunden auf harten Sitzbänken. Acht lange Jahre pendelte er zwischen Wien und St. Pölten. Wenige Jahre später, als er bereits zu den bekannten Stammspielern Rapids zählte, wurden sogar die Schnellzüge in

Boxtraining mit Europameister Leopold Steinbach im Dianabad

Binders neue Kameraden: Meister und Mitropacup-Sieger 1930. Stehend von links: Smistik II, Vava, Rappan, Weselik, Bugala, Smistik, Kaburek, Luef, Skoumal; sitzend von links: Kirbes, Wesely, Sektionsleiter Schönecker, Trainer Bauer, Schramseis, Cejka

Hütteldorf-Hacking kurz gestoppt, um ihn ein- oder aussteigen zu lassen.

Die dafür verantwortlichen Fahrdienstleiter waren großteils Rapid-Anhänger. Gemeinsam mit Franz Binder kamen im Sommer weitere drei junge Fußballer zu Rapid. Es waren dies der Torhüter Raftl, der Stürmer Pesser und der Läufer Skoumal. Sektionsleiter Schönecker und Trainer Bauer hatten an der Schussstärke und der Kopfballtechnik Binders nichts auszusetzen. Sorgen bereiteten ihnen viel mehr die mangelhafte Kraft und Kondition, welche bisher für die kleineren Plätze in Niederösterreich ausreichend waren.

Auch die Zweikämpfe in der Unterliga waren für den Franz kein Problem gewesen. Aber jetzt, beim Rapid-Training mit der Kampfmannschaft, als er es mit kraftvollen und austrainierten Nationalspielern zu tun bekam und mit diesen „in einen Topf" geworfen wurde, erkannte er oft schmerzvoll seine körperlichen Mängel. Dass er es bei Rapid nicht leicht haben würde, war ihm bewusst. Aber wie schwierig die Zeit der Entbehrungen und herben Enttäuschungen wurde, hatte er sich so nicht vorgestellt. Oft stand er davor, in einen Abgrund der Mutlosigkeit zu stürzen. Für jeden Neuankömmling ist der Weg auf einen Platz in die Kampfmannschaft steil und steinig. Aber er ging mutig diesen Weg weiter, bei dem ihm Trainer Bauer eine große Hilfe war. Dieser arbeitete mit Geduld und Beharrlichkeit und verstand es, die jungen Spieler richtig zu führen.

Der Jungprofi musste zweimal am Tag trainieren, denn man legte großen Wert auf eine Verbesserung von Kraft und Ausdauer. Binder wirkte auch durch seine Größe oft langsam und unbeholfen, und so verordnete ihm Trainer Bauer noch zusätzliche Trainingseinheiten bei den SK Rapid-Leichtathleten und Boxern (Rapid hatte damals nicht nur die Sektion Fußball, sondern auch Leichtathletik und Boxen), um seine Beweglichkeit, Kraft und Ausdauer zu verbessern.

Vorerst gab es noch kein „Leiberl" in der Kampfmannschaft. Die Neuerwerbungen mussten zunächst in der Reserve ihr Können beweisen und vor allem stabilisieren. In der Rapid-Reserve lernten die angehenden Stürmerstars seit jeher das Spielen und Schießen. Hier konnten sie sich nach Herzenslust austoben. Einmal konnte Franz in der Reserve sechs Tore erzielen. Dies war für die Reserve keineswegs ein Rekord, denn den hielt der agile Hoffmann mit 12 Treffern in 90 Minuten. Grün-Weiß trug Franz erstmals in einem Spiel der Reserve gegen den Floridsdorfer AC (FAC) im August 1930.

Sein Debüt in der Kampfmannschaft hatte er in einem nationalen Freundschaftsspiel gegen den Post Sportverein am 20. September 1930. Rapid gewann 4:0 und Franz Binder erzielte seine ersten beiden Tore.

In der laufenden Meisterschaft kam er nur einmal, am 12. Oktober 1930, gegen Slovan zum Einsatz und erzielte seine ersten beiden Meisterschaftstore beim 4:1-Sieg. Zu den Weihnachtsfeiertagen gastierte Rapid in der Schweiz. Auch Franz war mit von der Partie, und in seinem ersten internationalen Freundschaftsspiel gegen Concordia Basel steuerte er ein Tor beim 10:0-Sieg bei.

Von seinen neuen Kameraden in der Kampfmannschaft wurde er gut aufgenommen. Natürlich nahmen sie den Provinzler am Anfang nicht ganz ernst, und es lief immer ein guter „Schmäh". Aber so geht es allen Neuen in großen Mannschaften, und die zwei oder drei, die mit einem spöttischen Unterton fragten: „Was will denn eigentlich der da vom Land?", beachtete er einfach nicht. Anfangs war die Meinung der Pseudoexperten (dies sind spezielle Fans, die bei jedem Training und Match die Spieler beobachten und immer alles besser wissen) über den jungen St. Pöltener nicht gerade positiv. Jene echten Experten, die 1930 vorhersagten, dass dieser schlaksige junge Stürmer der Rapid-Reservemannschaft einmal ein schussgewaltiger Spieler und eine echte Verstärkung der Mannschaft werden würde, belächelte man damals milde. Wie recht sie doch hatten!

Damals wie auch heute war es schwierig für manche Vereine, ihren bewährten Spielerkader zusammenzuhalten. Auf Dauer kann ein hoher sportlicher Standard einer Mannschaft nur gehalten werden, wenn man über längere Zeit einen Kern aus eingespielten Spielern zur Verfügung hat. Dionys Schönecker war stets darauf bedacht, mit Disziplin das Mannschaftsgefüge zu erhalten. Neigten doch auch damals einige Berufsspieler dazu, einen etwas lockeren Lebenswandel zu führen. Sie verdienten gutes Geld und genossen das Leben. Besonders genoss es damals Rapids Stürmerliebling Horvath. In der „Heurigenzeit" kam es zu einem Eklat zwischen Spieler und Vereinsleitung. Man sah sich gezwungen, den Vertrag mit Horvath aufzulösen, was den Fans überhaupt nicht gefiel.

Heftige Demonstrationen richteten sich gegen Schönecker. Man wollte die Vereinsleitung zwingen, ihre Entscheidung zurückzunehmen. Es gab Sprechchöre und Pfeifkonzerte, aber die Vereinsleitung blieb richtigerweise bei ihrer Entscheidung. Von Sonntag bis Dienstag früh durfte ein Profifußballer Mensch sein, die übrige Zeit hatte er zu trainieren und enthaltsam zu leben. Der erfahrene Dionys hatte seine Männer immer fest im Griff. Vormachen konnte ihm keiner etwas. Leider fehlt heute manchem Trainer das Gespür, die Spieler richtig zu behandeln und zu motivieren. Dies erlernt man weder bei einem Trainerkurs noch auf der Sporthochschule, man muss es einfach haben.

Rapid verfügte jetzt über eine gute, junge Mannschaft. Für die Neuzugänge Binder, Pesser, Skoumal und Raftl war es eine große Chance, dass Schönecker und Bauer dabei waren, eine neue Mannschaft aufzubauen. 1929 hatten nicht weniger als elf Nationalspieler die Hütteldorfer verlassen. Der Spielerkader war aber dennoch stark genug, um 1930 noch Meister und Mitropacup-Sieger zu werden. Trotzdem war die sportliche Leitung immer bemüht, das Team zu verstärken, um gegen die immer mehr aufholende Konkurrenz bestehen zu können. Die vier Neuerwerbungen Raftl, Skoumal, Pesser und Binder sollten bald Internationale der besten Rapid-Qualität werden.

Die Bilanz für Franz Binder als Neuzugang 1930/31 kann sich bereits sehen lassen. 11 Mal wurde er in der Kampfmannschaft eingesetzt und erzielte acht Tore. Die Erste wurde in dieser Saison Dritter in der Meisterschaft hinter Vienna und Admira. Zum Ende der Spielsaison wurde Franz Binder in das Vereinssekretariat gerufen, wo man ihm eröffnete, dass der Verein gedenke, den Vertrag aufzulösen. Falls er sich jedoch mit der Hälfte der bisherigen Grundbezüge (also nur mehr 100,- Schilling pro Monat) zufrieden gebe, könne er bleiben. Für Franz brach eine Welt zusammen! Waren die Schufterei und Anstrengungen der letzten zwölf Monate umsonst gewesen? Hatte man seine Fortschritte denn nicht wahrgenommen? Er hatte alle seine Kräfte für Rapid eingesetzt. Nein, ein Almosen wollte er nicht haben! Zutiefst enttäuscht packte er seine Siebensachen und machte sich auf den Weg in seine Heimatstadt. Ein letztes Mal – so nahm er es sich vor – ging er den Weg von der Pfarrwiese zum Bahnhof. Deprimiert und kleinlaut kam er in St. Pölten an. Der Traum einer erfolgreichen Fußballkarriere schien bereits nach einem Jahr ausgeträumt!

In St. Pölten hatte man zunächst keine Ahnung, dass Franz seine Zelte in Wien abgebrochen hatte. Er war ja noch kein „Star", und die Zeitungen nahmen keine Notiz von seinem Ausscheiden. Aber dann sprach es sich langsam herum: Sturm 19 hatte seinen Torjäger wieder. Der sonst so aufgeweckte Franz war verschlossen, und die Enttäuschung über seine „Entlassung" nagte schwer an seiner Psyche. Wenn es auch das Ende seiner Berufsspieler-Laufbahn war, so wollte er doch weiter Fußball spielen. „Sturm 19" freute sich über die unerwartete Verstärkung. Sein Bruder Odo war in dieser schweren Zeit eine große Stütze für ihn. Beide schmiedeten Pläne für eine neue sportliche Zukunft von Sturm 19 und den Fußball im Allgemeinen in St. Pölten. Der „Job“ bei der Gemeindeverwaltung war Franz Binder während seiner einjährigen Abwesenheit nicht weggelaufen; seine Zukunft in St. Pölten war gesichert. Doch es sollte ihm kein „ruhiges Landleben“ beschieden sein.

In Wien sprach es sich langsam herum, dass dieses ungeschliffene und vielversprechende Juwel den SK Rapid verlassen hatte. Da spitzten gleich einige Wiener Erstligisten die Ohren. Dieses junge Talent konnte und durfte nicht in der Versenkung verschwinden. Also schickten Wacker Wien und die Vienna ihre „Kuriere“ nach St. Pölten. Binder erhielt gute Angebote, aber er hatte vom Wiener Fußball die Nase voll. Die Enttäuschung saß zu tief. Pleiten und Niederlagen fügten meist die Rapid-Funktionäre selbst ihrem Verein zu. Diese ziehen sich wie ein roter Faden bis heute durch die Vereinsgeschichte.

Franz Binder sollte in der Zukunft noch mehrmals mit negativen Situationen konfrontiert werden. Aber 1931 wollte er keine Pleite erleben, denn den „Job“ bei der Gemeinde St. Pölten würde man ihm nicht ewig anbieten. Sowohl Wacker als auch die Vienna holten sich höfliche, aber bestimmte Absagen. Ganz St. Pölten fieberte schon dem Comeback des einstigen und künftigen Stürmers entgegen. Durch das intensive Training bei Rapid hatten sich seine Kraft und sein Spielniveau stark verbessert. Er brannte bereits auf seinen ersten Einsatz.

In Hütteldorf hingegen stürmte Trainer Edi Bauer mit einer „Mordswut im Bauch“ ins Vereinssekretariat. Ohne ihn und Schönecker zu konsultieren, hatte man seinen Schützling Binder in die Wüste geschickt. Er verbat sich – ordentlich in Rage – solche Praktiken, die das Vertrauen der Spieler in die Autorität des Trainers erschüttern. Binder hatte alle seine Kräfte eingesetzt, um die Anforderungen des Vereins zu erfüllen. Edi Bauer hatte den jungen Binder immer wieder ermuntert und ein tiefes Vertrauensverhältnis zu ihm aufgebaut. Dieses Vertrauen musste Binder ja als missbraucht erachten!

Das Donnerwetter in der Geschäftsstelle zeigte Wirkung. Kleinlaut meinte der Vorstand, dass man ihn eben zurückhole. Bauer bekam dazu alle Vollmachten. Er machte sich sogleich auf den Weg nach St. Pölten. Er hatte das Talent Binders richtig erkannt und in die Konzeption für eine Neuformierung der Mannschaft fest eingeplant. Durch die Kurzsichtigkeit einiger Vereinsfunktionäre, er nannte sie „Schreibtischsportler“, ließ er sich nicht aus dem Konzept bringen.

Franz staunte nicht schlecht, als plötzlich sein Ex-Chef durch die Türe trat. Er freute sich über den Besuch, denn er hatte Bauer nie eine Mitschuld am abrupten Ende seiner Karriere bei Rapid gegeben. Edi Bauer kam ohne Umschweife zur Sache. Aber vorerst biss er sich an Franz die Zähne aus. Bauer plädierte für eine sofortige Rückkehr, drängte und beschwor. Aber Binder lehnte ab. Noch ein weiteres Debakel bei und mit Rapid, das kam für ihn nicht in Frage! Dann riss dem Trainer aber der Geduldsfaden: „Bist a Sportler oder net? Lass dich nicht von anderen irritieren und geh deinen Weg. Noch ist kein Meister vom Himmel gefallen, aber du hast das Zeug dazu, einmal ein ganz Großer zu werden!“

Trainer Edi Bauer

Dieser massive Appell an seine Ehre ging Franz dann doch unter die Haut. Bauer und Binder einigten sich auf einen neuen Vertrag zu den alten Bedingungen. Schon am nächsten Tag nahm Franz das Training auf der Pfarrwiese wieder auf. „In einem Jahr, wenn du dich ranhältst, spielst du in der Ersten! Schenken tun wir dir nichts, aber bereuen wirst du es nicht, wenn du dich jetzt ins Zeug legst!“

Edi Bauers Worte entfachten erneut den Ehrgeiz Franz Binders. Auch mit Sturm 19 machte Bauer alles klar. Die erfolgreiche Karriere Binders war letztendlich dem Weitblick des erfahrenen Edi Bauer zu verdanken. Dies hat ihm Franz Binder nie vergessen.

SPIELSAISON 1931/32:

Der Aufstieg!

Mit großem Elan und Ehrgeiz ging Franz Binder in seine zweite Spielsaison beim Sportklub Rapid. Nach wie vor hatte er verschärftes Kraft- und Ausdauertraining und Sondereinheiten mit den Leichtathleten von Rapid. Nur das Boxtraining stellte Trainer Bauer ein. Es bestand die Gefahr, dass der Oberkörper zu muskulös und schwer wurde, was für die Beweglichkeit eines Fußballspielers eher abträglich ist. Die konsequente Trainingsarbeit zeigte erste Erfolge. Die Steigerung an Kraft und Ausdauer erleichterte ihm auch das Kombinationsspiel, da er sich immer mehr und besser bewegte. Aufgrund seiner Körpergröße hatte er fast während seiner ganzen Karriere damit zu kämpfen, dass man ihn für steif, unbeweglich und langsam hielt. Selbst als er bereits einer der erfolgreichsten Stürmer war, blieb ihm dieser Ruf erhalten. Es störte ihn persönlich aber wenig. Die Lauf- und Ballarbeit eines fast 190 cm großen Athleten mit rund 90 kg Kampfgewicht wird nie locker und geschmeidig aussehen. Wichtig ist im Endeffekt das Ergebnis, und für ihn als Stürmer waren dies seine Tore. Bei Laufbewerben mit seinen Kollegen konnte ihm keiner weglaufen.

Trainingspause auf der Pfarrwiese

Im Jänner 1931 stand wieder eine Reise in die Schweiz auf dem Programm. Ein Jahr zuvor hatte er in Basel sein erstes Tor auf internationalem Parkett erzielt. Diesmal notierten sich die Eidgenossen den Namen Binder bereits genau, denn dem FC Locarno und dem FC Basel setzte er je drei Treffer in den Kasten, und Lausanne Sports kassierte zwei Binder-Tore. Die Wintertournee 1931/32 dauerte vom 1. bis 10. Jänner. In diesen 11 Tagen wurden nicht weniger als fünf Spiele gegen die besten Schweizer Vereine ausgetragen. Nur ein Spiel gegen Servette Genf ging mit 2:4 verloren, die restlichen vier gegen den FC Zürich (2:1), FC Locarno (8:1), FC Basel (5:0) und Lausanne Sports (4:0) wurden klar gewonnen. Wichtig, gerade in der damaligen Zeit, waren die leckeren Delikatessen und die Schokolade, die man in die Heimat für die Familien mitnehmen konnte. Da waren auch die Anstrengungen der Reise sehr schell vergessen. Bis zur Einführung der großen europäischen Fußballbewerbe in den 50er Jahren gab es nur die beiden Bewerbe Mitropacup und Zentropacup. Diese erweckten aber bei weitem nicht das öffentliche Interesse der späteren Europacupbewerbe. Die Winter- und Sommertourneen der Rapidler waren der Ersatz dafür. Die Spieler und der Verein machten zusätzliches Geld, und man konnte sich mit in Österreich raren Waren eindecken. Sportlich tankte man in den internationalen Spielen Erfahrung und überbrückte so die langen Pausen zwischen den Herbst- und Frühjahrssaisonen der heimischen Meisterschaft. Man war Botschafter für den österreichischen Fußball im Ausland und konnte viele wichtige Kontakte und Freundschaften knüpfen.

Für Franz war diese Reise besonders erfolgreich und für seine Zukunft wichtig, denn in den drei internationalen Begegnungen gegen Servette Genf, Lausanne Sports und FC Basel konnte allein er acht von 16 Rapid-Toren erzielen. Diese sehr guten Leistungen, nicht nur als „Scharfschütze", sondern auch als mannschaftsdienlicher Spieler mit viel Ehrgeiz, belohnte Sektionsleiter Schönecker mit Einsätzen in den Meisterschaftsspielen der Kampfmannschaft im Frühjahr 1932. In der Meisterschaft acht Mal eingesetzt, erzielte Binder bereits sechs Tore, im Wiener Cup in vier Spielen vier Tore. Rekordverdächtig waren seine 24 Tore in 13 internationalen Spielen. Um die neue Mannschaft zu formieren, verpflichtete Schönecker wochentags immer gute ausländische Teams als Trainingspartner. Schönecker probierte immer sehr viele Aufstellungsvarianten aus, um die richtige Mischung zu finden.

1931: erstes Mannschaftsfoto mit Franz Binder. Stehend von links: F. Wagner, Pesser, Schramseis, Kaburek, Ostermann, Vytrlacil, Scheuer; hockend von links: Binder, Raftl, Smistik

Franz Binder wurde in diesem Jahr zu dem Rapidler schlechthin. Das Vertrauen, welches der Trainer in ihn gesetzt hatte, erfüllte er voll. Mit viel Einsatz, Arbeit und Toren konnte er sich in seinem zweiten Rapid-Jahr bereits einen Stammplatz in der Kampfmannschaft erarbeiten. Er wird künftige Generationen von Fußballern prägen, war sportliches und charakterliches Vorbild vieler Jugendlicher und vertrat Rapid und den österreichischen Fußball in der ganzen Welt.

Der Junge aus der Provinz hatte beim besten österreichischen Verein den Durchbruch geschafft. Seine Liebe zum Fußball und zu Rapid war in den kommenden Jahren seiner Karriere sein Lebensinhalt, er wurde zum „Mr. Rapid“. Im Sprint war er einer der Schnellsten der Mannschaft. Bei Kopfbällen sprang er immer höher als seine Gegenspieler. Es dauerte Jahre, bis Fußballfachleute bemerkten, dass er neben seinen Schuss- und Kopfballstärken auch mit spielerischen Qualitäten überzeugen konnte. In der Spielsaison 1931/32 erreichte Rapid wieder nur den dritten Platz.

Im Cup schied Rapid nach guten Anfangserfolgen bei Meister Admira aus. Da man nicht im Mitropacup beschäftigt war, hatte man mehr Termine frei, um internationalen Einladungen nachzukommen. In diesem Jahr bestritt man insgesamt 41 internationale Begegnungen – um 11 mehr als ein Jahr zuvor.

Zahlreiche neue Spieler wurden für die Spielsaison 1931/32 verpflichtet. Josef „Pepi“ Bican, ein junger Stürmer, kam neu nach Hütteldorf und sollte sich wie Binder und Pesser zu einem Topstürmer entwickeln. Seine Stärken waren die ausgezeichnete Balltechnik, seine Spielmacherqualitäten und sein großer Einsatz. Franz Wagner war ebenso ein Neuzugang. Als vollkommen Unbekannter konnte er sich sofort durchsetzen. Bisher gelang es noch keinem Neuling, der zu Rapid kam, gleich einen Stammplatz in der Ersten zu bekommen. Wagner schaffte dies und bestritt in der Saison 1931/32 68 der 82 von Rapid ausgetragenen Spiele. Die kommenden „Asse“ Binder (31 Spiele), Pesser (36), Bican (23) und Raftl (23) fanden mit ihren Einsätzen bereits guten Anschluss innerhalb der Ersten. Binder und Pesser bildeten jetzt den rechten Flügel. Trainer Edi Bauer und Sektionsleiter Schönecker wollten ihre Rohdiamanten behutsam und gezielt aufbauen. Am 29. 11. 1931 war der ungarische Erstdivisionär Soproni Vasutas, die Eisenbahner, zu Gast in Hütteldorf. Nach der Pause, beim Spielstand von 6:3 für Rapid, wurde Binder eingesetzt. Es gelang ihm, mit fünf Bombenschüssen tolle Tore zu erzielen. Die Zuschauer brüllten schon „Tor“, noch bevor er überhaupt zum Schuss angesetzt hatte. Sie sollten sich nicht irren, denn seine fünf Tore erzielte er aus fünf Freistößen. Das freundschaftliche Spiel endete mit einem 11:3-Erfolg für die Hütteldorfer. Kurz darauf gab es in einem Freundschaftsspiel gegen den FC Bat'a Zlín weitere vier Binder-Tore.

Sportklub Rapid 1933

SPIELSAISON 1932/33

Der Durchbruch – sechs Tore gegen die Admira

Im Sommer 1932 gehörte der nun 21-jährige Franz Binder bereits zum Stamm der Rapid-Mannschaft – ein rasanter Aufstieg des jungen St. Pölteners. Zum Start der Spielsaison 1932/33 kristallisierte sich der Kern der neuen jungen Rapid-Mannschaft heraus. Mit Kaburek, Bican und Binder, die immer besser harmonierten, hatten die Hütteldorfer wieder ein gefürchtetes und schlagkräftiges Innentrio gefunden, die von den Flügelstürmern Weselik und Pesser optimal ergänzt wurden.

In den nationalen und internationalen Vorbereitungsspielen hatte Binder bereits das volle Vertrauen von Sektionsleiter Schönecker und Trainer Bauer. Kaburek und Bican waren zu Saisonbeginn und in der Vorbereitung verletzt. Aber jetzt musste er für den neuformierten Rapid-Sturm Verantwortung übernehmen und Vytlacil, Luef, Weselik und Pesser erfolgreich in die Saison führen. Schon in seinem ersten Meisterschaftsspiel der Saison gegen die Vienna traf er zweimal. Bei Schönecker und Bauer hatte er bereits den Durchbruch geschafft, nun musste er nur noch die sehr kritischen Rapid-Fans auf seine Seite bringen. Zwar bejubelte man schon seine Torgranaten und Kopfballtore, aber erst das Meisterschaftsspiel gegen die Admira sollte den endgültigen Durchbruch bringen. Nach Kuthan und Uridil wollten die Rapid-Fans endlich wieder einen echten „Goalgetter“ bejubeln und feiern. Der lange Franz aus St. Pölten wird sie nicht enttäuschen. In den kommenden Jahren sollte es dann Binder-Tore vom Fließband geben. Dieses für Franz Binder entscheidende, ja denkwürdige Meisterschaftsspiel fand am 30. Oktober 1932 im Wiener Stadion statt.

Die Admira war regierender Fußballmeister und ein sehr schwerer Brocken für Rapid. In der Mannschaft der Jedleseer standen Spieler wie Stoiber, Schall und Vogel, die beiden Letzteren hatten das linke Flügelpaar in Österreichs Wunderteam gebildet. Die Mannschaft der Admira war jederzeit in der Lage, den schwersten Widersacher aus dem Sattel zu heben. Als

Binder in seiner typischen Schusshaltung. Wieder hat es beim Gegner eingeschlagen.

der Schiedsrichter diesmal aber nach 90 Minuten abpfiff, hatte Rapid den Fußballmeister mit einem 7:4 aus dem Stadion gefegt. Einen Treffer erzielte Bican, aber Binder schoss sechs Tore. Da flogen die Hüte der Rapid-Fans in die Höhe und Binder jetzt alle Herzen zu. Jetzt erst war er als ein echter Grün-Weißer akzeptiert und umjubelt, er war endlich dort, wo er hinkommen wollte.

Über Nacht eroberte sich Binder die Sympathien der Fußballanhänger. Er sollte noch Jahrzehnte der Liebling der Wiener und österreichischen Fußballfans bleiben. Selbst die besonders kritischen Wiener Sportjournalisten, noch immer die großen Erfolge des Wunderteams im Hinterkopf, überschlugen sich förmlich und empfahlen den Rapidler aufgrund seiner letzten guten Leistungen bereits für höhere Aufgaben.

Im Spätherbst 1932 gab es ein gewaltiges Rauschen im Blätterwald der europäischen Sportpresse. Der Sportklub Rapid Wien hatte eine Einladung in das Mutterland des Fußballs erhalten, um sich mit den besten englischen und schottischen Profiklubs zu messen. Vom 21. bis 28. Januar 1933 sollte Rapid gegen den vielfachen schottischen Meister Glasgow Rangers, den FC Liverpool und Leicester City antreten. In drei schweren Spielen in nur sieben Tagen sollte Rapid den Wiener und Kontinentalfußball auf der Insel vertreten. Eine schwere Aufgabe, aber gerade richtig für Rapid. Für den 22-jährigen Binder sollten diese Spiele die erste echte große Herausforderung auf internationaler Ebene werden.

Heute sind Spiele auf internationaler Ebene eine alltägliche Sache. 1933 waren Spiele gegen englische Vereine am Kontinent noch ein ganz besonderes

Mit seinen wuchtigen und platzierten Kopfbällen war er genauso erfolgreich wie mit seinen gefürchteten Schüssen.

Zuckerl, eine Einladung auf die Insel aber eine Sensation. Bis zum Ersten Weltkrieg konnte Rapid den FC Portsmouth, Arsenal London, Oxford City, Bolton Wanderers und den FC Burnley in Wien empfangen. Nach dem Ende des Krieges dauerte es einige Jahre, ehe England wieder sportliche Kontakte mit mitteleuropäischen Vereinen aufnahm.

1924 gastierte Hibernians und 1926 Arsenal bei Rapid in Wien. In den bis dahin ausgetragenen sechs Spielen mit englischen Vereinen erreichte Rapid einen Sieg, zwei Unentschieden und vier Niederlagen. Die Bilanz sprach also eindeutig für die Briten. 1933 hoben die Engländer die „Splendid Isolation“ auf, und Rapid wurde die Ehre zuteil, als erste kontinentale Mannschaft in England spielen zu dürfen. Da die englischen Mannschaften meist nach der Meisterschaft den Kontinent besuchten und diese Tourneen oft nur als Urlaub betrachteten, ließ diese Tatsache keinen exakten Vergleich der Spielstärke des englischen mit dem mitteleuropäischen Fußballs zu.

Dies wollte man nun endgültig klären und die Wahl fiel auf Rapid. Man war sich bei Rapid der Schwierigkeit und Verantwortung sehr wohl bewusst, aber als repräsentativer kontinentaler Verein musste

Sie sehen aus wie die Privatmannschaft von „Al Capone", sind aber die Hütteldorfer auf ihrer Englandreise.

man das Experiment wagen. Es würde nicht leicht sein, innerhalb kurzer Zeit, nach ermüdender Anreise, bei ungewohnter Kost und verändertem Klima zu bestehen.

Als Erstes stand das Spiel gegen die Glasgow Rangers auf dem Programm. Die Anreise mit Bahn-Schiff-Bahn war für die Wiener beschwerlich. Besonders die Kanalüberfahrt hatte es wegen schlechten Wetters in sich. Einige Spieler verbrachten die meiste Zeit der Überfahrt in gebückter Haltung an der Reling anstatt in der warmen Kabine. Damals lernten sie die wichtigste Lektion der christlichen Seefahrt: „Immer nur mit dem Wind pinkeln oder kotzen!"

Portrait von 1933

Die erste Konfrontation mit dem britischen Fußball im Mutterland endete dann sensationell 3:3. In Schottland gegen die Glasgow Rangers durfte Binder aber noch nicht aufs Feld. Doch Schönecker erkannte schon nach diesem Spiel, dass er im Sturm einen großen, kräftigen, mutigen und schussstarken Stürmer brauchen wird. Die Beurteilung und Bewertung dieses Spiels überlässt man am besten der schottischen Presse:

> *„Die Österreicher zeigen den Rangers, wie schottischer Fußball gespielt werden sollte. Wir können den Österreichern absolut nichts mehr lernen. 60.000 Zuschauer waren hingerissen."*
> GLASGOW SUNDAY POST

> *„Die österreichischen Besucher entzückten die Zuschauer. Wenn sie gekommen sind, um zu lernen, so müssen wir zugeben, dass sie uns in mehr als einer Hinsicht etwas lehren können."*
> GLASGOW HERALD

> *„Die Österreicher sind faszinierend. Die Schüler lehren die Meister und zeigen, was dem schottischen Fußball fehlt."*
> EVENING NEWS, GLASGOW

Die Premiere war also gelungen. Rapid hatte den Wiener und den kontinentalen Fußball gut vertreten.

Daily The Scottish Express
SPORTS SECTION
IBROX CROWD FINDS VIENNESE "WALTZ" ENTRANCING
Rapid Forwards Provide Early Lesson In Goal-Scoring To Rangers

Karikatur in einer Liverpooler Zeitung

Bundespräsident Miklas begrüßt die Spieler von Rapid und Glasgow Rangers im ausverkauften Wiener Stadion.

Vier Tage später trat man gegen die Spitzenmannschaft des FC Liverpool an. Jetzt kam auch der junge Binder zu seinem Debüt auf der Insel und hatte einen sehr guten Einstand. Er beeindruckte die Engländer mit guten Distanzschüssen und Kopfbällen und konnte auch ein Tor erzielen. Die englische Spitzenmannschaft gewann mit 5:2, aber Rapid zeigte auch in diesem Spiel seine Klasse und bot eine anerkennenswerte Leistung. Gegen Leicester City gab es zum Abschied ein hochklassiges Spiel. Die Rapidler hatten sich im letzten Match auf der Insel bereits sehr gut auf den englischen Fußball eingestellt. Sie erreichten einen verdienten 3:1-Sieg und hinterließen einen bleibenden Eindruck vom Wiener Fußball. Binder zählte zu den Leistungsträgern, und wieder gelang ihm ein Treffer gegen die Engländer.

Die ausgezeichneten Leistungen Rapids fanden große Anerkennung. Die englische Presse bezeichnete Rapid als würdigen und gleichwertigen Gegner. Aber nicht nur auf dem Spielfeld repräsentierten die Hütteldorfer Rapid und den Wiener Fußball. In Glasgow, Liverpool und Leicester wurde die Mannschaft vom Lord Mayor begrüßt und zu offiziellen Empfängen in die Rathäuser eingeladen. Rapid leistete Pionierarbeit in England. Das führte zu einem Umschwung in der öffentlichen Meinung Englands von der Spielstärke und Qualität der führenden kontinentalen Mannschaften.

Rapids Leistungen zogen neuerliche Einladungen nach England nach sich und ebneten anderen europäischen Spitzenvereinen den Weg auf die Insel. Ein Sieg, ein Unentschieden und eine Niederlage bei acht geschossenen Toren und neun erhaltenen ergaben eine fast ausgeglichene Bilanz der England-Reise. Fünf Monate später empfing Rapid die Rangers zu einem Retourspiel im Wiener Stadion – im Beisein des österreichischen Bundespräsidenten Miklas, der es sich nicht nehmen ließ, die Rapid-Mannschaft und die Gäste persönlich zu begrüßen. Diese Begegnung wurde das Spiel von Franz Binder, der drei Treffer zum 4:3-Sieg der Hütteldorfer erzielte. Dieser Erfolg wurde auch von den schottischen Spielern voll anerkannt. Die Schotten suchten keine Entschuldigung für ihre Niederlage. Sie hatten ihr volles Können und ihre ganze Kraft eingesetzt und zeigten Respekt vor einer großen europäischen Mannschaft, die sie auch auf heimischem Boden nicht bezwingen konnten. Nach vielen Ehrungen und Empfängen, auch in Wien, widmete man sich wieder der Meisterschaft und dem Cup.

In der Meisterschaft 1932/33 wurde Rapid Zweiter mit drei Punkten Rückstand hinter Meister Vienna. Im Wiener Cup schied man leider gegen die Austria schon in der zweiten Runde aus. In dieser Saison erreichte der 22-jährige Franz Binder auch sensationell den ersten seiner insgesamt sechs Titel als österreichischer Torschützenkönig. In 20 Meisterschaftsspielen traf er 25 Mal ins gegnerische Tor. Insgesamt spielte er in seiner ersten tollen Saison für Rapid 58 Mal und erzielte 82 Tore. Von nun an galt Binder als der gefährlichste heimische Torschütze. In den kommenden Jahren prägte er das immer kraftvolle und kämpferische Rapid-Spiel mit seinen zahlreichen Toren.

Der österreichische Teamchef Hugo Meisl konnte Binder nach diesen tollen Leistungen nicht mehr übersehen und nominierte ihn für das am 11. Juni 1933 in Wien stattfindende Länderspiel gegen Belgien. Einige Sportjournalisten und „Fachleute“ kritisierten die Aufstellung des Teamchefs, da sie der Ansicht waren, dass das Sturmduo Sindelar/Binder nicht harmonisiere.

Hugo Meisl hatte nicht nur das Wunderteam, sondern auch sehr behutsam die Mannschaften nach diesen Ausnahmeerfolgen geformt. Er verstand es vorzüglich, das „Gerüst“ der erfahrenen Spieler immer wieder mit talentierten Nachwuchskräften zu ergänzen, die ihrerseits von der Routine und den Erfahrungen der „Alten“ profitieren sollten. Diesmal hatte der Teamchef sein Auge auf Franz Binder von Rapid geworfen. Knapp ein Jahr spielte Binder in der Ersten und sollte seine erste Chance im Teamdress bekommen. Meisl fand, dass der große, kampfkräftige und schussstarke Rapidler genau der richtige Mann für die harte belgische Abwehr sein könnte. Teamchef Meisl ließ sich, wie immer, nicht beirren und behielt Recht. Neben dem Wunderteam-Spieler Sindelar von Austria Wien machte Debütant Binder auch im Nationalteam eine sehr gute Figur. Es war ein gutes Omen, dass er ausgerechnet gegen die „Roten Teufel“ aus Belgien sein Teamdebüt geben sollte, denn sein erstes internationales Spiel hatte er in Antwerpen mit der niederösterreichischen VAFÖ-Auswahl bestritten und zwei Tore geschossen.

Binder bei seinem Debüt im Team gegen Belgien

Hier erzielt Binder in seinem ersten Spiel im österreichischen Nationaldress eines seiner zwei Tore gegen Belgien.

Franz Binder erinnerte sich noch ganz genau an seinen ersten Länderspieltag: „Es herrschte eine Affenhitze, die kaum auszuhalten war. Eine ganze Invasion von Niederösterreichern ist gekommen, um mich in der Nationalmannschaft spielen zu sehen." Für den jungen St. Pöltener war es bereits eine große Sache, als Provinzler in einer Wiener Spitzenmannschaft zu spielen, aber ein Teameinsatz war ein besonderer Höhepunkt. „Ich konnte mich in der Kabine vor Nervosität kaum konzentrieren, aber beim Hinausgehen klopfte mir der ‚Papierene', der Sindelar, freundschaftlich auf die Schulter und sagte: ‚Hearst, Langer, hob ka Angst, des klappt schon. Wenn die Leut' pfeifen, denk dir nix dabei! Spiel du nur dein Spiel, dann geht alles klar!' – Stolz war ich damals schon, das volle Stadion, die Hymnen, die ganze Atmosphäre, sehr beeindruckend."

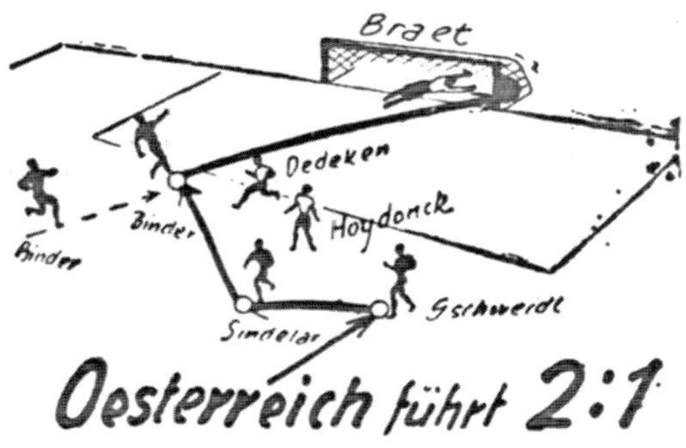

So sah 1933 die „Zeitlupenwiederholung" eines Tores aus. Man konnte sie ansehen, so schnell und so oft man wollte.

Der Angriff der Österreicher mit Zischek/Gschweidl/Sindelar/Binder/Erdl wirbelte die Belgier gehörig durcheinander. Vor allem mit Sindelar verstand sich der lange Hütteldorfer blendend. Sogar die Journalisten erkannten, dass die von ihnen vorhergesagte „Unverträglichkeit" der so verschiedenen Stürmertypen nicht eingetreten ist. Binder trug mit zwei Bombentoren aus 16 Metern nicht unwesentlich zum 4:1-Sieg über die „Roten Teufel" bei. „Für den Anfang war ich ganz zufrieden", meinte der Hütteldorfer nach dem Spiel.

Hugo Meisl sah in Binders Teamdebüt keine „Eintagsfliege", sondern den Anfang seiner Karriere in der Nationalmannschaft. Die St. Pöltener Binder-Fans kehrten mehr als zufrieden nach Hause zurück und hatten wochenlang ein Gesprächsthema.

SPIELSAISON 1933/34:

Im Team gegen Italien

Der SK Rapid hatte jetzt auf allen Positionen großartige Spieler, darunter auch absolute Weltklassekicker. Die Rapid-Anhänger liebten ihre Goalgetter schon immer ganz besonders. Diese Zuneigung bekam jetzt auch der junge Franz zu spüren. Einerseits freute er sich über die stets wachsende Popularität, andererseits wurden seine Leistungen jetzt auch viel kritischer betrachtet, und letztendlich erwartete man von ihm Tore vom Fließband.

Besonders stolz auf Franz war man natürlich in St. Pölten. Die Zahl der Rapid-Fans war, seit er in Hütteldorf spielte, in seiner Heimatstadt und in Niederösterreich sprunghaft angestiegen. Die sportbegeisterten Niederösterreicher verfolgten seinen Aufstieg bei Rapid mit großem Interesse.

Nach wie vor pendelte er fast täglich mit dem Zug zwischen Wien und seiner Heimatstadt hin und her. Er wohnte noch immer im sehr bescheidenen „Hotel Mama", aber in seinen Taschen klingelte schon etwas Geld. Er konnte nun seiner Mutter mit Geld aushelfen und sich auch besseres Essen und Kleidung leisten. Dies nützten seine Brüder oft schamlos aus und trugen in seiner Abwesenheit seine neuen Hemden und Anzüge.

Drei Jahre war man nun in Hütteldorf schon ohne Titelgewinn. Tatenlos musste man zusehen, wie andere Mannschaften im Mitropacup spielten. Das lag den Funktionären, Spielern und Anhängern schwer im Magen. Die internationalen Erfolge in Freundschaftsspielen und Turnieren konnten dies nicht wettmachen. Der Umbau der Mannschaft war im Kern beendet, aber auf einen neuen Titel wartete man in Hütteldorf noch immer. Dies musste sich endlich ändern, denn seinen Fans war man Erfolge schuldig. So setzte man sich zusammen, um den Rapid-Geist zu beschwören und alles daran zu setzen, den elften Meistertitel oder den vierten Cupsieg nach Hütteldorf zu holen. Rudi Raftl stand wieder zur Verfügung, Smistik organisierte die Abwehr und die Läuferreihe, und das Rapid-Innentrio mit Kaburek/Bican/Binder war das Beste, was es damals in Europa zu sehen gab. Kaburek war ein kraftvoller Sturmtank, an dem so mancher Verteidiger zerschellte, wenn er in voller Fahrt auf das Tor stürmte, Bican war ein genialer Regisseur, der immer die Lücken in der gegnerischen Abwehr fand, seine Nebenspieler mit millimetergenauen Vorlagen versorgte und auch als Torschütze auftrat.

Der Dritte im Bunde, Franz Binder, spielte auf halblinker Position. Mit seinen riesenhaften Schritten wirkte er eher langsam und unbeholfen, aber mit seinen Bombenschüssen und platzierten Kopfbällen brachte Binder die Keeper zur Verzweiflung. Dies alles war ganz nach dem Geschmack der Anhänger, und das Beifallsgebrüll der Zuschauer auf der Pfarrwiese konnte man oft und oft in ganz Hütteldorf hören. Mit sechs Punkten aus drei Spielen eröffnete man die Saison 1933/34, besiegte in internationalen Spielen Krakau (6:0) und Servette Genf (9:1). Raftl, Smistik und Binder spielten im Team und erreichten gegen die Tschechen am Sparta-Platz in Prag (Bild unten) ein 3:3 und mit einer 0:1-Niederlage einen kleinen Ausrutscher gegen die Austria.

Binder beobachtet Kaburek.

Das Nationalteam beim Abschlusstraining im Wiener Stadion vor der Abreise nach Italien. Binder auf der Laufbahn ganz rechts.

Dann kam wieder einmal die gefürchtete Slavia aus Prag zu einem Spiel auf die Pfarrwiese. Schon oft war man dieser hervorragenden Mannschaft unterlegen, diesmal wurden die Prager allerdings mit einer 8:3-Packung nach Hause geschickt. Planicka, der berühmte tschechische Torhüter, konnte nur den Kopf schütteln und vier Bummerln von Bican und je eines von Smistik, Ostermann, Kaburek und Binder aus seinem Gehäuse holen. Nun war man wieder voll in Fahrt, und mit Wacker (6:3), FAC (4:1), FC Wien (3:0) und dem WAC (4:3) wurden die nächsten Verfolger sicher geschlagen. Der Weihnachtspokal wurde überlegen gewonnen. HASK Zagreb und der FAC kamen dabei gehörig, mit 15:1 und 13:2, unter die Räder. Binder, Bican, Weselik und Ostermann erzielten dabei 25 der 28 Tore und dies innerhalb von 24 Stunden. Rapid-Herz, was willst du mehr?

Im Februar 1934 wählte Teamchef Hugo Meisl die Rapid-Mannschaft als Stamm für einen schweren Gang gegen Italien aus. Wagner und Smistik spielten Läufer, die zusammen mit dem Hütteldorfer Innentrio Kaburek/Bican/Binder den Stamm der Nationalmannschaft bildeten. Vor dem Italien-Spiel kam Binder in zwei weiteren Länderspielen zum Einsatz. Am 17. September 1933 gab es in Prag (Bild oben) gegen die ČSR ein 3:3 und am 10. Dezember 1933 einen 1:0-Sieg in Amsterdam gegen Holland.

In beiden Spielen erzielte Binder zwar keinen Treffer, bot aber wie bei Rapid konstant gute Leistungen, die zu seinem vierten Länderspiel-Einsatz gegen Italien führten. Es war mit minus 15 Grad Celsius bitterkalt, als man Wien in Richtung Süden verließ. Am Spieltag, dem 11. Februar 1934, hatte es in Turin angenehme 25 Grad im Schatten. Ganz Italien saß vor den Radioapparaten, und mit 55.000 Zuschauern war das Turiner Stadion bis auf den letzten Platz besetzt.

Die Tifosi bereiteten ihrer „Squadra“ einen begeisterten Empfang und verursachten einen Höllenlärm, der für mitteleuropäische Begriffe unfassbar war. Man erwartete einen Sieg von den Italienern, koste es, was es wolle. Die Azzurri galten als Favorit für die Weltmeisterschaft, die in ihrer Heimat ausgetragen wurde. Aber von Beginn an hatten die Österreicher die Blauhemden gut im Griff. Respektlos und unbeeindruckt von großen Namen zogen die Österreicher ein berauschendes Spiel auf, was die überraschten Italiener völlig durcheinander brachte. Bei diesem Lärmspektakel war eine Verständigung auf dem Spielfeld nicht möglich, aber die Rapidler hatten dies gar nicht nötig. Zu gut kannte man sich, die Kombinationen liefen wie am Schnürchen. Zischek am rechten Flügel war nicht zu halten, Bican organisierte und gestaltete das Spiel der Österreicher, und Binders Schüsse pfiffen dem italienischen Torhüter nur so um die Ohren. Superstar Meazza und seine nicht minder erfahrenen Kollegen wussten nicht, wie ihnen geschah. Zischek spielte das Spiel seines Lebens. Er erzielte das 0:1 und Binder erhöhte kurz darauf mit einem Gewaltschuss auf 0:2. Schon fingen die Fans an zu pfeifen, da gelang den Italienern der Anschlusstreffer. Es stand nur mehr 1:2, doch die Österreicher ließen sich nicht einschüchtern. Durch ein weiteres Tor von Zischek wurden die Gastgeber mit einem 1:3 in die Pause geschickt. Die Tifosi waren außer Rand und Band. Sie überschütteten ihre vergötterten Stars mit Hohn und Spott. Nach der Pause wollten die Azzurri dem Spiel eine Wende geben. Ein geschenkter Elfmeter für die Italiener – keiner im Stadion wusste, warum er gegeben wurde – ließ sie noch einmal auf 2:3 verkürzen. Das Spiel kostete den Österreichern sehr viel Kraft, die jetzt ihr Spiel umstellen mussten. Geschickt hielten sie den Ball in den eigenen Reihen, und Binder, in seinem erst vierten Länderspiel, gab eine Probe seines exzellenten Kombinationsspieles ab. Die Spieler von Teamchef Pozzo hatten sich totgelaufen, das Spiel hatte sich neutralisiert. Aber einer war an diesem denkwürdigen Tag nie zu halten: Zischek gab den Italienern 25 Minuten vor dem Schlusspfiff mit dem 2:4 den Gnadenstoß.

Binders fünften Teameinsatz gab es bereits am 25. März 1934 in Genf gegen die Schweiz. Teamchef Meisl stellte neun Mann der Siegermannschaft von Turin auf. Mit dem Innentrio Kaburek/Bican/Binder von Rapid hatte Meisl wieder ein gutes Händchen. Diesmal waren die Hütteldorfer Bican (2) und Kaburek (1) für den 3:1-Sieg über die Eidgenossen verantwortlich.

Zurück zur Meisterschaft: Mit Beginn der Frühjahrssaison 1934 hatte sich wieder etwas der Wurm in die Rapid-Elf eingeschlichen. Unnötigen Niederlagen folgten klare Siege, man gab einen wichtigen Punkt nach dem anderen ab. In der Meisterschaft unterlag man dem Sportclub, dafür besiegte man im Cup die Dornbacher 7:1. Dies zeigt die Unbeständigkeit der Rapid-Mannschaft. Dazu kam noch der Schock einer 9:5-Niederlage beim Osterturnier in Budapest gegen Ferencvaros, den man während der restlichen Saison nicht mehr abschütteln konnte. Zusätzlich gab man zwei unnötige Punkte gegen den FC Wien ab.

Im Cup-Semifinale stand man derselben Mannschaft gegenüber und erreichte durch einen Sieg im Nachspiel das Cupfinale. Vielleicht wäre es besser ge-

Im Mitropacup schied Rapid gegen den FC Bologna aus. Zwei Tore fehlten den Hütteldorfern zum Aufstieg.

wesen, der FC Wien hätte an Stelle von Rapid das Cupfinale erreicht. Das Cupfinale vom 10. Mai 1934 im Wiener Stadion gegen die Admira ist einer der dunklen Punkte in der Vereinsgeschichte des Sportklub Rapid. Es war ein schöner Tag, die Frühlingssonne wärmte 30.000 Zuschauer. Aber über den Rapidlern standen schon bald dunkle Wolken, denn die Admiraner waren wie ein Gewittersturm über die Hütteldorfer hergefallen und hatten ihnen bis zur Pause fünf Treffer in den Kasten gesetzt. Diesmal gab es kein Aufbäumen der Rapid-Mannschaft, und so blieb dem grün-weißen Anhang bis zum Schlusspfiff noch drei Mal das Herz stehen. Das Cupfinale wurde mit 0:8 verloren.

Es war für die Hütteldorfer nur ein kleiner Trost, dass man die Schande der Finalniederlage im letzten Meisterschaftsspiel mit einem 3:0-Sieg etwas kaschieren konnte. Aber auch dieser Sieg reichte nicht für einen Meisterschaftserfolg. Rapid wurde 1933/34 hinter der Admira mit nur zwei Punkten Rückstand Zweiter wie vor einem Jahr. Ein schwacher Trost war die Qualifikation für den Mitropacup. Admira war Meister und Cupsieger, und als Cupfinalist konnte sich der Sportklub Rapid für den Mitropacup qualifizieren.

1934 fand die Fußball-Weltmeisterschaft in Italien statt, der SK Rapid stellte drei Spieler für das Team ab. Wagner, Smistik und Bican kamen je dreimal zum Einsatz. Für Binder gab es, obwohl er nominiert war, keine Weltmeisterschaft: Gerade zur WM hatte er eine seiner wenigen Verletzungen. Er hat es immer bedauert, dass er in keinem der großen internationalen Turniere mitwirken konnte. Wie interessant wäre es doch gewesen, ihn einmal im Konzert der weltbesten Stürmer mitspielen zu sehen. Dennoch war die Saison speziell für Binder gut gelaufen. Von 72 Rapid-Spielen absolvierte er 56 und erzielte dabei 112 Tore. Er spielte weitere vier Länderspiele für das A-Team und schoss ein Tor für Österreich.

Obwohl die Hütteldorfer im Mitropacup in der zweiten Runde ausschieden, muss man ihn doch erwähnen. Slavia Prag wurde mit einem 3:1 und einem 1:1 und einem Binder-Tor aus dem Bewerb geworfen, aber am FC Bologna biss sich Rapid die Zähne aus. Man stufte den ausgelosten FC Bologna in die Klasse der Genuesen ein, die man 1930 locker ausgeschaltet hatte. Am 1. Juli 1934 kam es zum ersten Spiel in Bologna. Nur 8000 Zuschauer hatten sich bei brütender Hitze in das Stadion Littoriale verirrt. Die Hitze im Stadion war mörderisch, und die glutvollen Italiener, die sich bei diesen Temperaturen sehr wohl fühlten, spielten die Hütteldorfer mit 6:1 (Ehrentor Binder) an die Wand. Wie gelähmt liefen die Grün-Weißen auf dem Feld herum und mussten zusehen, wie sie Tor um Tor kassierten. Im Rückspiel im Wiener Stadion, bei normalen Temperaturen, startete Rapid dann eine große Aufholjagd. Verzweifelt wehrten sich die Italiener mit allen Mitteln, und beim Stand von 4:0 für Rapid gelang ihnen das entscheidende Auswärtstor. Rapid hatte zwei Treffer zu wenig erzielt. Binder schoss zwei Tore aus Elfmetern und vergab einen – dies zeigt, wie sich die Bologneser gegen das drohende Ausscheiden zur Wehr gesetzt haben. Der FC Bologna schlug dann im Finale die Admira und wurde Mitropacup-Sieger 1934.

SPIELSAISON 1934/35:

Ungeschlagen, erster Meistertitel für Binder

Der Saisonbeginn 1934/35 stand ganz im Zeichen des Mitropacups. Das unglückliche Saisonende des Vorjahres hatte man in Hütteldorf weggesteckt und ging wieder voll konzentriert in das neue Spieljahr. Binder konnte seine ausgezeichnete Form aus der Vorsaison mitnehmen und freute sich auf eine Vielzahl von neuen schwierigen Aufgaben. Im Mitropacup kam schon in der ersten Runde das Aus gegen SK Zedenice Brünn. Die Slowaken gewannen das Heimspiel 3:2, und in Wien gelang Rapid vor 52.000 Zuschauern im Praterstadion nur ein 2:2. Binder und Kaburek erzielten in einem überaus spannenden Spiel die Tore, leider um zwei zu wenig. Aber man war über das Ausscheiden nicht besonders traurig, denn man hatte aufgrund der Erfolge des Jahres 1933 wieder eine Einladung in das Mutterland des Fußballs erhalten. Fünf Spiele gegen englische, schottische und irische Spitzenklubs standen auf dem Programm.

Am 14. August 1934 lief Rapid unter dem Beifall von 60.000 Zuschauern in Glasgow in das Stadion. Die „Rangers" hatten es sich nicht nehmen lassen, nochmals die Klingen mit Rapid zu kreuzen. Zweimal war man ja schon aufeinandergetroffen, die Statistik sprach mit einem Sieg und einem Unentschieden für Rapid. Diesmal ließen die Schotten von Beginn an keinen Zweifel aufkommen, wer siegen sollte. Bis zur Pause schossen die Rangers einen 3:0-Vorsprung heraus. In der zweiten Hälfte wendete sich dann das Blatt, und Rapid übernahm das Kommando. Obwohl

Die Rapidler auf ihrer Reise nach Irland und Schottland

im Feld überlegen, gelang nur mehr der Ehrentreffer durch Binder aus einem Elfmeter. Dennoch war die 1:3-Niederlage ehrenvoll, und man konnte stolz auf die eigene Leistung sein.

Bereits einen Tag später musste Rapid in Schottland gegen die „Hearts of Edinburgh" antreten. Erschöpft vom Spiel gegen die Rangers und von der Anreise unterlag Rapid den Schotten mit 1:5, wieder erzielte Binder den Ehrentreffer. Trotzdem gaben die Hütteldorfer einen guten Gegner ab, allerdings war man nicht zufrieden, da man unter Wert geschlagen wurde. Jetzt wollte man es diesen Inselbewohnern einmal zeigen. Das erste Opfer des SK Rapid wurde der irische Meister Bohemians Dublin. Mit einem 8:0 sorgten die Grünen im Dubliner Stadion für eine Sensation: Binder 2, Bican 2, Ostermann 2, Kaburek 1 und Pesser 1. Rapid vernichtete in einem Spielrausch den irischen Spitzenverein. In der gleichen Tonart ging es weiter. Gegen Celtic Belfast beim 2:0-Sieg traf Binder und gegen Clapton Orient London 3:2 wieder einmal doppelt. Die Iren mussten die Überlegenheit Rapids anerkennen und waren voll des Lobes. Drei Siege, zwei Niederlagen bei einem Torverhältnis von 15:10 konnten auf das Erfolgskonto von Rapid verbucht werden, Franz Binder erzielte davon sieben Tore. Wieder gelang es den Hütteldorfern bei dieser Tournee, die kühlen und kritischen „Experten" der Insel aus der Reserve zu locken. Die Presseberichte spiegeln die hohe Qualität und das Ansehen des SK Rapid auf der Insel wider:

> *„Das Können der Österreicher machte großen Eindruck auf die 60.000 Zuschauer. Das Spiel war so gut wie nur irgendeines, das man je in Schottland gesehen hatte."* DAILY SKETCH

> *„Die Österreicher zeigen, wie es gemacht werden muss. Rapid spielte prachtvollen schottischen Fußball. Alle Lobpreisungen, die wir über die Technik des kontinentalen Fußballs hören, sind nicht zu viel für diese Künstler aus Wien."*
> DAILY MIRROR

> *„Das Spiel des besten österreichischen Teams, Rapid, war eine Offenbarung für die Fußball-Liebhaber Schottlands. Die Wiener überzeugten das kritische schottische Publikum vollkommen, dass im wissenschaftlich überlegten Spiel der Kontinent das Vaterland des Fußballs zu überflügeln droht."* NEWS CHRONICLE

> *„Das Spiel der Österreicher war meisterhaft. Es war ein Vergnügen, ihnen zuzusehen."*
> NEWS SETTER, BELFAST

Natürlich freute man sich bei Rapid über die zweite erfolgreiche Inseltournee. Man brachte aber auch wichtige Informationen und Erkenntnisse in Bezug auf professionelles Training und Vereinsorganisation mit zurück nach Wien. Die Engländer praktizierten schon damals dreimal in der Woche ein scharfes Konditionstraining, um die Vielzahl ihrer Spiele bewältigen zu können. Die Rapidler hatten sich ihre Spielprämien in England ehrlich verdient, aber auch dem letzten Profi war nach dieser außerordentlich anstrengenden Tournee klar, dass man international nur mit einer Topkondition bestehen konnte. Und die Kondition und die Kampfkraft über 90 Minuten waren stets die Stärke die Hütteldorfer.

Wenn wir schon einmal die Spielprämien erwähnt haben, möchte ich am Beispiel meines Vaters zeigen, wie viel damals ein österreichischer Spitzenprofifußballer monatlich in seinem Lohnsackerl vorgefunden

Die Rapid-Delegation wurde von den Bürgermeistern in Glasgow und Dublin herzlich begrüßt.

hat: Der Gehaltszettel von Franz Binder für September 1934 weist einen Monatsbezug von 200,- Schilling, eine Aktivitätszulage (was immer das war) von 120,- und Prämien in der Höhe von 150,- Schilling aus. Zusammen waren dies also 470,- Schilling. Davon gab es Abzüge von 255,53 Schilling, sodass einem Spitzenspieler netto 214,47 Schilling übrig blieben. Für diesen Wahnsinnsbetrag musste er im September 1934 nicht weniger als achtmal seine Fußballschuhe für Rapid anziehen. Vier Meisterschaftsspiele (drei Siege, ein Remis), ein nationales Freundschaftsspiel (Sieg) und ein internationales Freundschaftsspiel (Sieg) musste er dafür absolvieren.

Selbstverständlich war die Preis- und Wirtschaftssituation der dreißiger Jahre ganz anders als heute. Aber wenn man bedenkt, dass die monatliche Miete für eine kleine Zwei-Zimmer-Küche-Wohnung 50,-,

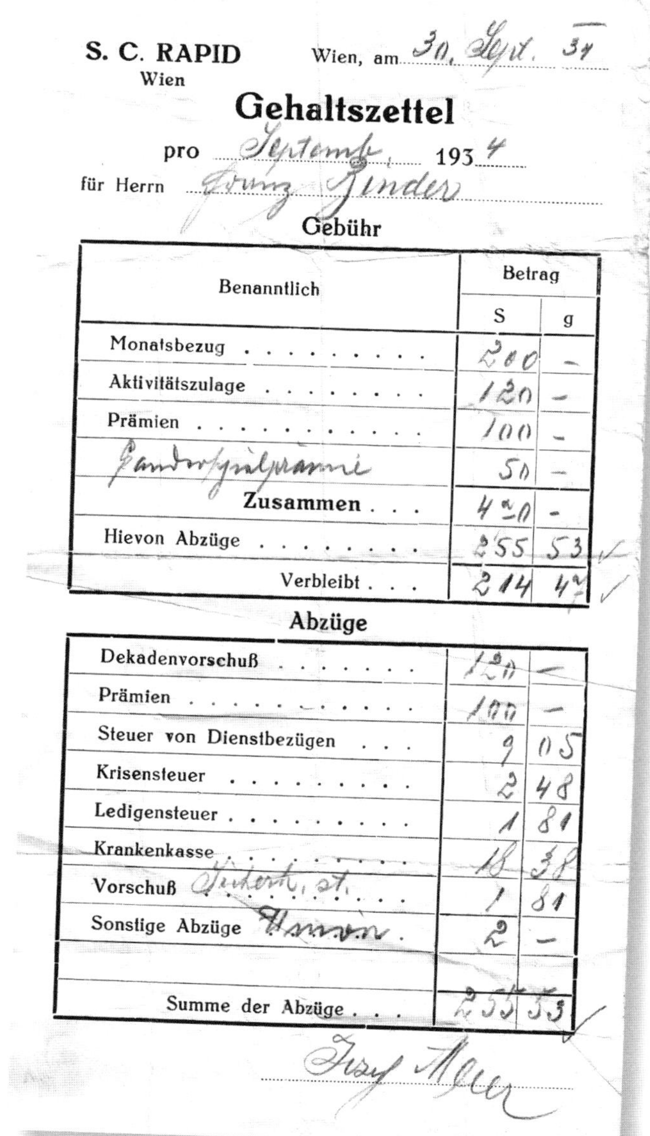

S. C. RAPID
Wien

Wien, am 30. Sept. 34

Gehaltszettel

pro September 1934

für Herrn Franz Binder

Gebühr

Benanntlich	Betrag S	g
Monatsbezug	200	–
Aktivitätszulage	120	–
Prämien	100	–
Sonderspielprämie	50	–
Zusammen	470	–
Hievon Abzüge	255	53
Verbleibt	214	47

Abzüge

Dekadenvorschuß	120	–
Prämien	100	–
Steuer von Dienstbezügen	9	05
Krisensteuer	2	48
Ledigensteuer	1	81
Krankenkasse	18	38
Vorschuß [illegible]	1	81
Sonstige Abzüge [illegible]	2	–
Summe der Abzüge	255	53

[illegible]

ein Schnitzel 1,- Schilling, ein Schusterlaibchen mit einer dürren Wurst 20 Groschen kostete und sich ein Fußballprofi gut ernähren musste, kann man sich vorstellen, dass den Kickern damals nichts für die hohe Kante übrig blieb.

Wirklich gut, wie bereits beschrieben, verdienten in Österreich nur wenige Klassefußballer. Der Profifußball war damals noch bei weitem nicht die Grundlage für ein sorgloses Leben nach der aktiven Karriere. Viele bekannte Namen verschwanden nach der sportlichen Laufbahn in der Versenkung oder wurden zu Sozialfällen. Nur ganz wenige erreichten eine Fortsetzung ihrer sportlichen Laufbahn als Trainer oder Funktionär.

Eines der zahlreichen legendären Duelle zwischen Rapid und Wacker. Binder erzielt eines von sieben Rapid-Toren.

Da ging es den deutschen „Spesenamateuren" weit besser. Sie erhielten eine Vielzahl von Zuwendungen und konnten sich damit für die weitere Zukunft finanziell absichern. Speziell die Spieler der deutschen Spitzenmannschaft Schalke 04 konnten davon profitieren. Der Reihe nach konnten sie Zigarrenläden, Kneipen und Textilgeschäfte eröffnen und sorglos in die Zukunft blicken. Dies wurde auch von allen neidlos akzeptiert, wenn sie eine entsprechende sportliche Leistung erbrachten. Ein Profifußballer verzichtet für die Dauer seiner sportlichen Betätigung auf die Ausübung seines erlernten Berufes (so er überhaupt einen hat) und sollte in den wenigen aktiven Jahren auch eine finanzielle Grundlage für sein weiteres Leben erarbeiten. Leider sah man damals (wie auch heute noch manchmal) ehemalige „Stars" im Zuschauerraum sitzen, die ein erbärmliches Bild des einstigen Glanzes und Ansehens boten. Damals (wie heute) hatte ein ausgedienter Sportler von niemandem Hilfe zu erwarten. In den Wiener Versatzämtern konnte man deshalb so manche goldene Meisterschaftsmedaille als Bruchgold erwerben. Ein trauriges Kapitel der Fußballgeschichte, über das man leider viel zu oft hinwegsah.

Die Meisterschaft 1934/35 begann am 2. September 1934 mit englischem Wetter. Rapid war in England-Form und fegte bei strömendem Regen mit einem 7:1 (Binder: 2 Tore) über Libertas hinweg. Gegen den FAC tat man sich schon schwerer. Der SK Rapid führte zwei Minuten vor dem Schlusspfiff mit 4:3 (Binder: 2 Tore), als Spielern der Blau-Weißen die Nerven durchgingen und Schiedsrichter Lokvenz insultiert wurde.

Das Spiel wurde abgebrochen und am grünen Tisch mit einem 3:0 für Rapid strafverifiziert. Es folgte ein kurzer Abstecher nach Prag, der einen 3:2-Sieg (Binder 1 Tor) gegen die Slavia einbrachte. Am darauffolgenden Sonntag trennte man sich torlos von der Vienna. Diese beiden Spiele hatten eine besondere Bedeutung für die Hütteldorfer. Pepi Smistik verletzte sich schwer beim Spiel gegen Slavia, und gegen die Vienna konnte man zum letzten Mal Pepi Bican im grün-weißen Dress bewundern, er wechselte zu Slavia nach Prag. Der SK Rapid verlor zwei Stützen der Mannschaft innerhalb weniger Tage. Smistik musste zwei Monate pausieren, Bican stand überhaupt nicht mehr zur Verfügung. Die Mannschaft verkraftete die

Gespielt wurde bei jedem Wetter und bei schwierigsten Bodenverhältnissen. Aber nichts konnte Binder daran hindern, den Ball volley so hart und genau zu treffen, dass er zum „Eierlaberl" (Bild links) verformt wird.

Ausfälle sehr gut. Mit Hochreiter kam ein hervorragender Ersatz, der in seiner ersten Saison bei Rapid gleich 17 Meisterschaftstore erzielte. Linksaußen Pesser ersetzte Smistik auf dem Posten des Mittelläufers und machte seine Sache ausgezeichnet. Rapid war in der Meisterschaft weiter auf Erfolgskurs und eilte von Sieg zu Sieg. Ungeschlagen wurde der Herbstdurchgang beendet. Die Weichen für den elften Meistertitel waren gestellt.

Der Höhepunkt dieses Herbstdurchganges fand am 14. November 1934 vor 14.000 Zuschauern auf der Pfarrwiese statt. Rapid gegen Wacker hieß die Paarung, und es sollte ein unvergessliches Fußballerlebnis werden. Wacker spielte von Anpfiff weg einen begeisternden Fußball. Die Hütteldorfer schienen wie gelähmt, und die Wacker-Spieler marschierten mühelos durch ihre Reihen. Sensationell führte Wacker zur Pause auf dem heiligen Rapid-Rasen in Hütteldorf mit 5:1. Niemand konnte sich an so einen hohen Rückstand zur Pause erinnern, es herrschte Totenstille auf den Rängen. Schramseis, der Ex-Rapidler, jetzt für Wacker aktiv, triumphierte zur Pause gegen seine alten Kameraden. Aber die Sensation war natürlich für Wacker noch nicht perfekt, denn diese lieferte wieder einmal die Rapid-Mannschaft.

Wie ausgewechselt kamen die Rapidler zur zweiten Hälfte auf das Feld. Keiner wollte die Demütigung der ersten 45 Minuten auf sich sitzen lassen und wenigstens ein ehrenvolles Ergebnis erzielen. Angriff auf Angriff rollte gegen das Wacker-Tor, und mit dem Treffer zum 2:5 war der Bann gebrochen. In einem wahren Spielrausch holten die Grünen Tor um Tor auf. Pesser steigerte sich gewaltig und ließ mit seiner Abwehr keinen weiteren Treffer zu. Am Ende verließ Wacker mit 7:5 geschlagen die Pfarrwiese. Die Torschützen waren Binder, Kaburek (3), Ostermann (2) und F. Smistik, der jüngere Bruder Pepis. War das ein Jubel in Hütteldorf!

Der dramatische Spielverlauf war noch für viele Wochen das Gesprächsthema schlechthin, und in der Rapid-Chronik konnte man einen weiteren großen Erfolg verzeichnen.

Im Winter folgte vom 25. Dezember 1934 bis 2. Jänner 1935 eine Tournee in die Schweiz. Fünf Spiele: gegen Servette Genf 1:1, Grasshoppers Zürich 4:1, FC Livorno 3:2, Lugano FC 1:3 und den FC Biel 5:3. Drei Siege, ein Remis und eine Niederlage bei einem Torverhältnis von 14:10. Binder, Kaburek erzielten je drei Tore, Luef vier, Pesser zwei und Hochreiter eines. Servette schoss sich ein Eigentor. Das Wichtigste dieser Tournee waren die nachträglichen Weihnachtseinkäufe in der Schweiz. Die Familien der Spieler freuten sich schon auf die Rückkehr und die vielen schönen Geschenke, die sie mitbrachten.

Im Frühjahrsdurchgang machte natürlich alles Jagd auf die ungeschlagenen Hütteldorfer, doch diese behielten auch weiterhin ihre weiße Weste und beendeten die Meisterschaft ungeschlagen. Nach vier Jahren ohne Titel war der Meistertitel endlich wieder in Hütteldorf. Zum zweiten Mal nach 1913 gelang Rapid das Kunststück, ungeschlagen die Meisterschaft zu beenden. Von 22 Spielen wurden 18 gewonnen, vier endeten unentschieden. Auch der von Rapid seit 1915/16 gehaltene Meisterschaftsrekord von 87 erzielten Toren wurde mit 95 deutlich überboten. Binder, Raftl, Kaburek und Skoumal waren in allen 22 Meisterschaftsspielen im Einsatz, Wagner I bei 21, Jestrab bei 19, Hochreiter bei 18, Tauschek bei 17, Ostermann bei 16, Pesser bei 15, Smistik I und II bei je 14, und Cejka 9 bei Spielen. Diese 13 Spieler bildeten den Stamm der Kampfmannschaft auch für die nächsten Jahre. In der Meisterschaft war diese Saison Kaburek mit 27 Treffern bester Rapid-Stürmer, gefolgt von Binder mit 21 und Hochreiter mit 17. Das neu formierte Innentrio von Rapid war maßgeblich für den 11. Meistertitel verantwortlich.

Im Cup tat sich Rapid jedoch sehr schwer. Oberlaa besiegte man noch locker mit 6:2, aber Wacker konnte nur knapp in zwei Spielen (3:3 und 3:2) aus dem Cup geworfen werden. Auch gegen den Sportclub waren zwei Spiele erforderlich, aber mit einem 1:1 und 5:3 nahm man auch diese Hürde. Dann gelang es dem WAC, die Hütteldorfer aus dem Sattel zu heben und aus dem Cup zu eliminieren. Binder kam in allen sieben Cupspielen zum Einsatz und war in jeder Partie erfolgreich. Genießen Sie diese Ergebnisse:

Rapid : Rapid Oberlaa .... Sieg mit 6:2
(Binder 4, Kaburek, Pesser);

Rapid : Wacker Wien .... Remis mit 3:3
(Binder 2, Kaburek);

Rapid : Wacker Wien .... Sieg mit 3:2
(Binder 2, Kaburek);

Rapid : WSC .... Remis mit 1:1
(Binder);

Rapid : WSC .... Sieg mit 5:3
(Binder 2, Pesser 2, Kaburek);

Rapid : WAC .... Finalniederlage mit 4:5
(Binder 2, Pesser, Hochreiter).

Von 22 Rapid-Toren im Wiener Cup erzielte Franz Binder 13.

AM 7. MAI 1935 empfing Rapid im Wiener Stadion die englische Mannschaft Manchester City. 27.000 Zuschauer sahen eine einwandfreie 3:5-Niederlage der

1935: Binders erste Autogrammkarte

Rapidler. Binder gelang dennoch ein Hattrick gegen das starke englische Spitzenteam. Franz hatte das große Glück, schon in jungen Jahren, am Beginn seiner Fußballkarriere, oft gegen britische Spitzenklubs spielen zu können. Rapid war damals in Europa als kampfkräftige, konditionsstarke, aber auch als spielerisch starke Mannschaft bekannt. Die Spielweise der Briten gefiel Binder besonders. Er bewunderte die Kampfkraft, Ausdauer und Härte der Spieler und das schnelle direkte Spiel mit dem Ball. In den späteren Jahren bis zu seinem Lebensende wurde der FC Arsenal London, die „Gunners“ mit der Kanone im Vereinsabzeichen, seine Lieblingsmannschaft von der Insel. Er selbst konnte in seiner aktiven Laufbahn und auch als Trainer nie gegen sein Lieblingsteam spielen. Die Sportübertragungen im Fernsehen waren für ihn wohl die größte technische Errungenschaft überhaupt. Das Fernsehen ermöglichte ihm, den internationalen Fußball zu verfolgen und daraus zu lernen. Umso bedauerlicher, dass es von ihm selbst so wenige bewegte Bilder gibt.

Das erfolgreiche Spieljahr 1934/35 rundete der Sieg im Osterturnier ab, an dem die Austria, Sparta und Slavia Prag die prominenten Teilnehmer waren. Im Mitropacup schied Rapid überraschend bereits in der ersten Runde gegen Zidenice aus. In Brünn gab es eine knappe 3:2-Niederlage, aber in Wien konnten die Rapidler vor der Rekordzahl von 52.000 Zuschauern nur ein 2:2 erreichen. Mit zwei Spielen gegen die

Das Wiener Team (links) und eine Spielszene aus einem Städtespiel zwischen Wien und Prag

polnische Nationalmannschaft (0:1 und 2:1) und Freundschaftsspielen in der Provinz ließ man nun dieses erfolgreiche Jahr ausklingen. Die Erfolgsbilanz: Fast 500.000 Zuschauer besuchten in dieser Saison die Meistermannschaft, in 71 absolvierten Spielen erzielten die Hütteldorfer insgesamt 342 Tore. Dies ergab einen Wochendurchschnitt von mehr als sechs Toren. Die interne Schützenliste führte Binder mit 108 Treffern an, gefolgt von Kaburek mit 73 und Hochreiter mit 54 Toren. Binder/Kaburek/Hochreiter waren ein Innentrio von seltener Schusskraft, das den Abgang des glänzenden Bican vergessen ließ.

Im A-Nationalteam spielte Binder in der Saison 1934/35 zweimal. Sein sechster Einsatz war am 23. September 1934 in Wien gegen die ČSR. Das Spiel endete 2:2, Binder erzielte ein Tor. Einsatz Nummer sieben am 12. Mai 1935 in Wien gegen Polen: Österreich siegte mit 5:2, Binder ging diesmal leer aus.

Der Franz aus der Provinz hatte es also geschafft. Er hatte sich mit seinen vielen Toren und ausgezeichneten spielerischen Leistungen einen Stammplatz in der Kampfmannschaft des populärsten und erfolgreichsten Vereins erarbeitet. Die Fans liebten ihn, und er hatte Fans in ganz Österreich. Auch der Sprung in die österreichische Nationalmannschaft ist ihm gelungen.

Vor fünf Jahren hatte er nicht einmal in seinen Träumen daran gedacht, in der grünen Dress mit seinen von ihm bewunderten Idolen auf der legendären Pfarrwiese zu spielen oder im Prater-Stadion vor vollen Zuschauerrängen aufzulaufen und gemeinsam mit Wunderteam-Spielern wie Sindelar, Smistik, Vogl, Schall und Sesta in der Nationalmannschaft Österreichs zu stehen.

Aber er hatte es erreicht, mit viel Talent, Ehrgeiz, Ausdauer und Arbeit. Der Sportklub Rapid, die „Grünen", die Hütteldorfer, die „Kanoniere" oder wie immer man den Verein auch nannte – er war schon in den 30er Jahren ein Mythos. Die Fans liebten ihren Verein, und schon seit den Gründungstagen standen sie immer hinter ihrer Mannschaft. Mit den Funktionären standen sie zwar oft auf Kriegsfuß, aber auf die Spieler durfte niemand losgehen. Das heißt aber nicht, dass die grünen Kicker bei schlechten Leistungen nicht von den Fans kritisiert wurden. So manche lautstarke Kritik während eines Spieles, im richtigen Wiener Dialekt, war nicht immer ganz stubenrein.

Selbst heute noch bezeichnen die Rapid-Anhänger den SK Rapid als eine Religion. Entweder man war ganz für Rapid oder ganz dagegen. Ein Mittelding gab es nicht. Einmal Rapidler, immer Rapidler. Das war Ehrensache. Welche Umstände aber machten den Mythos Rapid aus, der auch nach über 100 Jahren Vereinsbestand noch immer ungebrochen vorhanden ist?

DER MYTHOS RAPID

Von den vielen Geschichten, die mir mein Vater aus seiner Jugendzeit erzählt hat, ist mir besonders in Erinnerung, wie sehr er Sektionsleiter Dionys Schönecker und seinen Trainer Edi Bauer schätze, die besser wussten, was in ihm steckt, als er selbst. Mit viel Geduld und Psychologie haben sie ihm in der Anfangszeit über so manche Tiefpunkte hinweggeholfen, sind immer zu ihm gestanden und haben Franz Binder aus St. Pölten letztendlich zu einem der besten Stürmer der Welt geformt. Auch den legendären „Rapid-Geist" haben sie ihm eingeimpft, den Willen zum Sieg, nie aufzugeben und sportliche Fairness innerhalb und außerhalb des Spielfeldes. Er hat sich sein Leben lang daran gehalten, und auch für ihn galt immer:

„Einmal Rapidler, immer Rapidler!"

Dieser Spruch gilt heute noch für die Fans des Rekordmeisters, nicht mehr unbedingt für Spieler und Funktionäre. Die Zeiten, die Gesellschaft, die moderne Technik und die wirtschaftlichen Verhältnisse haben sich während der über 100-jährigen Vereinsgeschichte stark verändert. Zu Zeiten eines Schönecker und eines Binder hatte der Sportklub Rapid für alle, die Spieler, die Funktionäre und die Fans, einen anderen Stellenwert. Früher hielten die Spieler, Trainer und Vereinsfunktionäre wie eine verschworene Gemeinschaft zusammen, immer zum Wohl des Vereines. Alle stellten ihre persönlichen Werte und Kraft voll in den Dienst des Vereines. Seit dem Fall des belgischen Fußballprofis Bosman haben sich die Werte im Fußball und die der Spieler stark verändert. Der Fußball wird heute großteils durch das Geld bestimmt. Die Kosten sind in den vergangenen Jahren derart explodiert, dass ohne Sponsoren, ohne Gelder aus TV und Werbung, aber auch ohne private Gönner, welche Millionen in ihr Hobby Fußball investieren, kein Spielbetrieb „ganz oben" mehr möglich ist. Mit oben meine ich die heimische 1. Bundesliga und nicht etwa die europäischen Bewerbe. Im Gegensatz zu früher kennt

Die Meistermannschaft 1934/35: Hochreiter, Kaburek, Binder, Smistik, Bican, Pesser; Schönecker, Fachet, Tauschek, Fiala, Cejka, Studeny, Luef, Ohrenberger, Bauer; Havlicek, Wagner I, Blum, Ostermann, Skoumal, Jestrab, Blaschke; Raftl, Fonje

heute kaum mehr ein Spieler eine echte Vereinstreue. Dort, wo er am meisten „abcashen“ kann, dort spielt er auch.

Die Zeiten, in denen jeder, der einen halbwegs geraden Schuss abgeben konnte, unbedingt beim SK Rapid spielen wollte, sind leider, bis auf ganz wenige Ausnahmen, vorbei. Die Funktionäre, d.h. die großen „fachkundigen“ Vereinsführer, Manager und Sportdirektoren, die im heutigen Fußball tätig sind, stellen sich am liebsten selbst dar und benützen dafür ihre Vereine. Dies ist jedoch der Lauf der Zeit und damit müssen wir leider leben. Gott sei Dank bestätigen Ausnahmen die Regel.

Die Liebe zum Fußball an sich, die Treue und Unterstützung ihres Vereines ist aber bei den meisten Anhängern des Sportklub Rapid bis heute erhalten geblieben. Nach wie vor haben die Hütteldorfer seit ihrer Gründung 1899 die meisten Fans. Generationen von begeisterten Fußballfans füllten das Stadion des Rekordmeisters und haben ein Gefühl für den Mythos Rapid seit über 100 Jahren. Durch meinen Vater, der 27 Jahre seines Lebens erfolgreich für den SK Rapid, als Spieler, Sektionsleiter und Trainer, arbeitete, aber auch durch meinen eigenen 19-jährigen Einsatz für die Hütteldorfer, als Nachwuchsspieler und als Manager des Vereins, glaube ich den Mythos Rapid erklären zu können.

Die vier Säulen des Mythos Rapid:

1) Der legendäre Rapid-Geist

Kaum war der Fußball am Ende des 19. Jahrhunderts in Wien halbwegs bekannt, wurden schon einige Fußballvereine gegründet, und natürlich wollte man in Spielen feststellen, wer die bessere Mannschaft hatte. Fußball ist im Grunde ein Kampfsport. Da britische Unternehmen und deren Mitarbeiter den Fußball nach Wien importiert hatten und die Wiener Jugend daran Gefallen fand, war alles um den Fußball vorerst „very british“. Die Spieler waren fein gekleidet, mit langen Hosen und Rollkragenpullovern. „Fair Play“ wurde großgeschrieben. Verletzte sich ein Spieler einer Mannschaft, so reduzierte sich das gegnerische Team freiwillig auch um einen Spieler. Zuerst spielten die Briten nur unter sich, aber mit den neu gegründeten Fußballvereinen mischten sich bald die Meister mit den Lehrlingen. Natürlich waren die Briten zu Beginn des Fußballs technisch weit

„Mr. Rapid“: Er wurde sportliches Vorbild für viele Generationen von österreichischen Fußballspielern.

besser als die Einheimischen und hatten ihren Spaß mit uns Wienern.

Aber wir waren sehr lernbegierig, erlernten sehr bald die Technik und stellten schnell fest, dass auch körperlicher Einsatz, Lauffreudigkeit und gute Kondition ein Spiel gewinnen konnten. Noch besser ging es natürlich, wenn man ein wenig die Härte übertrieb, dem Gegner die Schneid abkaufte, und auch kleine Raufhändel konnten ganz lustig sein. Sehr schnell sprach sich in der Bevölkerung der große Unterhaltungswert dieses neuen Kampf- und Mannschaftssports herum. Man schaute sich „Fußballmatches" an, hielt meistens zu dem Verein, von dem man Spieler kannte oder welche aus demselben Bezirk waren. So kristallisierten sich die ersten Anhänger der einzelnen Vereine heraus. Jetzt wurde es natürlich noch lustiger. Auf dem Feld bekämpften sich die Vereine mit ihren Mannschaften, auf den Zuschauerrängen feuerten die Fans ihr Team an, und am Ende gewann immer der Stärkere. Wozu brauchte man noch einen Krieg, wenn man jedes Wochenende „Kämpfe" auf dem Rasen sah und manchmal als Zugabe auch noch Blut floss?

Die Wiener Fußballfans merkten sehr bald, dass die in Grün-Weiß spielenden Rapidler mit großer Freude und Ernsthaftigkeit den jungen Fußballsport ausübten, mit einem unbändigen Siegeswillen ausgestattet waren, kein Spiel vor dem Schlusspfiff verloren gaben, verloren geglaubte Spiele noch gewannen, immer freundlich zu ihren Fans waren und sich innerhalb und außerhalb des Spielfeldes immer gesittet und sportlich fair verhielten. Den Fans blieb auch nicht verborgen, dass die Rapid-Spieler und -Funktionäre Freunde waren, die für ihren Verein durchs Feuer gingen, die der Öffentlichkeit guten Sport bieten wollten und wie eine Familie zusammenhielten. Dies war und ist der Rapid-Geist, und sehr viele wollten dazugehören.

2) Das eigene Stadion

Die beste Arbeit verrichtet man, wenn der eigene Arbeitsplatz optimal ausgestattet und funktionell ist. Das war schon immer so und wird auch immer so bleiben, egal welche Tätigkeit man verrichtet. Eine der Hauptursachen für das schlechte sportliche Abschneiden Rapids in den Anfangsjahren war das Fehlen eines eigenen Platzes, einer eigenen Heimstätte. Rapid trug seine ersten „Heimspiele" auf dem „Schmelzer Exerzierfeld" aus.

Dieses hatte aber die unangenehme Eigenschaft aller militärischen Übungsplätze: Es war ein steiniger, staubiger und vor allem steinharter, von hunderttausenden Kommissschuhen und Pferdehufen in Jahrzehnten festgetrampelter Lehmboden. Unebenheiten, Bodenwellen, Löcher und viele einzelne Grasbüschel wies dieses Areal auf. Nicht einmal die schlechtesten Fußballplätze der heutigen Zeit sind auch nur annähernd mit dem „Schmelzer Exerzierfeld" von damals, nach der Jahrhundertwende, vergleichbar.

Das Exerzierfeld auf der Schmelz

Dennoch war die Schmelz ein Reservoir für junge Fußballer, die auf dieser riesigen freien Fläche nach Herzenslust dem runden Leder nachjagen konnten. Viele talentierte Fußballer wurden damals auf der Schmelz entdeckt. Auf dieser „Gstättn" wuchsen die jungen Rapidler heran. Ihrem Eifer tat dies keinen Abbruch, obwohl sie wussten, dass die Wiesen im Prater, im Überschwemmungsgebiet der Donau und in Döbling, auf denen ihre Gegner trainierten und spielten, weit besser waren.

Auf dem freien und unbeplankten Platz der Schmelz war eine Menge Vorarbeit nötig, um ein Fußballfeld zu errichten. Es gab keinerlei feste Markierungen, der Platz musste vor jedem Spiel neu vermessen und hergerichtet werden. Diese Arbeiten verrichteten auch die Spieler und nahmen diese Mühen in reiner Selbstlosigkeit auf sich. Die Spielfeldbegrenzungen wurden mittels eines Spagates, den sie an eingeschlagenen Eisenstangen festbanden, hergestellt.

Die weiteren erforderlichen Requisiten wie Torstangen, Eckfahnen, Pflöcke und die Gießkanne mit der Kalkmilch wurden mittels eines Handwagens auf das Exerzierfeld der Schmelz gekarrt. Ein guter Geist und gleichsam ein Beschützer der jungen Rapidler war der auf einem Bein lahme Herr Putz. Gestützt auf einen wuchtigen Krückstock aus Eichenholz humpelte er dem sonderbaren Tross mit seltsam gekleideten Sportlern, die einen voll bepackten Handwagen zogen, voraus. Mit seinem Kaiser-Wilhelm-Bart und den streng blickenden grauen Augen war er eine Autorität, die nichts über seine jungen Spieler kommen ließ.

Das Exerzierfeld um die Jahrhundertwende mit der k.u.k. Kavalleriekaserne auf der Schmelz

Bedrohlich schwang er seinen mächtigen Krückstock, wenn sich ein Störenfried zeigte oder übermütige Spötter schlechte Witze anbringen wollten. Im Herzen aber war Herr Putz ein vom Fußball faszinierter Helfer, der seinen Beitrag zur jungen Sportart und zu Rapid leisten wollte.

Auch wenn man das Schmelzer Exerzierfeld kostenlos benützen konnte, waren die „Betriebskosten" für damalige Verhältnisse sehr hoch. Das harte und steinige Spielfeld bescherte den Lederbällen und Fußballschuhen keine lange Lebensdauer, und die „Baukosten", die man für jedes „Heimspiel" investieren musste, rissen bald ein beträchtliches Loch in die Vereinskassa. Immerhin betrugen die Baukosten zwei Kronen pro Wettspiel. Mit diesen zwei Kronen mussten Torstangen, 300 Meter Spagat, einige Eisenpflöcke und eine Kanne mit Kalkmilch gekauft werden. Als eines Tages beim Einkauf dieser notwendigen Utensilien eine Preiserhöhung auf 2 Kronen 40 Heller festgestellt wurde, rief dies beim Kassier und den Spielern helle Empörung hervor.

Die Spieler mussten außerdem selbst für ihre Ausrüstung aufkommen. Schuhe, Hemden, Hosen und Strümpfe wurden auf eigene Kosten besorgt. Dies belastete natürlich die Spieler schwer. Da die Kosten für die Ausrüstung das spärlich vorhandene Geld verschlangen, blieb den meisten Spielern kein Fahrgeld mehr, um auf die Plätze der Gegner zu gelangen. So mussten oft die Spieler der „Ersten" einen Fußmarsch von eineinhalb Stunden auf sich nehmen, wenn bei der Donau ein Spiel angesetzt war.

Das Paket mit den Sportutensilien am Rücken war dann am Heimweg besonders beschwerlich, wenn man eine Niederlage erlitten hatte und man vielleicht noch ein wenig blessiert war. Aber die jungen Rapidler nahmen für ihren Sport alle Beschwerden und Strapazen auf sich. Sonntag für Sonntag schnürten sie ihr „Binkerl", bauten sich ihren Fußballplatz selbst oder marschierten stundenlang auf fremde Plätze; dies formte auch den Charakter der Spieler, einen Charakter, der nur den Besten eigen war und die sich dann auch entscheidend durchsetzten.

Die anderen Vereine hatten durchwegs bessere und gepflegte Plätze, vor allem war es eine eigene Heimstätte. Der Vorteil eines „Heimspiels" war auch in den Anfangstagen schon gegeben. Sehnsüchtig blickten die Rapidler zur Konkurrenz, man beschloss, sich ebenfalls eine Heimstätte zu besorgen. Im Jahre 1903 ging dieser Wunsch endlich in Erfüllung. Nach langem Suchen war es Obmann Gössitzer gelungen, ein entsprechendes Areal zu finden. Es war ein Pachtgrund der Gemeinde Wien in Rudolfsheim, wo heute der Meiselmarkt (ehemaliges Wasserreservoir) beheimatet ist. Dieser Platz lief parallel zur Selzergasse neben dem Wasserreservoir und lag mit der Schmalseite an der Hütteldorfer Straße. Die erste Verbindung zu den späteren „Hütteldorfern". Das Spielfeld war zwar stark abschüssig, die Höhendifferenz betrug über zwei Meter zwischen den Toren, aber man hatte endlich einen eigenen Platz, eine Heimstätte gefunden. Der Vorteil eines eigenen Platzes wirkte sich sportlich sofort aus. Neben dem Prater, damals führend, und

Döbling gab es jetzt bald eine dritte Fußballmacht in Wien, den Sportklub Rapid. Auf dem Rudolfsheimer Platz begann der unaufhaltsame sportliche Aufstieg Rapids. Auch eine Matchuhr hatte Rapid in Rudolfsheim bereits. Die Kirchenuhr auf dem neu erbauten Turm der Kirche am Kardinal-Rauscher-Platz ersparte den Zuschauern die oft quälende Frage nach dem baldigen Schlusspfiff, und oft wünschte man die Zeiger anhalten zu können, wenn der Sieg noch nicht sichergestellt war.

Die Spiele der Rapidler waren von Beginn an gut besucht. Die Planken rings um den Platz hatten bald zahlreiche Gucklöcher, durch die die geldlosen Fußballenthusiasten die Rapid-Spiele verfolgten, wenn auch mit stark eingeschränkter Perspektive. Die fußballbegeisterte Rudolfsheimer Jugend erfand immer wieder neue Tricks und Wege, um ohne Entrichtung des Eintrittsgeldes auf den Platz zu gelangen. Besser hatten es da schon die Bewohner der Wohnhäuser in der Selzergasse. Die Fenster glichen bei einem Spiel Rapids bald überfüllten Logen. Hier in Rudolfsheim wuchs der SK Rapid zusammen. Der eigene Platz schürte die Fußballbegeisterung weiter und Siege wie auch Niederlagen schmiedeten die Spieler zusammen. Der Aufstieg des SK Rapid war nicht kometenhaft. Er vollzog sich in vielen kleinen Schritten und Begebenheiten, in Siegen wie mit Niederlagen, dies war auch der Grund, dass die Erfolge der Anfangszeit bis heute erhalten werden konnten.

Erst 1907 erlaubten es die Mittel, einen kleinen Tribünenbau und ein Klubhaus mit Umkleideräumen zu errichten. Auch wurde die Höhendifferenz zwischen den Toren etwas ausgeglichen. Trotzdem belastete eine Sache die Rapidler schwer: Der Pachtgrund in Rudolfsheim hatte eine kurze Kündigungsfrist, es bestand daher immer die Gefahr, wieder auf der Straße zu stehen. Dennoch begann Rapid sofort, als der Platz bespielbar war, mit dem Betrieb, man wollte so schnell wie möglich erstklassig werden. Der Heimvorteil wirkte sich aus, und im Jahre 1903 gewann Rapid die Meisterschaft der 2. Klasse und stieg zu den führenden Klubs wie Cricket, Vienna und dem WAC auf. 1910 wurde dann plötzlich von der Gemeinde Wien der Pachtvertrag für den Rudolfsheimer Platz gekündigt. Neben den sportlichen und finanziellen Problemen, die über den SK Rapid hereinbrachen, stand man urplötzlich auch noch ohne Platz da.

Man musste sich nach einem neuen Grundstück umsehen, das man schließlich in Hütteldorf fand. Das Areal war ein Gemisch aus Grundstücken der Pfarre Hütteldorf und der Gemeinde Wien. Der Bruder von Sektionsleiter Dionys Schönecker, Ing. Eduard

Die Eröffnung des Sportplatzes Rudolfsheim im Jahre 1903

Schönecker, wurde mit dem Bau des neuen Stadions in Hütteldorf beauftragt.

Schönecker hatte bei der Planung der Anlage mit großen Schwierigkeiten zu kämpfen. Das Grundstück hatte einen unregelmäßigen Umfang und erlaubte keinen großzügigen Ausbau. Auch musste er die gespannte finanzielle Lage des Vereines berücksichtigen. Im Herbst 1911 erfolgte der Spatenstich für die neue Heimstätte des SK Rapid. Das Spielfeld war etwas zu schmal, die kleine Holztribüne war zu weit vorgebaut, sodass man von einigen Plätzen überhaupt keine Sicht hatte, es fehlten auch weitere Sitzplätze. Aber immerhin gelang es, ein Fassungsvermögen von

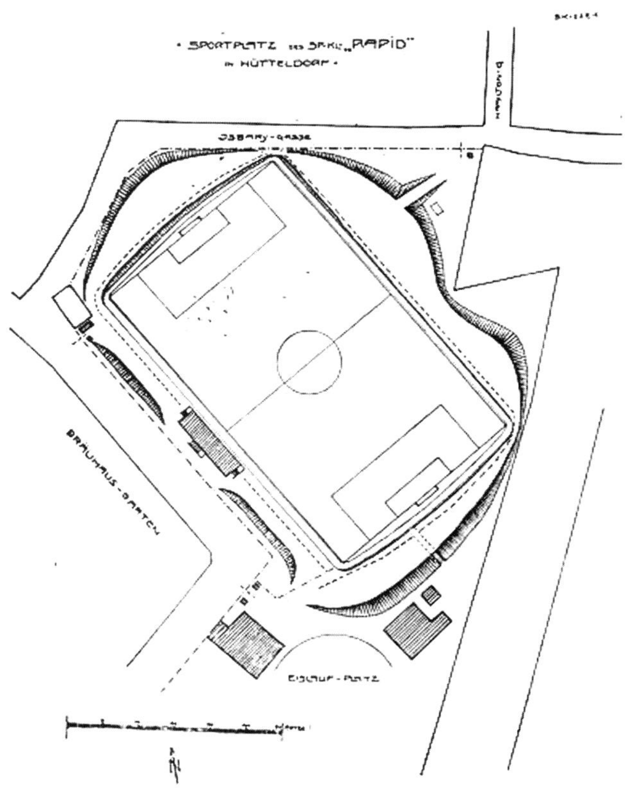

1912 war das Geburtsjahr der legendären Heimstätte des Sportklub Rapid, der „Pfarrwiese" in Hütteldorf.

Die Pfarrwiese nach ihrer Eröffnung im Jahre 1912. Rechts am Bildrand erkennt man die alte, kleine, gedeckte Sitz-

8000 Zuschauern zu erreichen. Am 25. April 1912 fand die Eröffnung des „alten" Hütteldorfer Platzes, der legendären „Pfarrwiese" statt. Er reichte für den normalen Spielbetrieb vollkommen aus, aber die ständig steigende Erfolgskurve des SK Rapid und der enorme Publikumsansturm bei den Spielen ließen die alte Pfarrwiese oft aus allen Nähten platzen. Auch erlaubte das schmale Spielfeld keine Austragung großer internationaler Begegnungen.

Diese Entwicklung ließ die Funktionäre des SK Rapid nicht ruhen. Eduard Schönecker erhielt 1920 den Auftrag, die Pfarrwiese nochmals neu zu gestalten, mit einer großen gedeckten Sitzplatztribüne, einer Stehplatztribüne und einem Fassungsvermögen von

Für den gelungenen Stadionumbau erhielten die Brüder Schönecker von der Vereinsleitung zu Lebzeiten eine Ehrentafel. Diese Tafel war an der Tribüne beim Haupteingang montiert.

20.000 Zuschauern. Das Grundstück hatte zwar noch immer seine unregelmäßige Form, aber diesmal waren die finanziellen Bedingungen besser als vor neun Jahren. Schönecker konnte besser und großzügiger planen. Es gelang ihm, wahrlich ein Meisterwerk von einem Fußballstadion aus dem Boden zu stampfen. Das Spielfeld wurde vergrößert und erhielt internationale Ausmaße.

Von der Stehplatztribüne hatte man nicht nur eine optimale Sicht auf das Spielfeld, sondern auch eine wunderschöne Aussicht auf den Himmelhof und den Lainzer Tiergarten. Diese Stehplatztribüne wurde zum Treffpunkt der treuen Anhänger des SK Rapid, hier waren die Experten, der harte Kern, zu Hause. Jeder hatte seinen persönlichen Stehplatz, den er sich durch niemanden streitig machen ließ, der aber auch respektiert wurde. Auch hinter den Toren gab es Aufschüttungen, um Stehplätze zu schaffen. Unmittelbar hinter den Toren wurden noch mehrere Sitzreihen installiert, diese Plätze waren immer sehr begehrt, da man durch die Nähe der Tore intensiv am Spielgeschehen teilhaben konnte. Da nahm man sogar in Kauf, von einer Granate Uridils oder später von „Bimbo" Binder getroffen zu werden.

Am oberen Rand der Ostrampe wurde eine Spieluhr mit Toranzeige montiert, und das Osttor wurde das spezielle Rapid-Tor, auf dieses Tor spielten die Ra-

platztribüne aus Holz.

pidler immer besser als auf das Westtor und erzielten dort auch die Mehrzahl der Tore. Dies hatte einen einfachen Grund: Hatte man ursprünglich geplant, die Umkleideräume, das Klublokal und das Sekretariat unter der Stehplatztribüne einzubauen, musste man aus technischen Gründen davon abkommen. Dafür wurden Umkleideräume, Bad/WC und die Platzmeisterwohnung in einem eigenen Haus (Holzbaracke) untergebracht, das hinter dem Oststehplatz stand. Der Zugang zum Spielfeld erfolgte durch einen Tunnel, der unterhalb des Stehplatzes verlief. Betrat man nun den Platz, so war natürlich das Osttor weit näher als das Westtor. Kaum stand ein Tormann in diesem Tor, begann man auch schon mit dem Einschießen. Bei den Trainingsspielchen wurde von der Ersten immer auf dieses Tor gespielt. Da lernt man natürlich dieses Tor besonders gut kennen und lieben, man kennt jedes Grasbüschel und brauchte sich nicht lange zu orientieren, um zu wissen, wo man auf dem Spielfeld war und wie man zum Tor stand. Ein Vorteil, der vielen Gegnern auf der Pfarrwiese zum Verhängnis wurde.

Viele Gastmannschaften waren schon geschlagen, wenn sie durch den mysteriösen Tunnel mussten. Persönliche Differenzen wurden in diesem dunklen Schlauch erledigt, und so mancher Spieler oder Schiedsrichter rätselte sehr lange, wer ihm nun wirklich in den Hintern gekniffen oder getreten hat. Für einen Rapidler aber gab es nichts Schöneres als am Spieltag durch diesen Tunnel das Spielfeld zu betreten. Die Pfarrwiese hatte eine ganz eigene Atmosphäre, die man mit Worten nicht beschreiben kann.

Am besten noch damit, dass einem die Gänsehaut über den Rücken lief, wenn man aus dem dunklen Tunnel in ein brodelndes, erwartungsvolles und dicht besetztes Stadion einlief. Am 30. Mai 1959, vor dem Heimspiel gegen den LASK, soll Alfred Körner, der in seiner letzten Saison als Spieler stand, in diesem finsteren und unheimlichen Tunnel seinem unmittelbaren Gegenspieler ins Ohr geflüstert haben, dass er von

Der Tunnel zum Spielfeld auf der Pfarrwiese wurde ein Teil vom Mythos Rapid.

Die Sitzplatztribüne auf der Pfarrwiese war ganz nahe am Spielfeld und man konnte das Spiel „hautnah" verfolgen. Bis in die 60er Jahre waren auf der schmalen Laufbahn noch Sitzplätze für Zuschauer.

Sektionsleiter Ernst Happel heute beobachtet werde und Rapid ihn unbedingt verpflichten möchte. Ich kenne leider den Namen dieses armen Linzer Spielers nicht, er war jedoch dann so nervös, dass er nicht nur den Fredl Körner schalten und walten ließ, wie er wollte, selbst 90 Minuten überhaupt nichts zustande brachte und seine Nebenspieler mit seiner Unsicherheit noch ansteckte. Rapid siegte damals mit 8:0 Toren, und Fredl Körner erzielte zum Abschluss seiner Karriere noch einmal zwei Tore. Und wieder hatte der gefürchtete Tunnel zugeschlagen und ein Match für die Hütteldorfer gewonnen.

Der Tunnel war aber auch sehr gefährlich, was ich als Juniorenspieler einmal am eigenen Leib verspüren musste. Heute würde der Tunnel von der Baubehörde sicher keine Benützungsbewilligung mehr erhalten. Der Boden des Tunnels war nur festgetretene Erde. Nach einem Regen stand immer Wasser am Boden, im Herbst und Winter war es immer sehr feucht, glitschig oder eisglatt. An ihrer tiefsten Stelle hatte die Tunneldecke zwei große, freiliegende T-Stahlträger, beleuchtet wurde das ganze unwirkliche Szenario von einer 40-Watt-Glühbirne. In den 60er Jahren, als mein Vater Sektionsleiter und Robert Körner Trainer war, gab es jeden Donnerstag ein Trainingsspiel zwischen der Ersten und der Reserve. Die Reserve wurde dann meist mit Juniorenspielern aufgefüllt, für die diese Spiele gegen die Besten von Rapid immer eine Auszeichnung waren. Als ich 1964 noch bei den Rapid-Junioren spielte, holte mich Körner von der „Roten Erde", dem kleinen Hartplatz hinter den Umkleidekabinen, zum Trainingsspiel auf das Hauptfeld. Es war Spätherbst, das Trainingsflutlicht brannte und im Tunnel war die Glühbirne defekt. Als ich auf den Platz kam, schickte mich mein Vater zurück in die Kabine, um die Schuhe zu wechseln. Um die anderen nicht zu lange warten zu lassen, lief ich wie der Blitz in Richtung Kabine durch den Tunnel. Obwohl ich schon hunderte Male ohne Probleme durch diesen Tunnel gegangen und gelaufen bin, jeden Stein, die zwei T-Träger und die genaue Tunnelhöhe (Tunnelhöhe: 1,80 m, Binder-Höhe: 1,90 m) genau kannte, streifte ich einen der T-Träger mit dem Kopf, sah nur einen Blitz und fand mich dann am Tunnelboden im Matsch auf dem Rücken liegend. Ich stand auf, wechselte meine Schuhe in der Kabine. Als unser Masseur Pepi Ullrich

Auf der meist vollen Stehplatztribüne war der Treffpunkt der Ur-Rapidler, der „Fachleute" und „Experten". Links oben, unter dem spärlichen Dach formierten sich die ersten Rapid-Fans mit Fahnen und Dressen.

an mir vorüberging und fragte, was mit mir passiert sei, antwortete ich, dass ich die Schuhe gewechselt habe. Er meinte aber nur, dass für mich das Training heute beendet sei, da mir das Blut hinter den Ohren und den Hals herunterfloss. Ich hatte mir eine 12 Zentimeter große Riss- und Quetschwunde auf der Schädeldecke zugezogen. Ullrich brachte mich gleich ins nahegelegene Hanusch-Krankenhaus, dort bekam ich dann dreizehn Nähte und die bei uns Fußballern so beliebte Tetanusspritze.

Hinter den Umkleideräumen gab es noch Platz für ein kleines Trainingsfeld, und in allen Sektoren wurden Toilettenanlagen errichtet. Die Buffets waren wahre Goldgruben, Läufer mit Knackwürsten, Frankfurtern, Bier und Kracherln versorgten zusätzlich die Zuschauer. So ein Sonntag auf der Pfarrwiese war schon ein Erlebnis. Vormittags wurde der Nachwuchs begutachtet, dann verspeiste man seine Jause oder ging ins Restaurant Schneller (jetzt das „Hotel an der Wien" beim Hackinger Bahnhof) auf ein Gulasch, dann kam die Reserve und zum krönenden Abschluss dann die Erste. Nach dem Spiel wurde an der Kantine bei einem „Stehachterl" oder „Krügerl" noch das Spiel diskutiert, und meist konnte man zufrieden den Heimweg antreten.

Die Pfarrwiese verfügte jetzt über insgesamt 20.000 Plätze und entsprach den an sie gestellten internationalen Anforderungen. Hier in Hütteldorf sollte nun endgültig der Mittelpunkt des Wiener Fußballs sein. Nach dem Krieg waren das Holzhaus mit den Umkleidekabinen und die sanitären Einrichtungen bereits so desolat, dass Sektionsleiter Binder seine Verbindungen einsetzte und von den Amerikanern zwei Holzbaracken günstig erwerben konnte. Mein Vater erzählte mir auch, dass er in der alten Baracke, in der Kabine der Kampfmannschaft, im Winter bei Schneefall immer den Schnee von seinem Sitzplatz in der Kabine wegfegen musste, so breit waren schon die Ritzen in den alten Holzwänden gewesen. Die Pfarrwiese sah Generationen von Fußballspielern, weltweit bekannte Spielerpersönlichkeiten und eine Vielzahl von großen Spielen. Bis zum Jahre 1977 sollte der SK Rapid seine Spiele auf der Pfarrwiese austragen.

In diesen vielen Jahren hat sie sich nicht verändert. Anfang der siebziger Jahre plante die Gemeinde Wien eine Stelzenstraße als Anschluss von der Westeinfahrt

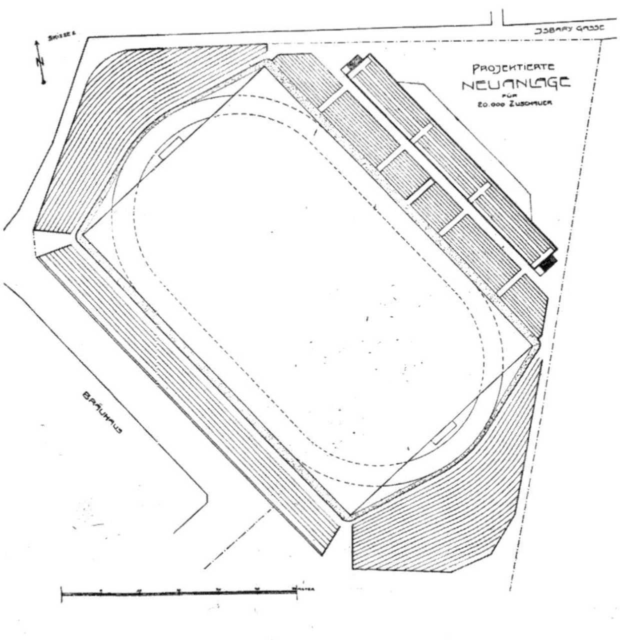

Die projektierte Neuanlage von 1920 für 20.000 Zuschauer

der Autobahn zum Flötzersteig. Die Trasse sollte genau über die Nordwestecke der Pfarrwiese führen. Betonpfeiler statt einer Eckfahne. Der Spielbetrieb hätte eingestellt werden müssen. Als Ersatz plante und baute die Gemeinde Wien für Rapid das Weststadion, nur 500 Meter von der Pfarrwiese entfernt.

Das Weststadion (Gerhard-Hanappi-Stadion) wurde 1976 eröffnet, und ab der Saison 1977/78 war es die neue Heimstätte des Rekordmeisters. 1981 schlug der Pfarrwiese die letzte Stunde. Bis zuletzt hatte der Nachwuchs noch auf der Pfarrwiese gespielt und trainiert. Später kamen die Bulldozer, und in wenigen Stunden wurden fast siebzig Jahre österreichische Fußballgeschichte dem Erdboden gleichgemacht.

Mit Tränen in den Augen stand mein Vater „Bimbo“ Binder am alten Zaun und beobachtete gemeinsam mit alten, treuen Rapid-Anhängern die Planierung und Zerstörung ihres so geliebten Platzes. Als letztes Andenken an die Pfarrwiese steckten sie sich noch schnell einen Holzsplitter der Tribüne in die Tasche. Das Tragische an der Demolierung der Pfarrwiese war die Tatsache, dass das Stelzenprojekt durch eine Volksabstimmung zu Fall gebracht wurde und die Pfarrwiese für den Fußball hätte erhalten werden können. Voreilig wurde ein traditionsreicher Fußballplatz während der Vorarbeiten für ein Milliardenprojekt geopfert. Wir hätten das Areal der Pfarrwiese sehr gut für unseren Nachwuchs brauchen können, denn die Trainingsbedingungen für unsere Jugend sind im Hanappi-Stadion aus Platzmangel nicht optimal. Heute steht auf der ehemaligen Pfarrwiese eine moderne Tennisanlage, und dort, wo einst die Experten auf der Stehplatztribüne standen, tummeln sich Kinder auf einem Spielplatz. Ihnen ist gar nicht mehr bewusst, auf welch traditionsreichem Boden sie spielen. Ein Trost ist, dass die Pfarrwiese nicht für einen Gemeindebau verwendet wurde, sondern als Sport- und Freizeitareal für unsere Jugend erhalten blieb.

Nur 500 Meter von der Pfarrwiese entfernt steht jetzt die neue Heimstätte des SK Rapid. Wie anno dazumal Architekt Eduard Schönecker hat ein dem Fußball verbundener Architekt das neue Rapid-Stadion entworfen. Architekt Dipl.-Ing. Gerhard Hanappi, Rapids Rekordinternationaler, zeichnete für Entwurf und Bau verantwortlich. Nach seiner aktiven Karriere beim SK Rapid bekam Gerhard Hanappi von der Gemeinde Wien den Auftrag, eine neue Sportanlage im Westen Wiens zu errichten, die hauptsächlich durch seinen Verein SK Rapid benützt werden sollte. Das dafür vorgesehene Areal lag zwischen der Linzer Straße im Norden und der Westbahn (Keisslergasse) im Süden, der Deutschordenstraße im Osten und der Bahnhofstraße im Westen. In der ursprünglichen Planung sah Hanappi ein reines Fußballstadion mit 20.000 überdachten Sitzplätzen, einen kleineren Platz mit einer Laufbahn und Anlagen für Leichtathletik, zwei Trainingsplätze, eine Sporthalle, Parkplatz für Matchbesucher, Verwaltungs- und Kabinengebäude vor. Dieser Ur-Plan war wirklich nicht schlecht.

Das Stadion sollte in Nord-Süd-Richtung liegen, und die Dächer der großen Haupttribünen hätten alle Sitzplätze regensicher gemacht. Durch die Nord-Süd-Lage wäre auch das Innere des Stadions gegen den oft starken und kalten Westwind besser geschützt gewesen. Doch dann setzte die Gemeinde Wien kräftig den Rotstift an und strich, aus Kostengründen, das ganze Projekt zusammen. Heraus kam dann die Anlage, so wie wir sie heute haben. Optisch schön und modern, doch auch mit großen Fehlern behaftet, die sich schon unmittelbar nach der Eröffnung zeigten. Entgegen der ursprünglichen Planung lag das Stadion jetzt in West-Ost-Richtung, und der Westwind heult oft gewaltig, wie in einem Windkanal, durch die Nord- und die Südtribüne. Die Tribünendächer wurden verkürzt, und damit waren jetzt über ein Drittel der Sitzplätze auf den Haupttribünen (!) nicht unter Dach. Die Südtribüne verfügt über ausreichend Kabinen und Verwaltungsräumlichkeiten, diese liegen jedoch so tief, dass die Fenster in Richtung Keißlergasse 2,50 Meter hoch liegen und die Räume zum Innenraum des Stadions überhaupt kein Tageslicht zu sehen bekommen.

Impressionen von der Pfarrwiese

Klubhaus

Kabine Kampfmannschaft

Trainerzimmer

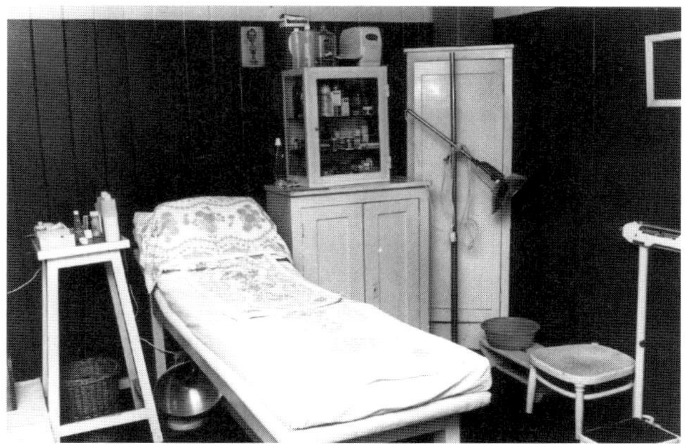

Massageraum

Raum des Platzmeisters

Schuhputzkammer

Die erste Sitzreihe auf den Tribünen im unteren Rang liegt tiefer als das Hauptspielfeld. Von dort sieht man nur die Grasnarbe. Vergessen hat man auch darauf, dass rings um das Spielfeld Werbetafeln aufgestellt werden, über die man aus diesen Sitzpositionen das Spielfeld überhaupt nicht sehen kann. Folglich sind die ersten drei Reihen der Tribünen unverkäuflich, und Karten werden für diese Plätze überhaupt nicht aufgelegt. Aus Sicherheitsgründen wurde ein starkes Gitter zwischen Spielfeld und Tribünen errichtet.

Diese Gitter schränken aber die Sicht bis zur 5. Sitzplatzreihe beträchtlich ein. Die Leichtathletikanlage, die auch für Schulsport genützt werden sollte, wurde komplett gestrichen. Zwei Rasentrainingsplät-

Bulldozer zerstören auf der Pfarrwiese die Haupttribüne und die Umkleidekabinen.

ze und ein Platz mit roter Erde standen zur Verfügung. Ein Großteil des Areals, den wir dringend für einen weiteren Trainingsplatz benötigt hätten, wurde an einen Privatmann für eine Tennisanlage verpachtet. Der Trainingsplatz Nord wurde ursprünglich so schlecht hergestellt, dass er schon nach wenigen Jahren wie die Sahelzone aussah und keinen Spielbetrieb zuließ. Auch das Training dort war sehr problematisch. Vergessen oder eingespart hatte man auch die Flutlichtanlage für den Trainingsplatz West. So fiel ein Trainingsplatz in der Winterperiode mit langer Dunkelheit für den Trainingsbetrieb aus.

Eine Sektorentrennung auf den Tribünen und die Kabinen für den Nachwuchs in der Westtribüne mussten erst nachträglich eingebaut werden. In den letzten Jahren wurden viele Unzulänglichkeiten behoben, und Rapid ist heute mit dem Stadion sehr zufrieden. In den letzten Jahren wurden unter den beiden Trainingsplätzen West eine Tiefgarage gebaut, der Parkplatz Nord aufgelöst und ein Trainingsplatz gebaut, sodass das Stadion jetzt neben dem Hauptfeld über vier Trainingsplätze mit Flutlicht verfügt. Darunter befinden sich zwei Kunstrasenplätze nach dem letzten UEFA-Standard. Das Stadion wurde komplett neu überdacht und der VIP-Bereich ausgebaut. Das Vereinssekretariat und der bestens ausgestattete Fanartikelshop liegen jetzt in einem eigenen Gebäude gegenüber der Südtribüne in der Keißlergasse.

Die Stadioneingänge sind heute mit modernsten elektronischen Kartenkontrollen bestückt. Zwei Videowalls für die Zuschauer, ein zweiter VIP-Club auf der Nordtribüne und ein Festzelt für die Fans nach dem Spiel sind ebenfalls neu. Leider ist die Zuschauerkapazität durch die Umbauten auf rund 17.000 gesunken, für internationale Spiele das Stadion schon zu klein. Aber das neue Stadion hat die legendäre Pfarrwiese gut ersetzt.

Die Gastmannschaften fürchten das „St. Hanappi", wie es jetzt oft genannt wird, und von den heutigen Stadionbesuchern weiß kaum einer mehr was über die alte Pfarrwiese. Wenn man ehrlich ist, muss man zugeben, dass die alte „Pfarrwiese", so gern wir sie auch hatten, den modernen Sicherheitsbestimmungen für Fußballveranstaltungen und einem optimalen Service für Zuschauer nicht mehr entsprochen hat. Eröffnet wurde das „Weststadion" im Jahre 1976. Seit 1977 trainiert und trägt der SK Rapid seine Heimspiele dort aus. Im August 1980 ist der Erbauer des „Weststadions", Gerhard Hanappi, verstorben. Zu seinen Ehren und seinem Andenken wurde das „Weststadion" in „Gerhard-Hanappi-Stadion" umbenannt.

Als wichtigen Austragungsort für Rapid-Spiele dürfen wir aber auch das Wiener Stadion im Prater nicht vergessen. Da für internationale Spiele das Fassungsvermögen der „Pfarrwiese" von jeher zu klein war, musste Rapid in das große Praterstadion ausweichen. Im Mai 1929 beschloss der Wiener Gemeinderat einstimmig den Bau des Stadions im Prater. Vorher gab es eine lange Diskussion, wo das Stadion überhaupt gebaut werden sollte. Neben dem Standort Prater-Hauptallee standen der Fasangarten in Hietzing, der Cobenzl, die Wasserwiese im Prater, der Augarten und Hadersdorf-Weidlingau zur Debatte. Parallel zum Stadion wurden auch das Stadionbad und die Radrennbahn errichtet. Nach 23-monatiger Bauzeit wurde das Stadion am 11. Juli 1931 durch Bürgermeister Karl Seitz eröffnet. Es verfügte neben dem Spielfeld über eine 400-Meter-Laufbahn und Leichtathletikeinrichtungen, Büros und Umkleidekabinen unter der Tribüne, zwei Ränge für Zuschauer mit einem Fassungsvermögen von 58.531 Menschen. In den kommenden Jahren füllten die Wiener Spitzenmannschaften und die Nationalmannschaft das Stadion bis auf den letzten Platz. Rapid spielte oft und gerne im

Das Gerhard-Hanappi-Stadion in den 80er Jahren

Wiener Stadion. Die Kulisse war immer einmalig und auch der Komfort für die Zuschauer sehr gut.

Der Fußballverband bestimmte das Wiener Stadion als neutralen Austragungsort. Wenn das große Wiener Derby zwischen Rapid und Austria auf dem Programm stand, war es egal, ob die Hütteldorfer oder die Veilchen als Veranstalter auftraten. Für Rapid war es immer ein Heimspiel, da bei jedem Spiel immer eine Überzahl an Rapid-Anhängern anwesend war. Für Franz Binder war das Stadion neben der Pfarrwiese die zweite Heimstätte des SK Rapid. Er spielte immer gerne im Prater, egal, ob für den SK Rapid oder in einer der österreichischen Auswahlmannschaften.

Während des Krieges hatte die Wehrmacht ein militärisches Planungsbüro im Wiener Stadion untergebracht und war dadurch auch ein Ziel für die amerikanischen Bomber. 1944 wurde dadurch das Stadion

Der VIP-Club unter der Südtribüne im Hanappi-Stadion

Das Wiener Stadion im Prater vor dem 2. Weltkrieg

1956 bekam das Wiener Stadion Flutlicht und einen dritten Zuschauerrang.

Das Ernst-Happel-Stadion war Austragungsort der EM 2008.

mehrmals bombardiert. Letztendlich zählte man 275 Bombentreffer auf dem Areal des Stadions.

Teile des Sektor E, die Radrennbahn und das Stadionbad wurden zerstört. Doch im Dezember 1945 gab es bereits das erste Länderspiel gegen Frankreich im Stadion. Besonderer Ehrengast unseres Bürgermeisters General Theodor Körner war der FIFA-Präsident Jules Rimet. Österreich siegte über Frankreich mit 4:1. Im Jahr 1956 wurde das Wiener Stadion um einen dritten Rang aufgestockt und hatte nun ein Fassungsvermögen von 91.150 Zuschauern. Die Eröffnung dieser erweiterten Anlage machte Rapid im Europacup der Landesmeister gegen Real Madrid.

Ernst Happel schoss damals vor 50.000 Zuschauern alle drei Rapid-Tore zu 3:1-Sieg. 1984 wurde das Stadion um 425 Millionen Schilling generalsaniert. Die Tragwerke und Oberflächen wurden saniert, Garderoben, Verwaltungsräume, Sanitäranlagen und die Sitzanlagen erneuert. Das Stadion erhielt eine völlig neue Flutlichtanlage ohne Masten und wurde voll überdacht. Entsprechend den Sicherheitsvorschriften der FIFA verfügt das Wiener Stadion jetzt nur mehr über 55.000 Sitzplätze. Es gab auch einen neuen Zubau, der die Büros des ÖFB und der Bundesliga aufnahm, neue großzügige VIP-Räumlichkeiten, modern ausgestattete Pressebereiche und vieles mehr.

Nach dem Ableben Ernst Happels, er war zuletzt österreichischer Teamchef, wurde das Wiener Stadion in „Ernst-Happel-Stadion" umbenannt. Es ist jetzt international in der Topklasse der Fußballstadien und war bereits Austragungsort von Finalspielen der Champions League und 2008 im Rahmen der EURO 2008 auch Ort des Finales.

Es gab noch ein Stadion in Europa, in dem sich die Hütteldorfer und besonders Franz Binder immer sehr wohl fühlten: das Berliner Olympiastadion. Im Rahmen des intensiven Spielverkehrs mit deutschen Mannschaften, speziell von 1938 bis 1941, spielte Rapid sehr oft im Olympiastadion. Höhepunkte der Rapid-Geschichte waren dort der deutsche Pokalsieg 1938 und die deutsche Meisterschaft 1941. Franz Binder war an beiden Titeln maßgeblich beteiligt und hatte mit der „Ostmark"-Auswahl gegen Aston Villa und mit der deutschen Nationalmannschaft beim Sieg über Weltmeister Italien persönliche sportliche Höhepunkte seiner Fußballkarriere.

3) Die Rapid-Viertelstunde

Zum Mythos des SK Rapid gehört auch die legendäre „Rapid-Viertelstunde". Was geschieht eigentlich in den für die Gegner so gefürchteten 15 Minuten? Bei der „Rapid-Viertelstunde" spielt entscheidend der „Rapid-Geist" mit, also der unbedingte Willen zu siegen, ein Match nie verlorenzugeben, für die Fans immer eine gute Leistung zu bringen. Schon in den ersten Meisterschaftsjahren machte der Verein eine gute Werbung für sich selbst mit tollen Leistungen auf

Das Olympiastadion in Berlin, wie es sich 1941 präsentierte.

dem Spielfeld. In den ersten 10 Meisterschaftsjahren gewann der SK Rapid sensationell sieben Meistertitel. Rapid lieferte spektakuläre Spiele ab, und was dem Publikum besonders gefiel, sie schossen immer sehr viele Tore. Spielergebnisse mit Rapid-Toren zwischen 5 und 14 waren häufig. Schon bald fiel auf, dass es den Rapidlern oft in 15 Minuten gelang, ein Spiel zu drehen oder eine sich anbahnende Niederlage in einen Sieg umzuwandeln. Die „Rapid-Viertelstunde" muss nicht in den letzten fünfzehn Spielminuten eines Matches sein, die „Rapid-Viertelstunde" kann es zu jedem Zeitpunkt während der gesamten Spieldauer geben. Die sehr verwöhnten Rapid-Anhänger ärgerten sich immer, wenn es einmal keine „Rapid-Viertelstunde" zu geben schien. Irgendwann haben sie begonnen, in der 75. Minute die Spieler mit rhythmischem Klatschen darauf aufmerksam zu machen, dass mit der letzten Viertelstunde im Spiel auch Zeit für die „Rapid-Viertelstunde" ist.

Aus den alten Aufzeichnungen lässt sich nicht mehr feststellen, wann genau die Tore geschossen wurden. Wir wissen nur, dass Rapid in der zweiten Halbzeit mehr Tore erzielt hat als in der ersten Hälfte. Zahllose Spiele hatten tatsächlich eine dokumentierte „Rapid-Viertelstunde", und sehr viele Spiele konnte der SK Rapid letztendlich in den letzten 15 Spielminuten entscheiden. Dies hatte die Mannschaft dann der Aufforderung und der lautstarken Unterstützung durch das Publikum zu verdanken.

Die bekannteste aller „Rapid-Viertelstunden" hat eigentlich nur acht Minuten gedauert und ist in die Vereinsgeschichte eingegangen. Sie ist im Endspiel um die deutsche Meisterschaft 1941 zwischen Schalke 04 und dem SK Rapid im Berliner Olympiastadion abgelaufen. In der 58. Spielminute führte der FC Schalke 04 scheinbar uneinholbar mit 3:0 Toren. 100.000 Zuschauer im Stadion und hunderttausende an den Radiogeräten in Deutschland feierten die „Knappen" bereits als Meister. Zwischen der 62. und der 70. Spielminute aber lernten die Knappen eine perfekte „Rapid-Viertelstunde" kennen. Nach dem Anschlusstreffer des Rapid-Spielers Schors zum 1:3 erzielte Franz Binder in der 62., 63. und 70. Minute mit einem lupenreinen Hattrick in nur acht Minuten die 4:3-Führung.

4) Die Rapid-Anhänger

Zu den Stärken des österreichischen Rekordmeisters gehörten nach Spielerqualität, Kampfgeist und Erfolgswillen vor allem die Zuschauer. Die Rapid-Anhänger waren schon immer ein eigenes Völkchen. Rapid war und ist für viele eine Religion, eine Weltanschauung, die schönste Nebenbeschäftigung oder ganz einfach die einzige große (Fußball-)Liebe, der man ein Leben lang die Treue hält: einmal Rapidler, immer Rapidler!

Sie liebten ihre großen Mannschaften, aber noch mehr liebten sie ihre Stars und da immer besonders die Torjäger. Schon immer zeichneten sich die Mannschaften des Sportklub Rapid durch Kampfgeist, Kameradschaft und einen enormen Siegeswillen aus. Daraus entwickelten sich dann mit den Jahren der legendäre „Rapid-Geist" und die überall bis heute gefürchtete „Rapid-Viertelstunde". Aber ohne die Fans, die immer zahlreich und vorbehaltlos ihre Rapid-

Egal, ob in den Anfangszeiten oder nach über 100 Jahren: den Rapidanhängern gehört ein großer Teil der Erfolge ihrer Mannschaft. Sie sind zwar sehr kritisch, nörgeln und schimpfen, aber für ihre Mannschaft, für den SK Rapid, gehen sie durch dick und dünn.

Mannschaften lauthals und fanatisch unterstützten, förmlich zu den Erfolgen trieben, wäre Rapid nie so und über einen so langen Zeitraum erfolgreich geblieben. Die Fans waren immer sehr kritisch, da wurden Spieler schon mal beim Match oder beim Training beschimpft.

Bot derjenige aber wieder eine gute Leistung, trugen sie ihn auf den Schultern vom Platz. Auf der alten Stehplatztribüne waren die „Experten" zu Hause, die oft lautstark ihre Kritik den Spielern zuriefen. Mein Vater erzählte oft im Freundeskreis, dass ihm bei einem schwächeren Tag auf der Pfarrwiese die eigenen Anhänger lautstark von der Stehplatztribüne zuriefen: „Hearst, wos is, Langer, heit kann ma da beim Rennen wieda die Hosn flicken!"

Kurz darauf erzielte er zwei Tore, und dieselben Leute jubelten, warfen ihre Hüte in die Höhe und luden ihn nach dem Match auf ein Getränk zum „Schneller" ein. Die Fans waren bei Rapid immer eine Macht, die den Gegner schreckte und der eigenen Mannschaft half. Fanatiker und Rowdies, die ein Match der Hütteldorfer dazu benützen, ihren Frust im Schutz der Masse abzuladen und am Fußball gar nicht interessiert sind und dem eigenen Verein finanziell und im Ansehen schaden, lehne ich strikt ab. Aber es sind nur wenige, und es ist zu wünschen, dass die Unterstützung der Fans der Mannschaft weiterhin zu Erfolgen verhilft.

Private Veränderungen

Im Sommer 1935 konnte sich in Wien niemand mehr Rapid ohne Franz Binder vorstellen. Jahr um Jahr hatte er seine Leistungen gesteigert und stellte neue Rekorde als Torschütze auf. Das Fußballpublikum jubelte ihm zu, und überall war er ein gern gesehener Gast. Nach wie vor pendelte er mit dem Zug fast täglich zwischen St. Pölten und dem Bahnhof Hütteldorf-Hacking. Aber inzwischen war seine Popularität schon so groß, dass die Fahrdienstleiter im Bahnhof Hütteldorf-Hacking kurz auch Schnellzüge für ihn stoppten, damit er rasch nach St. Pölten kam. Der Bahnhof Hacking lag zwar nur einen Binder-Schuss

Im städtischen Schwimmbad von St. Pölten lernte Franz seine Erna kennen.

vom Rapid-Platz entfernt, aber nun musste er keinen Sprint mehr einlegen, um seinen Zug zu erreichen, man wartete auf ihn. In St. Pölten war er der Star schlechthin. Im Kreise seiner Familie, bei Freunden und natürlich am Sturm-19-Platz, den er nach wie vor besuchte, musste er von seinen Reisen in die Welt, vom Leben in Wien und den vielen Spielen erzählen.

Am Abend ging er gerne in der St. Pöltener Innenstadt „flanieren" und konnte sich schon ein Essen und einen Kaffee im Gasthaus leisten, oder er lud auch seine Geschwister und Freunde dazu ein. Im Sommer ging er, wie schon als Kind und Jugendlicher, immer noch gerne ins städtische Schwimmbad. Hier traf sich in der schönen Jahreszeit die Jugend von St. Pölten, ob arm oder reich. Im Badeanzug und in der Badehose waren alle ziemlich gleich. Natürlich war der fesche Franz – athletische Figur, braun gebrannt, 190 cm groß und bekannter Fußballprofi – ein begehrtes Objekt für den jungen weiblichen Anteil von St. Pölten. Er hatte zwar eine Freundin, allerdings nur eine sehr lockere Beziehung, da man sich selten sah. In Wien war er immer alleine, also praktisch ein Single. Dies wusste natürlich auch eine gewisse Erna Amesbauer aus Stattersdorf bei St. Pölten, sie war eine Bekannte der Freundin von Franz, aktive Schwimmerin im St. Pöltener Schwimmverein. Sie erreichte bei den österreichischen Schwimmmeisterschaften den dritten Platz im 200-Meter-Brustschwimmen und war eine sehr attraktive junge Dame.

Nun, es kam, wie es kommen musste: Sie lernte Franz über ihre Freundin kennen und hatte damit ihre große Liebe gefunden. Mein Vater war ihr mit Haut und Haaren verfallen. Sein und ihr Leben hatte sich plötzlich völlig verändert. In den kommenden Jahren galt ihre ganze Liebe und Kraft der Familie. Sie hielt Franz den Rücken frei, damit er sich voll auf seinen Beruf und den sportlichen Lebensinhalt konzentrieren konnte. Mit 93 Jahren ist sie am 17. März 2009 verstorben und hat bis zuletzt aus ihrem Leben mit ihrem geliebten Mann erzählt. Immer wieder sprach meine Mutter im Bekanntenkreis, mit einem schelmischen Lächeln auf den Lippen, davon, wie sie ihren Franz, den liebsten und schönsten Mann überhaupt, kennen lernte und wie sie ihn der Freundin ausspannte.

Jetzt hatte Franz neben dem Fußball einen zweiten ganz wichtigen Lebensinhalt: seine Erna und später seine Familie. Nun war es für ihn noch wichtiger, immer schnell nach Hause zu seiner Erna zu kommen. Auch bei Rapid hatte es sich sehr schnell herumgesprochen, dass Franz eine feste fesche Freundin hat. Sektionsleiter Schönecker war sogar sehr zufrieden mit dieser Situation. Für ihn war wichtig, dass seine Spieler einen geregelten Lebenswandel führten, am besten in einer eigenen funktionierenden Familie. Kurze Zeit später wurde das „Hotel Mama" verlassen und mit seiner Erna eine kleine Zweizimmerwohnung in St. Pölten bezogen. Es war eine sehr liebevolle und harmonische Beziehung, und das Resultat daraus sollte am 21. November 1936 das Licht der Welt erblicken: Tochter Elisabeth, meine Schwester. Aber noch war es nicht so weit.

Für Franz war Erna die große und einzige Liebe seines Lebens.

SPIELSAISON 1935/36:

„Bimbo“ wird sein Markenzeichen

Als regierender Meister nahm man die Spielsaison 1935/36 in Angriff. Begonnen hatte die Saison für Rapid sehr erfolgversprechend. Die Hütteldorfer starteten gegen Hakoah (1:0), WSC (3:1), WAC (5:3) und FC Wien (3:1) mit vier Siegen in Folge. Erst die Vienna stoppte den Siegeszug mit einem 2:1-Sieg auf der Pfarrwiese. Der gute Lauf in der Meisterschaft wurde dann am 6. Oktober 1935 durch das Länderspiel gegen Polen in Warschau unterbrochen. Im Mai hatten die Österreicher in Wien sicher mit 5:2 gewonnen, jetzt setzte es aber eine 0:1-Niederlage. In beiden Spielen gegen Polen blieb Binder ohne Torerfolg. Bis zum Ende der Herbstmeisterschaft gab es noch drei Siege über die Austria (2:0), FAC (3:1) und Favoritner AC (5:1), aber auch zwei Niederlagen gegen die Admira (2:4) und Libertas (1:2) sowie ein Unentschieden gegen Wacker (2:2). Binder war gut bei Schuss mit zehn Toren im Herbstdurchgang.

Eine anstrengende Wintertournee über Weihnachten und Neujahr führte Rapid nach Nordafrika. Zwei Resultate sind von dieser Tournee besonders zu erwähnen: das 7:1 gegen Mostaganem und ein 16:1-Sieg über die Auswahl von Fez. Hochreiter erzielte insgesamt acht Tore, und „Bimbo“ Binder konnte in einer Halbzeit fünf Treffer im Tor der Wüstensöhne deponieren.

Acht Jahre, von 1930–1938 war „Bimbo“ täglich mit dem „Pendler“ auf „Buche-Eiche“, wie die Holzklasse (3. Klasse) im Volksmund genannt wurde, unterwegs.

Ist Ihnen aufgefallen, dass ich meinen Vater im vorhergehenden Absatz erstmals „Bimbo“ genannt habe? „Bimbo“ war der neue Spitzname von Franz Binder und sein Markenzeichen bis zu seinem Tode. Wie kam er zu seinem Markenzeichen?

Im Winter ging Rapid vom 1. bis 5. Jänner 1936 auf Nordafrika-Tournee. Die Delegation musste vor der Schiffsüberfahrt von Frankreich nach Marokko eine Pause in Marseille einlegen. Am Abend besuchte die Mannschaft ein Kino und sah den Film „Der Wüstensturm“. Der Film war natürlich in französischer Sprache, und die Rapid-Spieler verstanden kein Wort. Die Handlung des Filmes zeigte eine Einheit der Fremdenlegion, welche in der Wüste in einem Fort stationiert war und von Beduinen angegriffen wurde. In der Nacht wurde eine farbiger Soldat zum nächsten Fort gesandt, um Hilfe zu holen.

Dieser farbige Läufer, welcher durch die Wüste, über Dünen und Geröll zum nächsten Fort laufen musste, war sehr groß, schlaksig und im Laufstil das Ebenbild des langen Rapid-Mittelstürmers. Auch ohne Kenntnisse der französischen Sprache konnten die Spielerkollegen den Namen des Läufers hören und erkennen. „Schaut's, da rennt ja unser Langer“, rief einer seiner Kameraden, und ab diesem Moment hieß „der Lange“ bei seinen Kameraden nur mehr „Bimbo“. „Bimbo“ wurde allgemein zu seinem internationalen Markenzeichen.

In der damaligen Zeit nannte man mit „Bimbo“ abwertend farbige Afrikaner. Für meinen Vater war sein Spitzname „Bimbo“ weder rassistisch noch für farbige Mitmenschen herabsetzend. Er hat dieses „Markenzeichen“ stets mit Stolz geführt, und niemand, weder innerhalb noch außerhalb des Spielfelds,

Die Nationalmannschaft vor dem Spiel gegen Spanien. Bimbo: 5. von links

hat je die Person „Bimbo" Binder oder einen anderen damit beleidigt oder beschimpft. Für Franz Binder war „Bimbo" eine Auszeichnung, die stets mit Respekt seinem Namen hinzugefügt wurde.

Zurück von der Afrikareise standen zwei schwere Spiele mit der Nationalmannschaft gegen Spanien und Portugal auf dem Programm. „Bimbo" Binder, Pepi Smistik und Franz Wagner rückten sofort ins Teamtrainingslager ein, um sich auf diese Länderspiele gut vorzubereiten. Franz Wagner sorgte im Teamcamp dafür, dass Binders neuer Spitzname auch in der Nationalmannschaft Einzug hielt. Mit dabei auch Pepi Bican, der schon im Sommer von Rapid zur Admira gewechselt war. Am 19. 1. 1936 traf man in Madrid auf die spanische Nationalmannschaft in stärkster Aufstellung.

Österreich spielte in folgender Aufstellung:

Platzer;

Sesta, Schmaus;

Wagner F., Smistik, Urbanek;

Zischek, Hahnemann, Bican, Binder, Vogl A.

Den Österreichern blieb bei der Ankunft in Madrid nicht verborgen, dass Spanien am Rande des Bürgerkrieges stand. Rote Miliz beherrschte das Straßenbild, und es war ratsam, nach Einbruch der Dunkelheit das Hotel nicht mehr zu verlassen. Drei Monate später sollte der Bürgerkrieg in Spanien ausbrechen. Im Atletico-Stadion war dann für 90 Minuten die Politik vergessen. Das heißblütige spanische Publikum feuerte seine Mannschaft frenetisch an. An diesem Tag war Österreich einfach stärker und siegte mit 5:4.

Das in Madrid über Spanien siegreiche österreichische Nationalteam

Weder der bullige Stürmerstar Martinez mit seinen gefürchteten Kopfbällen noch Spaniens neuer Teamchef Ricardo Zamora, mit lauten Zurufen, konnten das Blatt wenden. Neun Tore begeisterten trotzdem die Zuschauer, sie applaudierten den Österreichern zum Sieg, der nur durch unglaubliches Schusspech nicht höher ausfiel. Mit einem Kopfballtreffer steuerte „Bimbo" ein Tor bei. Jetzt konnte man mit Selbstvertrauen die zweite Hürde in Portugal in Angriff nehmen.

Fast eine Woche konnte sich das Team jetzt in Porto auf das Spiel gegen Portugal vorbereiten. Leider machte das Wetter einen gehörigen Strich durch die Rechnung. Tagelang öffnete der Himmel seine Schleusen, man konnte kaum trainieren, keine Spaziergänge an der schönen Atlantikküste, man umlagerte die Billardtische im Hotel, und die Wartezeit wurde unerträglich lang. Erst knapp vor dem Spiel hörte der Regen auf, der nasse Rasen kam den Österreichern mehr entgegen als den Portugiesen. Auch

Rapid schlägt Roma mit zwei Binder-Toren 3:1.

„Do tans Ihna entfalten, wann sich die so an die Haxen hängen ...“

Für die Karikaturisten war „Bimbos“ gewaltige Schusskraft ein beliebtes Thema.

das zweite Spiel innerhalb einer Woche auf der Iberischen Halbinsel gegen ein europäisches Spitzenteam gewannen die Österreicher. Das 3:2 war verdient, „Bimbo“ erzielte in seinem 10. Länderspiel wieder einen Treffer.

Die Frühjahrssaison 1936 ging dann völlig daneben. Es schien, als ob Rapid nach dem elften Meistertitel eine künstlerische Pause eingelegt hätte. Es setzte fünf Niederlagen, davon allein drei hintereinander in den letzten drei Meisterschaftsspielen. Auch im Cup blieb man erfolglos. Admira wurde mit großem Vorsprung Meister, und Rapid musste sich mit dem dritten Rang begnügen.

Was waren die Gründe für diesen Leistungsabfall? Sicher musste Rapid der erfolgreichen, aber sehr anstrengenden Saison 1934/35 Tribut zollen. Pepi Bican wechselt zum Meister Admira.

Das Niveau der Wiener Spitzenmannschaften wurde immer ausgeglichener, und zahlreiche klangvolle Namen verschwanden aus den Aufstellungen, aber nicht nur bei Rapid. Wieder musste neues Blut der Mannschaft zugeführt werden, um konkurrenzfähig bleiben zu können. Im Cup scheiterte man an Wacker und nur bei internationalen Freundschaftsspielen konnte man die gewohnten Erfolge verzeichnen.

Zum Ausklang der Spielsaison stand der Mitropacup auf dem Programm. In der Qualifikation wurden Wacker (5:3) und der FC Wien (2:1) ausgeschaltet, und „Bimbo“ war in jedem Spiel mit zwei Treffern dabei. Mit dem AS Roma bekam man einen prominenten italienischen Verein zugelost. Das Heimspiel vor 25.000 Zuschauern im Wiener Stadion gewann Rapid sicher 3:1 (Binder 2) und hatte damit sein Pulver auch schon verschossen. Das scheinbar gute Ergebnis aus Wien reichte in der heiligen Stadt nicht für den Aufstieg aus. Mittelstürmer Binder wurde dort schon in der zehnten Minute verletzt und konnte nur mehr als Statist am rechten Flügel mithumpeln. Damit war der Angriff der Hütteldorfer ausgeschaltet, und mit zehn Mann ging Rapid 1:5 unter. Trotzdem ging der Ehrentreffer auf Binders Konto.

Das Ausscheiden in der ersten Runde aus dem Mitropacup gegen den AS Roma war das Startzeichen zum Umbau der Mannschaft. Schon seit längerer Zeit wurden massenweise Spieler verpflichtet und getestet.

SPIELSAISON 1936/37:

„Rapid spielt schlecht, „Bimbo“ super

Solchen Einsatz und spektakuläre Tore von „Bimbo“ liebten seine Fans.

In den Annalen kann man die Namen für fast drei komplette Mannschaften nachlesen. Aber nur wenige waren, vom Können und der Einstellung her, wirklich für die Kampfmannschaft geeignet. Vielen dieser Spieler gelang es nicht, sich in die Mannschaft einzuordnen, und auch prominente Namen konnten nicht Fuß fassen.

Letztendlich kamen dann aus den eigenen Reihen die Verstärkungen für die Zukunft. Darunter später so bekannte Spieler wie Adelbrecht, Aurednik, Dvoracek, Fellner, Hofstätter, Holec, Hofer, Kaspirek, Musil, Schlauf, Schors, Sperner und Wagner II. Hier zeigte sich wieder einmal, wie wichtig eine gute Nachwuchsarbeit bei einem Spitzenverein ist. Schönecker und Bauer experimentierten mit verschiedensten Aufstellungen, taktischen Varianten, und die Spieler wanderten von der Ersten zur Reserve ständig hin und her. Es war eine beinharte Auswahl, bis man die richtige Mischung gefunden hatte.

Binder spielte 20 von 22 Meisterschaftsspielen und schoss 17 Tore. Immerhin erzielte er insgesamt in 46 absolvierten Spielen 65 Tore. Aber in dieser Saison war bei Rapid wirklich Sand im Getriebe. Für die noch nicht beendete Aufbauarbeit für die neue Kampfmannschaft opferten Schönecker und der neue Trainer Nitsch auch die kommende Spielsaison 1936/37. Nitsch hatte im Sommer Bauer als Trainer ersetzt und sollte ebenso gute Arbeit leisten wie sein Vorgänger. Die bewährten Mannschaftsstützen Kaburek, Hochreiter und Jestrab verließen Rapid und wechselten zu anderen Vereinen.

DIE VORBEREITUNGEN AUF DIE SAISON 1936/37 begannen mit einer Monstertournee vom 15. Juli bis zum 8. August 1936 nach Jugoslawien und in die Tschechoslowakei. Nicht weniger als 11 Spiele wurden ausgetragen, und Rapid erreichte sieben Siege, ein Remis bei nur drei Niederlagen. Das Torverhältnis von 40:26 konnte sich ebenso sehen lassen wie die 16 Tore, die „Bimbo“ erzielte. Kaum in Wien zurück gastierte das Olympia-Team von China auf der Pfarrwiese. Zwar verloren die Asiaten das Spiel mit 2:4 (Binder 2), aber mit großem Einsatz erreichten sie dieses ehrenvolle Resultat.

Die Herbstsaison war geprägt durch ständig wechselnde Aufstellungen. Schönecker und Nitsch experimentierten mit immer neuen Varianten. Das Ergebnis war, dass Rapid in nur drei Meisterschaftsspielen siegte, fünf Unentschieden erreichte und dreimal besiegt wurde. Diese doch sehr schwache Ausbeute war nicht auf „Bimbo“ zurückzuführen, der spielte in Hochform und führte am Ende des Herbstdurchgangs die Schützenliste mit 14 Toren an.

Österreich spielte in Budapest gegen Ungarn mit Sindelar und „Bimbo“.

Seine Spitzenleistungen brachten ihm auch zwei weitere Einberufungen in die Nationalmannschaft. Am 27. September 1936 trafen die Erzrivalen Ungarn und Österreich in Budapest aufeinander. In einer packenden und spannenden Partie gewannen die Ungarn mit 5:3 – Österreich in stärkster Aufstellung mit Sindelar und Binder im Sturmzentrum. Wieder harmonierten die beiden doch so verschiedenen

Stürmertypen blendend und erzielten die drei Treffer für Österreich. Sindelar (2) und einmal Binder waren die Torschützen. „Bimbos“ zwölftes Teamspiel fand dann am 8. November 1936 in Zürich gegen die Schweiz statt. Die Österreicher hatten die Eidgenossen immer gut im Griff und siegten sicher mit 3:1 Toren. Binder erhöhte sein Trefferkonto um zwei weitere Tore.

Aber was hat Franz im Herbst 1936 so beflügelt? Waren es diesmal vielleicht private Gründe für seinen Höhenflug? Nicht nur sportlich war für „Bimbo“ 1936 ein gutes Jahr, sondern auch außerhalb des Spielfelds ein besonders glückliches. Am 21. November 1936 kam in St. Pölten Tochter Elisabeth auf die Welt. Mutter und Tochter waren wohlauf und der Vater überschäumend vor Freude. Liesl war Papas großer Liebling, er ein sehr liebevoller und guter Vater, doch leider immer sehr viel unterwegs.

Schon am Tag nach der Geburt war „Bimbo“ wieder in der Meisterschaft im Einsatz. Gegen Postsport gab es zwar nur ein 2:2-Unentschieden, aber einmal durfte der junge Vater über ein Tor jubeln. Weihnachten 1936 und Silvester musste die junge Mutter mit Töchterchen Elisabeth alleine in St. Pölten verbringen. Vater Franz war mit Rapid vom 19. Dezember 1936

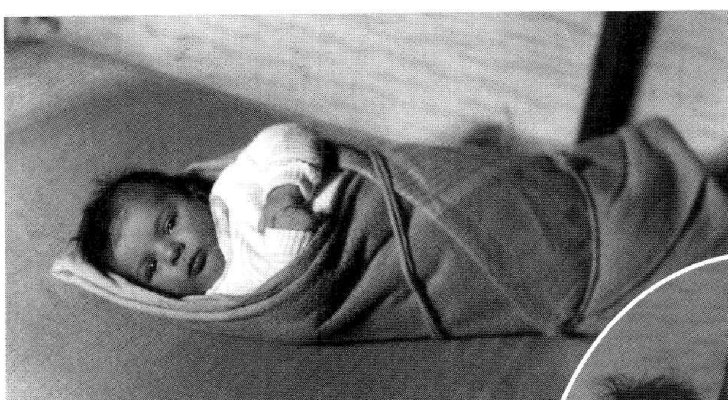

Erna mit ihrer Tochter Elisabeth

bis zum 6. Jänner 1937 auf einer großen Tournee auf Malta. Nicht weniger als sieben Spiele standen auf dem Programm. Alle Spiele fanden im „Empire Stadium“ in Malta statt. Gegner waren die maltesischen Vereine Sliema Wanderers, der Meister von Malta, Hibernians, St. Georges, Floriana, zwei Auswahlmannschaften der auf Malta stationierten britischen Army und Navy sowie mit Hungaria Budapest eine Gastmannschaft aus Ungarn. Es war eine sehr angenehme Tournee und für Rapid so etwas wie eine kleine Erholungsreise. Nicht alle Spiele wurden so richtig ernst genommen. Die Gastgeber, die ja großen sportlichen Respekt vor den Österrei-

Präzises Zuspiel, dann eine Energieleistung Binders

bringen den Sieg. In der 37. Minute gibt Adamek einen langen, abgezirkelten Paß zu Jerusalem, der Binder durchlegt. Der Rapidmann setzt mit großer Energie dem Ball nach, bringt ihn an den Verteidigern vorbei und sendet das Leder an dem herauslaufenden Llense ins Netz. 2:1 für Österreich.

Das siegbringende Tor

chern hatten, bemühten sich sehr mit Parties und Einladungen um die Rapidler, denn die Leistungen der Hütteldorfer 1933 und 1934 auf der Insel waren die Grundlage für diese neuerliche Einladung nach Malta.

Kaum in Wien zurück, ging es mit der Bahn weiter nach Paris zum Länderkampf gegen Frankreich. Österreich, diesmal ohne Sindelar, konnte die Franzosen mit 2:1 schlagen. Das erste Länderspiel des Jahres 1937 wurde schon für 24. Jänner angesetzt. Sein 13. Länderspiel brachte „Bimbo“ großes Glück, er schoss den Siegestreffer.

Die Tormaschine „Bimbo“ funktionierte auch im Frühjahr einwandfrei. Die Erfolge der Mannschaft waren aber eher bescheiden, und die Hütteldorfer mussten eine der schlechtesten Platzierungen in den Annalen der Meisterschaft verzeichnen. Wie schon im Herbst: an Binder lag es nicht. Dieser verhinderte mit seinen konstant guten Leistungen ein noch größeres Debakel. Negativer Höhepunkt der Saison war der Spielabbruch gegen die Wiener Austria. Die Violetten traten in diesem Spiel gegen alles, was sich bewegte, und Wagner I, Jestrab und Smistik II mussten vorzeitig verletzt ausscheiden. Als dann noch Smistik und Binder ausgeschlossen wurden, musste Schiedsrichter Lokwenz 10 Minuten vor Spielende abbrechen, da Rapid nur mehr sechs Spieler hatte.

Die „Hackerei“ endete mit einem 5:0-Sieg für die Veilchen. „Bimbo“ konnte auch diese Saison nicht nur privat, sondern auch sportlich positiv abhaken. Er steigerte sich mit 15 Toren in der Frühjahrsmeisterschaft weiter gegenüber dem Herbstdurchgang und erreichte mit 29 Treffern seinen zweiten Titel als Schützenkönig. Im Wiener Cup kam das Ausscheiden leider in der vierten Runde gegen den Wiener Sport-Club. Nach Siegen über Ostbahn XI (7:1, Binder 4 Tore), FC Wien (3:1, Binder 3) und FAC (6:4, Binder 1) gewannen die Dornbacher mit 3:2. Von 18 Rapid-Toren hatte er genau die Hälfte, neun Stück, alleine erzielt.

In Hütteldorf war Feuer am Dach. Die Fans liebten ihren einzigen Lichtblick „Bimbo", forderten aber lauthals von der Vereinsleitung endlich wieder einen Titel für Rapid. Reichten in der erfolgreichen Saison 1934/35 nur 19 Spieler für die Meisterschaft, so wurden in diesem Jahr nicht weniger als 28 Spieler eingesetzt. Die Hochblüte der Fußballergeneration von 1930 bis 1936 war vorüber, und die Nachfolger der „Wiener Schule" hatten vorerst nicht die Qualität ihrer großen Vorbilder. Es gab kein Wunderteam mehr, die meisten Fußballsterne dieser großen Zeit waren abgetreten. Dazu kam, dass viel schneller und mit mehr körperlichem Einsatz gespielt wurde. Die „Fußballkunst" wich langsam dem „Zweckfußball". Eine

Trainingspause auf der Pfarrwiese

Erscheinung, die dem Fußball viel von seiner Schönheit nahm. Die Spiele wurden trockener und sachlicher, die Zeit der Artisten und Zauberer war vorbei. In dieser Zeit konnten sich neben den routinierten alten Internationalen bei Rapid die Nachwuchsleute bald zu vollwertigen Spielern entwickeln.

Die Neugestaltung der Kampfmannschaft ergab nur den fünften Tabellenplatz. Rapid hatte erstmals mehr Niederlagen als Siege in der Meisterschaft zu verzeichnen. Sektionsleiter Dionys Schönecker und sein Trainer Leopold Nitsch hatten ein ganzes Jahr mit Spielern und Aufstellungen experimentiert, aber jetzt waren sie sicher, die richtige Mischung für die Spielsaison 1937/38 gefunden zu haben. Mit Raftl und Musil hatte der Rapid-Kader jetzt zwei sichere Spitzentorhüter zur Verfügung. Die Abwehr, mit Skoumal, Schlauf, Sperner, Holec, Hofer, organisierte der beinharte und kompromisslose Hans Hofstätter. In der Läuferreihe waren die bewährten Brüder Franz und Stefan Wagner, Adelbrecht, Aurednik und Mayer. Den Angriff führte „Bimbo" Binder mit Pesser, Holec, Schors und Walter Probst. Pepi Smistik, Rapids Abwehrchef und Kapitän, 39-facher Nationalspieler und Wunderteam-Spieler, beendete seine lange und erfolgreiche Laufbahn. Seit 1926 spielte er auf der Pfarrwiese und zählte zu den Stützen des Vereins.

Als neuen Kapitän bestimmte Schönecker Franz Binder. Im Sommer 1937 ahnte man noch nicht, was alles im Schicksalsjahr 1938 auf Österreich und Rapid zukommen sollte.

Positiver Höhepunkt auf privater Ebene im Jahr 1937 war am 4. April. An diesem Tag führte er seine Erna in der Pfarrkirche „Zur Allerheiligsten Dreifaltigkeit" in St. Pölten zum Traualtar. Geheiratet wurde streng geheim, daher ohne Fotograf. Nicht einmal seine Familie kannte die Heiratsabsicht und den Termin. Mein Vater wollte kein Tamtam um seine Hochzeit. Sein überraschender Heiratsantrag war für meine Mutter eine große Freude, da sie von meinem Vater nie eine Heirat gefordert hatte. Sie meinte: „Wenn er mich ehrlich liebt, dann bleibt er auch ohne Trauschein mit mir zusammen" – und dies war auch so. Die Ehe hielt bis zum Tod meines Vaters am 24. April 1989. Nur wenige Tage vor seinem Tod feierten die beiden ihren 52. Hochzeitstag.

Bereits die Vorbereitung auf die neue Spielsaison ließ erahnen, dass sich die Hütteldorfer viel vorgenommen hatten. Die neue Mannschaft war geformt und Schönecker verabreichte seinen Spielern beinharte Trainingseinheiten. Bereits sieben Tage nach dem letzten Meisterschaftsspiel ging die Mannschaft auf eine Sommertournee in die Türkei und nach Bulgarien. Vom 6. Juni bis 21. Juni 1937 absolvierten die Hütteldorfer fünf Spiele gegen türkische und drei gegen bulgarische Vereine. Sechs Spiele wurden gewonnen, gegen Spitzenvereine wie Fenerbahce Istanbul, Ankaragocu und eine verstärkte Auswahl von Levski Sofia. Die einzige knappe Niederlage mit 2:3 gab es gegen eine sehr starke Kombination der Vereine Fenerbahce/Günes. In Sofia spielte Rapid gegen das A-Team von Bulgarien und erreichte ein 3:3-Unentschieden. Das Torverhältnis betrug 37:19 Tore. „Bimbo" nahm seine Hochform mit in die neue Saison, erzielte 16 Treffer auf dieser Balkanreise und war in jedem Spiel erfolgreich.

SPIELSAISON 1937/38:

Schicksalsjahr für Österreich und Rapid

Zurück in Wien gab es eine kurze Erholungszeit für die Rapidler mit einem Testspiel gegen eine Niederösterreich-Auswahl der 1. Klasse. Wieder war Binder in Schusslaune und erzielte vier Tore beim 8:0-Sieg in Harland bei St. Pölten. Am 9. Juli war Rapid bereits wieder mit der Bahn unterwegs nach Schweden. Bis 23. Juli standen sechs Freundschaftsspiele auf dem Programm. Fünf Siege und ein Unentschieden waren die äußerst positive Ausbeute dieser Skandinavientournee. 40:6 Tore für die Hütteldorfer lautete das sensationelle Torverhältnis. Mit insgesamt 17 Treffern übertraf Binder seine Torausbeute der vorhergegangenen Balkanreise. Seine ausgezeichneten stabilen Leistungen waren besonders beeindruckend, da er wieder in jedem Spiel Tore erzielte.

Zurück in Wien gab es in einem Freundschaftsspiel gegen den FC Wien einen 4:2-Sieg mit zwei „Bimbo"-Treffern. Den Abschluss der Vorbereitungsphase bildete eine Reise mit fünf Spielen in Lettland. Auf der Heimreise gastierte Rapid noch in Bratislava bei Legeti. In den ersten beiden Spielen in Lettland gegen LFS und SC Kovas in Kaunas spürte auch Franz die Strapazen der vorhergegangenen Tourneen, was sich sofort in der Torausbeute der Mannschaft bemerkbar machte. Es gab nur einen 3:2-Sieg und ein 0:0-Remis in Kaunas. Dann folgten zwei Spiel gegen das A-Team von Lettland. Die Spiele wurden mit 6:0 und 5:2 gewonnen, „Bimbo" traf drei Mal. Im letzten Spiel der Vorbereitung vor Meisterschaftsbeginn kam dann noch Legeti Bratislava mit einer 1:9-Niederlage und vier Binder-Toren gehörig unter die Rapid-Räder. Diese Leistungskonstanz und die Zahl seiner erzielten Tore während der Vorbereitungsphase des neuen Rapid-Kapitäns war bisher noch nie da gewesen und für alle Rapid-Fans sehr beeindruckend. „Bimbo" spielte in allen 22 Vorbereitungsspielen, von denen bis auf zwei alle auf internationaler Ebene waren. In 20 Begegnungen traf er ins Tor, insgesamt mussten die Torleute 45 Mal den Ball nach „Bimbo"-Treffern aus dem Netz holen. Die Vorbereitung verlief also optimal, und die Hütteldorfer waren schon ganz scharf auf den Meisterschaftsbeginn. Binder und seine Kameraden wollten den Titel unbedingt wieder nach Hütteldorf holen, und er selbst setzte sich zum Ziel, die dritte Krone des österreichischen Torschützenkönigs zu gewinnen.

Für die Meisterschaft 1937/38 gab es eine organisatorische Änderung. Die Anzahl der teilnehmenden Vereine wurde von 12 auf 10 reduziert. Es sollten nur die stärksten Vereine in der obersten Liga spielen, und so mussten Libertas, Post und Hakoah absteigen. Die Liga bestand nun aus Rapid, WSC, Austria, Wacker, Vienna, Admira, FC Wien, FAC, FavAC und dem Aufsteiger Simmering.

„Bimbo" war jetzt der populärste Rapid-Spieler, alle rissen sich um ihn, und er konnte sich vor Einladungen kaum erretten. Er stand im Blickpunkt der Öffentlichkeit, aber er blieb am Boden. Die Verantwortung für seine geliebte Familie, seine sportlichen Erfolge und die Kapitänswürde in der Kampfmannschaft formten seine Persönlichkeit. Seine Familie war ihm besonders wichtig. Als Rapid-Kapitän hatte er jetzt auch sportliche Verantwortung mitzutragen und musste den Verein auch in der Öffentlichkeit repräsentieren. Dabei half ihm sehr, dass Sektionsleiter Schönecker der Familie eine Übersiedelung nach Wien ermöglichte.

Schon bald nach seiner Hochzeit konnte Franz mit seiner Erna und der kleinen Elisabeth endlich nach Wien übersiedeln. Als Familienvater mit Frau und kleiner Tochter musste er nun keine unnötige Zeit mehr mit Bahnfahrten verbringen. Durch die Kontakte Schöneckers zur Gemeinde Wien erhielten die Binders eine Gemeindewohnung im Somogyi-Hof (Bild unten) in der Hütteldorfer Straße 150–152, Stiege 6, nur vier Stationen mit der Straßenbahnlinie 49 von der Pfarrwiese entfernt. Man nahm dieses Angebot gerne an und übersiedelte nach Wien. Die Wohnung umfasste Wohnküche, Vorzimmer, Schlafzimmer, Kabinett mit Balkon, Toilette und Wasser in der Wohnung. Nicht sehr berauschend, aber doch besser als das Pendeln nach St. Pölten. Der Verein spendete auch die Einrichtung der Wohnküche, da

Diese Rapidmannschaft wollte 1938 den Meistertitel gewinnen.

die Bauernstube aus St. Pölten zu groß war. Diese schenkte er einer Schwester in St. Pölten.

Jetzt hatte es „Bimbo“ nicht mehr weit zu seiner Arbeitsstätte auf den Rapid-Platz. Auch sein Freund und Mitspieler Hans Pesser bekam eine Wohnung im Somogyi-Hof. Pesser hatte einen Sohn, Hansi, im selben Alter wie Liesl. Oft sahen die Bewohner des Gemeindebaus zwei berühmte Rapid-Spieler mit ihren Kindern spielen.

Über den Binders wohnte die Familie Caufal. Sie wurden gute Freunde, und noch dazu war der „Caufal-Opa“, wie ich ihn in Ermangelung eines leiblichen Großvaters später nannte, ein glühender Rapid-Fan. Er konnte es gar nicht glauben, dass der berühmte „Bimbo“ im selben Haus wohnte. Der „Caufal-Opa“ war Straßenbahnfahrer und wie es der Zufall wollte, auf der Linie 49, die vom Ring nach Hütteldorf führte. Der Somogyi-Hof lag auf der Höhe des Hanusch-Krankenhauses, und die Hütteldorfer Straße verlief vor unserem Hauseingang, der zwischen zwei Stationen lag. Wenn nun der „Caufal-Opa“ gerade an der „Kurbel“ stand und mein Vater zur oder von der Pfarrwiese kam, so fuhr er immer vor unserem Haus etwas langsamer, damit mein Vater auf- oder abspringen konnte.

Schon im ersten Meisterschaftsspiel gegen FC Wien spürte man auf der Pfarrwiese, dass diese Rapid-Mannschaft unbedingt den Titel wollte. Ein 5:0-Sieg mit drei Binder-Toren ließ die Pfarrwiese jubeln. Nur eine einzige Niederlage gab es im Herbstdurchgang durch den WSC. Der Herbstmeister war Rapid, der halbe Weg zum Meistertitel geschafft. Mit 14 Toren lag „Bimbo“ auf Rang eins der Zwischenwertung um den Schützenkönig. Am 5. Oktober 1937 fand in Wien das WM-Qualifikationsspiel gegen Lettland statt. „Bimbo“ spielte sein 14. Ländermatch und trug ein Tor zum 2:1-Sieg der Österreicher bei.

Die Winterreise nach Griechenland und Jugoslawien war für die jungen Spieler sehr anstrengend und die Erfolge daher nur mittelmäßig. Die Frühjahrssaison begann mit einer knappen Cupniederlage gegen Admira (0:1). Jetzt konnte man sich wieder voll auf die Meisterschaft konzentrieren. In den ersten fünf Spielen gab es vier Siege und eine Niederlage. Rapid war auf dem besten Weg zum 12. Meistertitel. Die Rapid-Fans jubelten, sie sahen tolle Spiele und viele schöne

Tore. Aber dann kam der März 1938. Da verging vielen Österreichern und Rapidlern das Jubeln sehr schnell.

Im März hatte sich Hitler-Deutschland Österreich einverleibt. Diese Annexion hatte neben politischen und wirtschaftlichen Folgen auch Auswirkungen auf den Fußball im neuen „Gau Ostmark". Der Professionalismus in Österreich, jetzt „Gau Ostmark", wurde abgeschafft, die Spieler waren wieder Amateure. Gut bezahlte allerdings, denn viele Spieler gingen einer bürgerlichen Beschäftigung nach. Franz Binder bekam eine Beschäftigung beim Magistrat im Rathaus zugewiesen, sah aber sein „Büro" in der Registratur sehr wenig, da er zum Training abgestellt war. Der neue Ton, das neue System im heimischen Fußball, die ungewohnte Atmosphäre im umorganisierten Klub passten den Rapid-Spielern ganz und gar nicht.

Bei Rapid wehte jetzt ein anderer Wind, der neue Präsident Kahlenberg und einige Vorstandsmitglieder

Franz Binders neuer Job in der Registratur der Stadt Wien im Rathaus

trugen jetzt das Parteiabzeichen der NSDAP und wirkten als verlängerter Arm des Reichssportbundes. Der Sportbetrieb blieb eigentlich wie gehabt. Von den Rapid-Spielern sympathisierte keiner mit dem neuen Regime. Sie waren in erster Linie Sportler und wollten auch weiterhin für ihre Fans da sein und nicht politisieren.

Manchmal kam es zu obskuren Situationen. Als man sich einmal im Vereinsheim zu einem Abendes-

Der „Gau Ostmark" schlägt im Vergleichskampf „Großdeutschland" mit 2:0. Hier trifft „Bimbo" nur die Latte.

sen traf, setzte sich ein SA-Mann ans Klavier und forderte die verblüfften Rapid-Spieler auf, nationalsozialistische Kampflieder mit ihm zu singen. Am nächsten Abend saß der Nazi-Pianist alleine am Klavier. Die Spieler, jetzt „Amateure" und ohne Profivertrag, verweigerten ihre Mitgliedschaft bei diesem NSDAP-Gesangsverein. Der Verein setzte keine Sanktionen gegen die „rebellischen" Kicker. Die Vereinsleitung nahm auch von Nazi-Schulungen und Soldatenliedern bei Rapid Abstand. Eine Studie aus dem Jahre 2010 befasste sich mit dem SK Rapid in der Nazizeit, und es wurde festgestellt, dass kein Rapid-Spieler Mitglied der NSDAP war oder einer anderen Parteiorganisation angehörte.

In der Profizeit hatten einige Spieler für die damaligen Zeiten ganz gut verdient. Zu diesen wenigen gehörten auch die Rapid-Spieler, die durch ihre großen nationalen und internationalen Erfolge ordentlich entschädigt wurden. Direkte Vergleiche der Spielergagen von heute sind allerdings nicht möglich. Bereits mittelmäßige Amateurkicker eines Unterklassevereins verdienen heute um ein Vielfaches mehr als die damaligen Spitzenspieler als Profi. In den 20er und 30er Jahren gab es nur vier oder fünf Vereine, die wirklich gut zahlen konnten, alle anderen waren meist sehr arm dran. Deren Spieler, diese armen Hunde, als „Professionals" zu bezeichnen, war fast schon ein Hohn. Einige hatten einen Monatsvertrag mit 60 Schilling, und andere mussten nach jedem Spiel dem Kassier auflauern und die Aufteilung der „Beute" (Spieleinnahme) fordern.

Unmittelbar nach dem „Anschluss" kam es im Praterstadion zu einem Vergleichskampf „Gau Ostmark" gegen „Großdeutschland". 60.000 Wiener bejubelten die 0:2-Niederlage der Deutschen, an der die Rapidler Wagner I, Skoumal, Pesser und „Bimbo" Binder maßgeblich beteiligt waren. Sindelar war nur knapp daran, es sich mit seinen neuen deutschen Freunden zu

„Bimbo" trifft volley gegen Aston Villa im ausverkauften Berliner Olympiastadion.

verscherzen. Bei seinem Tor jubelte er vor der mit Nazi-Bonzen gefüllten Ehrentribüne.

Am 15. Mai trat der „Gau Ostmark" im Rahmen einer Veranstaltung im Berliner Olympiastadion vor der deutschen Nationalmannschaft gegen den englischen Spitzenverein Aston Villa an. In einem mitreißenden Spiel siegten die Briten mit 3:2 Toren. „Bimbo" war in Hochform und erzielte ein Tor.

Während Rapid auf dem Weg zum 12. Meistertitel war, wurde die laufende Meisterschaft, durch die Angliederung an „Großdeutschland", für zwei Monate unterbrochen und endete erst am 7. Juli 1938. Bereits im April/Mai fand die erste „befohlene" Wettspielreise ins „Reich" statt. Fast bis zur Erschöpfung mussten die Rapidler Spiel um Spiel bestreiten. Dazwischen gab es die ersten Einsätze von Rapid-Spielern in der deutschen Nationalmannschaft und in diversen Auswahlteams. Angebot auf Angebot traf in Hütteldorf ein, denn alle wollten Rapid und den Wiener Fußball sehen. So machte sich Rapid ein zweites Mal auf die Reise nach Deutschland. In acht Tagen trat man sechsmal gegen Klassemannschaften an und verließ sechsmal als Sieger das Feld. Diese Triumphfahrt durch Deutschland begründete eine gewaltige Popularität der Hütteldorfer. In Hamburg, Eimsbüttel, Dortmund, Köln und Koblenz rissen sie mit perfekten Fußballdemonstrationen tausende von Zuschauern zu Begeisterungsstürmen hin. Drei Tage nach der Rückkehr von dieser Deutschlandtournee absolvierte man noch souverän die letzten vier Meisterschaftsspiele und holte den 12. Meistertitel. Die Leistung der Mannschaft war über die Saison konstant gut. Sektionsleiter Schönecker setzte nur 18 Spieler ein: Hofstätter, Holec, Skoumal und Wagner II je 18 Spiele, Binder 17, Aurednik 16, Pesser 15, Raftl 14, Wagner I 13, Schlauf 12, Probst 11, Schors 9, Sperner 7, Adelbrecht 5, Musil 3, Meister 2, Mayer und Hofer je 1.

„Bimbo" Binder wurde in dieser Meistersaison mit 22 Toren das dritte Mal Schützenkönig. Er spielte in 74 von 83 ausgetragenen Rapid-Spielen und erreichte das Rekordergebnis von 116 Toren. Der Jubel der Rapid-Anhänger über „Bimbos" Tore und die Erfolge der Mannschaft war riesengroß. Trotz aller Freude spürte man die Angst und Ungewissheit der Bevölkerung über die politischen Veränderungen in Österreich und Europa.

Franz Binder war im Jahre 1938 auf einem ersten Höhepunkt seiner Popularität angelangt. Jede freie Minute verbrachte er mit seiner Familie und beschäftigte sich liebevoll mit seiner kleinen Tochter. Seine

Auf dem Weg zum 12. Titel siegt Rapid auf der „Pfarrwiese" mit 3:0 über den FAC. Binder erzielt dabei zwei seiner 22 Meisterschaftstore.

sportlichen Erfolge und die der Mannschaft brachten natürlich auch eine Vielzahl von Ehrungen und Einladungen mit sich. Alle wollten die Rapid-Spieler sehen und viele wollten an Binders Seite auch etwas vom „Sonnenschein" abbekommen. „Bimbo" hatte plötzlich eine Unmenge an Freunden und „Freunderln", die ihn nur benützen wollten. Sein intimer Freundeskreis war aber immer sehr klein, sein guter Bekanntenkreis immer sehr groß. Er verstand sich mit fast allen seiner Mannschaftskameraden sehr gut. Echte Freunde hatte er nur in Hans Pesser, Josef Skoumal und den Brüdern Wagner. In den folgenden Jahren gab es dann noch Freundschaften mit Robert Körner, Ernst Happel, Franz Ostermeier, dem Mäzen von Jahn Regensburg, und Dkfm. Eichelberger, einem Vereinsvorstand des SK Rapid.

Die beliebtesten Wiener Fußballmannschaften waren in der 30er Jahren neben dem Sportklub Rapid die Wiener Austria, Vienna, Wiener Sport Club (WSC), Wiener Athletik Club (WAC), Wacker Wien, Floridsdorfer AC (FAC) und Admira. Diese Vereine hatten naturgemäß die meisten Anhänger in jenem Bezirk, in dem sie auch beheimatet waren. Der Sportklub Rapid war der alleinige Herrscher im Westen von Wien.

Jubel beim Derby. Die Rapidler gratulieren „Bimbo" zum 2:1-Siegestreffer.

„Bimbo" schießt Tor um Tor – die ganze Bewachung nützt nichts!

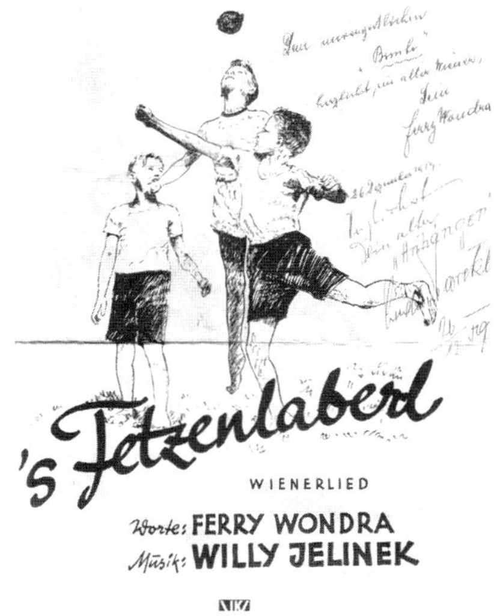

Noch jung an Jahren hat der Fußballsport sehr schnell die Herzen der Bevölkerung erobert. Besonders Rapid war sehr beliebt und zog die Massen zu den Spielen. Die Fans liebten ihre Stars. Die damals bekanntesten Komponisten und Interpreten des Wiener Liedes präsentierten sich mit „Lobeshymnen" über den geliebten Fußball, des Sportklub Rapid und den von den Fans verehrten „Bimbo" Binder.

Der erste eigene Rapid-Platz befand sich im 15. Bezirk, aber mit der Eröffnung des Rapid-Platzes 1911, der legendären „Pfarrwiese", im 14. Bezirk wurden die Grün-Weißen die „Hütteldorfer". Der 14. Bezirk war eigentlich Penzing, der durch die Zusammenlegung der einstigen Vororte Penzing, Ober- und Unterbaumgarten und Hütteldorf entstanden ist. Die „Pfarrwiese" und das jetzige Hanappi-Stadion befinden sich im ursprünglichen Hütteldorf.

Die „Austria" und der „WAC" waren ursprünglich im Prater beheimatet, die Vienna hatte ihre Fans in Döbling und Grinzing, der „WSC" in Dornbach und Hernals, unterstützt wurde „Wacker" von den Meidlingern, und die Admira sowie der „FAC" hatten ihre treuesten Fans in Floridsdorf („Transdanubien"). Bis auf Rapid und Austria, die Fans auch in ganz Wien hatten, war die Anhängerschaft der übrigen Wiener Vereine auf die direkten Bezirke beschränkt.

Spieler, die in die Nationalmannschaft einberufen wurden, genossen unter den Fußballanhängern große Anerkennung. Besonders die Stürmer, die Goalgetter und „Kanoniere" standen hoch in der Gunst der Fans, und davon hatte Rapid ja immer einen zur Hand. In der Anfangszeit war es der Rapidler Richard „Rigo" Kuthan, dem zugejubelt wurde. Er wurde abgelöst vom ersten echten österreichischen Kickerstar, Josef „Pepi" Uridil. Ihm folgten wieder Kanonen wie Franz Weselik, Johann Luef, Ferdinand Wesely, Matthias Kaburek und Josef Bican – lauter Stürmer, die auch sehr erfolgreich in der Nationalmannschaft spielten. Jetzt stand Franz „Bimbo" Binder an der Spitze der populärsten und bekanntesten Fußballer Österreichs, und seine Torerfolge waren in ganz Europa bekannt.

Binders bester Freund Ernst Waltschek

Nach einer Einladung in den bekannten Heurigen „10er Marie" verschenkte der Lokalbesitzer und Rapidfan Postkarten mit „Bimbo" Binder und seiner Frau Erna (ganz links) an die Gäste seines Lokals.

SPIELSAISON 1938/39:

Deutscher Pokalsieger

Der „Anschluss“ an Deutschland brachte neuerlich eine Änderung in der heimischen Meisterschaft. Waren bisher ausschließlich Wiener Mannschaften in der höchsten Spielklasse vertreten, so kamen jetzt auch Vereine aus den Bundesländern hinzu. Rapid, Austria, WSC, Vienna, Wacker, Admira und Amateure Fiat vertraten Wien, der Grazer SC kam aus der Steiermark, Amateure Steyr aus Oberösterreich und Wacker Wiener Neustadt aus Niederösterreich. Die sportliche Wertigkeit der kommenden Meisterschaft war jetzt natürlich nicht mehr so hoch wie vorher.

Die „Provinzler“ waren reines Kanonenfutter und Punktelieferanten für die renommierten Klubs. Die Spielsaison 1938/39 begann wieder mit einer Vielzahl von befohlenen Vergleichsspielen gegen deutsche Mannschaften. Nicht immer hatten diese „Freundschaftsspiele“ auch einen freundschaftlichen Charakter. Alle wollten sich an der österreichischen Spitzenmannschaft messen und waren dabei oft nicht zimperlich in der Wahl ihrer Mittel, um einen Erfolg zu erringen.

Ein typisches Beispiel fand im August 1938 statt. Zuerst mussten die Stuttgarter erleben, wie ihr VfB von Rapid mit einem 3:2 entzaubert wurde. Drei Tage später kam es in Sachsen zu einer wahren Schlacht. Die vollkommen unbekannte Mannschaft des Planitzer SC hatte geschworen, über Nacht berühmt und bekannt zu werden, indem sie den Meister aus Wien auf jeden Fall besiegen wollte. Mit einer unglaublich harten, rohen und unfairen Spielweise gelang ihnen dies auch. Die Metzelei endete tatsächlich mit einem 3:2-Sieg für die Sachsen.

Sportklub Rapid, Saison 1938/39: Wagner I, Schors, Dvoracek, Skoumal; Sektionsleiter Hierath, Uridil II, Binder, Czerny, Kaburek, Hollaus, Trainer Nitsch; Hofer, Fitz, Wagner II, Raftl, Mayer, Sperner, Kaspirek, Pesser

Hans Hofstätter, der Fels in der Rapid-Abwehr

Die Opfer auf Seiten der Hütteldorfer waren enorm. Hans Hofstätter, selbst ein großes Raubein, wurde durch eine schwere Verletzung des Mittelfußknochens noch in der ersten Halbzeit vom Platz getragen und Wagner II erlitt einen Schienbeinbruch. Rapid hielt sich zurück, da die Gesundheit der Spieler Vorrang hatte, und gab das Match verloren. Hans Hofstätter wurde ein guter Freund meines Vaters, und oft erzählte er im Freundeskreis von Hans, der unerschrocken auf Kopfbälle in Rasenhöhe ging, obwohl gegnerische Stürmer bereits die gestreckten Füße gegen ihn ausgefahren hatten. Aus den Erzählungen meines Vater ist bekannt, dass die kleine Tasche rechts hinten auf den Sporthosen der Fußballer eine Erfindung Hans Hofstätters ist. „Hansl" hat diese Taschen erfunden, um dort die Taschentücher aufzubewahren, mit denen er sich immer das Blut aus dem Gesicht und von den Beinen wischte. „Bimbo" blieb im Laufe seiner langen Fußballerkarriere ohne große Verletzung. Natürlich hatte auch er hin und wieder ein Zerrung oder offene Wunden. Von Knochenbrüchen, Sehnen-, Meniskus- oder Kreuzbandrissen blieb er verschont.

Seit dem „Anschluss" waren diese Spiele gegen deutsche Mannschaften keine internationalen mehr, sondern nationale Freundschaftsspiele. Man kann es heute kaum glauben, aber vor dem Zweiten Weltkrieg waren die deutschen Vereine keine besonderen Gegner. Die vielen angesetzten Spiele dienten den deutschen Vereinen zum Sammeln von Erfahrungen. „Bimbo" erzählte immer, dass er gegen die Deutschen besonders gerne spielte. Das Motto war: Flach den Ball spielen und hoch gewinnen. Immerhin waren unter den besiegten deutschen Gegnern bekannte Mannschaften wie der VfB Stuttgart (3:2, Binder 2 Tore), der deutsche Rekordmeister 1. FC Nürnberg (1:0, Tor Binder), Bezirksauswahl Krefeld (7:1, Binder 2 Tore) und der V.F.B. Leipzig (7:4, Binder 2 Tore). Der internationale Spielverkehr beschränkte sich in diesem Jahr auf zwei Spiele gegen Slavia Prag. Jetzt spielte man um die Meisterschaft der „Gauliga Ostmark", über die man sich für die „großdeutsche Meisterschaft" oder den deutschen Pokal („Tschammer-Pokal") qualifizieren konnte. Durch den Meistertitel aus der Saison 1937/38 durfte Rapid um den deutschen Pokal 1938 mitspielen.

Die Meister aus Hütteldorf starteten die Spielsaison am 11. September 1938 mit einer 1:4-Niederlage (Binder 1 Tor) gegen die Admira. Drei Tage später, am 14. September, kam die Nachricht vom Ableben des legendären Sektionsleiters Dionys Schönecker. Dies erschütterte Rapid bis in die Grundmauern. Der Tod Schöneckers war das schrecklichste Ereignis, das dem SK Rapid bisher in der Vereinsgeschichte widerfahren war. Sein Leben und sein Werk für den Wiener und den österreichischen Fußball sind es wert, diesem Mann ein würdiges Andenken zu bewahren. Schönecker war der Entdecker und Förderer von Franz Binder, er machte aus dem schlaksigen jungen St. Pöltener mit dem Bombenschuss einen Stürmer von Weltklasse. Mein Vater sprach immer mit größter Hochachtung von ihm, denn ohne Schönecker, seinen Einsatz und-sein Fachwissen hätte es seine Karriere nicht gegeben, und es gäbe Rapid in seiner heutigen Form nicht.

Dionys Schönecker (1888–1939):

Der Mann, der Rapid zu Rapid machte

Die Vielzahl der Funktionäre, die nach Dionys Schönecker für das Wohl des SK Rapid verantwortlich waren, oder all jene, die glaubten, etwas für den Verein zu leisten, mögen mir verzeihen, wenn ich

Dionys Schönecker übernahm 1910 die sportliche Leitung des SK Rapid.

Schönecker war der erfolgreichste Sektionsleiter der Vereinsgeschichte.

Schönecker als Retter, Vater und Erbauer des Sportklub Rapid bezeichne, der eine unvergleichbare Leistung für den Traditionsverein aus Hütteldorf erbracht hat.

Der gelernte Schriftsetzer übernahm Rapid 1910 zur Zeit der ersten großen Vereinskrise ohne Geld, ohne Sportplatz und vor allem ohne eine Mannschaft. Er bewahrte Rapid vor dem sportlichen Niedergang und einer möglichen vorzeitigen Auflösung des Vereines nach kaum elfjährigem Bestehen. 28 Jahre seines Lebens stellte er sich selbstlos in den Dienst seines geliebten Vereines. Er war rastlos tätig, kannte kein Privatleben, keinen Urlaub, keine Erholung, er sah nur den Verein, seine Spieler und die grün-weiße Fahne.

Er war ein Autodidakt von seltener Sicherheit und Durchschlagskraft, der den damals noch so jungen Fußballsport ohne vorhandene Lehrbücher, wissenschaftliche Lehren und Analysen, Vergleichsfakten und Erfahrungen zu ungeahnter Blüte führte. Man musste den Fußball und seinen Verein schon sehr lieben, um sich ihm voll zu verschreiben. Er lernte sehr schnell, interessierte sich für den internationalen Fußball und deren Vereinsführungen und hatte das richtige Gespür für die richtigen Spieler, Spielsysteme und Taktiken. Er erkannte schon frühzeitig, dass nur eine gute Nachwuchsarbeit die Basis für eine gute Kampfmannschaft ist. 1910 und später noch einige Male waren die Eigenbauspieler des Vereins die sportliche Rettung. Sein Auge, die Qualitäten der Spieler zu erkennen, die für Rapid wertvoll sein konnten, war unübertroffen. Er führte den Verein „diktatorisch", und die Erfolge gaben ihm Recht. Man sagte von ihm, dass er schreiben konnte wie ein Journalist, wie ein Diplomat verhandeln und reden wie ein Volkstribun. Er war ein von allen anerkannter Fachmann, der überall respektiert wurde. Ihm verdankt auch der SK Rapid die legendäre Pfarrwiese, auf der das größte Stück der Rapid-Geschichte geschrieben wurde.

Als Sektionsleiter war er für den gesamten Fußballbetrieb in Hütteldorf verantwortlich. Er drückte der Ersten seinen Stempel auf, kümmerte sich um den Nachwuchs. War er nicht in Hütteldorf, dann beobachtete er auf anderen Plätzen die Wiener Fußballtalente. Die Erfolgsbilanz Schöneckers mit Rapid ist bis heute unübertroffen und wird es wohl auch für immer bleiben.

Das Derby gegen die Violetten gewann Rapid klar mit 5:1. Hier wird „Bimbo" vom Austria-Verteidiger Andritz gefährlich attackiert. Trotz dieser besonderen Bewachung erzielt er mit einem satten Schuss eines seiner beiden Tore.

„Bimbo" bei der Platzwahl vor dem Pokalspiel gegen Waldhof Mannheim. Ein Tor steuerte er zum 3:2-Sieg bei.

Binder im Zweikampf mit einem Spieler von Austro-Fiat. Er schoss zwei Tore beim 5:1-Sieg.

Er führte Rapid von der Stunde null in die Erstklassigkeit, wurde erster österreichischer Fußballmeister und erster Pokalsieger. Insgesamt erreichte er zwölf Meistertitel, drei Pokalsiege und einen Sieg im Mitropacup. Seine Mannschaften haben alles gewonnen, was es damals zu gewinnen gab. Die internationalen Erfolge lassen sich kaum aufzählen, und während seiner Amtszeit wurde eine Vielzahl von Rapid-Spielern in die Nationalmannschaft berufen. Dionys Schönecker machte in 28-jähriger harter Arbeit Rapid zu einer europäischen Spitzenmannschaft. Das Ansehen, das Rapid heute noch auf der ganzen Welt genießt, basiert auf seiner Tätigkeit beim österreichischen Rekordmeister. Seinem Begräbnis wohnten 1938 tausende Menschen bei, und noch heute besuchen alte Rapidler sein Ehrengrab auf dem Baumgartner Friedhof. Der Tod Schöneckers hinterließ damals eine schier unauffüllbare Lücke in der Vereinsleitung.

Rapid-Präsident Kammersänger Kalenberg betraute den langjährigen Rapid-Spieler Leopold Nitsch, der seit 1936 beim Verein als Trainer tätig war, mit der sportlichen Führung der Mannschaft. Hans Hierath bestellte er zum neuen Sektionsleiter für Fußball. Im Gegensatz zu Schöneckers allumfassendem Verantwortungsbereich hatten Nitsch und Hierath getrennte Wirkungsbereiche. Trainer Nitsch kümmerte sich ausschließlich um die sportlichen Belange des Vereines. Hierath, der seit den Gründungstagen dem Verein angehörte und aus dem Lager der Leichtathleten kam, war der Manager und vertrat den Verein in der Öffentlichkeit. Das neue Betreuerduo ergänzte sich

Im Pokalsemifinale empfing Rapid im Wiener Stadion den 1. FC Nürnberg. Die Franken hatten keine Chance und verloren das Spiel mit 2:0 Toren. Rapid war im Finale um den Deutschen Pokal in Berlin.

ideal und setzte die positive Vereinsarbeit im Sinne Schöneckers und der Tradition Rapids fort.

Der Schock über Schöneckers Tod saß den Rapid-Spielern noch in den Knochen, und so reichte es am 9. Oktober bei Amateure Fiat nur für ein 2:2-Unentschieden (Binder 1 Tor). Am 19. Oktober stand dann das Derby gegen die Austria auf dem Programm. Das Spiel fand auf der Pfarrwiese statt und stand ganz im Zeichen des Gedenkens an den verstorbenen Dionys Schönecker. Viele der langjährigen Rapid-Anhänger hatten Tränen in den Augen, als die Rapid-Mannschaft mit Trauerflor durch den gefürchteten Tunnel auf das Spielfeld kam. Die Mannschaft widmete dieses Derby dem verehrten Sektionsleiter und besiegte die Violetten mit 5:1 (Binder 2 Tore).

Bis zum Ende der Herbstmeisterschaft erreichte Rapid noch fünf Siege und verlor nur gegen Wacker. Die Hütteldorfer wurden zwar nicht Herbstmeister, lagen aber knapp hinter der Tabellenspitze. „Bimbo“ Binder war wieder gut bei Schuss und führte die Torschützenliste mit 17 Toren an. Zur Herbstsaison ist noch zu bemerken, dass am 28. August das Heimspiel gegen Amateure Steyr beim Spielstand von 8:2 (Binder 4 Tore) 25 Minuten vor Spielende wegen eines fürchterlichen Wolkenbruches abgebrochen wurde und eine Neuaustragung erfolgte.

Die Monate November und Dezember 1938 hatten für Rapid einen prall gefüllten Terminkalender. Neben vier Meisterschaftsspielen stand auch noch der deutsche Pokal („Tschammer-Pokal“) auf dem Programm. Der Pokal sollte unbedingt noch im Jahre 1938 durchgeführt werden. Am 6. November gewann Rapid in der ersten Pokalrunde gegen Austro-Fiat 5:1 (Binder 2 Tore). Dann hatte das deutsche Sportministerium ein „Winter-Hilfs-Spiel“ gegen den 1. FC Nürnberg in Deutschland eingeschoben, das Rapid mit 3:0 (Binder 1 Tor) gewann. Zu Waldhof Mannheim reiste Rapid am 27. November zur zweiten Pokalrunde. Rapid gewann knapp, aber verdient mit 3:2 (Binder 1 Tor). Die Auslosung für das Pokal-Semifinale bescherte Rapid für den 11. Dezember wieder den 1. FC Nürnberg. Diesmal mussten die Franken aber nach Wien in das Praterstadion kommen. Rapid gewann bei eisiger Kälte sicher mit 2:0. Beide Tore schoss diesmal Schors, der mehr Spielraum hatte, da die Nürnberger Verteidigung sich viel zu sehr um „Bimbo“ kümmerte. Der „Club“ war eliminiert, und der Sportklub Rapid stand im Pokalfinale gegen den FSV Frankfurt.

Deutscher Pokalsieger 1938

Das Finalspiel um den deutschen Pokal 1938 war für den 8. Jänner 1939 im Berliner Olympiastadion angesetzt. Die Begeisterung der Rapid-Fans kannte keine Grenzen. Die Anreise war mühsam und erfolgte mit der Eisenbahn. Die Delegation des SK Rapid umfasste 70 Personen.

Die Vorbereitung auf das Endspiel absolvierte man auf der Trainingsanlage der deutschen Nationalmannschaft. Sepp Herberger, der deutsche Teamchef, stattete dort der Rapid-Mannschaft einen Besuch ab. Das Wetter war sehr schlecht, eisige Kälte mit Schneeschauern. Die Stimmung bei den Wienern war aber sehr gut. Das mit großer Spannung erwartete Endspiel litt unter den schlechten Wetterbedingungen. Die oberen Ränge und Zugänge des Olympia-Stadions konnten nicht mehr vom Schnee gereinigt werden, und so fanden nur 36.000 Zuschauer in dem riesigen Oval Platz. Der erste große Schlagabtausch zwischen Vereinsmannschaften aus der „Ostmark" und dem „Reich" hätte sich wahrlich bessere Bedingungen und mehr Zuschauer verdient. Das Spielfeld war durch anhaltenden Schneefall mit einer kompakten, glitschigen Schneeschicht bedeckt, und es lag leichter Nebel im Stadion. Die Platzverhältnisse waren für beide Mannschaften gleich schwierig. Bei diesen Bedingungen würde es die kampfkräftigere Mannschaft mit der größeren Erfahrung etwas leichter haben.

Schiedsrichter Rühle aus Merseburg führte folgende Mannschaften in das Finalspiel:

Wolf;
May, Schweinhardt;
Böttgen, Dietsch, Fendt;
Armbruster, Heldmann, Dosedal, Faust, Wörner

Pesser, Holec, Binder, Schors, Hofer
Skoumal, Hofstätter, Wagner;
Schlauf, Sperner;
Raftl;

Teamchef Sepp Herberger besucht die Rapid-Spieler.

Trainer Nitsch gibt der Mannschaft letzte Anweisungen für das Training. Unten: Sibirische Platzverhältnisse auf der Trainingsanlage des deutschen Fußballverbandes beim Olympiastadion. Im Stadion selbst sah es nicht anders aus.

Stadionbesichtigung am Tag vor dem Pokalspiel. Die Zuschauerränge sind noch nicht vom Schnee geräumt. Am Spieltag konnte man noch Platz für 36.000 Zuschauer freischaufeln. Unten: Abfahrt zum Spiel

Nr. 2
Neunundzwanzigster Jahrgang
20 Pf.
Fußball
Heute:
1000-Mark-Preis
2. Preisfrage!
... und das neue Preisrätsel!
Die Rivalen vom Sonntag
FSV. Frankfurt a.M.
In senkrechten Reihen, von oben nach unten: Die Verteidigung: Schweinhardt (l. Verteidiger); Wolf (Torwart); May (r. Verteidiger); die Läuferreihe: Fend (l. Läufer), Dietsch (Mittelläufer), Böttigen (r. Läufer); der Sturm: Wörner (Linksaußen), Faust (Halblinks), Dosedzahl (Mittelstürmer), Heldmann (Halbrechts), Armbruster (Rechtsaußen)
SC. Rapid - Wien
In senkrechten Reihen, von oben nach unten: Der Sturm: Hofer (Rechtsaußen), Schors (Halbrechts), Binder (Mittelstürmer), Holec (Halblinks), Pesser (Linksaußen); die Läuferreihe: Wagner (r. Läufer), Hofstädter (Mittelläufer), Skoumal (l. Läufer); die Verteidigung: Sporner (r. Verteidiger), Raftl (Torwart), Schlauf (l. Verteidiger)
Fotos: Weltbild

Schiedsrichter Rühl mit Franz Binder

Die Rapid-Mannschaft im Olympiastadion

Die Fotos zeigen, wie schwierig es für beide Mannschaften war, auf dem schneebedeckten Spielfeld im Olympiastadion zu spielen.

Die erste Spielhälfte stand ganz im Zeichen der Frankfurter, sie erarbeiteten sich eine leichte Feldüberlegenheit. Sie forcierten ihr Angriffsspiel über die Flügel, und Skoumal, Wagner und Hofstätter sahen nicht gut aus.

Das Zuspiel der Hütteldorfer in allen Formationen ließ zu wünschen übrig, und die Abwehr der Frankfurter hatte leichtes Spiel. In der 17. Spielminute ging dann der FSV auch verdient mit 1:0 in Führung. Dosedal schoss nach einem Eckball unhaltbar in die linke Torecke. Frankfurt verschärfte nach dem Führungstreffer noch weiter das Tempo, unterstützt durch starken Rückenwind. Die Abwehr der Rapidler war jetzt besser organisiert und ließ kein weiteres Tor vor der Pause zu.

Der Seitenwechsel brachte nun Rapid in den Vorteil des Rückenwindes, und jetzt ging es vom Anstoß weg nur mehr mit Volldampf in Richtung des Frankfurter Tores. In der 15. Minute verletzte sich May bei einem Zusammenstoß mit Schors auf dem immer glitschiger werdenden Boden und musste das Spielfeld verlassen. Trotz numerischer Schwächung (damals gab es noch keine Wechselspieler) hielt die Frankfurter Abwehr noch lange den Rapid-Angriffen stand. Erst in der 80. Spielminute gelang Schors nach Vorlage von „Bimbo“ der Ausgleich. Jetzt wollten es die Grünen wissen. In der Rapid-Viertelstunde sollte man das Spiel noch umdrehen. Fünf Minuten später schoss dann Hofstätter aus dem Hinterhalt zur 2:1-Führung ein. Den dritten Rapid-Treffer erzielte „Bimbo“ in der 88. Minute:

Über Wagner kam der Ball zu Hofer, der hob ihn zu Binder, der noch einen Verteidiger und den Tormann überspielte und den Ball ins leere Tor rollte. Wieder einmal war es eine „Rapid-Viertelstunde“, damit Rapid einen weiteren riesigen Erfolg auf seine Ehrentafel schreiben konnte. Die Hütteldorfer waren „Großdeutscher Pokalsieger“.

Kapitän Binder (Bild rechts) erhielt einen riesigen Lorbeerkranz, und unter zahllosen Gratulationen der auf das Spielfeld strömenden Zuschauer verließ Rapid das Feld.

Der schwere Silberpokal, der ihnen am Abend bei einem Bankett überreicht wurde, kam wie viele an-

Es entwickelte sich ein spannendes Endspiel, in dem beide Teams nichts zu verschenken hatten.

„Bimbo“ geht allein durch, überspielt Tormann Wolf und läuft ... ins leere Tor. 3:1 für Rapid und der Pokalsieg.

„Bimbo“ mit Lorbeerkranz

dere zuvor ebenfalls nach Hütteldorf. Die Wiener Fußballschule hatte wieder einmal über den deutschen Kraftfußball gesiegt. In dieser schweren Zeit erfüllte der Pokalsieg alle Österreicher mit großem Stolz.

Während des „Dritten Reichs“ gab es immer wieder Reibereien zwischen den Vereinen der „Ostmark“ und des „Altreichs“. Oft kam es während eines Spieles oder nach dem Abpfiff zu hässlichen Szenen, Schimpforgien und auch Tätlichkeiten. Besonders in diese Auseinandersetzungen waren die Austria und die Admira involviert.

Aber auch Rapid kam zum Handkuss. Nach dem Pokalsieg warfen die Frankfurter dem Rapid-Spieler Schors vor, den FSV-Verteidiger May mit voller Absicht schwer verletzt zu haben. Die Frankfurter beschimpften die Hütteldorfer als „brutale Ostmark-Schweine“.

Einige enttäuschte Spieler der Frankfurter schlugen den Wiener Fotoreporter Franz Blaha krankenhausreif, als dieser Rapid-Kapitän „Bimbo“ Binder mit dem Lorbeerkranz fotografieren wollte.

Mit Pokal bei der Ankunft in Wien

Der weltbekannte Opernsänger Jan Kipura begrüßt den Pokalsieger.

Binder führt zum ersten Male den Angriff.

Der anwesende Reichssportführer Hans von Tschammer und Osten entschuldigte sich in der Rapid-Kabine für die Vorfälle und versprach eine strenge Bestrafung des Spielers, der den Reporter k.o. geschlagen hatte. Der Spielmacher und Mittelläufer der Frankfurter Dietzsch wurde aber nur für vier Spiele gesperrt. Dieser Skandal wurde in der Nazi-Presse total verschwiegen. Die beim Endspiel anwesende deutsche Prominenz wie Reichstrainer Herberger, Gaufachwart Janisch und Pressevertreter waren sich einig, dass der Sieg Rapids verdient war.

Für die Hütteldorfer gab es am Wiener Ostbahnhof einen triumphalen Empfang. Mit dem Pokal im Arm verließ „Bimbo“ den Zug und wurde vom NS-Vizebürgermeister Kozich und einer großen Menschenmenge begrüßt. Am 18. Dezember 1938 spielte „Bimbo“ mit der „Ostmark“-Auswahl gegen Baden. Die „Ostmärker“ siegten sicher mit 4:1 und „Bimbo“ beendete das Jahr mit einem Tor.

Gleich nach dem „Anschluss“ berief der deutsche Teamtrainer Sepp Herberger auch Österreicher in

Im ersten Spiel für Deutschland erzielt „Bimbo" auch sein erstes Länderspieltor.

den Kader der deutschen Nationalmannschaft ein. Die Weltmeisterschaft 1938 in Frankreich stand vor der Tür, und fast der gesamte Stamm der österreichischen Nationalmannschaft, mit „Bimbo" und vier weiteren Rapidlern, wurde in Herbergers 40-Mann-WM-Kader einberufen. Kennenlernen und „Sichtung" war angesagt. Herberger hatte großen Zeitdruck für die Erstellung des endgültigen WM-Kaders. Durch die Einbürgerung Österreichs hatte Herberger plötzlich zu viele Klassespieler, die sich für einen Einsatz aufdrängten. Auf „Bimbo" verzichtete Herberger für die WM, und so verpasste er damit eine weitere Chance für einen Einsatz in einem großen Fußballturnier.

Die WM war für die Deutschen eine große sportliche Enttäuschung. Gleich im Achtelfinale gegen die Schweiz kam man über ein 1:1 nicht hinaus. Ein Wiederholungsspiel war notwendig, das die Eidgenossen sicher mit 4:2 gewannen und die Deutschen gleich zum Turnierbeginn mit langen Gesichtern nach Hause schickten. Weltmeister wurde Italien, das 4:2 gegen Ungarn gewann. Vielleicht hätte Herberger doch mehr Österreicher mit nach Frankreich nehmen sollen? „Bimbo" war gar nicht so unglücklich, dass ihn Sepp Herberger nicht für die Weltmeisterschaft in der Schweiz nominiert hatte. „Bimbo" stand aber im berühmten Notizbuch Herbergers, und am 25. Jänner 1939 hatte er gegen Belgien sein Debüt im deutschen Team.

Er war gerade im Trainingscamp der deutschen Nationalmannschaft in Berlin, als am 23. Jänner aus Wien eine sehr traurige Nachricht eintraf. Einer der Stars des legendären Wunderteams, einer der populärsten und besten Fußballer Österreichs, Matthias Sindelar, war verstorben. Die Polizei hatte Sindelar und seine Freundin in deren Wohnung in der Annagasse im Ersten Bezirk tot aufgefunden. Im Polizeibericht war die Rede von einer „Kohlenmonoxydvergiftung infolge eines schadhaften Ofens". In der Öffentlichkeit wurde dieser „Unfall" heftig diskutiert und auch über kriminelle und politische Gründe gemunkelt. Die wahren Umstände von Sindelars Tod konnten nie aufgeklärt werden. Tatsächlich galt Sindelar lange Jahre als dezidierter Gegner der Nationalsozialisten. Denken wir nur an seinen überschwänglichen und provokanten Torjubel im „Anschluss-Spiel" „Ostmark" gegen Deutschland (2:0) vor der mit Nazi-Funktionären vollbesetzten Ehrentribüne im Wiener Stadion.

Matthias Sindelar

Probleme bereitete ihm auch die Nazi-Verwaltung mit seinem neu erworbenen Kaffeehaus, das er von seinem jüdischen Freund zum marktüblichen Preis erworben hatte. Polizei und Staatsanwaltschaft konnten auch einen Freitod des beliebten Austria-Spielers nicht ausschließen. Der berühmte Schriftsteller Friedrich Torberg schrieb ein Gedicht über Sindelar („Auf den Tod eines Fußballspielers"), in dem er den Mythos nährt, dass sich der „Papierene" wegen der Nazis umgebracht habe. Wir werden die genauen Umstände nie erfahren. Alle Wiener Sportler und Fußballanhänger waren sehr traurig, dass sie die Ikone Sindelar nun nie mehr spielen sehen konnten.

„Bimbo" war echt geschockt von der Todesnachricht. Entgegen allen Kritikern aus der Presse, die behaupteten, im Team können Sindelar und „Bimbo" nie zusammenspielen, da sie eine so unterschiedliche Spielweise hatten. Beide straften die Journalisten Lügen. Sie verstanden sich bestens und harmonierten sehr gut. In sieben österreichischen Auswahleinsätzen spielten sie zusammen und hätten sicher auch weiter gut miteinander harmoniert und die österreichische Nationalmannschaft gestärkt.

Belgien schien für „Bimbo" das Schicksalsland für erste internationale Einsätze zu sein. Gegen eine belgische Auswahl spielte er 1926 mit dem VAFÖ, im österreichischen A-Team hatte er sein Debüt 1933 gegen Belgien und jetzt in der deutschen Nationalmannschaft. Die Deutschen gewannen im Brüsseler Heysel-Stadion sicher mit 4:1, und „Bimbo" erzielte sein erstes Tor im deutschen Team. Dann verordnete ihm Herberger eine künstlerische Pause. Herberger verfügte über zu viele gute Spieler, und die Deutschen spielten mit ständig wechselnden Aufstellungen. „Bimbo" hat diese Zwangspause aber nicht besonders enttäuscht. Seine Mannschaft war und blieb Rapid, und das Jahr 1939 war noch dazu ein ganz besonderes für die Hütteldorfer: Man feierte den 40. Jahrestag der Vereinsgründung.

Rapid stand damals finanziell ganz gut da, die zahlreichen Spiele gegen deutsche Mannschaften ließen die Kassa klingeln, und man konnte beruhigt in die Zukunft blicken. Als regierender deutscher Pokalsieger wollte man den eigenen Fans zu diesem Jubiläum auf der Pfarrwiese etwas ganz Besonderes bieten. Man war schon etwas übersättigt vom deutschen Fußball, und so freute sich der Anhang, als Rapid wieder einmal die berühmte Slavia aus Prag auf der Pfarrwiese präsentierte. Die von Erfolgen und großen Spielen verwöhnten Rapid-Anhänger sollten dieses Spiel nie vergessen. Es gibt manchmal Ereignisse im Fußball, da verblassen selbst Meistertitel und Mitropacup- und Pokalsiege, da reiht sich ein Freundschaftsspiel nahtlos an große Erfolge, ein Match, das heute noch seinen festen Platz in den Annalen hat und nicht vergessen ist.

DIE SUPERSPIELE

SK Rapid : Slavia Prag

AM 1. MAI 1939 empfing der SK Rapid auf der Pfarrwiese mit Slavia Prag einen seiner Traditionsgegner aus der Moldaustadt. Viele gute Spiele hat es zwischen diesen beiden Mannschaften schon gegeben, aber diesmal sollte es einen sportlichen Höhepunkt geben, wie ihn die Pfarrwiese noch nie gesehen hatte. Der absolute Star der Prager war der Ex-Rapidler Pepi Bican, und alle waren gespannt auf das Duell zwischen den früheren Vereinskollegen Binder und Bican. Die

Pfarrwiese war mit 15.000 Zuschauern bis auf den letzten Platz gefüllt, als Schiedsrichter Mieß folgende Mannschaften aufs Feld führte:

Raftl;
Wagner II, Sperner;
Wagner I, Hofstätter, Skoumal;
Staudinger, Schors, Binder, Holec, Pesser

Horak, Vacek (Simunek), Bican, Kopecky, Vytlacil;
Pruha (Jezpera), Nozir, Truhlar;
Cerny, Daucik;
Bures,

Slavia hat den Anstoß, und der erste Angriff wird durch ein Abseits unterbrochen. Im Gegenstoß verschuldet Cerny eine Ecke und „Bimbo", Freund und Feind überspringend, köpft den Ball zum 1:0 für die Hausherren ein. Jetzt aber, wachgerüttelt durch das frühe Führungstor der Hütteldorfer, übernimmt Slavia das Kommando und inszeniert eine Reihe von herrlichen Angriffen auf das Tor von Raftl. Den Ausgleich zum 1:1 erzielt dann Bican mit einem technischen Kunststück. Horak flankt von rechts, Bican stoppt den Ball mit dem linken Fuß in der Luft und schießt knallhart mit dem rechten ins Tor. Stürmischer Beifall belohnt diese Aktion vom fairen Hütteldorfer Publikum. Slavia Prag hat nach wie vor etwas mehr vom Spiel, aber die Rapid-Angriffe sind nicht ungefährlich.

In der 15. Minute verschuldet Daucik einen Handelfmeter, den „Bimbo" unhaltbar zum 2:1 verwandelt. Jetzt ist die Reihe wieder an Slavia. Bican setzt gefühlvoll seinen rechten Stürmer Horak ein, der bezwingt Raftl im Nachschuss und stellt den 2:2-Ausgleich her. Bereits eine Minute später gehen die Prager sogar in Führung. Diesmal setzt Horak Mittelstürmer Bican ein, der sich durch die Rapid-Abwehr dribbelt und am herauslaufenden Raftl vorbei zum 2:3 einschießt. Rapid hat sich von diesem Schock noch nicht erholt, als Vytlacil bereits auf 2:4 erhöht. Es sieht ganz nach einem klaren Erfolg für Slavia aus, doch knapp vor dem Pausenpfiff tankt sich Binder unaufhaltsam von der Mittellinie durch die gegnerischen Reihen und verkürzt auf den Pausenstand von 3:4.

In der zweiten Hälfte wird Rapid von seinen Anhängern mächtig angefeuert. Alle waren von den ersten 45 Minuten noch so begeistert und wollten, dass auch die zweite Hälfte so spannend und interessant wird. Vom Anstoß weg drängt Rapid jetzt vehement gegen das Tor der Slavia. Schors spielt sich rechts durch, legt ideal für Pesser auf, und dieser erzielt unter dem Jubel der Rapid-Anhänger den Ausgleich zum 4:4. In der gleichen Tonart geht es jetzt weiter. Binder spielt Pesser aus einem Gedränge frei, doch dessen Schuss trifft nur die Latte. In der 66. Minute wird Holec gefoult, und „Bimbo" legt sich 35 Meter vom Tor entfernt den Ball auf. Man hätte eine Stecknadel fallen hören können, als Binder anläuft und den Ball aus dieser großen Entfernung unhaltbar in die Maschen des Prager Tores jagt. Nun tobt die Pfarrwiese, jetzt brechen alle Dämme. Rapid führt verdient mit 5:4. Die Grün-Weißen sind jetzt nicht mehr zu halten. Es gelingt einfach alles, und die Prager kommen aus der eigenen Hälfte nicht mehr heraus. Es folgt eine Serie von Eckbällen, und bei einem wird Binder nach rechts abgedrängt, gibt hoch vors Tor und Schors köpft zum 6:4 ein. Zwei Minuten später erreicht derselbe Spieler, wieder nach einer Vorlage von Binder, den siebenten Treffer für Rapid, zum Endstand von 7:4.

Spielszene aus dem Spiel gegen Slavia

Die Zuschauer waren begeistert und spendeten beiden Mannschaften rasenden Beifall. Herrliche Spielzüge, technische Gustostückerln, tolle Tore und so eine spannende Torfolge hatten selbst die verwöhnten Rapid-Anhänger noch nicht miterlebt. Die Sportpresse überschlug sich förmlich. Beide Mannschaften zeigten einen offensiven, technisch hoch stehenden Fußball und verzichteten auf ein Betonsystem in der Abwehr. Daraus entwickelte sich dieses unvergessene Spiel zu einem der besten in der ganzen Vereinsgeschichte. Den Prager Stürmern, allen voran Pepi Bican, bescheinigte man eine herrliche Demonstration des Angriffsspiels. „Bimbo" Binder verglich

Die Freundschaft zwischen den langjährigen Spielkameraden und Gegnern „Bimbo" Binder und Pepi Bican bestand auch nach dem Krieg. Während „Bimbo" nach seiner Karriere nie wieder Fußballschuhe anzog, ließ Bican keine Einladung zu Freundschaftsspielchen aus und war aktiv bis ins hohe Alter. In den 70er Jahren trafen sich die Protagonisten des legendären Freundschaftsspieles auf der Pfarrwiese in Hütteldorf.

man mit dem legendären Sturmtank von Arsenal London, Drake. Unübertroffen seine Leistung, als er von der Mittellinie weg freie Bahn sah und unaufhaltsam auf das Tor loszog, die Gegner kamen nicht an ihn heran oder flogen weg, als ob sie Strohpuppen wären, und dann schloss er diese Aktion noch mit einem erfolgreichen Torschuss ab. Das war allererste Klasse. Er trat aber nicht nur als Goalgetter in Erscheinung, er setzte auch seine Nebenleute Pesser und Schors optimal ein

Diese drei Stürmer erzielten alle sieben Tore. Solche Spiele zählen mehr als alles andere, sie bleiben im Gedächtnis der Anhänger haften und tauchen in Erinnerungen immer wieder auf. Über sechzig Jahre ist dieses Spiel schon her, und wenn ganz alte Fußballstrategen heute zusammensitzen, dann kann man noch einen zum anderen sagen hören:

„Wissen Sie noch ... damals das Slavia-Match ... 7:4, in dem der ‚Bimbo' und der Bican ...?"

Dies ist wieder einmal der Moment, in dem ich bedaure, dass wir von solchen sportlichen Ereignissen kaum noch Dokumentationen haben. Der Matchbericht scheint zwar in den Annalen des SK Rapid auf, aber meist wissen die heutigen Rapid-Fans über so ein tolles Spiel nur mehr vom Hörensagen oder aus guter Sportliteratur. Es gibt kaum noch Fotos aus dieser Zeit und überhaupt keine bewegten Bilder.

Im Frühjahr 1939 feierte der SK Rapid sein 40-jähriges Vereinsjubiläum. Im Rahmen der Feierlichkeiten lud der SK Rapid im Juni 1939 die beiden deutschen Spitzenmannschaften Fortuna Düsseldorf und den regierenden deutschen Fußballmeister, Hannover 96, zu Freundschaftsspielen nach Wien ein. Die Düsseldorfer praktizierten, wie so viele deutsche Mannschaften zu dieser Zeit, einen schablonenhaften Fußball ohne große spielerische Ideen, nur auf den Endzweck spielend, ja nur kein Tor zu bekommen. „Bimbo" bekam eine doppelte Manndeckung, denn ihn wollte man auf alle Fälle ausschalten. Das enttäuschende Spiel gegen die Fortuna endete schließlich mit einem 2:2-Unentschieden. Also eine matte Sache. Umso gespannter war man auf den zweiten Spielpartner in dieser Jubiläumswoche.

Dieser Mannschaft ging ein weitaus besserer Ruf voraus. Die Niedersachsen hatten erst kurz vor ihrem Spiel gegen Rapid in zwei dramatischen Finalspielen Schalke 04 (3:3 und 4:3) bezwungen und die Viktoria (Meisterpokal) nach Hannover geholt. In den Reihen von Hannover 96 standen so bekannte Fußballer wie

Franz Binder begrüßt den Kapitän von Hannover 96.

Mengs, Männer und der gefürchtete Malecki, die oftmalige Auswahlspieler waren. Die Hannoveraner waren bekannt für ihre unübertroffene Einsatzfreude, für ihr schnelles Spiel und ihre sichere Abwehr. Die Rapid-Anhänger waren schon sehr gespannt auf diesen direkten Vergleich der besten Mannschaften aus dem „Reich" und der „Ostmark".

Noch vor dem überraschenden Gewinn der deutschen Meisterschaft, im April 1939, war Rapid zu Gast bei Hannover 96 und gewann mit 2:1 Toren. Bei Rapid stand der junge Leopold „Poldl" Gernhardt erst zum dritten Mal in der Kampfmannschaft, und gemeinsam mit den Routiniers Hofstätter und Skoumal unterband er vom Anpfiff weg alle Angriffe der in Weinrot spielenden Niedersachsen. Der Rapid-Sturm war in blendender Schusslaune, und zur Freude der zahlreichen Zuschauer führte Rapid zur Pause mit 3:0. Der Halbzeitstand ließ die Weinroten noch nichts Böses ahnen, aber dann musste die deutsche Meistermannschaft erleben, was sich alles auf der Pfarrwiese ereignen kann, und sie erhielten eine Lektion, wie sie ihnen noch niemals vorher erteilt wurde. Unter dem frenetischen Beifall der Rapid-Fans steigerte sich die Rapid-Elf in einen wahren Spiel- und Torrausch. Unaufhörlich stürmten sie gegen das Tor von Hannover und erzielten Tor um Tor.

Mit 11:1 wurden die Hannoveraner derartig deklassiert, dass lange Zeit noch jeder Niedersachse einen roten Kopf bekam, wenn er nur den Namen Rapid hörte oder in der Zeitung las. Mit hängenden Köpfen gingen die deutschen Meister vom Feld, und das Wiener Publikum feierte überschwänglich die Torschützen Binder (4), Schors (3), Kaspirek (2) sowie Uridil II und Hofer, die diese sagenhaften elf Tore zum Jubiläum erzielten. Das Spiel gegen Hannover 96 war praktisch ein „Supercup" wie er heute zwischen dem Meister und dem Pokalsieger ausgetragen wird.

Nach diesem sensationellen Ergebnis war Rapid natürlich weiterhin sehr gefragt, und zum Saisonausklang wurde noch eine kleine Tournee nach Deutschland angehängt. Rapid demonstrierte, dass zum Fußball nicht nur eine große Lunge gehörte und feste Wadeln, sondern auch eine gesunde Portion „Wiener Schmäh". „Bimbo" hatte wieder großen Spaß und war bei den Freundschaftsspielen gegen die deutschen Vereine in ganz besonderer Schusslaune. Er traf gegen die Spitzenvereine VfB Stuttgart (4:1-Sieg) und SV Wiesbaden (3:0-Sieg) einmal, gegen Kaiserslautern

Die Auswahl der „Ostmark" in der Saison 1938/39

(6:0-Sieg), Hertha BSC Berlin (5:2-Sieg) je zweimal und gegen den SV Jena (9:1-Sieg) und Dresdner SC (5:1-Sieg) sogar jeweils viermal.

1939: „Bimbos" dritter Titel als Torschützenkönig

In der „Ostmark"-Auswahl kam „Bimbo" im Winter 1939 noch dreimal zum Einsatz. Gegen Böhmen-Mähren beim 7:1-Sieg mit zwei Binder-Toren, gegen Schlesien gab es einen 5:2-Sieg, und gegen die Schweiz trennte man sich mit einem 0:0. Auch mit der Wiener Auswahl war er unterwegs. Gegen Königsberg erspielten sich die Wiener einen lockeren 9:2-Sieg (Binder 3 Tore) und in Klagenfurt trennte man sich gegen Belgrad mit einem 2:2-Remis.

Franz Binder war vom „Anschluss" und den Nationalsozialisten nicht besonders begeistert. Um aber seinen geliebten Fußball weiterhin auszuüben, musste auch er sich den Gegebenheiten beugen und sie akzeptieren. Der Sportklub Rapid spielte nach dem „Anschluss" nun wesentlich weniger Spiele. Waren es in den Vorjahren oft 70 bis 80 Spiele, so fanden 1938/39 insgesamt nur 51 statt. „Bimbo" spielte davon 50 und erzielte immerhin 82 Tore. In der Meisterschaft erreichte Rapid den dritten Rang hinter Meister Admira und dem Zweiten Wacker Wien. In 18 Meisterschaftsspielen erzielten die Rapid-Stürmer 60 Treffer.

„Bimbo" kam auf 17 Meisterschaftseinsätze und traf 27 Mal ins Schwarze. Dies war für ihn der dritte Titel des Schützenkönigs hintereinander und insgesamt der vierte. Das Selbstvertrauen der Hütteldorfer war durch den Pokalgewinn sehr gut. Jetzt setzten sie sich ein neues Ziel: die Qualifikation für die deutsche Meisterschaft.

SPIELSAISON 1939/40:

Höhepunkte im deutschen Team

Die Festschrift „40 Jahre Sportklub Rapid" aus dem Jahre 1939 zeigt ein schönes Foto der neuen Vereinsführung. Der Ordnung halber sei erwähnt, dass sich auch Rapid nicht ganz dem „Anschluss" an das „Reich" und die NSDAP entziehen konnte. Neben Vereinspräsident Kalenberg waren auch die Vorstandsmitglieder Hatschka, Nitsch, Dworak, Stuppäck, Kochmann und Vana Parteimitglieder. Franz R. Eymann, auf dem Bild sogar in Uniform, war Ortsgruppenleiter der NSDAP und wurde sogenannter Dietwart, ihm oblag die politische Schulung der Vereinsmitglieder. Durch den „Anschluss" wurden die Sektionsleiter zu Sportwarten, bei gleicher Funktion. Immerhin trugen die Parteimitglieder des Vereins neben dem Parteiabzeichen auch die Vereinsnadel.

Alle – Spieler, Funktionäre und Anhänger – wollten für die Spielsaison 1939/40 den Rekordmeister wieder an der Spitze sehen. „They never come back" gilt meist auch für Fußballer, die aus Altersgründen ihre Karriere beenden. Die Jugend drängt nach und ein Trainer ist dann gezwungen, auch oft sehr verdienstvolle Spieler aus der Mannschaft zu nehmen. Man tat diesen Spielern auch keinen Gefallen, wenn man sie weiter spielen ließ, bis das Publikum sie auspfiff. Leider konnte man damals (wie heute) nicht jedem der ausscheidenden Spieler eine Weiterverpflichtung als Trainer, Sportdirektor, oder Scout bei seinem Stammverein anbieten. Dies führte oft dazu, dass ehemalige Größen im Bösen vom Verein schieden und die Stätte ihrer jahrelangen Triumphe für immer mieden. Bei Rapid hat man daher immer getrachtet, den Spielern rechtzeitig eine bürgerliche Existenz zu verschaffen, um ihnen den Abgang vom Verein und dem aktiven Sport zu erleichtern. Aber trotz all dieser Vorkehrungen blieb manchmal viel böses Blut zurück, und wer einmal vom Rasen abgetreten war, kam nicht mehr zurück. Aber es gab eine Ausnahme: Matthias Kaburek!

In die Spielsaison 1938/39 ging Rapid mit einer neuen Vereinsführung. Zu diesem Zeitpunkt trugen die führenden Rapid-Funktionäre leider keine Rapid-Abzeichen mehr. Von links nach rechts, stehend: Nitsch (Trainer), Vana (Jugendwart), Kochmann (Sportwart Radfahren), Stuppäck (Kassier-Stellv.). Zweite Reihe stehend: Dworschak (Sekretär und Schriftwart), Kürzinger (Werberat), Schediwy (Revisor), Kühnel (Sportwart Leichtathletik). Sitzend: Hatschka (Revisor), Vizepräsident Schneller, Präsident Kalenberg, Hierath (Sportwart Fußball), Kuba (Kassier)

Auch Rapid musste sich der politischen Situation und den Vorschriften während des Nationalsozialismus anpassen. SK Rapid spielt unter dem Hakenkreuz, aber keine Spieler gehörten der Partei oder einer anderen Naziorganisation an.

Wir erinnern uns an das tolle Innentrio des SK Rapid der Jahre 1934–36, Hochreiter/Binder/Kaburek, das sich nach dem Abgang von Bican so glänzend zusammengespielt hatte. Nachdem Hochreiter 1936 in die Reserve verbannt wurde, schied nach dem Pfingstturnier in Wien auch Kaburek aus der Kampfmannschaft aus und beendete, vorerst, seine aktive Laufbahn. Von diesem legendären Innentrio blieb Binder als Einziger übrig. Verschiedene „Verbinder" wurden getestet, ehe sich Schors auf der rechten Seite durchsetzen konnte. Drei Jahre pausierte Kaburek bereits, als er im Frühjahr 1939 das Training wieder aufnahm und im Juni in der Reserve gegen Helfort sein Comeback feierte. Er fiel besonders durch zwei Tore auf und zeigte großen Einsatz und Spielverständnis. Eine Woche später wurde er bereits wieder in der Ersten gegen Waldhof Mannheim eingesetzt und erzielte beim 2:1-Sieg der Hütteldorfer beide Treffer. Eine gelungene Wiederkehr für Kaburek, der sich bis 1941 in der Mannschaft behaupten konnte.

Maßnahmen gegen Bimbo

1939 konnte Rapid aufgrund von Terminproblemen nicht an der deutschen Meisterschaft teilnehmen. Auch die Zeit für den deutschen Pokal war schon sehr knapp, die österreichischen Vereine wurden direkt in die Endrunde gesetzt. Durch diese Terminprobleme beschloss das „Reichsfachamt für

Rapid brachte wieder einmal das Ereignis des Tages

Die Hütteldorfer schlugen Austria, die schon 2 : 0 führte, mit 9 : 2 Toren. —

Sport“ eine Verringerung der Meisterschaftsteilnehmer in der „Ostmark“ von zehn auf acht Vereine. Die „Provinzler“ Grazer SC, Amateure Steyr und Wacker Wiener Neustadt, die in der Meisterschaft die letzten drei Plätze belegten, wurden eliminiert und dafür der FC Wien nominiert.

Die Rapidler fühlten sich sehr stark und wollten sich mit einer guten Leistung in der Saison 1939/40 die Voraussetzungen für eine Teilnahme an der deutschen Meisterschaft 1940 sichern. Den Kern der Mannschaft, und dies schon seit 1935, bildeten Binder, Pesser, Raftl, Skoumal, und Wagner I. Kaburek war wieder voll da, und Hofstätter, Wagner II, Sperner und Schors bildeten den Stamm der Kampfmannschaft. Fellner und Hofer entwickelten sich zu brauchbaren Stürmern, und mit Schörg, Dvoracek, Fitz, Gernhardt, Mayer, Kaspirek und Uridil II standen weitere junge Eigenbauspieler im Kader.

Zu Saisonbeginn wurde Wacker im Frey-Pokal mit 6:3 und fünf „Bimbo“-Toren besiegt und im Deutschen Pokal der VfB Coburg mit 6:1 und 4 Binder-Toren. Der Höhepunkt der Herbstmeisterschaft gelang gegen den Erzrivalen Austria mit dem Rekordsieg von 9:2. Schörg als Mittelläufer hielt den Angriff der Austria in Schach, die Rapid-Stürmer waren in Hochform. „Bimbo“ Binder 4, Fellner 3, Kaburek und Pesser ließen mit ihren Toren die Veilchen verwelken. Rapid war damit Herbstmeister.

Es dauerte bis zum 27. August 1939, bis Herberger „Bimbo“ wieder in den Kader einberief. Erstmals als Kapitän der Nationalmannschaft führte er die Deutschen in Pressburg gegen die Slowakei. Der Platz war klein und holprig, und die Mannschaft, inklusive „Bimbo“, fand nie zu ihrem Spiel. Die Slowaken gewannen mit 2:0. Kein Spieler aus dem Slowakeimatch war dann gegen die Ungarn mit dabei. Sepp Herberger setzte auf elf neue Spieler und bekam prompt von den Magyaren mit einer 1:5-Niederlage kräftig eine auf die Nase.

Für die Wiener Auswahl trat „Bimbo“ dafür gegen Budapest in Wien an. Die Wiener siegten mit 3:1, und „Bimbo“ erzielte alle drei Tore. Besser erging es den Böhmen, die in Prag ein 5:5 gegen die Wiener erreichten, „Bimbo“ traf wieder zwei Mal.

Nach der Blamage gegen Ungarn forderte die deutsche Sportpresse Herberger auf, wieder zu den

„Großdeutschland“ : Böhmen-Mähren 4:4

„Bimbo“ mit 3 Treffern

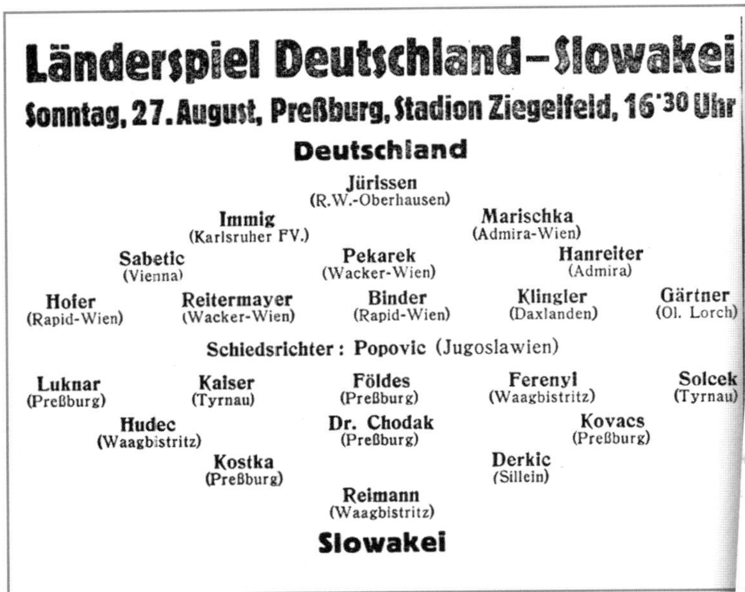

Länderspiel Deutschland–Slowakei
Sonntag, 27. August, Preßburg, Stadion Ziegelfeld, 16³⁰ Uhr

Deutschland

Jürissen (R.W.-Oberhausen)

Immig (Karlsruher FV.) Marischka (Admira-Wien)

Sabetic (Vienna) Pekarek (Wacker-Wien) Hanreiter (Admira)

Hofer (Rapid-Wien) Reitermayer (Wacker-Wien) Binder (Rapid-Wien) Klingler (Daxlanden) Gärtner (Ol. Lorch)

Schiedsrichter: Popovic (Jugoslawien)

Luknar (Preßburg) Kaiser (Tyrnau) Földes (Preßburg) Ferenyi (Waagbistritz) Solcek (Tyrnau)

Hudec (Waagbistritz) Dr. Chodak (Preßburg) Kovacs (Preßburg)

Kostka (Preßburg) Derkic (Sillein)

Reimann (Waagbistritz)

Slowakei

Drei Wiener Fußballieblinge treten Sonntag in der alten Donaustadt Preßburg zum ersten Länderspiel Deutschland gegen die Slowakei an. Von links: Hofer, Binder und Reitermayer. Rechts oben: Der ausgezeichnete Stürmer der slowakischen Elf, Földes

bewährten Spielern zurückzukehren. Mit Böhmen-Mähren und dem Weltmeister aus Italien standen im November 1939 noch zwei sehr starke Teams auf dem Programm. Grundsätzlich ließ sich Herberger von der Sportpresse nicht unter Druck setzen und nominierte bekannte Namen. Neben „Bimbo" stürmte der Dresdner Helmut Schön (späterer Teamchef der BRD). Die herausragende Spielerpersönlichkeit in diesem Spiel war aber der lange Wiener.

In einem tollen Match trennten sich die beiden Kontrahenten mit einem gerechten 4:4, Binder 3 und Janes waren die Torschützen für Deutschland. Aber auch der Gegner hatte einen bekannten dreifachen Torschützen in seinen Reihen, wir kennen ihn noch aus seiner Zeit bei Rapid: Pepi Bican. Trotz seiner Gala-Vorstellung in Breslau erscheint „Bimbos" Name nicht im Aufgebot gegen Italien. Wieder gab es ein gewaltiges Rascheln im Blätterwald der deutschen Sportpresse. „Gegen den Weltmeister brauchen wir Binder-Tore!" – so und ähnlich lauteten die Schlagzeilen. Speziell in der Reichshauptstadt hatte „Bimbo" zahlreiche Anhänger. Seine Tore begeisterten schon immer die verwöhnten Berliner Fußballfans. Der Titel des deutschen Pokalsiegers und seine Aussage – „Im Berliner Olympia-Stadion fühle ich mich immer zu Hause!" – beeindruckten die Berliner sehr. Was der sture Sepp Herberger ganz selten tat: Er beugte sich dem Druck der öffentlichen Meinung.

„Bimbo" wurde rasch aus Wien herbeigeholt und sollte auf der Halblinksposition spielen. Am 26. November 1939 kam es in Berlin zum denkwürdigen Duell der Giganten, Deutschland gegen Weltmeister Italien. Herberger hatte vier Wiener, drei Rapidler – „Bimbo" Binder, Pesser, Raftl – und von der Admira Hahnemann in der „großdeutschen Nationalmannschaft" aufgestellt.

Klangvolle Namen standen in beiden Teams, die sich unter dem Jubel von 90.000 begeisterten Zuschauern im Olympiastadion präsentierten:

Deutschland
Raftl;
Janes, Billmann;
Kupfer, Rohde, Kitzinger;
Lehner, Hahnemann, Conen, Binder, Pesser

Colaussi, Scarabello, Boffi, Demaria, G. Neri
Perazzolo, Battistoni, Genta;
Sardelli, Marchi;
Olivieri;
Italien (Weltmeister 1936)

Der Boden im Olympiastadion ist aufgeweicht und tief, starkes Schneegestöber setzt den Akteuren und Zuschauern sehr zu. Weltstars wie Demaria, Battistoni, Perazzolo, Colaussi, Olivieri und Sardelli stehen in den Reihen des regierenden Weltmeisters, der auch schnell in Führung geht. Es dauert nur einige

Ansprache Pozzo's an seine Azzurri

Also, aufgepaßt, Azzurri... in die heutige deutsche Mannschaft sein eine so lange, mit so große Füße... Tapfer sein Azzurri... an römische Geschichte denken... Hannibal ante Portas — zu deitsch: Bimbo vor die Toren!!!!

Minuten, und Deutschland kann mit einem „Bilderbuchtor“ ausgleichen. Lehner dribbelt sich auf der rechten Seite durch die italienische Abwehr und flankt, am langen Eck kommt „Bimbo“ Binder, nimmt sich den nassen und schweren Ball mit der Brust herunter, wartet seelenruhig, bis Keeper Olivieri herausstürzt, und schiebt den Ball an ihm vorbei zum Ausgleich in das italienische Tor. Das Stadionoval jubelt und fordert eine Draufgabe. Wenig später bleibt die Rückgabe eines italienischen Verteidigers zum Torhüter in einer Pfütze stecken, aber „Bimbo“ hat aufgepasst und den Ball abgefangen. Er zieht allein aufs Tor, wieder stürzt ihm Olivieri entgegen, aber „Bimbo“ überspielt elegant den Keeper und platziert den Ball zum 2:1-Führungstreffer im gegnerischen Tor. Bis zum Pausenpfiff kann Conen sogar noch auf 3:1 erhöhen. Ziemlich geknickt kommen die Azzurri zur 2. Halbzeit auf den Platz, nichts ist mehr vom Selbstvertrauen des Weltmeisters zu sehen. Die Berliner wittern eine Sensation und feuern ihre Mannschaft lautstark an. Dann gelingt dem schnellen und trickreichen Rechtsaußen Lehner das 4:1, jetzt wanken die Italiener gewaltig. Geschlagen geben sie sich aber noch nicht. Sie wollen natürlich ein Debakel verhindern und können sogar noch einmal auf 4:2 herankommen. Aber ein unhaltbar verwandelter Elfmeter von „Bimbo“ in der Schlussphase des Spieles sichert den verdienten und sensationellen 5:2-Sieg über den Weltmeister aus Italien. Bei seinem vierten Teameinsatz war „Bimbo“ Binder mit drei tollen Toren der Vater dieses überzeugenden Erfolges. Sechs Tore in zwei aufeinanderfolgenden Länderspielen sind schon fast rekordverdächtig. Nach diesem sen-

„Bimbo“, der Bomber

Deutschland: Kitzinger, Kupfer, Pesser, Billmann, Rhode, Hahnemann, Conen, Lehner, Binder, Raftl, Janes

Der Montag mit dem Sport-Montag

Deutschland – Italien 5:2

Admira – Vienna 3:2 — Sportklub – Wacker 1:1 — Straßenbahn – Schwarz-Rot 3:1 — Post – FAC. 4:3 — Simmering – Libertas 3:2 — Red Star – Donaufeld 3:2 — Vorwärts 06 – Langenzersdorf 4:0

7 Rpf. für Groß-Wien 9 Rpf. im übrigen Landesgebiet 12 Rpf. Ausland oder deren Gegenwert

Schriftleitung und Verwaltung: Wien 62, Seidengasse 3–11, Fernsprech-Nr. B-38-5-25 Serie

Vierteljahr-Bezugspreis für Wien und auswärts samt Zustellung RM 1.20

Nr. 48 Wien, am 27. November 1939 33. Jahrg.

Vierteljahr-Bezugspreis für das Ausland samt Zustellung: Gegenwert von RM 1.50

Binder schoß drei Tore gegen Italien

Von Bimbo waren alle begeistert

90.000 begeisterte Zuschauer im Olympia-Stadion

Wir schlugen den Weltmeister!

Deutschland-Italien 5:2 (2:2) — Binder (3), Lehner, Conen schossen die Tore — Die Azzurri brachen nach Seitenwechsel zusammen

Franz Binder:

Mit Bombenschuß das gegnerische Tor zerfetzt

„Als wir am 30. April 1939 im Tschammerpokal gegen Bayern-München in München spielten und 5 : 2 gewannen, glückte es mir, mit einem Torball das Netz zu zerreißen. Und die biederen Münchener beglaubigten mir es, indem sie mir ein Lichtbild des zerrissenen Netzes verehrten. Damit daß Dir's kaner abstreiten kann, was D' für an damischen Schuß g'macht hast, an damischen, sagten sie lachend. Das hat mich damisch gefreut."

sationellen Auftritt von „Bimbo" schrieben sich die Sportjournalisten die Finger mit Lobeshymnen wund. Diesmal hatte die Presse einen Anteil an seinem großartigen Erfolg, denn ohne sie hätte Herberger den Wiener nicht einberufen. Und dann schießt er auch noch drei Tore. Journalistenherz, was willst du mehr?

Im April 1940 füllten neuerlich 95.000 Zuschauer das Oval des Olympiastadions, als Ungarn gegen Deutschland auf dem Programm stand. Wieder dabei die Rapidler Binder und Pesser, die beide Tore beim 2:2-Unentschieden erzielten. Pesser schoss knapp vor Spielende sogar noch ein drittes Tor, doch der Schiedsrichter verweigerte diesem regulären Treffer die Anerkennung. Zu diesem Zeitpunkt hatte „Bimbo" in fünf Teameinsätzen bereits sieben Tore erzielt. Dies ließ auch die letzten deutschen Kritiker verstummen.

Die Durchführung der einzelnen Bewerbe im „großdeutschen" Fußball war etwas kompliziert. Die Meisterschaft in der „Ostmark" mit nur acht Vereinen begann erst am 24. September 1939 und endete am 1. Mai 1940. Die Bewerbe um den „Deutschen Pokal 1939" dauerten von April 1939 bis April 1940. Die „Deutsche Meisterschaft 1940" wurde sehr komprimiert zwischen Mai und Juli 1940 ausgetragen. Das erste Spiel im deutschen Pokal fand am 16. April 1939 statt. Die Hütteldorfer eliminierten Red Star mit 6:2 (Binder 2 Tore). In der zweiten Runde besiegte Rapid

Ganz Berlin spricht davon
Nur Herberger schweigt — Fünf Rapid-Viertelstunden

Fünfmal Binder-Bomben!
Rapid gegen Blau-Weiß-Berlin 7:1 (4:0) — 30.000 Zuschauer im Poststadion

den FC Bayern in München mit 5:2 (Binder 3 Tore). In diesem Pokalspiel zerschoss „Bimbo“ das Tornetz.

Diese Geschichte habe ich oft von meinem Vater gehört, aber er war auch fair genug zuzugeben, dass er ein intaktes Tornetz nie hätte durchschießen können. Diese Geschichte passte genau zu „Bimbo“, dessen Charakter und seine sagenhafte Schusskraft einmalig waren.

Dies ist kein Märchen, sondern eine wahre Begebenheit. Rapid wurde ein Freistoß zugesprochen. „Bimbo“ legte sich die Kugel auf, lief an, traf richtig, und wie eine Granate durchschlug der Ball das Netz. Der Schiedsrichter wollte schon Torabstoß geben, als ihn der Rapid-Kapitän und andere Spieler aufforderten, sich doch das Netz anzusehen. Tatsächlich fand sich ein frisches Loch, und Binder erhielt den Treffer zugesprochen. Es ist heutzutage völlig unmöglich, ein Kunststoffnetz mit einem Fußball zu durchschießen.

Tochter Elisabeth freute sich Weihnachten 1939 über schöne Geschenke.

1940 aber waren die Tornetze noch aus geflochtenem Hanf. Wenn diese schon ein wenig altersschwach, morsch und fest gespannt waren, dann konnte es durchaus vorkommen, dass eine „Bimbo“-Bombe das Tornetz durchschlug.

In der Folge schlug Rapid sicher Jahn Regensburg 4:2 (Binder 2 Tore), VfB Coburg 6:1 (Binder 4 Tore), Vorwärts Gleiwitz 6:1 (Binder 2 Tore) und Blau-Weiß Berlin 7:1 (Binder 5 Tore). Problemlos hatten die Hütteldorfer das Semifinale erreicht und dabei 34 Tore geschossen, „Bimbo“ alleine 18. Alle glaubten jetzt daran, dass auch der kommende Gegner, der 1. FC Nürnberg, keine Hürde auf dem Weg in das Pokalfinale sein sollte.

Das Los bestimmte Wien als Austragungsort. Aber glauben heißt nichts wissen, sagt schon ein altes Sprichwort, und so ärgerten sich 35.000 Zuschauer im Praterstadion über ein blamables Ausscheiden der Favoriten aus Hütteldorf. Vielleicht sah man sich schon im Finale und wollte das Spiel locker über die Runden bringen. Ohne Kampf und Einsatz verlor man schließlich mit 0:1, und der „Club“ zog anstelle von Rapid in

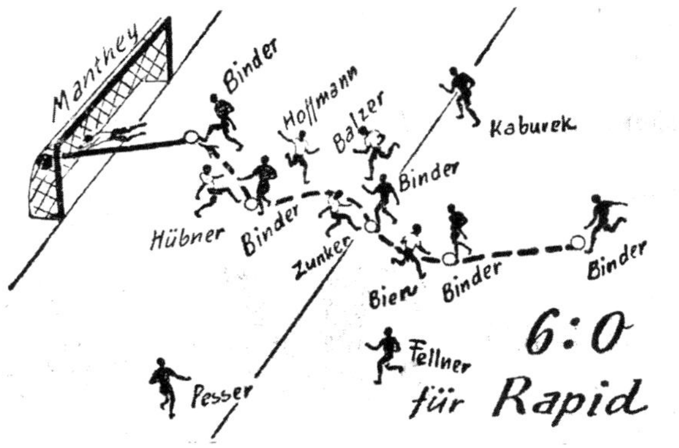

Nicht weniger als sechs Spieler der Berliner werden hintereinander überspielt und dann setzt Bimbo den Ball zum 6:0 unter die Latte.

das Pokalfinale ein. Die Nürnberger gewannen dann das Pokalfinale gegen Waldhof Mannheim mit 2:0.

Im April und Mai 1940 wurden drei Spiele der deutschen Nationalmannschaft ausgetragen. Sepp Herberger setzte wieder auf den Österreicher-Block mit „Bimbo“ Binder. Am 7. April kam es gegen Ungarn zur Revanche für die 1:5-Niederlage des Vorjahres. Diesmal lief es für die Deutschen besser und man trennte sich mit einem gerechten 2:2-Unentschieden. Wieder verbuchte „Bimbo“ einen weiteren Treffer auf sein Konto. Eine Woche später traf man auf Jugoslawien, „Bimbo“ wurde von den Jugoslawen genau gedeckt und ging diesmal leer aus. Prompt verlor das deutsche Team 1:2. Das dritte Spiel stand ganz im Zeichen einer Revanche. Die Azzurri wollten die blamable 2:5-Niederlage vom November 1939 ausbessern. Für dieses Spiel am 5. Mai in Mailand hatten sich die Italiener natürlich viel vorgenommen. Die Spieler, der Teamchef, die Presse und die Tifosi lechzten nach Rache.

Diesmal gaben sich die Italiener keine Blöße. Die Hausherren wirbelten Herbergers Elf gehörig durcheinander. Die meisten Spielanteile hatten die Blauhemden, und es war nur „Bimbo“ Binder zu verdanken, dass sich die deutsche Niederlage mit 2:3 in Grenzen hielt. Aus den wenigen Chancen, die die Deutschen vorfanden, erzielte „Bimbo“ die beiden Gegentreffer. Der Name „Bimbo“ Binder war den Italienern schon lange ein Begriff. Mit der österreichischen Nationalmannschaft, in internationalen Freundschaftsspielen mit italienischen Vereinsmannschaften und im Mitropacup war er sehr erfolgreich und schoss viele Tore. Aber fünf Tore in zwei Spielen gegen einen regierenden Weltmeister hat vor und nach ihm noch kein Spieler erzielt, das haben auch die Italiener zähneknirschend registriert.

Der Monsterbewerb der deutschen Meisterschaft startete im Mai 1940. Nach der Enttäuschung im Pokal konzentrierte man sich bei Rapid nun ausschließlich auf diesen Bewerb. Nach Niederlagen und Enttäuschungen war Rapid immer besonders stark, so auch in dieser Saison. Man spielte in verschiedenen Gruppen, oft gegen Vereine, von denen man noch nichts gehört hatte. Gegen den NSTg Graslitz kam Rapid in zwei Spielen mit den Gesamtscore von 14:1 (!) (Binder 8 Tore) weiter. VS Gleiwitz verkaufte sich besser und schied mit dem Gesamtscore von nur 5:3 (Binder 2 Tore) aus. Ohne Probleme ging es weiter, und den einzigen bekannten Gegner, die Berliner Union Oberschönweide, schlug man im Kampf um den Gruppensieg 3:2 und 3:1 (Binder 3 Tore).

Mühelos hatte Rapid das Semifinale der deutschen Meisterschaft erreicht. Wie im Pokal hatte Rapid auch diesmal Losglück, der gefährliche Dresdner SC konnte auf heimischem Boden empfangen werden. Leider wurde am 14. Juli 1940 die Hoffnung auf den Titelgewinn abermals zunichte gemacht. Das Praterstadion erwies sich wie im Pokalbewerb als Unglücksstätte für die Rapidler. Bei drückender Hitze drückten 40.000 Zuschauer den Hütteldorfern die Daumen. Rapid kämpfte verbissen, die Spieler wollten zum Endspiel

Rapid-Kapitän Binder bei der Platzwahl im Semifinale gegen den Dresdner SC

Franz Binder mit seiner Liesl auf der Pfarrwiese in Hütteldorf

nach Berlin, aber die Dresdner waren an diesem Tag eine sehr starke Mannschaft. 90 Minuten wogte das Spiel hin und her, aber beim Abpfiff stand es nur 1:1 (Binder 1 Tor). In der dritten Minute der Nachspielzeit passierte dann das große Unglück. Der sonst so glänzende und sichere Tormann Raftl patzte und fabrizierte ein Eigentor zum 2:1 für Dresden. Die „Viktoria" war dahin. Für „Bimbo" war es nur ein schwacher Trost, dass er in diesem Bewerb 14 Tore geschossen hatte.

Im Spiel um den dritten Platz kam es dann zu zwei sensationellen Begegnungen gegen Waldhof Mannheim, die im Semifinale gegen die starken Knappen von Schalke 04 verloren hatten. Das erste Spiel fand vor 90.000 Zuschauern im Berliner Olympiastadion, als Vorspiel des Endkampfes zwischen Schalke 04 und dem Dresdner SC, statt. Es war ein tolles Spiel zweier unbekümmert aufspielender Mannschaften. Ganz nach dem Geschmack der Zuschauermassen, spritzig, würzig, deutsche Kampfkraft gegen Wiener-Schule. Trotz Verlängerung ein gerechtes 4:4-Unentschieden. Große Enttäuschung dann auf den Rängen, als in einer verkrampften Angelegenheit Schalke die Dresdner mit 1:0 besiegte und deutscher Meister 1940 wurde. Die Wiener und die Mannheimer hatten ihnen im Vorspiel bereits die Show gestohlen.

Der Kampf um den dritten Platz wurde im Wiederholungsspiel eine Woche später in Wien ausgetragen. Diesmal waren die Mannheimer chancenlos und mussten mit einer 2:5-Niederlage die Heimreise antreten. Mit dem dritten Platz in der deutschen Meisterschaft beendete Rapid das Spieljahr 1939/40. Die Qualifikation für die beiden Finalspiele um die damals höchsten Titel verpasste man nur knapp. Rapid wurde zum 13. Mal österreichischer Meister, mehr als 560.000 Zuschauer besuchten die Spiele der Hütteldorfer in dieser Saison. Wieder konnte man ein erfolgreiches Spieljahr abhaken und den Blick auf die kommende Saison richten. Binder erreichte mit 17 Meisterschaftstoren aus 13 Spielen den fünften Titel des Schützenkönigs.

Sensationell hatte „Bimbo" bereits viermal in Serie die „Krone" gewonnen. War da überhaupt noch eine Steigerung möglich? „Bimbo" Binders Popularität hatte jetzt einen weiteren Höhepunkt erreicht. Der „Bomber" der Hütteldorfer hatte sich durch seine tollen sportlichen Leistungen im In- und Ausland großes Ansehen erworben. Die Namen „Sportklub Rapid" und „Bimbo" waren inzwischen zu einem bekannten Markenzeichen für fußballerische Qualität geworden.

„Bimbo" Binder gewann sechs Titel als österreichischer Schützenkönig – davon fünf in Serie von 1937 bis 1941.

SPIELSAISON 1940/41:

Deutscher Fußballmeister

Mit kurzer Vorbereitung ging Rapid in die Meisterschaft 1940/41. Das erste Pflichtspiel brachte Rapid gleich die erste Saisonniederlage. Die Hütteldorfer kamen nur langsam in Schwung. Wollten sie dieses Jahr wieder um die „Viktoria" kämpfen, mussten sie sich schon gewaltig steigern. Mit den folgenden Spielen kam Rapid immer besser in Fahrt. Die Austria (3:0), Admira (6:1, Binder 2 Tore) und Vienna (7:0, Binder 1 Tor) bekamen die Leistungssteigerung Rapids mit empfindlichen Niederlagen zu spüren. Dann sorgten noch die „Provinzler" Grazer SK (11:1, Binder 5 Tore) und der LASK (9:0, Binder 4 Tore) für eine kräftige Verbesserung des Torverhältnisses. Rapid hatte den Herbstmeistertitel in der Tasche. Zur Halbzeit der Meisterschaft hatte „Bimbo" schon wieder neun Treffer auf seinem Konto.

Obwohl Franz Binder zwei Treffer bei der 2:3-Niederlage des deutschen Teams gegen Italien in Mailand erzielte hatte, verzichtete Herberger für die nächsten fünf Länderspiele auf den Hütteldorfer „Kanonier". Erst im November kam er gegen Dänemark zu seinem achten Länderspieleinsatz. Deutschland gewann ohne ein Tor von „Bimbo" mit 1:0. Im deutschen Pokal, der immer vor der „großdeutschen" Meisterschaft ausgetragen wurde, war man ebenfalls in Geberlaune. Neumayer Nürnberg verlor in der ersten Runde 0:1 und der ambitioniert spielende VfR Schweinfurt verlor mit 1:7 (Binder 1 Tor).

Die Stuttgarter Kickers (am eigenen Platz mit 1:5) und die SpVgg Fürth (in Hütteldorf mit 1:6, Binder 4 Tore) kamen schwer unter die Räder. Die Kleeblätter aus Fürth hatten vorher Schalke 04 aus dem Bewerb geworfen, doch in Wien setzte ihnen „Bimbo" vier Bummerln in den Kasten.

Vier Tore schoss „Bimbo" beim 6:1-Sieg im Pokalspiel über die SpVgg Fürth.

Wie im Vorjahr hatte Rapid wieder das Semifinale des Pokals erreicht, und wieder war der damalige Gegner der Dresdner SC. Diesmal mussten die Hütteldorfer auswärts antreten – und hatten keine Chance. Der Traum von Pokalendspiel ging mit einer 1:3-Niederlage (Binder 1 Tor) verloren. Wieder war Rapid nur knapp vor dem Ziel gescheitert. Die heimische Frühjahrsmeisterschaft diente als Vorbereitung auf die deutsche Meisterschaft.

Der arme LASK bekam wieder 11 Tore (Binder 5 Tore, Kaburek 5, Holec 1), in einem spannenden und hochwertigen Spiel gewann man gegen den FAC mit 5:4, bei dem Binder viermal ins Schwarze traf. Dann gab Rapid einige unnötige Punkte ab, und die Verfolger Wacker und Vienna konnten bis auf zwei Punkte

Spielszenen aus der Meisterschaft von der Pfarrwiese und dem Wackerplatz

Rekrut Franz Binder

Besuch von der Mama

„Bimbo" mit Pesser und Skoumal in der Kantine der Breitenseer Kaserne. Nach seinem Gesichtsausdruck hat es ihm bei seiner Erna zu Hause weit besser geschmeckt.

herankommen und die Meisterschaft wieder spannend gestalten. Im Derby gegen die Violetten machte Rapid alles klar. 1:0 für Rapid! Goldtorschütze Binder! Die Hütteldorfer zum 14. Mal Meister! „Bimbo" spielte alle 18 Meisterschaftsspiele und traf 27 Mal ins gegnerische Tor. Damit erreichte er einen Torquotienten (27 Tore/18 Spiele) von sensationellen 1,59. Damit hatte er mit dem bisherigen Leader Uridil gleichgezogen. Erst in der Saison 1950/51 sollte Robert Dienst seine beiden Vorgänger überholen.

Diese Leistung als Torschütze in Meisterschaftsspielen der höchsten Spielklasse von Franz „Bimbo" Binder ist einmalig und unerreicht in Österreich, in Europa und auf der ganzen Welt.

Das letzte Meisterschaftsspiel am 23. Mai gegen den Grazer SK wäre nach dem Punktestand gar nicht mehr nötig gewesen. Bei diesem Spiel ereignete sich etwas, über das man nicht so einfach hinweggehen konnte. Es war am 6. April 1941, 5 Minuten nach Spielbeginn heulten die Sirenen in Graz, und Schiedsrichter Schauhuber musste das Spiel wegen Fliegeralarm abbrechen. Im September 1939 war der Krieg mit dem Überfall auf Polen ausgebrochen. Gegen England führten die Deutschen einen Luft- und Seekrieg, die Wehrmacht stand in Frankreich an der Kanalküste, Holland, Belgien, Dänemark und Norwegen wurden überfallen und besetzt. In Nordafrika und am Balkan standen deutsche und italienische Armeen. Fast ganz Europa brannte schon, und deutsche Städte und Industrieanlagen wurden bombardiert. Nun war also auch der Krieg über die Fußballplätze Österreichs hereingebrochen.

Die Auswirkungen des Krieges bekamen auch die Rapid-Spieler zu spüren. „Bimbo“ Binder wurde mit Pesser und Skoumal schon am 5. Februar 1941 eingezogen. Die Grundausbildung erhielten sie bei der Ersatznachrichtenabteilung 17 in der Breitenseer Kaserne. „Bimbo“ war einer der Ersten, die im Sommer 1941 ihr Ehebett mit einem Strohsack in der Kaserne tauschten. Mit „Bimbo“ und seinen Mitspielern von Rapid waren jetzt auch Karl Decker von der Vienna und Box-Europameister Joschi Weidinger in Breitensee stationiert.

Die deutsche Meisterschaft stand noch vor der Tür, und in höchster Eile bemühte man sich, diese unter Dach und Fach zu bringen. Am 1. Juni 1941 hatte „Bimbo“ seinen 9. und letzten Einsatz unter Herberger im Team. In Rumänien gewann Deutschland mit 4:1. „Bimbo“ spielte gut, bereitete zwei Tore vor, konnte aber selbst keines erzielen.

Franz Binders Gesamtbilanz in der „Großdeutschen Nationalmannschaft“ ist sensationell. In neun Spielen erzielte „Bimbo“ Binder zehn Tore und hat damit, als einer von zehn Stürmern der „Deutschen Nationalmannschaft“, einen sensationellen Torquotienten (mehr Tore als Einsätze) von 1,11.

Obwohl er so erfolgreich für die Deutschen spielte, war er doch nicht sehr unglücklich darüber, dass er von Herberger nicht mehr für die Nationalmannschaft nominiert wurde. Er spielte 1941 noch viermal für die Wiener Auswahl, die ja gleichbedeutend mit der „Ostmark“-Auswahl war. Nach dem Weltkrieg sollte er als Kapitän der österreichischen Nationalmannschaft wieder ein junges heimisches Team aufs Feld führen.

Der Meistertitel qualifizierte Rapid für die deutsche Meisterschaft, und man begann sofort mit den Gruppenspielen. Die Gruppengegner waren der VfL Neckarau, die Stuttgarter Kickers und München 1860. Es wurde in Hin- und Rückspielen gespielt. Der VfL Neckarau war kein gleichwertiger Gegner und wurde mit 7:0 (Binder 3 Tore) und 8:1 (Binder 2 Tore) sicher besiegt. Die Stuttgarter Kickers wehrten sich schon kräftiger. Sie erreichten im ersten Spiel ein 1:1 und kapitulierten erst im zweiten Spiel mit einem 1:5 (Binder 1) vor Rapid. Richtig gefährlich wurden aber die Münchner „Löwen“. Vor 30.000 Zuschauern gewann 1860 München sein Heimspiel mit 2:1.

Der Gruppensieg hing am seidenen Faden, sollten die Münchner auch auswärts zu Punkten kommen. Aber Rapid gab sich am 18. Mai 1941 vor 39.000 Zuschauern im Wiener Stadion keine Blöße und schickte die 60er mit einem 2:0 nach Hause. Der „Lange mit dem damischen Schuss“, wie Binder liebevoll von den

Reichstrainer Herberger mit Hans Pesser und „Bimbo“ Binder

Münchnern bezeichnet wurde, kam diesmal nicht zum Zug. Man bewachte ihn wie ein Juwel, aber der SK Rapid hatte noch andere hochkarätige Stürmer, und diese, Dvoracek und Kaspirek, übernahmen das Toreschießen.

Wieder stand Rapid im Semifinale der deutschen Meisterschaft, diesmal wollte man sich keinesfalls mehr die Butter vom Brot nehmen lassen. Wie so oft, wenn ein großer Bewerb ins Finale geht, trifft man auf alte Bekannte. Im Endeffekt setzt sich immer die Klasse einer Mannschaft durch. So auch diesmal. Die vorletzte Hürde vor dem Finale war der Dresdner SC, gegen den man im Semifinale des Pokalbewerbes keine Chance hatte und über die man auch im Vorjahr schon einmal gestrauchelt war. Vorerst stellte sich aber die Frage: In welcher Stadt soll dieses entscheidende Semifinalspiel in Szene gehen? Dresden oder Wien? Beide Spielorte gaben außergewöhnliche Vorteile für die jeweilige Heimmannschaft ab, sodass man sich entschloss, das Spiel in das neutrale Stadion von Beuthen zu verlegen. Auch die Frage des Schiedsrichters bewegte die Gemüter in Dresden und Wien. Die Hütteldorfer hatten wenig Vertrauen zu einem Deutschen, und ein Österreicher kam von Haus aus nicht in Frage. Völlig perplex war man dann in Wien, als man von einem Herrn Bouillon aus Königsberg hörte. Man hatte noch nie etwas von diesem „Schwarzen" aus der Kant-Stadt gehört. Betreffend die Spielleitung dieses völlig unbekannten Schiedsrichters hatte man große Bedenken. Beim Spiel allerdings musste man die Meinung über Herrn Bouillon bald revidieren, er erwies sich als regelkundiger, energischer und gerechter Schiedsrichter, der durch seine Persönlichkeit Respekt einflößte und das Spiel immer in der Hand hatte.

Bei Rapid stand Raftl im Tor, die Verteidiger waren Gernhardt und Sperner, die Läuferreihe bildeten Wagner I, Hofstätter und Skoumal, auf den Flügeln stürmten Fitz und Pesser, Dvoracek und Holec als Halbstürmer, und in der Mitte stand der Mann, der allein Entscheidungen herbeiführen konnte: „Bimbo" Binder! Von beiden Seiten wurde vom Anpfiff weg das Spiel mit großem Einsatz geführt. Nervosität hemmte anfangs die Aktionen, diese wurden aber von Minute zu Minute hochklassiger.

Angriff auf Angriff rollte auf die Tore und wurde von konsequenten Verteidigern und hervorragenden Torleuten abgewehrt. Kreß im Tor der Dresdner konnte mit tollen Paraden viele „Bimbo"-Bomben abwehren, und wenn das nicht mehr half, stand ihm der Torpfosten zur Seite. Zweimal half aber nichts mehr. „Bimbo" Binder wurde zum Matchwinner. Mit zwei Gewaltschüssen bezwang er den ausgezeichneten Kreß. Diesmal warf Rapid mit einem 2:1-Sieg die Dresdner aus dem Bewerb. Die Hütteldorfer wurden in Wien von einer riesigen und glücklichen Menschenmenge empfangen und gefeiert. Endlich, nach mehreren vergeblichen Anläufen, hatte Rapid es geschafft, das Ziel war erreicht:

Der Weg ins Finale nach Berlin war frei!

Ein seltener Luxus für die Rapid-Mannschaft war ein Flug zu einem Auswärtsspiel. Hier macht Rapid ein Abschiedsfoto vor dem Abflug mit einer JU 52 der Lufthansa nach München. In diesem Spiel gegen die „Löwen" von 1860 München ging es um den Einzug in das Semifinale der Deutschen Meisterschaft 1941.

Rapid-Spieler und -Anhänger reisen gemeinsam nach Berlin.

DIE SUPERSPIELE:

Endspiel gegen Schalke 04

Für Rapid und seine Fans war dieses Endspiel die größte sportliche Herausforderung in der Vereinsgeschichte. Zahlreiche Wiener begleiteten ihre Mannschaft. Die wenigen Sonderzüge nach Berlin waren bis auf den letzten Platz besetzt. Erst nach dem Krieg wurde bekannt, dass durch den Einmarsch der deutschen Truppen in Russland im gesamten Staatsgebiet keine Sonderzüge nach Berlin fahren durften. Dies galt sowohl für Wiener Schlachtenbummler wie auch für die Schalke-Fans aus dem Ruhrgebiet.

Der Tag des historischen Endspieles um die deutsche Meisterschaft, der 22. Juni 1941, war ein glühend heißer Sommertag. Bei 33 Grad Celsius im Schatten drängten sich 95.000 Zuschauer im riesigen Betonoval des Berliner Olympiastadions. Die Durchführung dieses mit großem Interesse erwarteten Endspiels war bis um die Mittagszeit noch nicht gesichert, denn in den Morgenstunden des 22. Juni hatten deutsche Truppen die Grenze zu Russland überschritten.

Da man einen Vergeltungsschlag befürchtete, sollte das Spiel aus Sicherheitsgründen abgesagt werden. Erfreulicherweise gab das Propagandaministerium mittags das Spiel frei. Rund um das Stadion und auf den obersten Rängen wurden FLAK-Batterien aufgezogen, und während in den U-Bahn- und S-Bahn-Stationen die Verkäufer der Extrablätter den Krieg gegen Russland lauthals verlautbarten, strömten 95.000 erwartungsvolle Fußballfans dem Olympiastadion zu.

Beim Endspiel waren dann unter den Zuschauern diesmal mehr österreichische Schlachtenbummler

„Bimbo“ mit Raftl beim Training

Verdiente Trainingspause. Trainer Nitsch blickt neidisch auf „Bimbos“ Jause.:

„Bimbo" inmitten seiner Fans

als 1939 beim Pokalfinale gegen den FSV Frankfurt. Es kamen sehr viele österreichische Soldaten aus den umliegenden Garnisonen, um Rapid in diesem schwierigen Spiel zu unterstützen.

An den Radiogeräten in Deutschland und Österreich fieberten Millionen von Fußballanhängern diesem Spiel entgegen. Das von deutschen Technikern erfundene „Fernsehen", es war schon bei den Olympischen Spielen 1936 in Berlin im Einsatz, übertrug das Spiel in besondere Veranstaltungssäle, die jedoch nur wenige Zuseher aufnehmen konnten. Die Wochenschau hatte ihre Filmkameras so unprofessionell positioniert, dass auf den Bildern keine Details über das Spielgeschehen sichtbar waren. Eigentlich haben nur die zahlreichen anwesenden Pressefotografen dieses für Rapid und „Bimbo" so wichtige Endspiel entsprechend gut dokumentiert. Beide Mannschaften konnten ihre stärksten Formationen aufbieten, und man war gespannt auf die Konfrontation der „Wiener Schule" mit dem „Schalker Kreisel". In Wahrheit aber war es ein Kampf des kleinen annektierten Österreichs gegen das „großdeutsche" Reich.

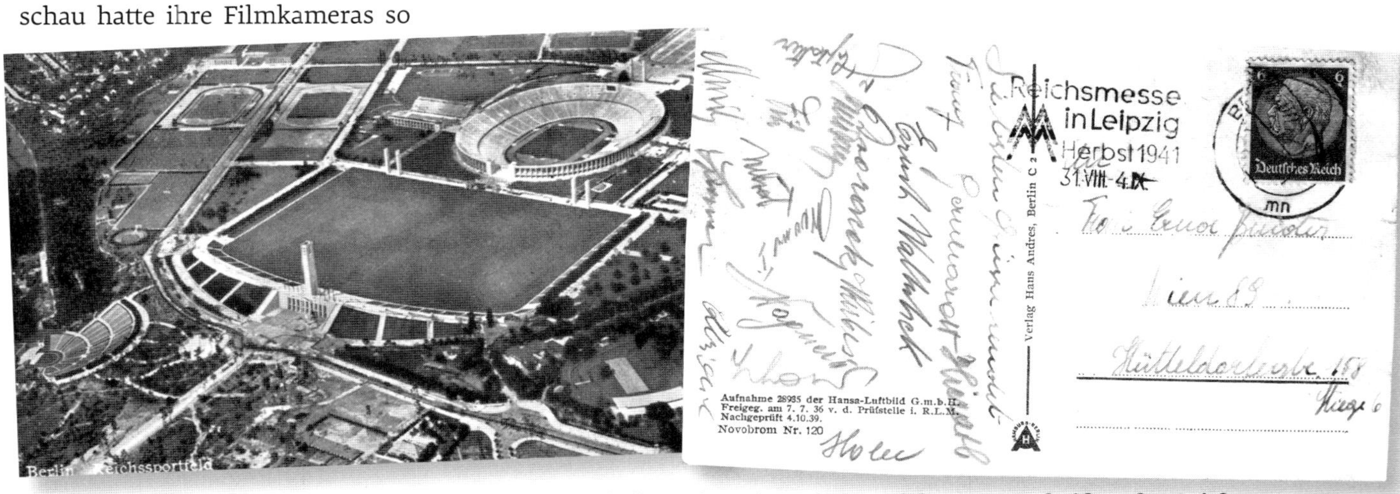

Original-Postkarte von Franz Binder an seine Frau mit dem Olympiastadion und den Unterschriften der Spieler.

Sportklub Rapid Wien am 22. Juni 1941 in Berlin: Wagner I, Pesser, Dvoracek, Skoumal, Fitz, Wagner II, Gernhardt, Schors, „Bimbo" Binder, Raftl

Jubel brandete auf, als Schiedsrichter Reinhard aus Stuttgart die beiden Finalisten, in folgenden Aufstellungen, auf den Stadionrasen führte:

SK Rapid

Raftl;

Wagner II, Sperner;

Wagner I, Gernhardt, Skoumal;

Fitz, Schors, Binder, Dvoracek, Pesser

Hinz, Kuzorra, Eppenhoff, Szepan, Burdenski

Gellesch, Tibulski, Füller;

Schweißfurth, Bornemann;

Klodt

Schalke 04

Platzwahl

Die Knappen aus dem Kohlenpott waren schon 1939 und 1940 deutscher Meister und wollten gegen Rapid den Meisterschafts-Hattrick erreichen. Im Finalspiel von 1939 hatte Schalke die Wiener Admira mit einem 9:0 demoliert, und diesmal sollte Rapid das Opfer werden. Den „Ostmärklern" wollte man es wieder einmal so richtig zeigen. Der Spielverlauf der ersten Halbzeit sprach dann auch eindeutig für die

Binder verschießt den ersten Elfmeter.

Gelsenkirchner. Der „Kreisel“ rotierte auf Hochtouren, und zur Pause führten die Westfalen durch Tore von Hinz und Eppenhoff sicher mit 2:0. Zu allem Unglück verschoss Rapid-Kapitän Binder auch noch einen Elfmeter und verpasste damit die Chance zum Anschlusstreffer.

Schalke hatte mehr Spielanteile, ließ den Ball geschickt laufen und setzte Rapid zeitweise gehörig unter Druck. Vor den Lautsprechern am Schalker Markt feierte man schon den neuerlichen Titelgewinn der Königsblauen.

Die zweite Halbzeit beginnt wie die erste geendet hat. Der „Kreisel“ dreht sich auf Hochtouren weiter, und als Eppenhoff das dritte Schalker Tor erzielt, scheint alles gelaufen. Hämische „9:0 – 9:0 – 9:0“ Sprechchöre hallen durch das Stadion und sollen an die Niederlage der Admira erinnern. Aber auf dem Feld steht diesmal eine andere Mannschaft als zwei Jahre zuvor. Die Männer um „Bimbo“ Binder geben ein Spiel nicht so schnell verloren. Statt zu resignieren, geht ein Ruck durch die Mannschaft und „Bimbo“ treibt seine Mitspieler unaufhörlich gegen das Schalker Tor. Schors gelingt der Anschlusstreffer zum 3:1, und jetzt wirft „Bimbo“, wie Berliner Sportjournalisten schrieben, baumlang alle überragend, sein ganzes körperliches und moralisches Gewicht ins Spielgeschehen.

Dies soll der größte Tag in der Karriere von Franz „Bimbo“ Binder aus St. Pölten werden. Ötte Tibulski, sein Bewacher, kann ihn plötzlich mit fairen Mitteln nicht mehr halten. Er hält „Bimbo“ an der Hose, ein kleiner, üblicher Trick, der aber dem ausgezeichneten Schiedsrichter Reinhard nicht entgeht. Freistoß! Klodt stellt sich die Mauer mit fünf Mann, dazwischen eine Lücke. „Bimbo“ legt sich die Kugel auf. Schießt durch die Lücke und trifft aus 30 Metern unhaltbar zum 2:3-Anschlusstreffer ins Schalker Tor. Langsam änderte sich auch die Stimmung im Publikum zugunsten der Hütteldorfer. Immer mehr der fachkundigen Berliner Fußballfans gehen in das Lager der Rapidler über. Da liegt plötzlich etwas in der Berliner Luft, vielleicht eine Sensation.

Die Schalker Spieler spüren diesen Umschwung, vom gefürchteten „Kreisel“ ist plötzlich nichts mehr

Spielszenen aus dem Endspiel

Der Freistoß zum 3:2-Anschlusstreffer sitzt

zu sehen, und sie werden von Minute zu Minute nervöser. Angriff auf Angriff rollt gegen das Tor von Klodt. Da dribbelt sich Schors in den Strafraum, ein blaues Bein lässt ihn stolpern. Elfmeter! Die Chance zum Ausgleich ist da. Wer aber soll vollstrecken? „Bimbo", der schon einen Elfmeter verschoss, oder ein anderer? Plötzlich ist weit und breit kein anderer Rapid-Spieler in der Nähe des Elfmeterpunktes zu sehen, alle blicken zum Langen. Er ist der Kapitän, er soll entscheiden. Keine Frage, als Kapitän gibt es keine Sekunde zu zögern. „Bimbo" übernimmt nochmals die Verantwortung. Ruhig und konzentriert legt er sich den Ball auf. Im Stadion kann man merken, dass da etwas ganz Großes in der Luft liegt, man kann eine Stecknadel fallen hören, so angespannt wartet das Publikum auf die Ausführung des Elfmeters. Kurzer Anlauf, scharfer Schuss, flach in die Ecke, unhaltbar zum 3:3 – der verdiente Ausgleich.

Im Stadion bricht jetzt die Hölle los. Die Zuschauer wechseln alle ins Lager der Hütteldorfer. Frenetisch feuern sie die Rapidler an. Sie wollen, dass Rapid gewinnt. Angespornt von den Wiener Schlachtenbummlern, fallen nun alle Zuschauer in das rhythmische Klatschen der „Rapid-Viertelstunde" ein. Und wieder kann Tibulski „Bimbo" nur regelwidrig stoppen. Freistoß, fast von der gleichen Stelle wie wenige Minuten vorher. In der Mauer standen fünf Mann und rechts von Klodt ein zusätzlicher Verteidiger neben dem Torpfosten auf der Linie. Aber nichts hilft, Binder läuft an und versenkt den Ball aus 30 Metern unhaltbar in die Kreuzecke zum vielbejubelten Führungs- und Siegestreffer in den Schalker Kasten.

Unglaublich, Rapid hat einen 0:3-Rückstand in eine 4:3-Führung verwandelt. Innerhalb von 18 Minuten und einer perfekten „Rapid-Viertelstunde" haben die Hütteldorfer, wie so oft, ein schon fast verlorenes Spiel umgedreht und einen großen Sieg errungen. Franz „Bimbo" Binder spielte das Spiel seines Lebens. Es war der Höhepunkt seiner glanzvollen sportlichen Karriere. In anderen Spielen hatte er schon viele Tore erzielt, aber dieses Endspiel prägte er. Trotz fast aussichtslosem Rückstand trieb er als Rapid-Kapitän

Beim zweiten Elfmeter hat Klodt keine Chance: Ausgleich zum 3:3.

Mit totalem Einsatz kämpft die Rapid-Elf die letzten Spielminuten um den Sieg.

Der Moment des Triumphes. Über den Kopf des Verteidigers schlägt „Bimbos“ Freistoß zum Siegestreffer ein. Klodt ist chancenlos.

„Bimbo“ (links) dreht jubelnd ab. Der Freistoß hat unhaltbar im Kreuzeck des Schalker Tores eingeschlagen. Rapid führt sensationell mit 4:3.

„Bimbo" mit Lorbeerkranz

Die Berliner feiern „Bimbo" und Rapid.

seine Kameraden nach vorne. Er übernahm die Verantwortung beim entscheidenden Elfmeter zum 3:3-Ausgleich, obwohl er schon einen verschossen hatte.

Der absolute Höhepunkt des Endspieles waren Binders drei Tore in der 62., 63. und 70. Minute, ein lupenreiner „Hattrick" in nur acht Minuten zum Sieg. In den Schlussminuten bäumte sich Schalke nochmals gewaltig gegen die drohende Niederlage auf. Doch die Königsblauen hatten schon längst ihr Pulver verschossen. Dann schießt noch einmal Burdenski, Raftl ist schon geschlagen, aber der Ball springt vom Pfosten

Gratulant: von Tschammer und Osten

zurück ins Spielfeld. Kurz darauf pfeift Schiedsrichter Reinhard dieses spannende Endspiel ab.

Nach dem Schlusspfiff stürmten die Zuschauer den Rasen und trugen „Bimbo“ Binder mit einem riesigen Lorbeerkranz vom Feld. So eine Begeisterung hatte Berlin bisher noch nie gesehen. Ganz Wien und Österreich jubelte an den Radios, am Gelsenkirchner Markt herrschte tiefe Betroffenheit, als der Schlusspfiff durch die dort installierten Lautsprecher tönte. Nichts wurde aus der sechsten Meisterschaft von Schalke. Wien war die unumstrittene Fußballmetropole. Die „Viktoria“ war in Hütteldorf.

In den vorhergehenden vier Jahren gewann der SK Rapid drei österreichische Meisterschaften, einmal den deutschen Pokal 1938 und erreichte einen dritten Platz in der deutschen Meisterschaft 1940. Der Sieg über Schalke 04 und der deutsche Meistertitel 1941 waren die Krönung des Wiener Vereinsfußballs. Der Reichssportführer von Tschammer und Osten war schwer enttäuscht von der Schalker Niederlage. Beim abendlichen Bankett trat er noch kräftig ins Fettnäpfchen und meinte tatsächlich, dass heute die bessere Mannschaft verloren habe. Aber auch dieser geniale Ausspruch und „Glückwunsch“ verdarb den Hütteldorfern die Freude über diesen großen Sieg nicht. Die Heimreise mit der Bahn von Berlin nach Wien wurde zu einem unbeschreiblichen Triumphzug für Rapid und „Bimbo“ Binder. An jeder Station gab es Glückwünsche und Ovationen für die Sieger, und hunderte von Rapid-Anhängern erwarteten sie am Ostbahnhof.

„Bimbo“ zeigt seinen lupenreinen „Hattrick“.

Die Geschichte von diesem legendären Endspiel habe ich so oft gehört, dass ich schon glaubte, selbst dabei gewesen zu sein. Beim Schreiben dieses Spielberichts läuft mir heute noch ein Schauer über den Rücken. Ich beneide alle, die damals die Möglichkeit hatten, dieses große Match live zu erleben. Diese Geschichte vom Endspiel hat mein Vater immer wieder besonders gerne erzählt. Als ihm, dem Rapid-Kapitän, nach dem Spiel die „Viktoria“ übergeben wurde, fehlte das Namensschild für den SK Rapid. Man sah zwei

Meisternadel & original Matchball

Sportklub Rapid Wien: Deutscher Meister 1941

frische Schraubenlöcher, die anscheinend kurz zuvor noch zum Befestigen des Namensschildes von Schalke 04 verwendet wurden. Für Rapid hatte man nicht einmal ein Schild vorbereitet, so sicher waren sich alle über den Sieg der Gelsenkirchener. Erst am Tag der Rückreise wurde der Namenszug von Rapid am Sockel der „Viktoria“ angebracht.

Der junge Ernst Happel holt sich 1941 von seinem Idol Franz Binder ein Autogramm.

In Wien angekommen holte die Realität die Rapidler sehr schnell ein. Wieder einmal, wie beim Ersten Weltkrieg, hatte ein schrecklicher Krieg den Fußballsport überrollt. Die meisten Spieler waren bereits beim Militär, und andere mussten jetzt einrücken, die Mannschaften zerfielen. In den kommenden vier Jahren hatte keine Wiener Mannschaft auch nur annähernd den Kern ihrer Stammspieler zur Verfügung. Die Not regierte. Es gab keine Möglichkeiten mehr für gezielte Aufbauarbeit, die Kader mussten mit Gastspielern aufgefüllt werden, und es gelang dadurch auch viel zu vielen „Namenlosen“, die grün-weiße Dress überzustreifen. Bis zum Kriegsende 1945 gab es keinen richtigen Wiener Fußball und auch Rapid war nicht mehr Rapid.

Für die Familie Binder war nach der deutschen Meisterschaft und der Rückkehr der siegreichen Mannschaft nach Wien das Feiern bald vorbei. Die Spieler machten noch ein schönes Foto von der Meistermannschaft des SK Rapid mit der „Viktoria“ auf der Pfarrwiese. Die Gewinner wurden von der Stadt Wien geehrt und zum Essen in den Rathauskeller eingeladen. Die Saison ließ man mit einem Freundschaftsspiel gegen Gradjanski Agram und einem 4:1-Sieg (Binder 3) vor 9000 Zusehern auf der Pfarrwiese ausklingen.

DIE KRIEGSJAHRE

Drei bekannte österreichische Sportler während ihrer Ausbildung: Box-Europameister Joschi Weidinger, Karl Decker von der Vienna und Rapid-Goalgetter Franz „Bimbo" Binder.

Die Vorbereitung der Mannschaft auf die Saison 1941/42 konnte noch halbwegs durchgeführt werden. Die Vorgesetzten der Fußballer stellten sie zum Training und zu den Spielen frei, aber sie durften nicht mehr bei ihren Familien wohnen. Anfang November 1941 war es dann für „Bimbo" mit dem Fußballspielen praktisch vorbei. Am 2. November 1941 bestritt er sein vorletztes Meisterschaftsspiel gegen den FC Wien, welches mit 0:4 verloren ging. Binder und seine Kollegen hatten bereits ihre Marschbefehle zur weiteren Ausbildung erhalten. Bei einem Kurzurlaub im März 1942 konnte „Bimbo", untrainiert, sein vorläufig letztes Spiel in der Meisterschaft gegen die Vienna absolvieren.

Franz Binder wurde im August 1942 zur Sanitätsabteilung 17 überstellt und von dort im Jänner 1943 an die Ostfront als Sanitäts-Kraftfahrer zur Sanitätskompanie 1/82 abgestellt. Diese Sanitätskompanie war der 2. (Wiener) Panzerdivision angegliedert, die zu dieser Zeit an den schweren Schlachten um Kursk und bei Orel teilnahm.

Tochter Elisabeth war jetzt fünf Jahre. In den kommenden dreieinhalb Jahren sollte sie ihren Vater nur ganz wenig sehen und lange Zeit nicht einmal wissen, wo er war und ob er überhaupt noch lebte. Jetzt war die Mutter gefordert, als „Alleinerziehende" durch die Kriegswirren zu kommen. Im Herbst 1942 wurde Elisabeth eingeschult und nach einer Aufnahmeprüfung bei den Elevinnen des Wiener Staatsopernballettes zur Ausbildung als Balletttänzerin aufgenommen. Aber auch im Gemeindebau, wo Binders wohnten, hat man sich inzwischen auf

Tochter Elisabeth war jetzt 5 Jahre alt. In den kommenden 3 ½ Jahren sollte sie ihren Vater nur wenig sehen und lange Zeit nicht einmal wissen, wo er ist und ob er überhaupt noch lebt. Jetzt war die Mutter gefordert, als „Alleinerziehende" durch die Kriegswirren zu kommen.

Herbst 1943 bei Orel

den Krieg, der ja Wien und Österreich immer näher rückte, eingerichtet.

Da früher oder später auch Luftangriffe zu erwarten waren, hatte man die Keller dieses großen Gemeindebaus untereinander verbunden, die Bewohner richteten sie als Luftschutzkeller ein. Der Somogyi-Hof war in der Zwischenkriegszeit erbaut und glich wie alle sozialistischen Gemeindebauten dieser Zeit eher einer Festung als einer Wohnanlage. Für die damalige Zeit hatten sie bereits eine gut durchdachte Infrastruktur. Die Haupteingänge, zwei von der Hütteldorfer Straße und zwei von der Hanuschgasse, waren mit äußerst starken Gittern und Toren ausgestattet. Jeden Tag um 21.00 Uhr mussten die Tore durch die Hauswarte geschlossen werden. Innerhalb des Gemeindebaues gab es eine gut ausgestattete Gemeinschaftswaschküche, einen großen Bügelraum, einen Kindergarten und einen Hort für Schulkinder. Im Gebäudeteil zur Hütteldorfer Straße bzw. in unmittelbarer Nähe waren noch ein Fleischergeschäft („Fleischbank", mit den besten Knackwürsten überhaupt), Anker-Brot, Trafik, Strickwaren, Milch- und Obstgeschäft, Friseur, Putzerei, Glaserei, Installateur, Lotto, Drogerie, Gasthäuser und ein Schuhgeschäft vorhanden. Hinter dem Somogyi-Hof befand sich das Hanusch-Krankenhaus, während des Krieges das Reserve-Lazarett 1a unter Leitung von Primarius Dr. Dobsch. In den Kellerräumen des Gemeindebaues hatten die Mütter Koch- und Schlafstellen eingerichtet sowie Bekleidung und Vorräte deponiert. Sie waren gut vorbereitet auf das, was kommen würde, denn ab 1945 wurde auch Wien schwer bombardiert.

Erst im November 1943 hatte Familie Binder wieder Nachricht von Franz. Monatelang war er ohne Unterbrechung, immer in unmittelbarer Frontnähe, bei schweren Kämpfen seiner Einheit mit dem Krankenwagen von und zur Front im Einsatz. Zur Freude seiner Frau und der Tochter kam er Anfang November überraschend auf Urlaub nach Wien. Er ließ es sich nicht nehmen, am 14. November 1943 die Rapid-Dress anzuziehen. Rapid siegte gegen den FC Wien mit 1:0.

Im Winter 1943/44 erlitt die 2. (Wiener) Panzerdivision, bereits beim Rückzug aus dem Bereich Orel, schwere Verluste. Gerade in dieser Zeit erhielt „Bimbo" den Befehl zur Rückkehr in seine Einheit an der Ostfront. Primar Dobsch vom Hanusch-Krankenhaus, der sich schon vor dem Krieg bei schweren Sportverletzungen um die Rapid-Spieler gekümmert hatte, operierte „Bimbo" den Blinddarm heraus und behielt ihn für drei Monate im Krankenstand. Zwischenzeitlich wurde Binders Division wegen schwe-

Binder im Einsatz in Russland

rer Verluste aus Russland abgezogen und zur Auffrischung und Erholung nach Frankreich verlegt. „Bimbo“, inzwischen wieder genesen, konnte sogar etwas trainieren und spielte am 9. April 1944 vor 5500 Zuschauern auf der Pfarrwiese ein Meisterschaftsspiel gegen den WSC. „Bimbo“ erzielte beim 9:4-Sieg vier Tore. Sein letztes Spiel in Kriegszeiten war im deutschen Pokal während eines Urlaubs am 4. Juni 1944 vor 11.000 Zusehern mit einem 1:0-Sieg. Viele Wiener freuten sich sehr, dass sie ihren „Kanonier“ wieder einmal spielen sehen konnten.

Während seiner Einsatzzeit in Russland hatte Binder kaum Gelegenheit ein Spiel mit seinen Kameraden zu bestreiten.

Bereits am 5. Juni 1944 reiste er zurück zu seiner Sanitätsabteilung bzw. Sankomp. 1/82, die sich jetzt im Westen befand, nach Frankreich in die Normandie. Er kam genau am Tag der Invasion, dem 6. Juni 1944, zurück zu seiner Einheit, die bereits wieder in schwerste Abwehrkämpfe verwickelt war. Die 2. Panzer-Division wurde von der „Operation Overlord“ völlig überrascht. Waren es in Russland die Vielzahl der gegnerischen Panzer und die Artillerie, mit denen Binder unangenehme Bekanntschaft machte, so hatte er in der Normandie beim ständigen Rückzug seine Probleme mit amerikanischen Jagdbombern, aber auch mit französischen Partisanen. Obwohl er einen Sanitätswagen fuhr, gekennzeichnet mit ein großen roten Kreuz am Dach und auf den Seitenwänden, wurde er bei der Fahrt zur Front von Tieffliegern angegriffen. Laut der Genfer Konvention war es verboten, Rot-Kreuz-Fahrzeuge anzugreifen. Die Amerikaner ignorierten dies, da ihnen bekannt war, dass die Deutschen in Sanitätswagen Munition zur Front brachten. Von der Front zurück mit Verwundeten blieb Binder meist unbehelligt.

In Frankreich lenkte er einen erbeuteten „Dodge“ als Sanitätswagen, der qualitativ wesentlich besser war als die Wagen aus deutscher Produktion. Vor allem die einheitlichen Ersatzteile im amerikanischen Fuhrpark empfand Binder als enormen Vorteil. Zweimal wurde er von amerikanischen Flugzeugen angegriffen, aber er und sein Beifahrer kamen glücklicherweise unverletzt davon. Die brutalen schweren Abwehrkämpfe seit der Invasion und der ständige Rückzug führten dazu, dass die 2. Panzerdivision fast völlig aufgerieben wurde und im Herbst nur noch aus einer Stabsabteilung mit einem kleinen Rest der Sanitätskompanie bestand. Die Division wurde aus Frankreich abgezogen, im September bei Willich und Bitburg neu aufgestellt und nahm noch an der Ardennenoffensive teil. Im Herbst 1944 wurde „Bimbo" zum Obergefreiten befördert und erhielt das Eiserne Kreuz 2. Klasse.

Mein Vater redete nicht gerne über seine Zeit im Krieg, er hätte lieber Fußball gespielt und den Menschen Freude mit Toren bereitet. Aber ich kann mich an eine Situation in den 60er Jahren erinnern, als „Bimbo" wieder Sektionsleiter bei Rapid war, die sich auf der Pfarrwiese abspielte. An einem Spieltag kam ich mit meinem Vater auf die Pfarrwiese, als ihn ein großer Mann mit sportlicher Figur, so zwischen 45 und 50 Jahren, ansprach. Ich erinnere mich nicht mehr an seinen Namen, aber er kam aus Linz und fragte meinen Vater, ob er sich noch an ihn erinnern könne. Mein Vater wusste nicht, wer er war und woher er ihn kennen sollte. Der Mann klärte ihn auf: Es war beim Rückzug aus der Normandie in Frankreich, als er von einer Maschinengewehr-Garbe durchlöchert, schwer verwundet, aber bei vollem Bewusstsein, am Straßenrand lag. Seine Kameraden stoppten den Sanitätswagen meines Vaters und baten ihn, den Verwundeten ins nächste Feldlazarett zu bringen.

Ein im Wagen befindlicher verwundeter Offizier befahl meinem Vater, den Verletzten liegen zu lassen, da dieser sowieso sterbe, er solle sofort weiterfahren. Es ergab sich ein lebhafter Streit zwischen meinem Vater und dem Offizier, dabei erkannte der verletzte Linzer in meinem Vater „Bimbo" Binder von Rapid. Mein Vater widersetzte sich den Anordnungen des Offiziers und nahm den Verletzten mit ins Lazarett. Der Linzer hatte acht Durchschüsse, mehre Knochenbrüche und innere Verletzungen, es war wie durch ein Wunder kein lebenswichtiges Organ oder eine Arterie verletzt. Fast ein Jahr lang lag er in einem Kölner Krankenhaus in Gips, nach zwei Jahren war er wieder völlig gesund. Er blieb nach dem Krieg in Köln, gründete eine Familie und wollte einmal meinem Vater für seine damalige Handlung danken. Jetzt war er auf Besuch bei seinen Eltern in Linz und nützte die Gelegenheit, seinem Lebensretter zu danken. Der Mann hatte bei seiner Erzählung Tränen in den Augen, die ihm über die Wangen liefen, und mein Vater war ebenfalls sehr gerührt und brachte kein Wort heraus.

Die Ardennenoffensive begann am 16. Dezember 1944. Nach anfänglichen Erfolgen mussten sich die deutschen Einheiten Ende Jänner 1945 wegen Nachschub- und Treibstoffmangels auf ihre Ausgangspositionen zurückziehen. Von jetzt an lautete der Befehl: „Vorwärts, Männer, wir müssen zurück!" Zurück aus Frankreich, durch Deutschland in den Süden bis nach Bad Aibling in Bayern, in der Nähe der österreichischen Grenze, wo sich seine Einheit am 8. Mai 1945 den Amerikanern ergab. Sie waren nur kurz in Bad Aibling interniert und wurden dann umgehend in ein Kriegsgefangenenlager nach Kufstein verfrachtet.

Die zerstörte Staatsoper

Für meinen Vater war der Krieg damit endlich zu Ende. Die Verpflichtung zum Wehrdienst hat „Bimbo" fast vier Jahre seiner Fußballkarriere gekostet. Vom Dezember 1942 bis Oktober 1945 konnte er nur sechs Spiele für Rapid bestreiten. Man darf gar nicht hochrechnen, wie viele Tore er in diesem Zeitraum noch hätte schießen können. Pelé wäre es dann sicher nicht

Franz Hofer (links): Auf seinem Bauernhof in Kufstein arbeitete „Bimbo“ drei Monate.

gelungen, ihn als Torschützen zu überholen. Wichtig war, er hatte überlebt. Seine Frau Erna und Tochter Elisabeth hatten schon seit der Invasion keine Nachricht mehr von ihm erhalten.

Aber was mussten die beiden in Wien Gebliebenen im letzten Kriegsjahr noch alles durchmachen? Mehr recht als schlecht kämpfte sich Erna mit Liesl in dieser schweren Zeit durchs Leben. Obwohl es Lebensmittelmarken gab, wurde die Versorgung ständig schlechter. Gemeinsam mit der Nachbarin und Freundin ging Erna in die nähere Umgebung von Wien, um bei Bauern Grundnahrungsmittel wie Milch, Mehl, Kartoffeln und Zucker einzutauschen.

Im Frühjahr 1945 häuften sich die Bombenangriffe auf Wien. Das Gebiet um den Somogyi-Hof wurde zwar verschont, aber die in der Nähe befindlichen Gleisanlagen des Westbahnhofes, des Penzinger und des Hackinger Bahnhofs wurden jetzt öfters angegriffen und schwer getroffen. Nachschub- und Versorgungsverbindungen für die Wehrmacht sollten unterbrochen werden. Viele Stunden mussten nun im Luftschutzkeller verbracht werden.

Liesl war eine ausgezeichnete Schülerin und hatte großes Talent für das Ballett. Täglich fuhren Mutter und Tochter in die Oper zum Training des Wiener Staatsopernballetts. Am 1. September 1944 verfügte Josef Goebbels im Zuge des „Totalen Krieges“ die Schließung aller Theater des Reiches. Die Proben der Philharmoniker und des Balletts wurden aber in Wien weitergeführt. Auch die Ballettschule in der Wiener Oper war täglich mit dem Übungsprogramm für die Eleven in Betrieb. So auch am 12. März 1945. Die Philharmoniker probten, Mutter Erna saß mit anderen Müttern im Aufenthaltsraum der Ballettschule. Die Kinder waren eifrig am Trainieren, als ein Bombenalarm alle in die Luftschutzräume unter der Oper zwang. Wie so oft bombardierten die Amerikaner die Stadt Wien, diesmal war der Erste Bezirk ihr Ziel. Oft erzählte meine Mutter als Zeitzeugin von diesem entsetzlichen Warten im Luftschutzraum unter der Oper.

Sie saßen alle dicht gedrängt auf Bänken, die Kinder weinten und die Mütter versuchten zu beruhigen. Aber auch die Musiker der Philharmoniker wurden sehr nervös und umklammerten ihre wertvollen Instrumente, als die Bombeneinschläge immer heftiger wurden und näher kamen. Dann brach über ihnen die Hölle los. Eine amerikanische Bombenreihe hatte die Oper und die daneben liegenden Häuser voll getroffen. Der Zuschauerraum, das Proszenium, die Ränge, die Bühne und die Technik waren in kurzer Zeit ein Raub der Flammen. Die Hitze des oben brennenden Feuers war stellenweise so stark, dass die feuerfesten Stahltüren zu den Luftschutzräumen weiß glühten. Dann hörten die Menschen im Luftschutzkeller, wie der große schöne Luster von der Decke des Opernhauses in den lichterloh brennenden Zuschauerraum herabstürzte und klirrend zerbrach. Dies war das Zeichen für die Luftschutzwarte, die Schutzräume sofort zu evakuieren. Diszipliniert wurde die Oper, noch bevor die Wände einstürzten, völlig über unterirdische Gänge geräumt. Niemand konnte die Tränen zurückhalten, als alle ihr so geliebtes Opernhaus brennend und zerstört sahen. Ein großes Stück österreichischer Kultur wurde in wenigen Minuten zerstört. Der Angriff war so stark, dass auch der Strom für die öffentlichen Verkehrsmittel für Stunden komplett ausgefallen war, und so mussten sich Mutter und Tochter auf

Der FC Kufstein (oben) mit Gastspieler „Bimbo" Binder (zweiter von links) beim ersten Freundschaftsspiel gegen eine französische Soldatenauswahl

„Bimbo" (vorne rechts) spielte von Juli bis Oktober 1945 für den FC Kufstein, bis sich eine sichere Reisemöglichkeit zu seiner Familie nach Wien ergab.

einen langen, traurigen Fußmarsch vom Ring über die Mariahilfer Straße und Schönbrunn nach Hütteldorf machen. Die Wiener Künstler jedoch haben nicht aufgegeben. Die Proben der Philharmoniker, des Balletts und der Ballettschule wurden in die Volksoper verlegt.

„Bimbo" wusste von diesen schrecklichen Erlebnissen seiner Familie nichts. Von den Amerikanern wurde er aus Bad Aibling nach Kufstein verlegt. Dort befand sich ein Kriegsgefangenenlager, von Franzosen bewacht und betreut. Der Kommandant des Lagers war ein Fußballfan und kannte den Fußballer mit dem Namen Franz Binder noch aus dem freundschaftlichen Spielverkehr von Rapid mit französischen Vereinen vor dem Krieg.

Kurze Zeit später fand im Lager bereits ein Freundschaftsspiel zwischen österreichischen Kriegsgefangenen und französischen Bewachern statt. Die Behandlung der Gefangenen war von Seiten der Franzosen sehr korrekt. Da die Gefangenen hauptsächlich Österreicher waren, bemühte man sich, diese so schnell als möglich in ihre Heimatorte zurückzuschicken. Ganz so einfach war es auch wieder nicht, und es sollte noch einige Monate dauern, bis der Weg in die Heimatstadt endgültig frei war. Die heimische Wirtschaft und besonders die Landwirtschaft lagen am Boden.

Die Bauern und ihre Betriebe sollten und mussten wieder für die Versorgung der Bevölkerung aktiviert werden und dies unter der Mithilfe der Besatzungsmächte. Man begann damit, Kriegsgefangene aus dem Kufsteiner Gefangenenlager in der näheren Umgebung als Arbeitskräfte einzusetzen. Und wieder spielte der Zufall eine große Rolle in „Bimbos" Leben.

Er wurde am 21. Juni 1945 mit einem Kameraden aus der Kriegsgefangenschaft entlassen. Da Österreich in Besatzungszonen aufgeteilt war, war aus technischen und politischen Gründen eine Rückreise nach Wien vorerst nicht möglich. In Niederösterreich standen die Russen an der Enns. Für ehemalige österreichische Soldaten, auch wenn sie völlig unbescholten waren und von den Amerikanern offiziell entlassen, war eine Kontrolle durch die Russen auf der Eisenbahnbrücke über die Enns vorerst noch ein zu großes Risiko.

Um die Zeit zu überbrücken, bis eine gefahrlose Heimkehr nach Wien möglich war, verpflichteten sich Binder und sein Kamerad auf einem Bauernhof in Kufstein, um dort als „Knechte" mitzuhelfen. Der Bauernhof gehörte Franz Hofer, der gemeinsam mit seinem Bruder und weiteren vier Kufsteiner Fußballnarren trotz enormer politischer und finanzieller Hindernisse den FC Kufstein und den Fußball in Tirol wieder reaktivieren wollte. Für den Hofer Franz kam Binder Franz gerade zur rechten Zeit. Die Reaktivierung gelang, übrigens als erstem Tiroler Verein nach dem Kriegsende. Der von den Kriegswirren nach Kufstein verschlagene Nationalstürmer und Rapid-„Kanonier" Binder wurde von Franz Hofer in die Kufsteiner Mannschaft geholt und bei den Spielern sehr gastfreundlich aufgenommen.

Franz Binder im Oktober 1945

Er war aber nicht nur Spieler, sondern unterstützte den Verein auch in der Organisation. Der sofort gestartete Spielbetrieb mit prominenten Gegnern aus dem In- und Ausland brachte die Kufsteiner in Massen als Zuschauer auf den Platz in der Feldgasse. Das erste Spiel fand gegen eine französische Militärauswahl statt. Für diesen Aufschwung war natürlich „Bimbo" verantwortlich, der drei Monate bei den Kufsteinern tätig war, aber nicht nur als schussgewaltiger Stürmer, sondern auch als Berater und Trainer.

SPIELSAISON 1945/46:

Die Heimkehr

Am 21. Juli 1945 traf endlich bei seiner Frau in Wien die ersehnte Nachricht ein: „Bin gesund und komme bald nach Hause, viele Grüße Franz." (Bild unten) Jetzt fiel allen ein großer Stein vom Herzen, Erna war glücklich, dass ihr Franz wohlbehalten den Krieg überlebt hatte und Liesl freute sich schon wahnsinnig auf ihren geliebten Papa.

Im Oktober war es dann endlich so weit. Als es am 13. Oktober 1945 an der Wohnungstür klingelte, stand der mit Sehnsucht erwartete Papa vor der Türe. Mit dem ersten „Arlberg-Express" nach dem Krieg war er nach Wien zurückgekehrt. Die Familie war wieder zusammen und man konnte mit Hoffnung in die Zukunft blicken. Sehnsüchtig hat auch die Rapid-Familie auf die Rückkehr ihrer Spieler aus dem Krieg gewartet. Die Spielsaisonen im Krieg zwischen 1942 und 1945 waren nicht nach dem Geschmack der verwöhnten Rapid-Fans. Es gab Spielerkader von über 40 Spielern, die meist unbekannt oder aus dem „Reich" waren. Die Meisterschaften waren sportlich praktisch wertlos, da keine der Wiener Mannschaften auch nur annähernd Ähnlichkeiten mit den Mannschaften vor dem Krieg hatte. Die letzte Kriegsmeisterschaft der „Gauliga Ost" 1944/45 wurde vorzeitig abgebrochen. Die Vienna wurde Meister und Rapid kam nur auf den 13. Rang. Wie gesagt, eine sportlich völlig wertlose Angelegenheit.

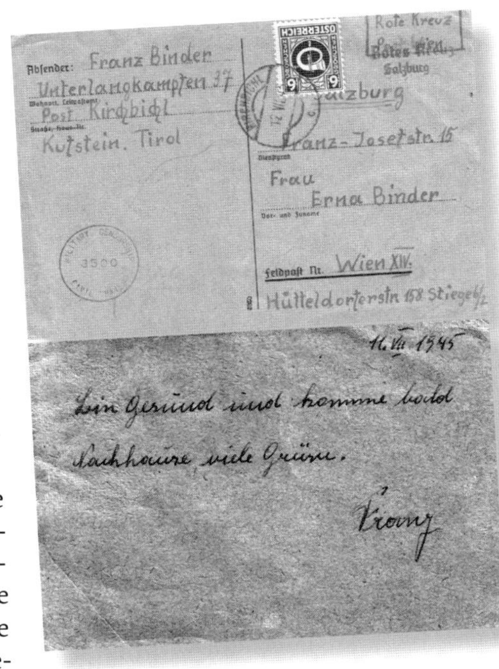

Der Zweite Weltkrieg endete im Mai 1945, Aufgrund der eingeschränkten Reisemöglichkeiten innerhalb Österreichs legte der Fußballverband fest, dass die Spielsaison 1945/46 nur von Wiener Vereinen ausgetragen werden solle. Man zog einen Schlussstrich unter die Nazi-Zeit, setzte sich zusammen und stellte eine 12er-Liga aus den traditionsreichen Wiener Vereinen für die erste Nachkriegsmeisterschaft zusammen. Die Vereine waren: Sportklub Rapid, FK Austria, Wacker Wien, Wiener Sport-Club, First Vienna, FC Wien, Floridsdorfer AC, Admira, Wiener Athletik Club, Helfort, Oberlaa und Ostbahn XI.

Die Interessen Rapids lagen nach dem Kriegsende ausschließlich in den Händen von Hans Hierath. Bereits im Juni 1945 kontaktierte Hierath den neugegründeten Wiener Fußballverband und übergab schriftlich eine „provisorische Vereinsleitung" des Sportklub Rapid. Präsident und Sektionsleiter für Fußball: Hans Hierath; Vizepräsident und Jugendleiter: Franz Kürzinger; Schriftführer: Carl Schediwy; Kassier: Franz Kouba; Sektionsleiter Leichtathletik: Rudolf Kühnel; Spielervertreter: Hans Pesser; Beisitzer: Richard Kuthan, Rudolf Pirzl; Revisoren: Josef Schütz und Rudolf Raftl. Der bisherige „Vereinsführer", NSDAP-Parteimitglied und Präsident Kalenberg, fehlte in der Aufstellung ebenso wie der Leiter der Fahrradsektion, Parteimitglied Kochmann. Diese Stelle wurde nicht mehr besetzt. Verantwortlich für die Fußballsektion des SK Rapid zu Saisonbeginn 1945 war nach wie vor Hans Hierath. Trainer Nitsch wurde durch Hans Pesser ersetzt, der seine Karriere als aktiver Spieler, wie auch Tormann Rudi Raftl, beendete. Durch seine Mitgliedschaft bei der NSDAP und die dadurch laufenden Untersuchungen konnte Leopold Nitsch seine Trainertätigkeit nicht weiter ausüben.

Hierath bestimmte Pesser als neuen Trainer. Im Oktober kam Binder zum Verein zurück und übernahm Anfang 1946 von Hierath auch das Amt des Sektionsleiters und behielt Pesser als Trainer. Für Nitsch war damit leider kein Platz mehr bei Rapid. Hierath gab auch 1946 das Präsidentenamt an den städtischen Beamten Josef Schwarzl ab. Der Spielerkader der Saison 1945/46 konnte sich sehen lassen. Mit dem jungen Zeman und dem Routinier Musil standen Rapid zwei sehr gute Torhüter zur Verfügung. Dazu kamen die bekannten Altstars Fitz, Schors, Gernhardt, Hofer, Kaspirek, Aurednik, Hartl, F. Wagner, Smutny, Hofer, ergänzt durch Rybicki, A. Körner, R. Körner und Happel. Die Rapid-Anhänger waren sehr froh über die Rückkehr Franz „Bimbo" Binders. Gemeinsam mit seinem Freund Hans Pesser als Trainer sollte er in den kommenden Jahren eine der stärksten Vereinsmannschaften Europas aufbauen.

Sein erster Auftritt nach dem Weltkrieg am 21. Oktober 1945 auf der Pfarrwiese gegen Helfort ließ den

Der SK Rapid im Oktober 1945: Hierath, Hofer, Gröbel, Gernhardt, Hartl, „Bimbo" Binder, Prak, Körner II, Happel, Pesser; Fitz, F. Wagner, Aurednik, Schors, Körner I, Rybicki, Kaspirek; Zeman, Musil

Zuschauerdurchschnitt sprunghaft emporschnellen. 16.500 Zuschauer wollten sich das erste Meisterschaftsspiel nach jahrelanger Abstinenz ihres „Bimbo" nicht entgehen lassen. Beim 4:1-Sieg traf er noch nicht, aber er fiel dennoch den Zuschauern auf. Er war wohlgenährt und braungebrannt. Die „Zwangsarbeit" auf dem Kufsteiner Bauernhof hatte ihm offensichtlich gut getan. Dies änderte sich aber bald, denn die Versorgungslage in Wien war immer noch furchtbar schlecht. Bereits eine Woche später erzielte er sein erstes Tor, den Siegestreffer zum 1:0 über den FC Wien.

Nach dem Krieg wurde der Ex-Rapid-Spieler und Trainer Edi Bauer österreichischer Teamchef. Für den 6. Dezember 1945 hatte der ÖFB ein Länderspiel, das erste nach dem Krieg, im Praterstadion vereinbart. Bereits im August 1945 hatte das Team zwei Länderspiele gegen Ungarn in Budapest ausgetragen und 0:2 und 2:5 verloren. Für das Länderspiel gegen Frankreich nominierte Teamchef Edi Bauer auch den erst im Oktober aus der Gefangenschaft zurückgekehrten „Bimbo" Binder. Binder war bereits an die 34 Jahre alt und wollte eigentlich den jungen Spielern nicht mehr im Wege stehen. Bauer begründete seine Einberufung damit, dass er im Moment der Spieler mit der größten Erfahrung sei, die Mannschaft aufgrund seiner Persönlichkeit führen könne und allein seine Anwesenheit die Mannschaft stärken werde.

„Bimbo" ist noch nie einer Verantwortung ausgewichen, und so führte er am 6. Dezember 1945 als Kapitän die österreichische Nationalmannschaft in seinem 15. Teamspiel ins durch schwere Bombentreffer beschädigte Wiener Stadion. Es kam dann genau so, wie es Edi Bauer wollte, „Bimbo" schoss zwar kein Tor, aber er führte Regie beim 4:1-Sieg über Frankreich. Die Tore erzielten Decker (Vienna) 3 und Neumer (Austria). Mit Walter Zeman im Tor stand ein weiterer Rapidler im Team, der übrigens mit 18 Jahren debütierte.

Zu Beginn der Frühjahrsmeisterschaft stand der junge Happel wieder in der Kampfmannschaft. Die erste Nachkriegsmeisterschaft gewann Rapid mit einem Punkt Vorsprung auf die Austria. Die meisten Tore, 28 in 20 Spielen, schoss Aurednik, aber „Bimbo" erreichte in nur 13 Spielen immerhin 16 Tore. Dabei

Als Kapitän führt „Bimbo" die Nationalmannschaft zum ersten Heimspiel 1945 ins Wiener Stadion.

Mit 5:1 besiegte Rapid die Violetten in der Frühjahrsmeisterschaft. „Bimbo" traf vor 41.000 Zuschauern im Wiener Stadion viermal.

waren je ein „Viererpack" beim 9:0 gegen den FAC und beim 5:1 im Derby gegen die Austria.

Aber auch im Wiener Cup konnte Rapid nicht bezwungen werden. Red Star unterlag mit 1:7 Toren, Admira 1:4, WSC 2:4, FC Wien 0:4 und im Finale die Vienna 1:2. „Bimbo" erzielte sieben der insgesamt 21 Cup-Tore von Rapid. Heute kann man sich nicht mehr vorstellen, dass am 20. Juni 1946 nicht weniger als 50.000 Zuschauer das Cupfinale Rapid gegen Vienna im Wiener Stadion gesehen haben. Sie wurden vom Spiel nicht enttäuscht. Die Vienna war ein starker Gegner, aber die Hütteldorfer hatten einen großen Vorteil auf ihrer Seite: bei ihnen spielte „Bimbo" Binder. Wie in so vielen Spielen der Vergangenheit war er auch im Cupfinale der Held.

Die neue Zeit nach den Kriegswirren lief für die Hütteldorfer sehr gut an. In die Annalen konnte man den 15. Meistertitel, den vierten Pokalsieg und das dritte Double notieren. Zum Saisonausklang der ersten Nachkriegsmeisterschaft folgte Rapid einer Einladung in die Schweiz. Im Juni standen vier Spiele gegen den FC Winterthur (9:1, Binder 4 Tore), FC Zürich (0:1), FC Solothurn (0:0) und gegen die Schweizer Nationalmannschaft (2:0-Sieg) auf dem Programm. Die Hütteldorfer waren den Schweizer Freunden für diese Einladung sehr dankbar. So wurde die Gelegenheit genützt, um sich in der Schweiz mit Waren einzudecken, von denen man in Wien nur träumen konnte. Die Koffer platzten aus allen Nähten, sie waren prall gefüllt mit Schokolade, Sacharin (Zuckerersatz), Kondensmilch, Käse, Kaffee und weiteren brauchbaren Dingen. Die Familien freuten sich über die wertvollen Geschenke, und die Rapid-Anhänger waren mit den sportlichen Leistungen ihrer Mannschaft und des heimgekehrten „Bimbo" sehr zufrieden.

Siegerehrung durch Bürgermeister Körner

SPIELSAISON 1946/47:

„Bimbo“ wird Sektionsleiter

Mit einem Paukenschlag begann für „Bimbo“ die neue Meisterschaft. Nein, er stellte keinen neuen Torrekord auf, er zerschoss kein weiteres Tornetz und er wurde nicht Sportler des Jahres – er wurde zum zweiten Mal Vater. Am 14. Juli 1946, genau neun Monate nach seiner Heimkehr, kam ich, Franz (Xaver Leopold) Binder, auf die Welt. Ich war also ein richtiges Heimkehrerkind. Eigentlich ein kleines Wunder, denn meiner Mutter wurde 1942 ein Eierstock entfernt, und laut ärztlicher Diagnose war der andere verkümmert und damit eine weitere Schwangerschaft nicht möglich. Die Ärzte haben doch nicht immer recht! Denn trotz der Diagnose der Ärzte habe ich mit 3,5 kg und 52 cm Länge das Licht der Welt erblickt. Daraus wurden bis zu meiner aktiven Zeit 190 cm mit einem Kampfgewicht von 92 Kilogramm. (Heute liege ich „etwas“ darüber.) Meine Schwester war von ihrem neuen Bruder nicht sehr begeistert. Sie hätte sich schon einen Bruder gewünscht, aber der sollte älter sein, auf sie aufpassen und sie beschützen. Jetzt war sie um zehn Jahre älter und hatte einen kleinen Schreihals als Bruder, der angeblich die ersten sechs Monate seines Lebens schreiend vor Hunger verbrachte. Später hat sie mich doch sehr lieb gewonnen, so wie ich sie auch. Liesl ging ins Gymnasium und war noch immer mit Begeisterung und Eifer bei den Eleven des Staatsopernballetts.

Hans Hierath hatte, wie bereits erwähnt, sein Amt als Sektionsleiter zurückgelegt. Die Vereinsleitung übergab die Verantwortung für die Fußballabteilung jetzt an Franz Binder. Er war jetzt Sektionsleiter, Mannschaftskapitän der Rapid-Mannschaft und auch Kapitän der österreichischen Nationalmannschaft. Der Verein konnte 1946 auf „Bimbo“ als Spieler noch nicht verzichten, obwohl er schon 35 Jahre alt war. Seine sportlichen Ziele für die ersten Nachkriegsjahre waren, seine Erfahrungen und Persönlichkeit einzubringen, um die sportlichen Leistungen zu stabilisieren. Der Kader war gut und ausbaufähig, viele junge Nachwuchskräfte aus den eigenen Reihen drängten nach vorne. Mit seinem Trainer Pesser wollte er nach dem Ende seiner Karriere eine neue, starke Rapid-Mannschaft für die Zukunft aufbauen. In der Vorbereitungszeit nahm Rapid die alte Tradition mit Freundschafts- und Testspielen in Wien und den Bundesländern wieder auf. Der Rekordmeister präsentierte sich seinen zahllosen Fans in ganz Österreich, und an jedem Spielort gab es ein großes Fest. Rapid spielte in Linz, Wels, Gmunden, Salzburg und Graz, aber auch in kleinen Orten vor tollen Kulissen. Man merkte die Sehnsucht nach Fußball, wollte die bewährten Stars und die talentierten „Newcomer“ sehen, sehnte sich nach Abwechslung und Freude am Sport nach den katastrophalen Kriegsjahren. Die Versorgung der Bevölkerung lag noch immer im Argen. Da kam eine neuerliche Einladung der Genfer Freunde zu einem Blitzturnier im August 1946 in der Schweiz gerade recht.

Liesl mit Franz jun.

Liesl (rechts) in der Ballettschule der Staatsoper

Der FC Neuchâtel wurde mit 6:1 (Binder 2 Tore) abgefertigt und eine zweites Spiel mit einem 7:5 gegen Bata Zlín gewonnen. Die sportlichen Aspekte standen diesmal im Hintergrund. Die Gastspielreise in die Schweiz ermöglichte es den Rapid-Spielern wieder, im Schlaraffenland Schweiz so richtig einzukaufen.

Rapid hatte die Herbstmeisterschaft fest im Griff. Der Höhepunkt, fast wie immer, war das Derby gegen die Austria vor 30.000 Zuschauern im Wiener Stadion. Der SK Rapid spielte die Violetten in einem begeisternden Spiel mit 3:0 an die Wand. Im letzten Spiel des Herbstdurchgangs gegen den FC Wien erzielte „Bimbo“ beim 4:3-Sieg sein 250. Meisterschaftstor. Herbstmeister wurden die Hütteldorfer.

Sportklub Rapid, Saison 1946/47: Kaspirek, Körner II, Körner I, Merkel, „Bimbo" Binder, Gernhardt, Schors, F. Wagner, Pesser; Lukas, Domnanich, S. Wagner, Happel, Golobic, Ströll; Musil, Zeman

Ein Vergleichskampf der Stadtauswahlmannschaften von Wien und Budapest stand am 6. Oktober 1946 im Praterstadion auf dem Programm. Die Wiener siegten mit 4:2 und „Bimbo" konnte sich auch hier mit zwei Toren verewigen. Im Winter stand diesmal nur eine kurze Tournee nach Italien am Spielplan. Am Heiligen Abend 1946 trat Rapid in der italienischen Hauptstadt gegen Lazio Rom an. Das Spiel endete mit einem gerechten 2:2-Unentschieden. „Bimbo", sein ganzes Können ausspielend, erzielte beide Rapid-Treffer. In den Freundschaftsspielen stellte er sich jetzt nicht mehr so oft auf. Ihm war jetzt viel wichtiger, dass seine jungen Spieler Erfahrungen sammeln konnten. Er war auch nicht mehr die kampferprobte Sturmspitze mit großem Torhunger, er war mehr der Regisseur der Mannschaft, führte und setzte seine Mitspieler optimal ein. Dennoch erzielte er immer noch die meisten Rapid-Treffer, obwohl ihm die Körner-Brüder schon sehr dicht auf den Fersen waren.

Bereits Anfang Dezember 1946 wurde mein Vater wieder an die Wirren des Weltkrieges erinnert. Rund um das Länderspiel gegen Ungarn am 6. Oktober 1946 in Budapest und am 10. November 1946 gegen die Schweiz in Bern wurde in ungarischen und Schweizer Zeitungen die Behauptung aufgestellt, „Bimbo" Binder sei SS-Offizier bzw. gegen Kriegsende Kommandant eines Lagers für jüdische Zwangsarbeiterinnen in Sopronbánfalva/Ungarn gewesen. Dabei handelte es sich offensichtlich um eine Verwechslung mit einem namensgleichen SS-Offizier, der aber aus dem Burgenland stammte. Binder wurde vom ÖFB zu den Vorwürfen befragt und gab eine eidesstattliche Erklärung über seine Zeit und Einsätze bei der Wehrmacht ab.

Der ÖFB-Präsident und Justizminister Gerö schalteten sich in die Angelegenheit ein. Der ÖFB übermittelte der ungarischen Regierung laut „Sportfunk" nicht näher genannte „entlastende Unterlagen". Da es durch vorhandene Wehrmachtsunterlagen keinerlei Verdachtsmomente gegen meinen Vater gab, wurden diese falschen Behauptungen zurückgezogen und vorerst nicht wieder aufgegriffen. Siebzehn Jahre später,

SPORTKLUB »RAPID« WIEN

Gegründet 1899

SEKRETARIAT:
Wien XV, Hütteldorferstr. 58
Telephon B 38-3-55
Telegramme:
RAPIDSPORT WIEN

SPORTPLATZ:
XIV, Hütteldorf (Pfarrwiese)
Telephon B 39-3-25

KONTO:
Postsparkasse Wien 88.333
Credit-Anstalt Wr. Bankverein
Wien XV/101, Hütteldorferstr. 87

ÖSTERREICHISCHER MEISTER
1912, 1913, 1916, 1917, 1919, 1920, 1921, 1923, 1929, 1930, 1935, 1938, 1946
WIENER CUPSIEGER
1919, 1920, 1927, 1946
FINALIST IM "LA COUPE DE L'EUROPE CENTRALE" 1927, 1928
SIEGER IM "LA COUPE DE L'EUROPE CENTRALE" 1930
GAUMEISTER 1940, 1941
TSCHAMMER-POKAL-SIEGER 1938
GROSS-DEUTSCHER MEISTER 1941

WIEN, 3. Dezember 1946

F r a n z   B i n d e r !

Bin am 5. Februar 1941 zur Ersatznachrichtenabteilung 17 Wien Breitenseerkaserne eingerückt. Meine Klubkameraden Pesser und Skoumal sind damals mit mir zugleich ebenfalls in die Breitenseerkaserne eingerückt.

August 1942 wurde ich an die San. Abteilung 17 überstellt und von dort im Jänner 1943 an die Front nach Osten zur Sanitätskompagnie 1/82 die zum Grossteil aus Österreichern zusammengesetzt war, abgestellt. Diese Sanitätskompagnie war der 2. Panzerdivision angegliedert.

November 1943 kam ich nach Wien auf Urlaub, musste mich während dieser Zeit in Wien einer Blindarmoperation unterziehen, um nichtneuerdings wieder zurück an die Front zu gehen. Diese Operation wurde im Res. Lazarett la durchgeführt, woselbst ich 3 Monate verbrachte. Ich wurde von Primarius Dr. Dobsch untersucht und dieser verhalf mir zur Blindarmoperation. Primarius Dobsch befindet sich heute noch in diesem Spital.

Ende Mai 1944 wurde ich neuerdings an die Front zu meiner Einheit (Sanitätsabteilung bezw. Sankomp. 1/82) die sich im Westen befand, abgestellt. Machte den Rückzug bis Kufstein (Tirol) mit, wo ich am 8. Mai 1945 in amerikanische Kriegsgefangenschaft geriet. Am 21. Juni 1945 wurde ich aus der amer. Kriegsgefangenschaft entlassen, verblieb bis Oktober 1945 in Kufstein, woselbst ich mich bei dem dortigen Fussballklub sportlich betätigte. Am 13. Oktober 1945 kehrte ich in meine Heimat nach Wien zurück.

Zum Schlusse erkläre ich an Eidesstatt, dass ich nie der NSDAP oder einer ihrer Gliederungen (SA SS NSKK NSFK) angehört habe.

Franz Binder

1963, sollten über „Bimbo“ neuerlich diesbezügliche Gerüchte in österreichischen Zeitungen auftauchen. Simon Wiesenthal schaltete sich jetzt selbst energisch ein, um diese rufschädigende Angelegenheit meines Vaters richtigzustellen und zu beenden.

Die Frühjahrssaison 1947 begann furchtbar. Der Herbstmeister verlor, ohne Binder, die ersten beiden Spiele auf der Pfarrwiese gegen die Vienna mit 0:4 und Post 0:1. Obwohl man Wacker Wien im direkten Duell im Praterstadion vor 54.000 (!) Zuschauern mit 5:4 besiegte, waren die beiden verlorenen Spiele gegen die Vienna und Post ausschlaggebend für den Ausgang der Meisterschaft. Beim 5:1-Sieg über den WSC traf Binder drei Mal ins Schwarze. Mit einem Sieg mehr auf dem Konto wurden die Meidlinger Meister 1946/47. Im Wiener Cup kam in der dritten Runde gegen die Austria mit einer 2:3-Niederlage das frühe Aus. „Bimbo“ war leider verletzt und konnte seiner Mannschaft nicht helfen, was wahrscheinlich der Grund für die Niederlange war. Mit vier Binder- Toren in den ersten beiden Runden besiegten die Rapidler Breitensee 6:0 und die Vienna 3:2.

In den von Rapid absolvierten Spielen war „Bimbo“ 44 Mal eingelaufen und hatte 50 Tore geschossen. Mit der Nationalmannschaft hatte er seinen 16. und 17. Einsatz gegen die ČSR in Wien und die Schweiz in Bern. Leider gingen beide Spiele verloren. In Wien, am 27. Oktober 1947, setzte es eine unglückliche 3:4-Niederlage gegen die ČSR, obwohl Binder zwei Tore schoss. Die Schweiz besiegte uns am 10. November 1947 in Bern mit 1:0.

SPIELSAISON 1947/48:

Sein 6. Meistertitel mit Rapid

Behutsam gingen Binder und Pesser als sportlich Verantwortliche beim Umbau der Mannschaft für die Saison 1947/48 vor. Obwohl die alten Stützen wie „Bimbo“, die Brüder Wagner, Schors, Smutny, Fitz und Kaspirek noch gut in Schuss waren, konnte man schon den künftigen Kern des Rapid-Kaders mit Zeman, Happel, Golobic, Gernhardt, Ströll, Merkel erkennen. Wie in der vergangenen Saison sollte wieder Wacker Wien der härteste Gegner in der Meisterschaft werden. Schon in den ersten Vorbereitungsspielen fiel der junge Stürmer Leopold Ströll mit vielen Toren sehr positiv auf.

Der Kern des Spielerkaders hatte jetzt folgendes Aussehen: Tor: Zeman und Musil; Verteidiger: Happel, Merkel, Golobic; Läufer: Gernhardt, Stefan und Franz Wagner; Stürmer: „Bimbo“ Binder, Kaspirek, Ströll, Robert und Alfred Körner.

Die Vorbereitung ging dieses Jahr ausschließlich in Österreich über die Bühne. Gegen Mannschaften aus Wien und Niederösterreich schoss man sich auf die Meisterschaft ein. Mit nur einer Niederlage gegen Admira holten sich die Hütteldorfer überlegen den Herbstmeistertitel. Das „Highlight“ war das Derby gegen die Austria vor 53.000 Zuschauern im Wiener Stadion. Die Grünen fegten in einem hervorragenden Spiel die Violetten mit einem 7:2 vom Rasen. Binder steuerte zwei Treffer zum Sieg bei.

Im Herbst 1947 hatte „Bimbo“ seine letzten beiden Einsätze im Nationalteam. Obwohl er eigentlich mit 36 Jahren nicht mehr im Team spielen wollte, folgte er

Kapitän Franz Binder im Länderspiel gegen Ungarn im Wiener Stadion

der Bitte des Teamchefs, die junge Mannschaft noch zu unterstützen. Mit 39 Grad Fieber führte er am 14. September die österreichische Nationalmannschaft gegen Ungarn in das Wiener Stadion. Der Erzrivale führte bereits mit 2:0, aber Alfred Körner und Hahnemann gelang der Ausgleich zum 2:2. In der Schlussphase drückten die Österreicher die Ungarn in die eigene Spielhälfte. Nach einem Foul an einem Österreicher im Strafraum der Ungarn erzielte „Bimbo“ aus dem Elfmeter das 3:2. Kurz vor dem Schlusspfiff konnte der lange Hütteldorfer sogar noch das 4:2 mit einem Kopfballtreffer erzielen.

Österreich : Ungarn (4:3) am 14. September 1947. Stehend: Binder, Decker, Stojasbal, Hahnemann, Gernhardt, Joksch, Wagner II, Brinek; vorne: Körner II, Musil, Happel

In seinem letzten Länderspieleinsatz für Österreich in Prag traf Kapitän Binder auf seinen Freund und ČSR-Kapitän Bican. Beide spielten viele Jahre im Sturm des SK Rapid und fünfmal im österreichischen Team.

Seinen endgültigen Abschied vom Nationalteam gab er am 5. Oktober 1947 in Prag gegen die ČSR. Österreich verlor nur knapp mit 2:3 Toren, aber in seinem Abschiedsspiel gelang Franz „Bimbo" Binder sein letzter Treffer für Österreich. In 19 Spielen für sein Heimatland im Dress der Nationalmannschaft hatte er 16 Tore erzielt. Sein Ziel für die Zukunft war, als Sektionsleiter des SK Rapid eine starke, international konkurrenzfähige Mannschaft zu formen, um auch viele Rapid-Spieler dem Team zur Verfügung stellen zu können. Schon damals sagte er: „Die österreichische Nationalmannschaft ist nur dann gut, wenn viele Rapidler spielen." Das hat sich bis heute bewahrheitet.

Zwischen Weihnachten und Ende Jänner 1948 gastierte Rapid in Belgien, Luxemburg, Italien und der Schweiz. Darunter auch ein Freundschaftsspiel gegen Internationale Mailand, das mit einem 2:2-Unentschieden endete. Diese Saison war für Binder insgesamt sehr intensiv. Er war verantwortlich für die Mannschaft, spielte noch selbst und arbeitete aber schon für die Zukunft an einer neu formierten Mannschaft. In dieser Saison stellte sich „Bimbo" in 17 von 18 Meisterschaftsspielen noch selbst auf und erzielte 11 Tore. Der junge Ströll hatte neben seinen prominenten und routinierten Kameraden eine besonders gute Saison und war Rapid-intern bester Meisterschaftstorschütze mit 16 Treffern. In den nationalen und internationalen Spielen wollten „Bimbo" und Pesser schon neue Spieler testen, aber die anderen Vereinsfunktionäre und Fans wollten noch immer „Bimbo"-Tore sehen, und so zog er sich in 11 von 22 nationalen Freundschaftsspielen seine „Packeln" an und schoss noch neun Tore. Weiters spielte er in allen 14 internationalen Spielen und erreichte letztmals einen guten Erfolg mit neun Toren.

Die Saison 1947/48 endete mit dem 16. Meisterschaftssieg für die Hütteldorfer, „Bimbos" sechster Meistertitel als Spieler und zugleich sein erster als verantwortlicher Sektionsleiter. Es war praktisch seine letzte Spielsaison, die er mit fast 37 Jahren noch voll durchspielte. Im Laufe der Saison 1948/49 wollte er endgültig seine aktive Laufbahn beenden.

Der Umbau der Kampfmannschaft war jetzt vorrangig. Nach Rigo Kuthan und Pepi Uridil sollte nun mit „Bimbo" Binder der dritte Top-Goalgetter der

Ich möchte die Zuschauerzahlen des SK Rapid im Wiener Stadion in der Saison 1947/48 als Beispiel heranziehen:

Datum / Bewerb:	Paarung:	Resultat:	Zuschauer:
31.08.1947 - MS	Rapid – Wacker Wien	4:2	50.000
21.09.1947 - MS	WSC – Rapid	0:1	30.000
28.09.1947 - MS	Vienna – Rapid	3:4	30.000
19.10.1947 - MS	WAC – Rapid	0:5	20.000
02.11.1947 - MS	FC Wien – Rapid	0:1	20.000
23.11.1947 - MS	Austria Wien – Rapid	2:7	55.000
07.03.1948 - MS	Wacker Wien – Rapid	1:0	57.000
14.03.1948 - MS	Rapid – WSC	2:1	50.000
21.03.1948 - Cup	Rapid – Austria Wien	2:5	52.000
28.03.1948 - Osterturnier	Kispest (H)	3:1	33.000
29.03.1948 - Osterturnier	Olympique Charleroi (CH)	1:0	35.000
11.04.1948 - MS	FAC – Rapid	2:2	12.000
09.05.1948 - MS	Admira – Rapid	0:6	18.000
06.06.1948 - MS	Rapid – Austria Wien	2:2	44.000

Hütteldorfer seine Laufbahn beenden. Binder hatte in Schönecker seinen Förderer gefunden und wollte nun, als Sektionsleiter, die erfolgreiche Arbeit seines Vorbildes fortsetzen. Als gelernter Stürmer und Torschütze setzte auch er auf ein offensives Spielsystem mit einer schlagkräftigen Stürmerreihe. Diese Spielweise der Mannschaft wollten auch die Rapid-Fans seit jeher sehen. Er hatte auch schon seinen Nachfolger gefunden. Es war Robert Dienst, ein bulliger, kampfkräftiger Stürmer aus Floridsdorf. Binder und Pesser hatten seinen Werdegang beobachtet, und für Dienst gab es kein Zögern, vom Floridsdorfer AC nach Hütteldorf zu wechseln, um in die Fußstapfen seines großen Vorgängers zu treten.

Er hat, wie die Jahre danach zeigten, die in ihn gesetzten Erwartungen mehr als erfüllt. Schon beim ersten wichtigen Transfer eines Spielers zu Rapid hat Binder seine Qualitäten als sportlicher Leiter und praktisch als Trainer gezeigt. Er hatte ein Auge für die Qualitäten und den Charakter eines Spielers, den er für seine Mannschaft und den Verein benötigte. Neben Dienst kam auch Hans Riegler neu in den Kader. An dieser Stelle möchte ich einmal aufzeigen, welchen Stellenwert der Fußball in der Bevölkerung Wiens hatte. Die Spiele der Topvereine hatten unglaubliche Zuschauerzahlen, und viele Spiele der Meisterschaft und des Pokalbewerbs wurden aufgrund des großen Interesses und des optimalen Platzangebotes im Wiener Stadion ausgetragen. Waren die Fußballspiele in der Zwischenkriegszeit schon sehr gut besucht, so brachten sie nach dem Krieg wahre Rekordzahlen.

In seiner Funktion als Sektionsleiter gab „Bimbo" den Anstoß für eine bauliche Veränderung auf der legendären Pfarrwiese. Die Umkleidekabinen und sanitären Einrichtungen am Rapid-Platz waren seit dem Stadionneubau 1912 in Betrieb und bereits sehr desolat. Schon in den 30er Jahren konnte es im Winter und bei Schneefall vorkommen, dass ein Spieler nach dem Training oder Spiel in der Kabine auf seinem Platz und der Sitzbank ein Häuflein Schnee fand, weil es bereits durch Mauerritzen hereingezogen hatte. Die „Umkleidehütte" war nur mehr schwer zu erwärmen, Bad und WC oft defekt. Während seiner Kriegsgefangenschaft in Tirol hatte Binder amerikanische Holzbaracken gesehen, die optimal für die Zwecke Rapids adaptiert werden konnten und die, da die Kriegsgefangenenlager aufgelöst wurden, auch käuflich zu erwerben waren. Er fuhr also nach Tirol, kaufte für Rapid zwei Militärbaracken in Fertigteilausführung zu einem Sonderpreis.

In der Sommerpause wurden die alte Hütte abgerissen, neue Fundamente gebaut, Gas-, Wasser- und Strominstallationen angepasst bzw. neu installiert und alles für den Aufbau der neuen Räumlichkeiten vorbereitet. Kurz vor dem Trainingsbeginn kamen mehrere Militärtransporter der Amerikaner aus Tirol, und in wenigen Tagen stand der neue Kabinenbau. Zwei Baracken wurden miteinander verbunden, und Rapid hatte jetzt Kabinen für die Erste und die Reservemannschaft, zwei Gästekabinen (Jugend), einen Massageraum, ein Trainerzimmer, einen Raum für Schiedsrichter, einen Aufenthaltsraum für den Platzmeister, einen Lagerraum mit Werkstätte und Schuhputzraum für den Zeugwart. Weiters gab es zwei Duschanlagen und für die Kampfmannschaft zwei Badewannen und eine kleine Sauna mit einem Kaltwasserbecken im Freien. Für die Zeit nach dem Krieg und für die vorhandenen finanziellen Möglichkeiten war die Einrichtung sehr gut. Bis zur Übersiedelung in das Hanappi-Stadion im Jahre 1977 waren die Einrichtungen auf der Pfarrwiese unverändert in Betrieb. Hinter den Umkleidekabinen und neben der Kantine wurde eine kleine freie Fläche als Trainingsplatz adaptiert, mit einem „Rote Erde"-Boden versehen und mit einem hohen Zaun eingezäunt. Ab jetzt war dies der „Käfig". Er konnte ganzjährig bespielt werden und war speziell für den Nachwuchs eine Bereicherung für deren Trainingseinheiten. Jahre später bekam der „Käfig" auch eine Flutlichtanlage.

In Wien begannen sich die wirtschaftlichen Verhältnisse für die Bevölkerung nach den langen Entbehrungen des Zweiten Weltkriegs langsam zu normalisieren. Auch in Binders Familie stabilisierte sich das Leben. Der Vater war zwar immer noch sehr viel mit der Rapid-Mannschaft unterwegs, aber in Wien kümmerte er sich liebevoll um seine Liesl und den kleinen Franz. Seine Frau Erna hatte den Haushalt und die Erziehung der beiden Kinder voll im Griff. Der dreijährige Franz besuchte den Kindergarten im Gemeindebau und ging mit seinem Vater schon sehr oft mit zum Training auf die Pfarrwiese.

1947 verpachtete der Verein die Kantine auf der Pfarrwiese an „Bimbo". Seine Frau führte die Kantine, die auch an den Trainingstagen der Kampfmannschaft geöffnet hatte. Das Leben der Familie Binder war eng mit dem Verein verbunden. Wenn der Papa in Hütteldorf spielte, schaute die ganze Familie zu. Leider habe ich meinen Vater nie bewusst spielen gesehen, dies habe ich immer sehr bedauert, aber ich war eben noch viel zu jung. Meine Besuche auf der Pfarrwiese beim Training der Rapidler machten mir immer großen Spaß, da konnte ich mich meist richtig austoben und nach Herzenslust den Bällen, die die Spieler verschossen hatten, nachjagen. Aber das war nicht ganz ungefährlich. In den Erzählungen meines Vaters war ich etwa vier Jahre alt, als ich mit ihm bei einem Training der Kampfmannschaft war. Auf der rechten Wange hatte ich ein großes Furunkel, und nach dem Training wollten wir zum Arzt gehen. Dies war aber dann nicht mehr notwendig, denn beim Schusstraining verfehlte Max Merkel, leider wie so oft, das Tor und traf genau mein Furunkel. Dieses platze blutend auf, und der Masseur brauchte mir nur mehr ein Pflaster zu verpassen. Angeblich habe ich gar nicht stark geweint. Ich war durch den Balltreffer wohl eher überrascht, denn der Druck und die Schmerzen auf meiner Wange waren plötzlich verschwunden. Aber nicht nur ich lebte auf der Pfarrwiese gefährlich. Bei einem Meisterschaftsspiel traf mein Vater einmal voll einen Würstelmann, der in den Sitzreihen neben dem Tor seine Frankfurter verkaufen wollte. Er hatte einen Behälter aus Zink vor dem Bauch umgehängt, in dem die Würstel im heißen Wasser schwammen. Der Würstelmann und die Zuschauer kamen mit dem Schrecken davon, aber die Frankfurter und Debreziner flogen in hohem Bogen davon.

Binder sen. & Binder jun.

Erscheint wöchentlich
1 Schilling
SPORT-SCHAU
Nummer 34
Wien, 24. August 1948
3. Jahrgang
Im Innern:
Der kleine Fußball-Almanach 1948/49
Männer altern nicht
Man sehe sich nur einmal diesen Bimbo Binder an: wird er nicht jünger von Jahr zu Jahr? In seinem Alter noch solche Sprünge zu machen . . .
Aus dem Match Rapid — Simmering.
Photo Votava

SPIELSAISON 1948/49:

Ausklang einer großen Fußballerkarriere

„Bimbo" ließ jetzt seine aktive und so überaus erfolgreiche 18-jährige Laufbahn bei Rapid und für Österreich langsam ausklingen. Mit seinen 38 Jahren merkte er auch selbst, dass er mit den jungen Spielern körperlich nicht mehr richtig mithalten konnte. Eine neue und junge Generation von Rapid-Spielern stand schon in den Startblöcken. Seit 1947 hatte er zusätzlich das Amt des Sektionsleiters zu erfüllen, und nun wollte er sich auf diese schwere Aufgabe voll konzentrieren. Sein Aufgabengebiet war jetzt der Spielerkader der Ersten Mannschaft und der Reserve, Mannschaftsaufstellungen, Spieltaktik, Training, Spielbetrieb und Spielertransfers. Er wählte auch die Trainer für die einzelnen Mannschaften und den Masseur aus.

Den Nachwuchs betreute ein Jugendleiter, meist eine Person aus den Reihen der Vorstandsmitglieder, der dafür die organisatorischen Aufgaben erfüllte. Für „Bimbo" war der legendäre Sektionsleiter Schönecker das Vorbild. In einem wesentlichen Punkt unterschied er sich aber von Schönecker. Er stand nicht in Mantel, Anzug, Krawatte, Melone und Gehstock unter dem Arm am Spielfeldrand, sondern zog sich täglich den Trainingsanzug an und übte selbst mit seiner Mannschaft. Sein „Trainer" für die Kampfmannschaft war Hans Pesser. Heute würde man sagen, „Bimbo" ist der Cheftrainer und Pesser der Co-Trainer. Und der Sektionsleiter heißt heute „Manager" oder „Sportdirektor".

Otto Hamacek war die Seele des Vereins.

Bei Rapid legte man schon immer Wert auf eine gute Nachwuchsarbeit. Bis in die 60er Jahre gab es neben der Kampfmannschaft die Reserve und vier Nachwuchsmannschaften. Von 10 bis 12 Jahren die Knabenmannschaft, von 12 bis 14 die Schüler-, von 14 bis 16 die Jugend- und von 16 bis 18 die Juniorenmannschaft. In den Sommerferien gab es für Kinder immer ein Probetraining auf der Pfarrwiese. Oft waren bis zu 200 Jugendliche zu sichten. Alle Trainer waren bei diesen „Castings" im Einsatz, nur die besten Talente wurden zu einem zweiten Training eingeladen und durften im Herbst in einer der Nachwuchsmannschaften auf eine sportliche Karriere hoffen. Es gelang auch etwas älteren Jugendlichen immer wieder, bei diesen Testtrainingseinheiten für den Nachwuchs verpflichtet zu werden. Sehr viele Spieler schafften bei Rapid den Sprung vom Nachwuchs über die Reserve in die Erste Mannschaft. Zu den Aufgaben der sportlichen Leitung und der Nachwuchstrainer gehörte auch das Beobachten von talentierten Spielern in anderen Wiener Vereinen.

Bekannt gewordene Talente wurden über einen längeren Zeitraum beobachtet, zu Trainingsspielen eingeladen und, wenn sie richtig gut waren, auch verpflichtet. Hatte ein junger Fußballer die harten Nachwuchsjahre von den Knaben bis zu den Junioren geschafft, so waren seine letzten beiden Jahre dort ausschlaggebend für seine sportliche Zukunft. Nur die besten Nachwuchskicker kamen bis in die Junioren. Sie standen unter ständiger Beobachtung des Sektionsleiters und seines Trainers.

Jeden Donnerstag gab es zum Trainingsabschluss ein „Spielchen" zwischen der Ersten und der Reserve. Es war eine Auszeichnung, wenn der Sektionsleiter einen Juniorenspieler in der Reserve mitspielen ließ. Der Junge war gleich um einige Klassen besser als in seiner Juniorenmannschaft. Mit stolzer Brust spielte er gegen seine verehrten Spieler aus der „Ersten". Diese „Spielchen", wie ich sie nenne, dauerten meist 45 Minuten, und schon nach kurzer Zeit war jegliche Scheu und Ehrfurcht gewichen, und alle gingen voll zur Sache – die „Erste" hat dabei nicht immer gewonnen. Die eigenen Nachwuchsspieler wurden so behutsam an die Kampfmannschaft herangeführt. Nur zwei oder drei eines Jahrganges schafften es, in den Kader der Reservemannschaft aufgenommen zu werden. Die Reservemannschaft war altersmäßig offen und setzte sich aus Kaderspielern der Ersten, welche nicht zum Einsatz kamen, und Nachwuchstalenten zusammen. In der Reserve holte man sich Spielpraxis, konnte sich nach Verletzungen wieder aufbauen. Die Talente standen im Blickpunkt der Trainer und der Rapid-Freunde.

Schon seit der Gründungszeit gab es bei Rapid einen Mann für alle Fälle: Otto Hamacek. In der Gründungszeit noch selbst Spieler, war er vom Verein nicht mehr wegzudenken. Er spielte als Aktiver in den ersten Mannschaften, merkte aber bald, dass ihm das Talent zum Fußballspielen und die körperlichen Vor-

Demonstration der Wiener Fußballschule

Rapid schlägt Racing-Paris 4 : 1 (4 : 0) — Binder contra Da Rui

Paris, 20. Juni (Sonderbericht der „Welt am Montag"). Das Spiel gegen die französische Olympiamannschaft mußte leider entfallen, und so erklärte sich Racing Club Paris bereit, gegen die Wiener zu einem Revanchetreffen anzutreten. Das Spiel fand in der Nacht von Samstag auf Sonntag statt. Durch das lezte Spiel gewitzigt, hatten sich diesmal die Pariser durch die beiden französischen Nationalspieler Da Rui und Marché verstärkt. Trotzdem gelang es ihnen nicht, ihren Erfolg zu wiederholen, denn Rapid befand sich in ausgezeichneter Form.

Man hatte sich bei den Wienern einen kleinen taktischen Plan zurechtgelegt, dessen Ausführung auch bestens gelang. Bis zur 16. Minute hatte Rapid vier Treffer durch Binder, Körner II, Ströll und Knor erzielt. Damit hatte man sich einen sicheren Vorsprung geschaffen. Was nun folgte, war Demonstration der Wiener Fußballschule. Das objektive Pariser Publikum, welches sehr zahlreich erschienen war, spendete den Wienern auf offener Szene mehrmals Beifall. Für die Ueberlegenheit der Wiener spricht die Tatsache, daß Zeman in der ersten Spielhälfte nur einen einzigen schärferen Schuß zu halten bekam.

Racing Club Paris tauschte in der Pause nicht weniger als vier Spieler aus, was sich aber keinesfalls sehr stark auswirkte. Rapid hatte das Tempo etwas verlangsamt und war darauf bedacht, den Vorsprung zu halten, und selbst guten Fußball zu zeigen. In der 70. Minute gegang es dann Nikolitsch den Ehrentreffer für Paris zu erzielen.

Die Wiener hatten keinen schwachen Punkt in ihrer Mannschaft, trotzdem müssen Zeman, Gernhardt und Binder noch besonders hervorgehoben werden.

aussetzungen dafür fehlten. Daher machte er sich in der Organisation unentbehrlich. Obwohl er offiziell keine Anstellung hatte und auch keine gewählte Position ausfüllte, war er bis zu seinem Tod in den 80er Jahren für seinen geliebten Verein und den Fußball tätig. Unser Otto war immer da, wenn jemand gebraucht wurde, er half im Sekretariat bei der Organisation, machte den Vorverkauf, die Verbands- und Behördenwege, war bei jedem Training auf der Pfarrwiese und unterstützte den Zeugwart. Beim Nachwuchs übernahm er bei Einladungen im Ausland auch manchmal die Reiseleitung und stand ausländischen Mannschaften, Schiedsrichtern und Gästen als Betreuung zur Verfügung. Von Rapid bekam er offiziell kein Gehalt, aber alle sorgten für ihn.

Es gab Einladungen zum Essen, seine Bekleidung und die Miete wurden bezahlt, und die Vorstandsmitglieder steckten ihm Geld zu. Er lebte ansonsten von der Wohlfahrt und hatte eine kleine Einzimmerwohnung in der Märzstraße, die er nur zum Schlafen betrat. Er war der Erste am Morgen im Sekretariat und verließ als Letzter am Abend, nach dem letzten Training, die Pfarrwiese. Sein ganzer Lebensinhalt war sein Sportklub Rapid, er hatte keinen Beruf gelernt, nie eine Familie und stellte seine gesamte Arbeitskraft dem Verein zur Verfügung. Seine besondere Zuneigung galt den Nachwuchsmannschaften. Junge Spieler aus ärmlichen Verhältnissen unterstützte der Verein mit einem Essen oder einer Wurstsemmel nach dem Training und schenkte ihnen auch Freifahrtscheine für die Wiener Tramway. An Tagen, an denen Testtrainings für Nachwuchskicker auf der Pfarrwiese angesetzt waren und hunderte von Buben kamen, war er in seinem Element. Er organisierte die Aufnahme der persönlichen Daten, teilte die Kandidaten dem entsprechenden Trainer zu und versorgte sie mit Getränken und Essen, da das Testen vom frühen Morgen bis zum Einbruch der Dunkelheit dauerte. Otto Hamacek war bereits bei Schönecker und Hierath ein treuer Mitarbeiter und setzte seine Arbeitskraft auch für Sektionsleiter Binder gerne ein.

Er übernahm aber auch die unangenehme Aufgabe, den Kindern mitzuteilen, dass sie nicht bei Rapid aufgenommen werden können, weil sie einfach zu wenig Talent hatten oder körperlich zu schwach waren. Vor dieser Aufgabe drückten sich die meisten Trainer, aber für unseren Otto war dies kein Problem, er schaffte dies ganz souverän. Seine Standardaussage machte in Hütteldorf bald die Runde. Konnte ein junger Kicker nicht die Anforderungen für Rapid erfüllen, so drückte ihm Otto bei der Verabschiedung eine Wurstsemmel und einen Straßenbahnfahrschein in die Hand und sagte: „Burli, jetzt trainierst no zwa Jahr und dann gibst des Kicken auf!"

Während der Spielsaison sah ein Matchtag auf der Pfarrwiese ungefähr so aus: Vormittags ab 8.00 Uhr spielten die vier Nachwuchsmannschaften. Die „Fußballexperten" aus dem Rapid-Anhang waren natürlich schon zur Stelle. Man traf sich auf ein Stehachterl bei der Kantine, mehrere hundert Zuschauer unterstützten dann schon die Nachwuchskicker und beobachteten genau die Talente, vielleicht war ein neuer „Bimbo" darunter. Mittags ging man auf ein Schnitzel zum „Schneller", auf einen Schweinsbraten zum „Peschta" oder blieb bei der Kantine auf der Pfarrwiese bei einem Paar Frankfurter, einer Burenwurst oder einer Knacker mit Semmel. Nach dem Mittagessen spielte die Reservemannschaft, der Höhepunkt war dann das Spiel der Kampfmannschaft, dann vor voller Kulisse und meist mit einem Rapid-Sieg.

In die Vorbereitung und die Herbstsaison gingen die Hütteldorfer mit der Meistermannschaft des Vorjahres. Im Herbst 1948 sahen die zahlreichen Fans Sektionsleiter „Bimbo" noch in sieben Meisterschaftsspielen seine letzten beiden Meisterschaftstore schießen. Seinen letzten Einsatz in der Meisterschaft hatte er am 17. März 1949 in Floridsdorf bei einem 8:2-Sieg gegen den FAC.

Der Herbst verlief für Rapid eher durchwachsen. Die Wiener Austria wurde Winterkönig und war der klare Favorit auf den Titel. In der Übertrittszeit im Winter kamen die Neuzugänge Robert Dienst und Johann Riegler. Dienst war der von der sportlichen Leitung vorgesehene Binder-Nachfolger, und Riegler sollte den bewährten Läufer (Mittelfeldspieler) Stefan Wagner ersetzen, der aus Altersgründen seine Karriere beendete.

„Bimbo" Binder holte sich Robert Dienst als seinen Nachfolger als Mittelstürmer beim österreichischen Rekordmeister.

Dienst und Riegler debütierten in der Meisterschaft am 27. Februar 1949 beim 2:1-Sieg gegen Wacker. Im zweiten Einsatz, dem letzten Meisterschaftsspiel von „Bimbo", erzielte Dienst bereits zwei Tore und Riegler eines. Mit den beiden Neuen ging es bereits von 25. Dezember bis 13. Februar 1949 auf eine große und sehr lange Wintertournee. Vorerst war man wieder zu Gast auf Malta (8 Spiele und 8 Siege, Torverhältnis 37:7), dann für weitere sechs Spiele in Ägypten.

In Ägypten merkte man den Rapidlern in den letzten beiden Spielen die enormen Reisestrapazen an. Rapid gelangen dennoch vier Siege, ein Remis und eine Niederlage. Auf Wunsch der Veranstalter zog „Bimbo" gegen das Team von Suez (4:2-Sieg, 1 Tor Binder) und gegen das ägyptische Nationalteam (0:0) noch einmal seine Fußballschuhe an. Die Neuzugänge hatten auf Anhieb eingeschlagen und konnten sich sofort in die Mannschaft integrieren.

„Bimbos" Tor gegen Suez in Ägypten war aber noch nicht sein letztes in einer internationalen Begegnung. Sein wirklich allerletztes Tor im grün-weißen Dress schoss er bei einem internationalen Turnier im Wiener Stadion am 17. April 1949 gegen Partizan Belgrad. 28.000 verabschiedeten sich von ihrem Franz „Bimbo" Binder, dem langen Franz, der aus St. Pölten kam und die Herzen unzähliger Fußballanhänger in Hütteldorf, Wien, Österreich, Europa, ja fast auf der ganzen Welt erobert hatte. 19 Jahre gab es für ihn als Spieler nur seinen Sportklub Rapid, der Fußball war sein Leben, aber jetzt, noch immer im Zenit seines Könnens, hängte er die Fußballschuhe an den berühmten Nagel. Zumindest glaubte er das damals noch! Doch er sollte, fern von seiner Heimat, noch einmal für 45 Minuten seine „Packeln" für den endgültigen Abschied vom grünen Rasen anziehen.

Im Frühjahr 1949 spitzte sich der Kampf um den Meistertitel auf Rapid und Austria zu. Die Hütteldorfer gewannen acht Punktespiele hintereinander, und vor dem letzten Meisterschaftsspiel waren die beiden Kontrahenten punktegleich an der Tabellenspitze. Die Violetten führten mit einem etwas besseren Torverhältnis. Am 29. Mai pilgerten 50.000 (!) Fans zum entscheidenden Derby in das Wiener Stadion. Leider hatte die Wiener Austria die Nase vorne und gewann in einem packenden „Endspiel" mit 5:3. Schon in dieser Frühjahrssaison zeigte Rapids neue Stürmerhoffnung seine Qualitäten. Robert Dienst erzielte in acht Spielen bereits zwölf Tore. Da hatte sich „Bimbo" einen sehr guten Nachfolger auf seiner ehemaligen Position ausgesucht.

Die Nachkriegszeit hatte das Bild der Wiener Vereine und der österreichischen Fußballmeisterschaft völlig verändert. Mannschaften wie BAC, Libertas, Hakoah, Nicholson und Rudolfshügel hatten aufgehört zu existieren, und viele andere waren nur Eintagsfliegen im Meisterschaftsbetrieb. Was war das Geheimnis einer großen Mannschaft und eines Verei-

SK Rapid, Spielsaison 1948/49: Golobic, Körner I, Dienst, Happel, Knor, Gernhardt, Sektionsleiter „Bimbo" Binder; vorne: Riegler, Kaspirek, Musil, Merkel, Körner II

nes, der sich von ganz unten emporgearbeitet hatte, zur nationalen und internationalen Spitze aufgestiegen war und sich in dieser über viele Jahrzehnte behaupten konnte? Viele Vereine hatten oft über einen kurzen Zeitraum hervorragende spielerische Qualitäten, man konnte sie für diesen Zeitraum sogar als Klassemannschaft bezeichnen, aber kaum war der Höhenflug vorbei, verschwanden sie in der Versenkung. Die meisten Vereine versäumten es, rechtzeitig in die Zukunft zu blicken und Maßnahmen für eine Neugestaltung der Mannschaft vorzunehmen. Schon sehr früh zeigte sich, dass der moderne Fußball auch eine Frage des Geldes war. Damals wie heute setzten sich längerfristig nur Vereine durch, die auch vorausschauend und kommerziell dachten und wirtschafteten.

Dies hatte schon sehr früh der legendäre Sektionsleiter Schönecker erkannt. Sobald es möglich war, wurde bei Rapid der Profifußball eingeführt. Die Erfolge der Rapid-Elf wurden im In- und Ausland gut vermarktet, der Spielstil der Mannschaft und die Spielerpersönlichkeiten zogen die Fans an wie ein Magnet, und die Einnahmen wurden wieder in gute Spieler investiert, zum Bau eines eigenen Stadions (Pfarrwiese) verwendet und zur Verbesserung der Infrastruktur, um auch das nötige Umfeld für die Fans zu schaffen. Schönecker hat keine Gelegenheit ausgelassen, um mit Rapid ins Ausland zu reisen. Nur gegen starke Konkurrenz konnte man lernen und Erfahrungen sammeln. Der internationale Spielverkehr kam aber nicht nur der Mannschaft zugute, auch für die Funktionäre waren diese Spiele, was Organisation und Management betraf, meist sehr aufschlussreich. Pioniertaten waren die Aufnahme des Spielverkehrs (1922) mit den großen Vereinen der Iberischen Halbinsel, die Tourneen nach Nordafrika und die beiden wichtigen Reisen nach England und Schottland. Mit diesen Initiativen war man der Konkurrenz immer um einige Schritte voraus. Dazu kam noch, dass man

Während der vielen zeitraubenden Reisen und langen Tage in Hotels mit Rapid waren das Karten- und Billardspielen bei den Spielern ein beliebter Zeitvertreib. Jetzt hatte „Bimbo" mehr Zeit für sich. Da konnte man ihn schon einmal im „Café Erber", neben der Geschäftsstelle am Urban-Loritz-Platz, beim Preisschnapsen oder in einem Kaffeehaus in der Stadt beim Billardspielen sehen. Für öffentliche Auftritte setzte er sich auch zu dem vielfachen österreichischen Meister im Bahnfahren, August Schaffer, auf ein „Tandem-Rennrad" (Bild links unten).

bei Rapid immer darauf bedacht war, längerfristig zu denken und zu planen. Durch geschickte Transferpolitik konnte oft über viele Jahre eine konkurrenzfähige Mannschaft erhalten werden, und ging es einmal nicht, dann nahm man sich die entsprechende Zeit für einen Neuaufbau. Das Wichtigste bei Rapid waren aber die Männer, die die Verantwortung für den Verein hatten.

In Amerika gab es den Begriff des „Managers" im Sport schon sehr früh. Seine Aufgaben und Befugnisse waren klar umrissen. Ein guter und fähiger Mann konnte damit sehr viel für seinen Verein oder seine Firma erreichen. Im gemütlicheren Wien der Vor- und Nachkriegszeit erfüllten meist mehrere Personen die Aufgaben eines Managers. Die Besetzung der wichtigsten Posten, wie der eines Sektionsleiter, Trainers, Sekretärs, Kassiers oder des Vorstandes, war ein wesentlicher Schlüssel zum Erfolg eines Vereines. Nur wenn diese Männer sich ihrer Verantwortung bewusst waren, fanatisch, verbissen, selbstlos, geschickt und oft auch ohne Rücksicht auf ihr persönliches Wohl sich für die Interessen des Vereins einsetzten, war dieser auch erfolgreich. Der Vereinspräsident dagegen sollte das Aushängeschild des Vereines sein, repräsentieren und den Verein in der Öffentlichkeit vertreten. Wichtig sind auch meist persönliche Verbindungen zu öffentlichen Stellen, zur Wirtschaft und zur Meinungsbildung in der Presse, um das Optimale für den Verein herauszuholen. Die sportliche Leitung musste darauf bedacht sein, Spielerpersönlichkeiten heranzubilden, die für die Mannschaft wertvoll waren, von den Fans anerkannt wurden. In der langen Vereinsgeschichte des SK Rapid gab es viele solcher Männer, die die vorstehenden Bedingungen erfüllt haben. Krisen gab es immer nur dann, wenn Funktionäre ihre persönlichen Interessen in den Vordergrund stellten und die Interessen des Vereins erst an zweiter Stelle standen. Die Krisen der Vergangenheit wurden immer bewältigt, indem ein Mann mit Härte und Initiative aufstand und das Ruder des Vereines übernahm und sich der Zielsetzung des Vereines unterwarf.

Rapid war wieder einmal in einer entscheidenden Umbauphase, die zu neuen Höhen führen sollte. Franz Binder als Sektionsleiter mit seinem Trainer Hans Pesser trug dafür diese große sportliche Verantwortung. Nach der großen Wintertournee hatte Rapid, unmittelbar nach Beendigung der Meisterschaft, eine Einladung zu einer großen Südamerikatournee nach Brasilien angenommen. Viele Briefe gingen hin und her, denn 1949 war es noch nicht so einfach, international zu kommunizieren, Europa zu verlassen, und auch wirtschaftlich musste alles vorher genau abgeklärt werden. Es war ein Kampf der Manager, die sich um Rapid bemühten. Rapid musste sehr vorsichtig sein, da man die Verhältnisse in Südamerika nicht kannte und man dabei auch katastrophal abschneiden konnte. Kaufmännisch gesehen war Rapid 1949 bereits ein Millionenobjekt, welches mit größter Sorgfalt behandelt werden musste. Ein finanzielles Desaster konnte man sich keinesfalls leisten. Rapid galt als eine der besten europäischen Mannschaften, da war der Einsatz sehr hoch, und das gute Image des Vereines stand auf dem Spiel.

Die Hütteldorfer wollten die Chance unbedingt nützen, sich mit dem südamerikanischen Fußball zu messen, über den man nur Wunderdinge hörte. Wieder einmal, wie schon so oft in der Vergangenheit, bewies Rapid Pioniergeist. Die Hütteldorfer erhofften sich aus den Spielen gegen südamerikanische Spitzenmannschaften einen echten sportlichen Vergleich und wollten viel daraus lernen. Letztendlich waren alle Verträge unter Dach und Fach. Zwischen dem 9. Juni und dem 17. Juli 1949 sollte Rapid in nicht weniger als 11 Spielen mit Vereinen der brasilianischen ersten Liga, der Crème de la Crème des südamerikanischen Fußballs, die Klingen kreuzen.

In diesen von der Sportöffentlichkeit mit großem Interesse verfolgten Spielen stand der Wiener Fußball auf dem Prüfstand im direkten Vergleich mit den brasilianischen Fußballkünstlern. Die Gegner waren Vasco da Gama, Fluminense, Corinthians, Flamengo Rio, Palmeiros, FC São Paulo, Ponte Petra Campinas, Atlético Paranaense, FC Coritiba, Ferroviário und der FC America, also die besten und stärksten Vereine Brasiliens. Den Brasilianern war sehr gut bekannt, dass Rapid 1927 den Fußballweltmeister Uruguay auf der Rückfahrt aus Paris zu einem Freundschaftsspiel eingeladen hatte. Uruguay trat damals auf der Pfarrwiese mit neun WM-Teilnehmern und zwei Reservisten, unter dem Namen „Peñarol", an und wurde in einer historischen Begegnung von den Hütteldorfern mit 5:0 deklassiert.

Am 2. Juni 1949 war es dann endlich soweit, Rapid trat seine größte, interessanteste und wichtigste Spieltournee an. 19 Spieler gingen auf die größte Rei-

Virá mesmo o RAPID!

O Flamengo e o America concordaram em promover a temporada do campeão austriaco — Serão convidados o Corinthians e o São Paulo — Uma "caixa unica" de 4 clubes

Antes da guerra o idolo do futebol austriaco era o centro atacante Sindelar. Falecido este, o jogador mais popular passou a ser Binder, um dos ultimos remanescentes do "Wundersteam" (a seleção de primavera, que foi o mais famoso selecionado europeu da sua época), veterano de centenas de jogos internacionais. Binder virá com o Rapid, de Viena.

„Bimbo" in der Ankündigung der Brasilientournee auf der Titelseite der brasilianischen Sportzeitung „A GAZETTA ESPORTIVE" São Paulo.

Mit dem Clipper flog Rapid über den Atlantik nach Rio de Janeiro.

Die Promenade und der berühmte Strand an der Copacabana

se ihres Lebens: Zeman, Musil, Dienst, Gernhardt, Golobic, Happel, Kaspirek, Körner I und II, Knor, Merkel, Müller, Riegler, Schindlauer, Smetana, Kaspirek, Ströll, Wagner I und II, Sektionsleiter Binder, Trainer Pesser, Sekretär Dvorak und die Vorstandsmitglieder Hierath und Waltschek. Als die 23 mutigen Rapidler mit dem Clipper nach stundenlangem Transatlantikflug müde in Rio de Janeiro landeten, waren sie von der Stadt überwältigt. Sie waren sicher keine Neulinge, hatten schon viele weite und schöne Reisen hinter sich, aber Rio übertraf alle ihre Erwartungen.

Der märchenhafte „Zuckerhut", der Hafen, der Blick vom Turm des Corcovado mit der Bucht und der Stadt, die Strände der Copacabana, die prächtige und reiche Straße Avenida Rio Branco, das lebhafte Völkergemisch in den Straßen und das zauberhafte Rio bei Nacht, ein Lichtermeer mit dem gigantischen Netz der beleuchteten Straßen mit immerwährendem Verkehr. Man war ganz benommen von den grandiosen Eindrücken, die man in kurzer Zeit gesammelt hatte. Dies barg auch die große Gefahr, dass man sich nicht voll auf die bevorstehenden schweren Spiele konzentrieren konnte. Die Zeit, sich vor dem ersten Spiel zu akklimatisieren, war denkbar kurz. Alle Rapid-Spieler hatten durch die in Rio herrschende Hitze und die damit verbundene hohe Luftfeuchtigkeit große körperliche Probleme.

Der FC São Paolo 1949

Dennoch bereitete man sich auf das für 9. Juni angesetzte Spiel gegen den brasilianischen Meister Vasco da Gama (Bild oben) gut vor. 30.000 verfolgten das Debüt der Hütteldorfer, und es endete mit einem Debakel, einer 0:5-Niederlage. Was war passiert? Haben die Grünen total versagt? Waren sie den Brasilianern körperlich unterlegen? Sektionsleiter Binder hat gemeinsam mit Trainer Hans Pesser die gesamte Tournee besonders analysiert und aufgearbeitet. In der Sportschrift „Die Geheimnisse des brasilianischen Systems" berichten „Bimbo" und Pesser über ihre Erkenntnisse aus dem ersten richtigen Zusammentreffen mit dem brasilianischen Fußball. Hier die wichtigsten Auszüge: „Wir hatten uns durchaus keiner Illusion hingegeben, als wir mit dem Brasilien-Vertrag in der Tasche unsere Koffer packten. Aber gleich das erste Antreten in diesem exotischen Fußballneuland brachte die Erkenntnis: Mit der Wiener Schule werden wir hier sicher keinen Stich machen!"

Was war geschehen?

Die Mannschaft hatte sich wirklich hineingekniet, gekämpft, nicht resigniert und den Rapid-Geist heraufbeschworen, aber gegen Vasco da Gama half an diesem Tag alles nichts. Das Rapid-Spiel mit dem offensiven Mittelläufer zerschellte an der Gummiwand der massiven gegnerischen Abwehr, wogegen die Brasilianer mit dem Furor ihres temperamentvollen Angriffs die Deckung der Hütteldorfer fast mühelos aufrollten. „Wir mussten ein Tor nach dem anderen hinnehmen und gingen selbst leer aus. Wieso hat uns der erste Gegner auf brasilianischem Boden so vernichtend geschlagen? Es war nicht die hohe Spielkultur allein: Nein! Das hohe technische Können der brasilianischen Spieler und das für uns völlig fremde Spielsystem waren die Ursache für das K.O."

Für Binder und Pesser war klar, dass sich Rapid von der offenen Spielweise und Raumdeckung auf das konsequente Decken des Gegners umstellen muss. Die Spielweise der brasilianischen Gegner war moderner, schneller und härter. Wenn man Schritt halten wollte, durfte nicht mehr so leichtsinnig gespielt werden wie bisher. Das Vernachlässigen der Deckung hat sich schon oft gerächt und rächt sich immer noch.

In einem nächtlichen Kriegsrat setzten sie sich zusammen, um zu beraten, was zu tun sei. Schnell musste die Lehre gezogen werden, wenn Rapid nicht weiter Gefahr laufen wollte, auf brasilianischem Boden blamable Niederlagen einzustecken. Auch Arsenal London machte ähnliche Erfahrungen wie Rapid und unterlag Vasco da Gama mit 0:1 und São Paulo mit 1:2. So beschäftigten sie sich intensiv mit dem brasilianischen System und versuchten dieses zu analysieren. Es musste ein erfolgreiches und wirkungsvolles System sein, wenn es unsere Mannschaft so verwirren konnte. Binder und Pesser waren entschlos-

Traurig ruht sich „Bimbo" in seinem Hotelzimmer in Rio aus. Er hat sein letztes Match gespielt und seine Fußballschuhe aus dem Zimmerfenster geworfen.

sen, aus dem Versagen unserer offenen und in Europa bewährten Spielweise die Konsequenzen zu ziehen und mehr auf die Deckung der gegnerischen Spieler und die Organisation der eigenen Abwehr zu achten. Schon das nächste Spiel gegen Fluminense zeigte einen ersten bescheidenen Erfolg.

Die schmerzhafte Niederlage gegen Vasco da Gama hatte für Rapid noch einen sehr traurigen Aspekt: Das Aushängeschild Rapids, der Bomber aus Hütteldorf, das Vorbild unzähliger Fußballer, der Liebling des Rapid-Anhanges, Franz „Bimbo" Binder, zog mit fast 39 Jahren zum letzten Mal seine so strapazierten „Fußballpackeln" an. „Bimbo" Binder und seine enorme Schusskraft waren den Brasilianern sehr wohl bekannt. Vor dem Spiel hatte der Präsident von Vasco da Gama Sektionsleiter „Bimbo" gebeten, doch noch einmal für die Fans in Rio zu spielen. Wer hatte über einen Erdteil hinweg jemals eine solche Popularität genossen? Also zog sich der „Herr Sektionsleiter" noch einmal seine Fußballschuhe an und führte als Kapitän seine Mannschaft ein letztes Mal auf ein Spielfeld.

Nach 45 Minuten war dann endgültig eine der größten Fußballerkarrieren der Welt zu Ende. Obwohl er körperlich noch völlig fit und austrainiert war, stellte er sehr schnell fest, dass er gegen diese jungen, athletischen und schnellen Brasilianer keine Chance mehr hatte. Die hier in Rio absolvierten letzten 45 Spielminuten bestätigten seine Entscheidung, zum richtigen Zeitpunkt seine Karriere beendet zu haben. In Rio gegen Vasco da Gama bestritt Rapid auch das erste Flutlichtspiel in der Vereinsgeschichte. „Bimbo" hatte in seinen absolut letzten 45 Minuten zum ersten Mal bei Kunstlicht gespielt. Noch in derselben Nacht warf er seine Fußballschuhe aus dem Hotelfenster im 13. Stock. Nie wieder sollte er Fußballschuhe auch nur für ein Freundschafts- oder Prominentenkickerl anziehen. „Ich bin mein Leben lang genug gelaufen, jetzt ist es wirklich genug!", waren seine Worte zum Ende seiner aktiven Laufbahn.

Fortan widmete sich „Bimbo" ausschließlich seinen Aufgaben als sportlicher Leiter und Trainer. Ein weiterer großer Spieler des SK Rapid nahm die Brasilientournee zum Anlass, seine Karriere in einer effektvollen und würdigen Weise zu beschließen: Franz Wagner, ein wahrer Sportsmann und Rapidler, hatte auch den rechten Zeitpunkt gewählt, um aufzuhören.

Der nächste Gegner hieß Fluminense. Als erste Maßnahme stellten „Bimbo" und Pesser die Abwehr und die Läuferreihe um. Sie wollten den Brasilianern nicht mehr in das offene Messer laufen, mehr auf die Defensive achten und die gegnerischen Stürmer genauer decken. Gegenüber dem ersten Spiel ersetzte Merkel Gernhardt auf dem Stopperposten. Gernhardt spielte jetzt auf der Position des zurückgezogenen Mittelstürmers, Müller spielte rechter Verbinder, Riegler halblinks und Knor rechter Läufer. Gleich blieben mit Zeman der Torhüter, Wagner II und Happel als Verteidiger und die Körner-Brüder auf den Flügeln. Die Umstellungen und die neue Taktik zeigten erste Früchte. Zur Überraschung aller ging Rapid gegen die brasilianischen Ballkünstler durch Tore von Körner II und Müller mit 2:0 in Führung. Am Ende siegte Fluminense mit 3:2, wobei den Brasilianern sicher auch der strömende Tropenregen entgegenkam und das für die Wiener ungewohnte Flutlicht.

Zum nächsten Spiel ging es mit dem Flugzeug von Rio nach São Paulo, und es gab eine scharfe Auseinandersetzung mit Corinthians. Rapid behielt die neue Spieltaktik bei und rang Corinthians ein verdientes 2:2-Unentschieden ab. Wagner I und Riegler erzielten die Tore. Musil spielte anstelle von Zeman im Tor und bot eine Prachtleistung. Geschmeidige Paraden und blitzartige Ausflüge ins Feld begeisterten die Zuschauer. Wie schon in Rio wollten auch in São Paulo 30.000 Zuschauer die Rapidler sehen. Nach dem Spiel ging es mit dem Flieger sofort wieder zurück nach Rio, denn die Spitzenmannschaft von Flamengo wartete schon auf die Hütteldorfer.

Das Interesse hatte noch nicht nachgelassen, und wieder füllten 30.000 fanatische Zuschauer das Stadion von Flamengo Rio, obwohl es ein besonders heißer Tag mit 40 Grad im Schatten war. Zudem brütete die Stadt in einer feuchtwarmen Luft dahin, die den Europäern die Luft und die Kraft raubte. Beim Spiel jedoch waren die Rapidler wieder voll da. Es ging zwar unglücklich mit 1:2 verloren, aber die Wiener zeigten, dass sie es mit jedem Gegner aufnehmen konnten. Wieder war Musil in großartiger Form und hielt sogar einen Elfer, der zum Entsetzen der Hütteldorfer leider wiederholt wurde und letztendlich das Spiel entschied. Die Umstellung des Spielsystems der Hütteldorfer zeigte erste kleine Erfolge. Für ein neues System braucht man Zeit, es kann nicht auf Knopfdruck umgesetzt werden. Es muss im Gehirn der Akteure ankommen und bis zur Perfektion geübt werden.

Mit dem Flugzeug ging es noch einmal nach São Paulo. Die Reisestrapazen machten sich in dem ungewohnten Klima bereits stark bemerkbar, und so gab es gegen Palmeiras vor 20.000 Zuschauern eine 0:2-Niederlage. Jetzt hatte man endlich eine Woche Zeit, sich zu regenerieren, die Verletzungen auszuheilen und ein paar Trainingseinheiten einzulegen. Dies war auch notwendig, denn als nächstes stand der berühmte FC São Paulo auf dem Programm.

Der FC São Paulo war 1949 einer der besten Vereine in Brasilien. 1942 kaufte der SPFC den Spieler Leonidas da Silva, bekannt als der „Schwarze Diamant", für die größte bis zu jenem Zeitpunkt in Brasilien bezahlte Transfersumme. Bei seinem ersten Spiel, am 24. Mai 1942, mit dem SPFC war das Estádio do Pacaembu (1940 gebaut) mit der Rekordzahl von 70.281 Zuschauern belegt, was für dieses Stadion bis heute der Rekord geblieben ist. Im folgenden Jahr (1943) wurde der SPFC endlich wieder Meister und erreichte auch 1945, 1946, 1948 und 1949 den Meistertitel. Rapid, nun auf das brasilianische System schon gut eingestellt, bot vor 30.000 Zuschauern ein begeisterndes Match und spielte die Ballartisten aus São Paulo an die Wand. Zur Pause führten die Hütteldorfer bereits sensationell mit 3:0, und der überraschende Endstand lautete 4:2. Die Tore erzielten Körner I (2), Körner II und Dienst. Rapid hatte endlich die „brasilianische Befangenheit" abgelegt.

Binder, Gernhardt und Körner II zu Besuch auf einer Schlangenfarm

Dann ging es landeinwärts nach Campinas gegen Associação Atlética Ponte Preta. Das Spiel endete unentschieden 2:2, und gespannt fieberte man der nächsten Begegnung gegen den seit über einem Jahr ungeschlagenen Club Atlético Paranaense entgegen. 20.000 erwartungsvolle Zuschauer füllten das Stadion von Coritiba. Atlético hatte im abgelaufenen Jahr alle großen brasilianischen Vereine wie Vasco, Flamengo, Fluminense und den FC São Paulo, teils auch auswärts, geschlagen. Für die Hütteldorfer sollte dieses Spiel der Höhepunkt der Tournee werden. In einer Prachtpartie spielten sie den Gegner in Grund und Boden. Alle Grünen waren in ausgezeichneter Form, und zur Pause hatten sie bereits einen sicheren 3:1-Vorsprung herausgespielt. Diesmal wollten sich die Rapidler nicht nur mit einem Sieg zufrieden geben. Sie erkannten, dass in diesem Spiel mehr steckte als nur ein Sieg. An dieser Stelle kamen wieder der legendäre Rapid-Geist und die Spieleinstellung hervor: „Ist ein Gegner, egal wer es ist, reif zum Abschießen, dann füllen wir ihm die ‚Butte' an!" Auch die zweite Halbzeit gehörte den Hütteldorfern, und als die Brasilianer mit gesenkten Häuptern das Spielfeld

FC São Paulo : SK Rapid 2:4: Hierath, Gernhardt, Knol, Riegler, Körner II, Merkel, Happel; vorne: Wagner II, Golobic, Musil, Körner I, Müller

verließen, konnte man auf der Anzeigentafel den Endstand von 7:2 für Rapid lesen. Das objektive Publikum spendete für diese Leistung großen Applaus. Die Presse hob die spielerische und körperliche Überlegenheit der Wiener besonders hervor. Die Tore erzielten Körner I (2), Körner II (2), Merkel, Dienst und Kaspirek. Der gesamten Mannschaft gebührte ein großes Lob, die in folgender Aufstellung antrat: Musil; Merkel, Happel; Knor, Gernhardt, Golobic; Körner I, Riegler, Dienst (Ströll), Körner II und Kaspirek.

Nach diesem großen Spiel war dann die Luft aus der Mannschaft draußen, die beiden nächsten Spiele gegen den FC Coritiba und Ferroviário gingen mit 0:4 und 0:1 verloren. Zum Abschluss der Tournee trat Rapid noch gegen den America FC an und beendete die Brasilientournee mit einem 5:3-Erfolg. Eine der interessantesten, aufregendsten, wichtigsten und schwersten Tourneen der Vereinsgeschichte war beendet. Rapid konnte zufrieden die Heimreise antreten.

Gegen die besten Spieler und Vereine Brasiliens erreichte Rapid in 11 Spielen drei Siege, zwei Remis und kassierte sechs Niederlagen bei einem Torverhältnis von 23:28. Die Tournee dauerte 6 ½ Wochen, mit großen Reisestrapazen in einem ungewohnten Klima. Brasilien hatte Rapid herzlich und mit freundschaftlicher Sympathie aufgenommen und die Spielklasse der Hütteldorfer anerkannt. Finanziell war diese Reise ein großer Erfolg für die Hütteldorfer. „Bimbo“ und Pesser konnten wichtige sportliche Erkenntnisse und das moderne brasilianische Spielsystem mit nach Hause bringen. In der ersten Zeit musste Rapid allerdings noch Lehrgeld bezahlen, bis sie das brasilianische System so weit beherrschten, wie sie es sich vorgestellt hatten. Nach der Erfolgsserie in der Meisterschaft 1949/50 konnte festgestellt werden, dass sich die Mühen gelohnt haben. Einiges muss dazu noch erklärt werden. Von der Wiener Schule kam Rapid trotzdem nicht ganz ab. Für „Bimbo“ und Pesser sollte das brasilianische System eine positive Ergänzung der Spielanlage für die Spielertypen des SK Rapid sein. Ein reines brasilianisches Spielsystem kann man nur in Brasilien mit Brasilianern spielen.

Die Brasilien-Reise im 50. Jubiläumsjahr des SK Rapid war auf jeden Fall ein Ereignis, in dem durch geschickte Managerarbeit und eine außergewöhnliche sportliche Leistung das Tor zu einer neuen Fußballwelt aufgestoßen wurde. Umso befremdlicher waren einige Kommentare in der heimischen Presse, die durch-

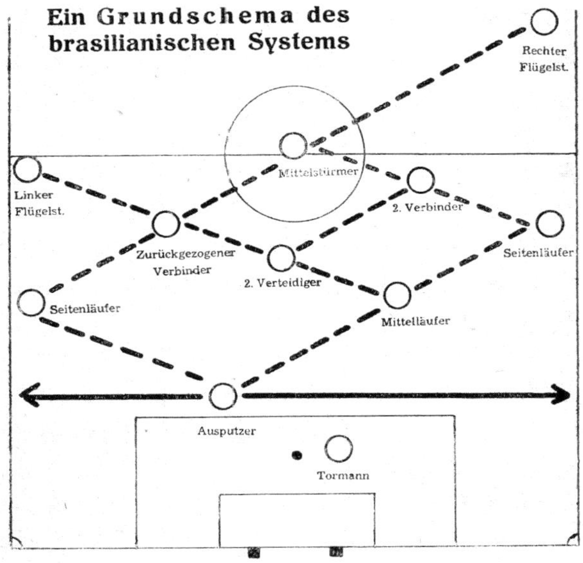

blicken ließen, dass Rapid den heimischen Fußball nicht würdig vertreten hätte. Schon damals hatte der SK Rapid Probleme mit Kritikern, welche über wenig fachliche Erfahrung verfügten und deren Worte oft nur den Neid auf die erfolgreiche Rapid-Mannschaft widerspiegelten. Viel interessanter war die Tatsache, dass Rapid das brasilianische System mitbrachte und künftig danach spielte. Dieses System hatte nichts mehr mit dem stupiden Betonfußball, wie er in den letzten Jahren in Europa praktiziert wurde, gemeinsam. Die Brasilianer zeigten eindrucksvoll, dass man mit ihrem System und Disziplin trotzdem einen schönen und guten Fußball spielen kann. In Wirklichkeit kam das brasilianische System der Wiener Schule entgegen, da es die persönliche Initiative des Spielers, seine Klugheit und Geistesgegenwart förderte und der individuelle Ideenreichtum von ausschlaggebender Bedeutung war. Die Deutschen konterten sofort, dass das brasilianische System ja nichts anderes als ihr eigenes WM-System sei. In der Praxis war dieses System aber wenig erfolgreich. Da stimmte doch etwas nicht! Entweder spielten und interpretierten die Deutschen das brasilianische System völlig falsch oder spielten die Brasilianer das deutsche WM-System perfekt.

Hans Pesser hat das brasilianische System in wenigen Punkten zusammengefasst:

- Das konsequente Decken des Gegners.
- Jeder Spieler hat seine Aufgabe, keiner darf unbeschäftigt sein.
- Elastisches Zusammenwirken aller Mannschaftsteile vom Angriff bis zur Verteidigung und umgekehrt (Ziehharmonika-System) über das ganze Spielfeld.
- Beste körperliche Verfassung der Spieler.
- Technisch optimal ausgebildete Spieler.
- Persönliche Initiativen und Intelligenz der Spieler.

Nach der Rückkehr aus Brasilien stand offiziell das Ende der Fußballerlaufbahn „Bimbo“ Binders fest. Er konnte, abzüglich von drei Jahren im Kriegseinsatz, auf 16 erfolgreiche Jahre mit dem österreichischen Rekordmeister zurückblicken. Mit Rapid erreichte er als Spieler sechs Meistertitel, einen Pokalsieg, ein Double Meister und Pokalsieger, einen Mitropacup-Sieg, einen deutschen Pokalsieg und eine deutsche Meisterschaft. Er wurde sechs Mal österreichischer Schützenkönig (davon fünf Mal in Folge) und drei Mal Sportler des Jahres. Einberufungen in die österreichische A- und B-Nationalmannschaft, in die Wiener Auswahl, die „Ostmark“-Auswahl und in die „großdeutsche Nationalmannschaft“. Die Anzahl seiner Tore wurde schon zu Lebzeiten eine Legende. Er hat zahlreiche Rekorde aufgestellt und befindet sich unter den besten Goalgettern im internationalen Spitzenfeld. Diese außergewöhnlichen Leistungen und wie sie zustande gekommen sind, wollen wir uns ein wenig genauer ansehen.

„Bimbo", der Kanonier

Die Deutschen sind nicht nur dreifacher Fußballweltmeister auf dem grünen Rasen, sie sind auch Weltmeister in der Fußballstatistik. Als erstes Land haben sie fast alle Daten ihrer Bundesligageschichte erfasst, sofern diese noch zu erheben waren, auf Computer gespeichert und analysiert. Trainer, Sportjournalisten, Radio- und Fernsehsprecher können sich so alle wichtigen Informationen abrufen.

Das Internet bietet heute eine Fülle von Informationen über den Fußball, doch die Ausforschung der genauen Daten über die Spiele meines Vaters war fast schon eine wissenschaftliche Arbeit. Im Anhang finden sich alle Daten über „Bimbo" als Spieler und Trainer, genau gelistet, analysiert und aufgeschlüsselt. In der aktiven Zeit meines Vaters gab es keine Statistiken und Bildaufzeichnungen, unscharfe Fotos sind die einzigen Bildnachweise. Mit viel Mühe und langen Recherchen habe ich alle für mich erreichbaren Quellen zur Datensuche ausgeschöpft, um einen genauen Überblick über die sportlichen Erfolge meines Vaters zu erhalten. Wenn man sie heute studiert, muss man sich erst die damaligen Verhältnisse vor Augen führen, um sie zu verstehen und sie mit Daten von heute vergleichen zu können.

Die Freude bei Franz und Elisabeth ist groß, denn jetzt ist der Papa endlich mehr für die Familie da.

Beginnen wir mit einer Erläuterung zu den Meisterschaften in Österreich. Bei der Einführung einer echten Meisterschaft in Österreich durch den ÖFB 1911/12 war dies eigentlich nur eine Liga von Wien und Niederösterreich. Der Fußball in den Bundesländern war damals, ohne die dortigen Ambitionen abzuwerten, noch nicht mit dem Wiener und dem niederösterreichischen Fußball konkurrenzfähig. Erst mit dem „Anschluss" an das Deutsche Reich kamen in der Saison 1938/39 mit den Vereinen Grazer SC, Amateure Steyr und Wacker Wiener Neustadt die ersten drei Bundesländerklubs in den Meisterschaftsbetrieb. Sie belegten in der o. a. Reihenfolge auch die letzten Plätze und stiegen sofort wieder ab. 1940/41 stiegen dann der Grazer SC und der Linzer ASK in die höchste Spielklasse auf, um ebenfalls sofort wieder abzusteigen. Nicht besser erging es Neuling Sturm Graz in der Saison 1942/43. Erst nach dem Weltkrieg und durch eine Aufstockung der Vereine in der höchsten Spielklasse konnten sich auch Bundesländervereine in der Liga halten. 1949 wurde die „Staatsliga" mit 13 bzw. 14 Vereinen gegründet, die 1964 von der „Nationalliga" mit 14 Vereinen, ab 1969 mit 16 Vereinen abgelöst wurde. Die österreichische „Bundesliga" mit 10 Vereinen und vier Durchgängen mit insgesamt 36 Meisterschaftsspielen wurde 1974 installiert.

Von 1911/12 zum Meisterschaftsstart bis zum Ende des Zweiten Weltkrieges hatte die Meisterschaft überwiegend 10 Vereine. Es gab auch durch Aufstockungen und das Testen von neuen Systemen einige Saisonen mit 11, 12 und 13 Vereinen. Dies bedeutete für einen Spieler in einer 10er-Liga mit Hin- und Rückspiel, dass er maximal 18 Mal in einer Spielsaison für seinen Verein antreten konnte. Das ist sehr wenig, wenn man bedenkt, dass in der heutigen Bundesliga 36 Meisterschaftsspiele pro Saison auf dem Programm stehen. Dies erklärt auch, dass die Anzahl der Pflichtspiele der Vorkriegsspieler gegenüber den heutigen wesentlich niedriger ist. Umso bemerkenswerter sind die Trefferzahlen der damaligen Torschützen bzw. der Vereine in einer Spielsaison. Darüber gibt der Torquotient (Tore/Spiele) die beste Erklärung über die tatsächlichen Qualitäten eines Goalgetters oder die Stürmerreihe eines Vereins ab.

Die Bomber der Nation

„Bimbo" Binder und die Angst des Tormanns

● Das war schon immer so: Die Torschützen waren seit jeher die unumschränkten Herrscher des Fußballs. Nicht erst, seitdem es einen Gerd Müller gibt.

● Was Gerd Müller heute ist, das war vor über 30 Jahren ein Österreicher: Franz „Bimbo" Binder.

Die erregendsten Minuten in einem Fußballspiel: Strafstoß-Duell zwischen dem Schützen und dem gegnerischen Torwart. Wenn Franz „Bimbo" Binder sich den Ball zurechtlegte, zitterten die Torleute. Seine Granaten, die er bisweilen aus vierzig Metern in die Maschen feuerte, waren auf allen Sportplätzen gefürchtet oder umjubelt. Unser Foto zeigt ein Elfmeter-Duell zwischen Jürgen Grabowski und dem ungarischen Nationaltorwart Meszaros. Meszaros hielt — trotzdem gewann Deutschland das letzte Länderspiel gegen Ungarn in Dortmund 5:0. Mit „Bimbo" Binder hätten wir vielleicht 6:0 gewonnen . . .

Binder und Müller, zwei, die Pulver in den Beinen haben, zwei Fußballer, denen die große Welt Achtung und die kleine Welt Verehrung zollte und zollt, zwei Rekordschützen und doch voneinander so verschieden wie Tag und Nacht.

22. Juni 1941.

Es ist ein heißer Tag, dieser 22. Juni. Ein Sonntag.

Im Berliner Olympiastadion geht es um die deutsch-österreichische Fußballmeisterschaft.

Schalke 04, die Mannschaft aus dem Gelsenkirchner Kohlenrevier, und Rapid aus Wien, der traditionsreichste Klub des verschwundenen Österreichs, stehen einander gegenüber. 88 000 Zuschauer sitzen und stehen auf den Rängen, um den „Schalker Kreisel" und die „Rapid-Viertelstunde" zu sehen.

Das Hauptinteresse konzentriert sich auf zwei Paare: Kuzorra/Szepan auf der einen Seite, Binder/Pesser auf der anderen. Vier Nationalspieler, aber zwei Generationen. Das „Knappen-Paar" hat die größte Zeit hinter sich, die beiden Wiener sind vielleicht gerade auf dem Höhepunkt ihrer Laufbahn.

Ein Report von Franz Fahrensteiner

● Aber das Alter schlägt zu: Nach sieben Minuten führt Schalke 2:0, dann gibt es Elfmeter gegen die Gelsenkirchner. Binder verschießt.

Seine Mitspieler gestanden später: „In diesem Augenblick schien für uns das Spiel verloren. Nicht wegen des 0:2-Rückstands, sondern wegen Binders Fehlschuß. Denn trotz seiner Größe, trotz seiner Wucht zählte Binder immer zu den sensibelsten Spielern, den ein Mißgeschick schnell aus der Bahn warf."

Mit 2:0 für Schalke geht es in die Pause, und als die Königsblauen gleich darauf auf 3:0 vorzogen, verließen die ersten Zuschauer das Stadion. Die Schlacht war ja geschlagen.

Auch Rapids Gegentor rüttelte noch niemanden auf. Ehrentreffer, sagte man. Doch eine Minute später wird man hellhörig. Freistoß für Rapid. 20 Meter. Die Schalker bilden eine Mauer.

● Binder tritt an. Wumm — über die Köpfe der Schalker Spieler hinweg saust der Ball mit ungeheurer Schärfe ins Netz. Schlägt genau über dem Tormann Klodt ein, der die Kugel erst sieht, als sich das Netz bauscht.

Es steht nur noch 3:2 — und schon ist die nächste Gelegenheit für die Wiener da. Wieder ein Elfmeter!

● Der Mittelläufer der Wiener, der blutjunge Gernhardt, will schießen. Aber Binder winkt ab. Zum Entsetzen seiner Mitspieler tritt der lange Spieler selbst zur Durchführung des Strafstoßes an. Einige Rapid-Spieler wenden sich ab, für sie ist es zuviel. Doch mit Seelenruhe jagt Binder das Leder in die Maschen. Der Ausgleich ist geschafft.

Das Stadion gleicht einem Hexenkessel. Man spürt förmlich, was sich auf dem Rasen abspielt: Die Glieder der Schalker werden steifer und steifer, die schleppen sich herum, als hätten sie Blei in den Knochen.

Bei Rapid läuft es hingegen jetzt wie geschmiert. Und schon ist auch wieder die Chance da: Freistoß gegen Schalke. 20 Meter. Kaum einen halben Meter von der Stelle entfernt, von der Binder seinen ersten Ball einknallte.

● Wieder steht die Mauer. Aber sie steht schlecht. Die Schalker haben Angst. Binder-Bomben sind bekannt. Als der lange Rapidler anstürmt, ducken sich die Männer im blauen Dreß. Doch

Ein sensibler Super-Bomber: „Bimbo" Binder

● Binder hat anvisiert — pfeilgerade, ein Rauschen hinter sich herziehend, zischt der Ball an der gleichen Stelle ins Netz, an der er schon einmal eingeschlagen hat — Rapid gewinnt 4:3 und ist deutscher Meister.

1946 in Bern sagte mir der Schweizer Torhüter Ballabio vor dem Länderspiel gegen Österreich: „Für jeden Tormann ist allein schon Binders Mitwirkung in der gegnerischen Mannschaft ein Handikap. Es gibt Torhüter, die fürchten buchstäblich seinen Schuß!"

Binder, den man später „Bimbo" nannte, wurde in einem österreichischen Provinzklub (Sturm 19 St. Pölten) groß. Einem Talentsucher Rapids fiel der schlaksige Junge auf, dessen gigantischer Schuß die Torleute zittern und die Netze zerreißen ließ.

Seine Schußkraft wurde legendär, seine Torerfolge wurden es ebenfalls. Über 1000 Tore schoß er in seiner Laufbahn, für Rapid schoß er unzählige Male das Entscheidungstor, als Nationalspieler für Österreich und Deutschland war er bei jedem Spiel für mindestens einen Treffer gut.

Was Binder von allen anderen großen Torschützen vor und nach ihm unterschied, war die Kraft, die er in seinen Beinen (und seinem Nacken) hatte. Freistöße aus 40 bis 16 Meter Entfernung waren halbe Tore, egal, ob sich eine Mauer bildete oder nicht. Die Elfmeter-Strafstöße, die er in seiner Laufbahn verschoß, können an den Fingern einer Hand gezählt werden, nicht aber die Tore, die er köpfte.

● Nie aber war er torhungrig wie Müller, nie quicklebendig wie Uwe Seeler, nie tänzerisch wie Pelé. Er brachte das Publikum zur Verzweiflung mit seiner angeblichen Langsamkeit (dabei lief er die 100 Meter immerhin in 12,0 Sekunden), man pfiff ihn achtzig Minuten lang aus, um ihn wie einen siegreichen Feldherrn zu feiern, wenn es ihm gelang, „aus dem Stande", also mit Freistößen, doch noch den Sieg herauszuschießen.

● Sepp Herberger, langjähriger Bundestrainer der deutschen Nationalmannschaft, bestätigt: „Franz Binder war eine der imposantesten und interessantesten Erscheinungen, die der Fußball je hervorgebracht hat. Bei ihm wußte weder Freund noch Feind, was in der nächsten Minute kommen würde — ein Fehler oder ein Bombentreffer.

● Ihn aufzustellen hieß manchmal, dem Gegner einen Spieler vorzugeben, meist hatte man mit ihm aber einen Spieler mehr als der Gegner auf dem Feld. Allein seine psychologische Wirkung, ich denke da nur an die Italiener, war Goldes wert."

Binder, heute 63 Jahre alt, blieb auch nach seiner aktiven Laufbahn dem Fußball treu. Er wurde (mit Pesser) Betreuer von Rapid, ging dann in die Bundesrepublik Deutschland zu Jahn Regensburg, später zum 1. FC Nürnberg, er betreute Philips Eindhoven, schließlich nochmals Jahn Regensburg und Rapid und dann 1860 München, deren Abstieg aus der Bundesliga er allerdings nicht verhindern konnte. Doch als „Bomber Bimbo" bleibt er unvergessen.

Nächste Folge: UWE SEELER

Rapid Wien brachte immer wieder neue Rekordschützen hervor. Binder war der Torjäger Nr. 1

Binders Rekord läßt selbst Krankl erblassen

Zu den besten Torjägern der Vereinsgeschichte des SK Rapid zählt in der „Gründerzeit" Josef „Pepi" Uridil, der erstmals 1921 für Rapid Torschützenkönig wurde. Franz „Bimbo" Binder wurde sechmal (!) Schützenkönig in der Zwischenkriegszeit, davon fünfmal hintereinander (1933, 1937–1941), Robert Dienst war in den erfolgreichen 50er Jahren viermal (1951, 1953, 1954, 1957) an der Spitze, und Johann Krankl, Rekordtorschützenkönig von 1978 mit 41 Treffern, wurde in jüngerer Vergangenheit viermal Erster (1971, 1974, 1978, 1983).

Nr. 1 und damit effizientester Torjäger des SK Rapid in einer Spielsaison ist **Robert Dienst**: er erreichte **1951** mit 38 Toren in 23 Einsätzen den Torquotienten von **1,652** Tore/Spiel.

Nr. 2 sind gemeinsam **Franz „Bimbo" Binder**, der **1939** mit 27 Toren in 17 Spielen einen Torquotienten von **1,59** Toren/Spiel erreichte, und **Pepi Uridil,** der **1921** den gleichen Torquotienten von **1,59** mit 35 Toren in 22 Spielen erreichte.

Nr. 4 ist **Wilhelm Aurednik**, er kommt **1946** auf einem Torquotienten von **1,40** mit 28 Toren in 20 Spielen.

Hans Krankl erreichte **1978** einen Torquotienten von **1,14** Tore/Spiel mit der Saisonrekordzahl von 41 Toren in 36 Spielen.

„Bimbo" Binder hält auch einen sensationellen Weltrekord in der Kategorie Pflichtspiele/Tore. Er spielte in seiner Karriere 379 Pflichtspiele[1] und erzielte dabei 469 Tore. Dies ergibt einen Torquotienten von 1,24, den kein anderer Spieler dieser Welt auch nur annähernd erreichte.

1) Pflichtspiele sind Spiele in der österreichischen und deutschen Meisterschaft (höchste Spielklasse), im Pokal (Cup), im Mitropacup, im österreichischen A-Team und B-Team, in der Wiener Auswahl, „Ostmark"-Auswahl und in der „großdeutschen" Nationalmannschaft.

Objektiv betrachtet, unter Berücksichtigung der Anzahl der Spiele, der erzielten Tore, der Anzahl der Schützenkönigstitel, der Länge der Vereinszugehörigkeiten, der Persönlichkeit und des Beliebtheitsgrades bei den Fans ist die Reihenfolge bei Rapid und in Österreich an der Spitze:

Franz „Bimbo" Binder vor „Goleador" Hans Krankl und Robert Dienst.

Ein Europarekord sind „Bimbo" Binders sechs Titel als österreichischer Torschützenkönig, davon fünf in Folge.

In der der Torjäger-Weltrangliste der Kategorie **Tore in der Karriere** liegt „Bimbo" hinter zwei Brasilianern an dritter Stelle. Viele der berühmten Torjäger mit langen Karrieren wie Ferenc Puskás, Sándor Kocsis, Alfredo di Stefano, Pedro Rocha, Gunnar Nordahl, Hughie Gallacher, Eusebio da Silva Ferreira, Branco Zebec, Silvio Piola, Gianni Riviera, Luigi Riva, George Best, Johann Cruyff, Marco van Basten, Gerd Müller, Jimmy Greaves, Bobby Charlton, Uwe Seeler, Hans Krankl, Leonel Sánchez, Leônidas da Silva, Georgi Asparuhov, Adolfo Pedernera oder José Moreno erreichten nicht einmal mehr Tore als Spiele.

Die Rangliste der Weltbesten basiert auf Daten der FIFA und de jeweiligen Landesverbände und sieht wie folgt aus:

1. **Arthur Friedenreich** (BRA)
   mit 1329 Toren in 944 Spielen
   in 26 Jahren von 1909 bis 1935
2. **Edson Arantes do Nacimento „Pelé"** (BRA)
   mit 1283 Toren in 1363 Spielen
   in 21 Jahren von 1956 bis 1977
3. **Franz „Bimbo" Binder** (AUT)
   mit 1155 Toren in 797 Spielen
   in 19 (16) Jahren von 1930 bis 949

Die vorstehende „Weltrangliste" basiert also nur auf der Anzahl erzielter Tore in einer Fußballerkarriere. Es wurden alle Tore aus Pflichtspielen, Freundschafts- oder Juxspielen berücksichtigt. Anders sieht diese „Weltrangliste" aus, wenn man auch die Anzahl der Spiele und die Dauer der einzelnen Spielerkarrieren in die Analyse mit einbezieht. Dann sieht der Torquotient (Tore/Spiel) folgendermaßen aus:

1. **„Bimbo" Binder** mit einem Torquotienten 1,45
2. **Friedenreich** mit 1,41
3. **„Pelé"** mit 0,94

Nimmt man die Anzahl der pro Karrierejahr erzielten Tore, so liegen hier gemeinsam „Bimbo" und Pelé mit 61 Toren/Jahr an der Spitze vor Friedenreich mit 51 Toren pro Jahr.
Bringt man bei „Bimbo" die drei Jahre von 1942 bis 1945, die er beim Militär ohne Spiele verbrachte, in Abrechnung, so dauerte seine reine Fußballerkarriere nur **16 Jahre**.

Mit seinen Toren in 16 aktiven Jahren hätte er mit 72 Toren/Jahr auch Pelé geschlagen.

Mehr Tore als Spiele erreichte „Bimbo":

- in der österreichischen Meisterschaft (271 Tore/244 Spiele)
- im Wiener Pokal (66/35)
- im Mitropacup (13/10)
- in Fußballturnieren (52/38)
- in nationalen Freundschaftsspielen (273/152)
- in internationalen Freundschaftsspielen (248/183)
- im deutschen Pokal (33/19)
- in der deutschen Meisterschaft (25/17)
- in der Wiener Auswahl (25/15)
- im „großdeutschen" Nationalteam (10/9)

Lediglich in der österreichischen Nationalmannschaft(16 Tore in 19 Spielen) und in der „Ostmark"-Auswahl (8 Tore in 9 Spielen) verpasste er knapp einen positiven Torquotienten.

Eine interessante Statistik hat der Deutsche Fußballbund in seinen Unterlagen. In der deutschen Nationalmannschaft haben nur 10 Spieler durchschnittlich mehr als ein Tor pro Spiel, bei mindestens drei absolvierten Spielen, erzielt:

1. **Gottfried Fuchs:**
   14 Tore / 6 Spiele = 2,33 Tore pro Spiel
2. **Ludwig Damminger** und **Ernst Poertgen:**
   5 / 3 = 1,67
4. **Ernst Willimowski:** 13 / 8 = 1,63
5. **Georg Frank** und **Oskar Rohr:** 5 / 4 = 1,25
7. **August Klinger:** 6 / 5 = 1,20
8. **Franz „Bimbo" Binder:**
   10 Tore / 9 Spiele = 1,11 Tore pro Spiel
9. **Gerd Müller:** 68 / 62 = 1,10
10. **Helmut Schön:** 17 / 16 = 1,06

Ich muss gestehen, dass ich erst beim genauen Recherchieren und Ausarbeiten der sportlichen Daten meines Vaters die wahre Wertigkeit seiner Leistungen als Torschütze feststellen konnte. Mir war schon immer bekannt, dass er zu den Besten der Welt zählte. Doch erst durch den genauen Vergleich der Daten und Statistiken seiner internationalen Kollegen aus der Vergangenheit, aus „Bimbos" Zeit und den heutigen Goalgettern stellte ich fest, dass er, egal wie man es betrachtet, ganz oben an der Spitze steht. Ob „Bimbo" letztendlich wirklich der „Beste", der „Effektivste", die „Nummer 1" ist, überlasse ich Ihrer persönlichen Bewertung.

„Bimbo“ und seine Schusstechnik

Freistoß

Elfmeter

Schuss aus der Bewegung

Alle schwärmten von „Bimbo“ und seinen gewaltigen und platzierten Schüssen. Ich selbst habe meinen Vater zwar nicht bewusst bei Spielen des SK Rapid schießen und köpfeln gesehen, aber in meiner aktiven Zeit im Nachwuchs, von der Jugend bis zur Reserve, war er auch mein Trainer. Während seiner Trainertätigkeit in Holland habe ich mit ihm gemeinsam auch beim Tormanntraining eingeschossen. Sein Schusstraining mit seinen Mannschaften war immer ein Erlebnis. Daher kenne ich seine Schusstechnik sehr gut.

Schusstechnik ist genau der richtige Ausdruck. Mein Vater sagte immer, nicht nur die Kraft mache einen scharfen Schuss aus, viel wichtiger sei, wie genau man den Ball treffe. Er war ein beidbeiniger Spieler, egal ob er den Ball mit rechts oder links nahm, ruhend, direkt aus der Luft oder als „Drop Kick“, da gab es bei ihm keinen Unterschied. Beim „Drop Kick“ kommen sich Ball und Spieler entgegen. Der Spieler schießt den Ball in dem Moment, wenn der Ball den Boden berührt (aufspringen möchte) mit dem Rist. Das war bei vielen Torszenen zu seinem Vorteil, da er sich nicht erst den Ball auf ein spezielles Schussbein herrichten musste, sondern immer gleich abdrücken konnte. Den schärfsten Schuss hat man immer mit dem Rist des Fußes.

Bei einem ruhenden Ball muss man beim Anlauf (nur wenige Schritte) darauf achten, dass man mit dem Standbein neben den Ball kommt, den Rist des Schussbeines aufstellt, den Oberkörper leicht nach vorne neigt und dann den Ball exakt hinten in der Mitte trifft. Die Schussrichtung des Balles legt man mit dem Anlauf fest, wobei man mit entsprechender Routine und Übung feine Richtungsänderungen vor dem Abschuss noch vornehmen kann. Vielen Stürmern hatte mein Vater noch eine angeborene Begabung voraus: die Ballberechnung. Er hatte das perfekte „Timing“ intus, um die Bahn eines anfliegenden oder anrollenden Balles genau zu berechnen. Durch intensives Training kann man dies auch bis zu einem gewissen Grad erlernen, aber „Bimbo“ hatte man dieses Talent in die Wiege gelegt. Dies war auch der Grund, dass er ein ausgezeichneter Kopfballspieler war und viele Tore mit platzierten oder wuchtigen Kopfstößen erzielte. Schon auf der „Gstättn“ in St. Pölten mit dem Fetzenlaberl und in der Jugendmannschaft von Sturm 19 konzentrierte er sich immer darauf, den Ball genau zu treffen und dorthin zu platzieren, wo er ihn haben wollte.

Oft überraschte er die Torhüter dadurch, dass er aus großer Distanz schoss, womit niemand rechnete, oder überraschend einen Ball direkt übernahm, den nur er treffen konnte. Seine Treffsicherheit lag also in seinem Talent, wahrscheinlich auch in seiner Anatomie mit den richtigen Hebeln und Muskeln seiner Beine sowie im intensiven Schusstraining.

Für Volleyschüsse hatte Binder ein besonderes Talent.

Schon sehr jung erlernte Binder jun. die richtige Fußhaltung. Kritisch beobachtet von seiner Schwester.

Als er zu Rapid kam, gab es vormittags gemeinsames Training und nachmittags eine zweite Übungseinheit. In den „freien" Stunden zwischen den Trainingseinheiten übte er stundenlang Torschüsse mit Kollegen.

Mit der Steigerung seiner Körperkräfte und verbesserter Beweglichkeit wurde auch seine Schusstechnik immer ausgefeilter und konstanter. Er traf wirklich immer dorthin, wo er hinzielte. Hätte ich es in Holland nicht selbst gesehen und erlebt, würde ich es nicht glauben. Von 1960 bis 1962 war „Bimbo" Trainer beim PSV Eindhoven in Holland. Den Spielern waren seine legendäre Schusskraft und die hohe Anzahl seiner erzielten Treffer sehr wohl bekannt. Dennoch wollten sie den neuen Trainer aus Österreich mit seiner bekannten Schusskraft und Treffgenauigkeit auf die Probe stellen. PSV- und Nationalkeeper Pim Bekkering wurde auserkoren, „Bimbo" beim Training darüber zu befragen. „Bimbos" Antwort war: Er stellte Bekkering ins Tor, holte sich einen Ball, legte ihn links auf der 16-Meter-Linie beim Elfmeterkreis auf, schoss mit dem rechten Fuß, rein Rist, an die rechte Innenstange, und der Ball war im Tor. Bekkering meinte, dass dies ein Zufall war. Also legte „Bimbo" den Ball ein weiteres Mal, diesmal rechts auf der 16er-Linie auf, schoss rein Rist mit dem linken Fuß an die linke Innenstange – wieder Tor. Pim Bekkering und keiner der Spieler interessierten sich daraufhin jemals wieder für die Schusskraft meines Vaters.

Ein Problem zu seiner Zeit war das Schuhwerk, das zur Verfügung stand. Rapid beschäftigte einen eigenen Schuster, der für die Spieler die Fußballschuhe nach Maß fertigte. Allgemein üblich waren die Modelle, welche den englischen Fußballschuhen ähnlich waren: schwere, halbhohe Lederstiefel mit verstärkter Kappe über den Zehen, die den heutigen Sicherheitsschuhen in der Schwerindustrie glichen. Mein Vater konnte in diesen „Böcken", wie er sie nannte, nicht laufen, geschweige denn ordentlich spielen und schießen. Die Spieler hatten auch ein Paar leichte Schuhe für die Laufarbeit zur Verfügung.

Mit diesen leichteren „Laufschuhen" ging „Bimbo" zum Rapid-Schuster, ließ sich auf jeder Sohle drei Leisten annageln, und auf diese kamen dann je zwei Lederstollen. Diese Stollen waren zwar auch angenagelt, aber der Zeugwart konnte sie selbst auswechseln und der Größe auf die jeweiligen Platzverhältnisse anpassen. Diese Schuhe machten sofort Furore. Die Rapid-Spieler ersetzten sofort ihre klobigen Geräte durch die leichten Schuhe, die sie bei Franz gesehen hatten. Dieses Schuhwerk hielt noch immer keinen Vergleich mit den modernen Schuhen der Nachkriegszeit aus, sie waren aber immerhin schon eine starke Verbesserung zu den Schuhen aus der Gründerzeit.

Die Bälle von damals sind mit der heutigen Qualität nicht zu vergleichen. Es waren handgenähte, aus 16 Lederflecken bestehende Bälle, mit einer Gummiblase und einer Öffnung für das Luftventil wie bei einem Schnürschuh, daher zwar rund, aber immer etwas unwuchtig. Bei einem Freistoß legte sich „Bimbo“ den Ball mit dem Ventil nach vorne auf, dadurch gab er dem Ball beim scharfen Schuss schon eine leichte Auf- und Abwärtsbewegung mit auf den Weg. Bei einem Schuss aus der Bewegung wusste er natürlich nicht, wo gerade der Schwerpunkt des Balles war und wie die Unwucht seine Flugbahn verändern würde. Bei einem wuchtigen Schuss konnte es schon passieren, dass der Ball plötzliche Bewegungen von links nach rechts, von oben nach unten oder umgekehrt ausführte.

Es waren oft richtige Flatterbälle dabei, welche für die Torleute nur schwer zu berechnen waren. Bei feuchtem und nassem Wetter erhöhte sich das Gewicht des Balles drastisch. Das nicht imprägnierte Leder saugte die Feuchtigkeit auf, aus einem Lederball wurde eine Kanonenkugel. So eine Granate von „Bimbo“ abgefeuert konnte einem Tormann leicht die Hände verdrehen oder verstauchen. Den Matchball vom Endspiel gegen Schalke 04 lobte „Bimbo“ ganz besonders. Der Ball hatte gegenüber seinen Vorgängern eine neue Anordnung und Form der Lederteile, feine Nähte und eine kleine Verschnürung. Durch sein fortschrittliches Design und die gute Verarbeitung hatte er einen guten „Zug“, flog sehr ruhig und nahm den Effet besonders gut an.

1920er Jahre

1930er Jahre

1950er Jahre

1920er Jahre
12 Teile

1920er Jahre
12 Teile (bessere Form)

1930er Jahre
18 Teile

Endspiel 1941
6 Teile
Spezialform

ab 1950
18 Teile
(mit Ventil)

„Telstar“
1970er Jahre
32 Teile

Erst nach dem Weltkrieg verbesserte sich die Qualität der Bälle entscheidend. Die 18-teiligen Bälle ersetzte man durch 32-teilige, die aus fünf und sechs eckigen Teilen bestanden und nur mehr ein kleines Luftventil für die Blase hatten. In den 60er Jahren hatten die Bälle auch keine Luftblasen mehr, sie waren vernäht und verklebt, damit luftdicht mit imprägniertem Leder. Die Flugeigenschaften dieser modernen Bälle waren bereits sehr gut. Durch die vermehrten Flutlichtspiele und TV-Übertragungen gab es dann auch gut erkennbare weiße Bälle und orange für schneebedeckten Rasen. Die braune Lederkugel hatte endgültig ausgedient. Bis in die 70er Jahre spielten die englischen Vereine noch mit eigenen kleineren Bällen, die auch härter aufgepumpt waren. Diese „kleinkalibrigen" Geschosse waren natürlich für einen Goalgetter ein großer Vorteil, sie waren schneller und schwerer zu fangen und damit ein Horror für jeden Torhüter, der auf der Insel spielen musste. Im Europacup war Rapid immer darauf vorbereitet, auch gegen britische Vereine anzutreten. Für Trainings- und Gewöhnungszwecke hatte der Zeugwart dafür immer ein paar britische Fußbälle auf Lager.

Rapid hatte seit den 70er Jahren die Sportartikelfirma Adidas als Ausrüster. Neben den Schuhen, Matchdressen und Trainingsgarnituren musste der Verein auch die Bälle von Adidas verwenden. Für viele Spieler war der „Telstar" von Adidas der beste Ball überhaupt. Beim „Telstar" sind die fünfeckigen Lederteile weiß und die sechseckigen schwarz. Sowohl bei Tageslicht als auch bei Flutlicht war er optimal sichtbar und der Drall des Balles durch seine schwarzen Flecken gut erkennbar. Adidas war auch Ausstatter der WM-Endrunde 1974 und Deutschland wurde Weltmeister mit „Telstar"-Bällen. Zur WM 1978 in Argentinien stellte Adidas einen neuen Ball vor, den „Tango", weiß mit neuem Design. Rapid wurde vom Ausstatter nach der WM aufgefordert, auf „Tango"-Bälle zu wechseln. Anfangs konnten sich die Rapid-Spieler mit diesem Ball nicht anfreunden.

Für den damaligen Rapid-Tormann Herbert Feurer war er ein Flatterball, und für die Stürmer hatte er zu wenig Zug, außerdem nahm er den Effet nicht so an

Für den ORF produzierte Heribert Meisel einen Film über „Bimbos" Schusstechnik. Beobachter sind Körner I, Dienst und ÖFB-Teamchef Edi Frühwirth.

Johann Maxa produzierte Fußballschuhe nach Maß für Rapid-Spieler, bis die Sportschuhe der großen Sportartikelfirmen auf den Markt kamen.

Die Kopfbälle von „Bimbo" waren ebenso gefürchtet wie seine Schüsse.

wie sein Vorgänger. Antonín Panenka, Freistoßkönig der 80er Jahre bei Rapid, hatte damals beide Bälle intensiv getestet. Für ihn war der „Telstar" eindeutig der bessere Ball. In meiner Managerzeit bei Rapid haben wir aus ganz Europa die Restbestände an „Telstar"-Bällen für unsere Spiele bis Mitte der 80er Jahre eingekauft. „Bimbo" beneidete die Spieler der Nachkriegszeit für ihr Schuhwerk, die neuen Bälle und die immer besser werden Rasenplätze. Wahrscheinlich wären seine Schussleistungen in optimalen Schuhen, mit besseren Bällen auf schönem grünen Rasen noch effektiver ausgefallen. Auf den Britischen Inseln, in Holland und Belgien gab es schon immer hervorragende Rasenplätze. In Mitteleuropa und speziell in den südlichen Ländern Europas waren die Plätze oft eine Zumutung. Meist waren es graslose und steinige Flächen. Da in Hütteldorf auf der Pfarrwiese nicht nur gespielt, sondern auch trainiert wurde, hatte der Platz, speziell vor den beiden Toren, kaum Gras. Obwohl die Fläche im Strafraum jedes Jahr ausgebessert wurde, kam nach wenigen Wochen wieder die nackte Erde zum Vorschein. Umso bewundernswerter sind die sportlichen Leistungen der damaligen Spieler. Das schönste Spielfeld in Österreich hatte damals das Wiener Stadion.

Im Frühjahr 1966 produzierte der bekannte österreichische Sportreporter Heribert Meisel für die Sportredaktion des ORF einen Bericht über Franz Binders unvergleichliche Schusstechnik. Also zog „Bimbo" sich noch einmal seinen Trainingsanzug und Fußballschuhe an, um auf seiner geliebten Pfarrwiese, kurz bevor sie eingeebnet wurde, seine Schusstechnik zu zeigen. TV-Kameras hielten fest, wie „Bimbo" demonstrierte, wie er 50 Jahre zuvor seine Tore erzielt hatte. Zeitlupenaufnahmen zeigten seine Fuß- und Körperhaltung und die richtige Position des Standfußes. Man sah den Ball an dem Punkt im Tor einschlagen, den er vorher angesagt hatte.

Seine Demonstrationsschüsse hatten zwar nicht mehr die „Power" der 30er Jahre, aber an Präzision fehlte nichts. Als Trainer hat „Bimbo" immer versucht, die Schussqualität seiner Spieler zu verfeinern. Am Schusstraining mussten alle teilnehmen, auch die Verteidiger. Diese Trainingseinheiten standen unter seiner persönlichen Leitung. Ein erzieltes Tor im Training konnte noch so spektakulär und unhaltbar im rechten Kreuzeck einschlagen, es missfiel „Bimbo", wenn die Aufgabe war, flach ins lange linke Eck zu treffen. Beim Schusstraining war er immer die letzte Anspielperson, und sofort kritisierte oder korrigierte er die Schusstechnik. Für die Torhüter gab es nie Pardon. Es durfte aus jeder Position voll geschossen werden, so wie es der Tormann auch in einem Spiel erleben würde. Ließ der Torhüter einen Ball so abprallen, dass ein Nachsetzen möglich war, so mussten wir versuchen, den Ball im Nachschuss aus kürzester Distanz im Tor unterzubringen. „Schießt's ihm am Schädel, wenn er den Ball nicht festhält oder schlecht abwehrt", sagte „Bimbo" immer hämisch lächelnd. Das Schusstraining war zugleich auch ein Spezialtraining für seine Torhüter. In allen Mannschaften, die „Bimbo" betreute, hatte er in allen Formationen gute Torschützen und ausgezeichnete Torhüter. Wie man Tore schießt, konnte man von ihm wirklich lernen.

SPIELSAISON 1949/50:

Das brasilianische System setzt sich durch

Sicher musste Rapid die erste Zeit Lehrgeld zahlen. Das neue System allein war kein Garant für Erfolge. Dazu kam ein neues, hartes Training, mit dem die Grundlage für die Umsetzung des neuen Systems geschaffen wurde. Trainer Pesser erfüllte diese Aufgabe bestens. Die Kritiker straft man am besten mit guten Leistungen der Mannschaft Lügen, dies war schon immer die Devise der Rapidler. Und so geschah es auch diesmal, als sich Rapid durch das brasilianische System der nationalen und internationalen Konkurrenz als überlegen erwies.

In den Vorbereitungsspielen auf die Saison 1949/50 erreichte Rapid in nationalen wie internationalen Freundschaftsspielen durchwegs hohe Siege. Der Kader der Kampfmannschaft hatte folgendes Aussehen: Zeman, Musil; Golobic, Happel, Merkel, Knor, Müller; Gießer, Gernhardt, Riegler; Körner I, Ströll, Dienst, Körner II. Die heimischen Trainingspartner kamen mit dem neuen System überhaupt nicht zurecht. Im Oktober feierte Rapid sein 50-jähriges Vereinsjubiläum mit zwei Spielen gegen Dinamo Zagreb. Rapid besiegte mit dem brasilianischen System selbst diese erstklassige und erfahrene Mannschaft mit 3:1 im Wiener Stadion und 7:1 auf der Pfarrwiese.

Eine gravierende Änderung betraf die höchste Spielklasse. Wurden bisher die österreichischen Meistertitel in der „1. Klasse" praktisch nur unter Wiener Vereinen ausgespielt, gründete der Österreichische Fußballbund als höchste Spielklasse österreichweit die „Staatsliga". In den ersten beiden Spielsaisonen bestand die „Staatsliga" aus 13 Vereinen, um dann ab 1951/52 auf 14 Vereine aufgestockt zu werden. Die Gegner Rapids waren die Austria, Wacker, Vienna, Admira, FC Wien, WSC, FAC, Slovan und Oberlaa aus Wien, Sturm Graz aus der Steiermark, Vorwärts Steyr aus Oberösterreich und Gloggnitz aus Niederösterreich. Der Meisterschaftsverlauf war ein Kopf-an-Kopf-Rennen mit der Wiener Austria. Im Herbst- wie auch im Frühjahrsdurchgang gab es für die Hütteldorfer jeweils acht Siege, zwei Unentschieden und zwei Niederlagen. Die Violetten lagen bei der Endabrechnung mit knapp zwei Punkten Vorsprung an der Tabellenspitze und wurden Meister. Entscheidend für den Verlust des Meistertitels war nicht das brasilianische System, sondern Überschätzung der eigenen Qualitäten und Schlendrian gegenüber den so genannten sicheren „Punktelieferanten". Zu „Bimbos" Zitaten gehörte auch der Ausspruch: „Meister wird man nur, wenn man gegen die sogenannten kleinen Vereine gewinnt!"

Gleich in der zweiten Runde gab es eine 2:3-Niederlage gegen Vorwärts Steyr in Oberösterreich, ge-

50 Jahre Sportklub Rapid: Gernhardt, Knor, Dienst, Merkel, Riegler, Ströll, Happel, Golobic; vorne: Körner II, Zeman, Körner I

Fußballerwahl 1949: Binder, Ocwirk, Decker, Stojaspal, Hanappi

folgt von einer Heimniederlage gegen den FC Wien mit 2:5.

Nach einer kräftigen Kopfwäsche durch den Sektionsleiter fanden die Hütteldorfer zu ihrer Form zurück. Die Höhepunkte der Saison waren die Derbys gegen die Austria. Im Herbst gab es vor 47.000 Zuschauern nach einer sicheren 4:1-Führung für Rapid ein 4:4-Unentschieden im Wiener Stadion. Zum Entsetzen der zahlreichen Zuschauer gab es in diesem Spiel sehr unschöne Szenen. Privatfehden wurden am laufenden Band ausgetragen und gipfelten in einer Rauferei zwischen zwei ehemaligen FAC-Klubkameraden, Ocwirk und Dienst. Beide Raufbolde wurden natürlich vom Schiedsrichter ausgeschlossen. Im Frühjahr pilgerten gar 56.000 (!) Fans zum Retourspiel in den Prater. Wie ein Orkan fegte Rapid über die Veilchen hinweg und diese mit einem 4:2-Sieg vom Platz. Rapid übernahm die Führung in der Tabelle, und der Meistertitel schien so gut wie sicher. Leider setzte es in den beiden letzten Runden gegen die Admira und den WSC zwei peinliche Niederlagen, die den Violetten einen unerwarteten Titel einbrachten.

Im Wiener Cup scheiterte Rapid schon in der ersten Runde an Wacker. Der im Jänner 1950 erst- und letztmals ausgetragene Sindelar-Pokal zwischen

SPORTFUNK

Antwort auf die Frage:

Wer ist der beliebteste Fußballer Wiens?

Franz Binder (Rapid)

Vor Decker und Hahnemann

Wahl 1947

BINDER (RAPID)

„Populärster Fußballer von Wien" 1946 bis 1948

Trainer Pesser über den Fall Hartl!

V.b.b.

Sport Funk

Mit den Sportresultaten

50 GROSCHEN

Nr. 41 — Wien, den 28. November 1948 — 3. Jahrgang

Austria und Rapid ging mit einem 6:4-Sieg nach Hütteldorf. Das Osterturnier im Wiener Stadion gewann Rapid mit Siegen über Simmering (7:1) und Roter Stern Belgrad (2:1). Ein Pfingstturnier in München und Nürnberg sah einen 2:0-Sieg Rapids über 1860 München und eine Niederlage gegen den 1. FC Nürnberg.

Sektionsleiter Binder war mit dem Spieljahr überhaupt nicht zufrieden. Es ärgerte ihn gewaltig, dass der so sicher scheinende Titelgewinn in letzter Minute vergeigt wurde. Das neue System bewährte sich gut, die Gegner bissen sich die Zähne daran aus, aber die Umsetzung auf dem Spielfeld war noch nicht optimal. Es fehlte die Konstanz. Die Zusammensetzung der Mannschaft entsprach noch nicht ganz Binders Vorstellungen. Im Mittelfeld fehlte deutlich ein Regisseur, und neben Dienst war ein zweiter durchschlagskräftiger Stürmer erforderlich. Er hatte auch schon zwei Kandidaten im Visier. Der eine war der Mittelfeldspieler Gerhard Hanappi und der andere Stürmer Erich Probst. Wenn er die beiden bekommen könnte, wäre seine Traummannschaft komplett.

Zufrieden konnte „Bimbo“ mit seinen Beliebtheitsquoten sein. Die größte österreichische Sportzeitung nach dem Krieg, „Sportfunk“, startete 1947 unter seinen Lesern die Rundfrage, wer der populärste Fußballer Wiens sei. Fast 50.000 Leser und Fußballfans beteiligten sich an der ersten Wahl zum populärsten Fußballer der Bundeshauptstadt. Sieger wurde 1947 „Bimbo“ Binder mit 7895 Stimmen knapp vor Karl Decker (Vienna, 7555) und Willy Hahnemann (Wacker Wien, 2555). Im folgenden Jahr war der Sieger erneut „Bimbo“ Binder. Diesmal gewann er mit 9578 Stimmen und einem Vorsprung von 1939 Stimmen deutlich vor Ocwirk und Stojaspal von den Veilchen.

Den „Hattrick“ mit dem dritten Sieg in Folge machte „Bimbo“ Binder im Jahr 1949 perfekt. Er steigerte die auf ihn abgegebene Stimmenanzahl auf 10.560 und gewann mit einem Vorsprung von über 4500 Stimmen überlegen vor Ocwirk (Austria) und Decker (Vienna). Die Wiener Fußballfans kürten „Bimbo“, der 1949 seine aktive Laufbahn beendet hatte, zum populärsten Spieler der Nachkriegszeit und bedankten sich auf diese Weise für die zahllosen schönen Stunden auf den Wiener Fußballplätzen, seine tollen Spiele und Tore. Man kann sich keinen schöneren Abschied aus dem aktiven Fußballsport vorstellen, wenn man auf eine langjährige Beliebtheit bei den Fans zurückblicken kann. Mein Vater war sehr gerührt.

SPIELSAISON 1950/51:

„Bimbo“ und Pesser formen Rapids beste Mannschaft

Nach der 2:5-Niederlage in der Frühjahrssaison 1950 gegen Admira im vorletzten Spiel der vergangenen Saison gab es von Sektionsleiter Binder massive Kritik an den Spielern, besonders an der sportlichen Einstellung von Zeman und Happel. Dadurch entstand ein Konflikt zwischen den Spielern, der sportlichen Leitung und der Vereinsführung. Es hagelte schwere Vorwürfe, aber die Vereinsleitung blieb hart, stand zum Sektionsleiter. Zeman und Happel wurden für das letzte Spiel nicht mehr nominiert. Ein Sieg über den Sportclub hätte den Titel noch gerettet, aber die ersatzgeschwächte Rapid-Elf verlor gegen die Dornbacher mit 1:4. Wie schon festgestellt profitierte von diesen Niederlagen die Austria und wurde Meister.

Die Nervenanspannung aller Beteiligten, die ständigen Forderungen der Öffentlichkeit nach Siegen und Titel, hatte die Disziplin und Kräfte der Mannschaft angeschlagen. Vereinsleitung und Spieler waren froh, als endlich die Sommerpause da war und eine geplante Sommerreise nach Schweden abgesagt wurde. Eine gute Maßnahme, um ein wenig Abstand von den Kollegen zu bekommen und die Gedanken vom Fußball wegzubringen.

Nach einer kurzen Pause wurde die Mannschaft zu einem gemeinsamen Urlaub an den Wörthersee einberufen, den man dazu benützen wollte, um wieder zusammen zu finden. Der Konflikt zwischen Zeman, Happel und Binder, der zwischenzeitlich noch von

Urlaub mit der Mannschaft

Sportklub Rapid 1950: Körner I, Gieszer, Dienst, Riegler, Körner II, Gernhardt; vorne: Golobic, Merkel, Zeman, Happel, Müller

neugierigen Journalisten aufgebauscht wurde, wurde im schönen Kärnten beigelegt. Die im Schmollwinkel stehenden Spieler wurden wieder freudig im Kreis ihrer Kameraden aufgenommen. Für alle Neider, denen Schadenfreude mehr galt als sportliche Einigkeit, brachte diese Affäre einen unerwarteten und versöhnlichen Ausgang. Dann gab es noch einen Eklat zwischen Gernhardt und Binder sowie dem Vorstand, und das Geschrei – „Doch eine Krise bei Rapid!" – lebte wieder auf. Man unterzog die aufgebauschten und übertriebenen Presseberichte einer genauen Prüfung und kam zu der einfachen Lösung des Problems: Keiner hatte das gesagt, was ihm die Presse untergeschoben hatte. Die Vereinsverantwortlichen zeigten Rückgrat und unterstützten die sportliche Führung. Die Krise war beigelegt, man urlaubte weiter, aber im Untergrund wurde weiter intrigiert und am Sessel des anderen gesägt. Einer, der im Untergrund weiter agierte, war Poldl Gernhardt.

Er war jetzt das letzte Relikt der großen Vorkriegsmannschaft, die 1941 deutscher Meister wurde. Er glaubte jetzt, dass es ohne ihn bei Rapid nicht gehe, er opponierte gegen das brasilianische System, gegen die Aufstellung der Mannschaft und seine eigene Spielposition. In Wahrheit war es der Neid auf „Bimbo" Binder, seine sportlichen Erfolge, sein Ansehen bei Rapid und in der Sportöffentlichkeit wie auch seine Beliebtheit bei den Fußballanhängern. Jetzt waren noch neue Transfers (Hanappi und Probst) geplant, und so hatte Gernhardt die berechtigte Befürchtung, dass aus Rapid durch „Bimbo" Binder wirklich eine europäische Spitzenmannschaft geformt wird.

Das durfte ganz einfach nicht sein, denn jetzt war er, Gernhardt, der größte Rapidler. Obwohl die unangenehme Situation innerhalb des Vereines und der Mannschaft sie sehr störte, arbeiteten Sektionsleiter Binder und Trainer Pesser unbeirrt am Umbau der Mannschaft weiter. Wilde Transfergerüchte rauschten durch den Blätterwald, aber Binder wollte einen Stürmer, den er auch bekam: Erich Probst von der Vienna, und Ströll, Knor und Smetana wechselten zu FAC, da sie bei Rapid keinen Kaderplatz mehr hatten. Nun hatte die Mannschaft schon annähernd das Bild, das sich Binder und Pesser vorstellten, auch das brasilianische System Wiener Prägung konnte jetzt noch viel besser in die Praxis umgesetzt werden. Der Kern der Mannschaft setzte sich aus den beiden Teamtorhütern Zeman und Musil, einer sicheren Abwehr und spielstarkem Mittelfeld mit Merkel, Happel, Müller, Gernhardt, Golobic, Gießer und einer schusskräftigen Stürmerreihe mit Körner I, Riegler, Dienst, Probst und Körner II zusammen.

Aber ein wichtiger Mann fehlte Binder noch zu seinem Wunschteam: Gerhard Hanappi von Wacker Wien. Die Fühler hatte „Bimbo" als Sektionsleiter nach Hanappi schon ausgestreckt. Hanappi galt damals als der beste Fußballer Wiens, und er sollte und wollte unbedingt zu Rapid wechseln. Als Wacker-Spieler hatte er bereits 13 Teameinsätze hinter sich. Wacker weigerte sich aber strikt, Hanappi, der sich von den Meidlingern abgemeldet hatte, an die Hütteldorfer Konkurrenz freizugeben. Den ganzen Herbst 1950 tobte hinter den Kulissen ein beinharter Kampf um Hanappi, der so heftig wurde, dass sich auch der Verband damit beschäftigen musste.

Rapid und Sektionsleiter Binder wurden wegen Kaperei angezeigt. Entscheidend für den positiven Ausgang dieser „Kaperei" war, dass Hanappi seine sportliche Zukunft nur bei Rapid sah und immer seinen Wunsch, zu Rapid zu wechseln, beibehielt. Aber auch die Hartnäckigkeit Binders, diesen Transfer unbedingt über die Bühne zu bringen, war dafür entscheidend. Um Hanappi nach Hütteldorf zu holen, setzte Sektionsleiter Binder seine Position bei Rapid aufs Spiel. Über Monate zog sich dieses für Hanappi und Binder so unangenehme Tauziehen hin. Hanappi verschwand für die Öffentlichkeit in der Versenkung. Rapid-Vorstandsmitglied Ernst Waltschek urlaubte mit ihm im Salzkammergut, damit war er unerreichbar für Wacker-Funktionäre und Journalisten. Alle Aufregungen legten sich letztendlich, eine Einigung zwischen Rapid und Wacker kam zustande, und der „Gschropp", so sein Spitzname, konnte endlich das Training bei den Hütteldorfern aufnehmen. Wacker schwor zwar Rapid „ewige Feindschaft", was sich aber bald (wie so vieles im Fußball) wieder legte.

Einmalig in der österreichischen Fußballgeschichte ist die Tatsache, dass Gerhard Hanappi als „Vereinsloser" während seiner „Stehzeit" viermal in die Nationalmannschaft einberufen wurde. Sein erstes Spiel für Rapid hatte er am 15. November 1950 gegen Atlético Mineiro vor 61.000 Zuschauern im Wiener Praterstadion, das die Grünen mit 3:0 gewannen. In der Meisterschaft kam er gegen den LASK in Linz, am 25. Februar 1951, erstmals zum Einsatz. Er spielte sich sofort in die Herzen der Rapid-Fans.

Wacker zeigt Rapid wegen Kaperei an

Die seinerzeit Sektionsleiter Binder durch den Struma erteilte Rüge hat offenbar nichts genützt — Die Hütteldorfer greifen nach Oesterreichs bestem Fußballer

Gerhard Hanappi

Liebten die Rapid-Fans bisher hauptsächlich ihre gefürchteten Goalgetter, so konnten Regisseur Hanappi und Stopper Happel diesen Beliebtheitsgrad ebenfalls erreichen. Mit dem Engagement Hanappis war der Umbau abgeschlossen. Hanappi beendete seine Fußballerlaufbahn 1964 bei Rapid und war viele Jahre Rekordinternationaler mit 93 Länderspieleinsätzen, ehe ihn Toni Polster ablöste. Er wurde mit Rapid sechs Mal Meister, einmal Cupsieger und hatte große Erfolge mit Rapid im Europacup. Ein persönlicher Höhepunkt in seiner Laufbahn war die Einberufung 1954 in das FIFA-Team, das gegen England 4:4 spielte.

Eine Fußballmannschaft auf Urlaub, die kein Match spielte, gab es nicht. Auch die Hütteldorfer benützten ihren Aufenthalt in Kärnten, um in Klagenfurt, Villach und Judenburg anzutreten. Das Torverhältnis von 33:5 in vier Spielen spricht Bände, und schön langsam verschmolz die Mannschaft wieder zu einer Einheit.

Die Spielsaison 1950/51 versprach wieder eine echte Rapid-Mannschaft. Die Anhänger lebten wieder auf, die Depression der vorherigen Saison war verschwunden. Der Saisonstart war gewaltig. Herausragend dabei der 7:5-(3:4)-Sieg über die Veilchen vor 53.000 Zuschauern im Praterstadion. Ein Tor schöner als das andere, da störte die durchnässten Zuschauer

Die Meistermannschaft im Sommer 1951: Pesser, Körner I, Riegler, Dienst, Probst, Körner II, „Bimbo" Binder; vorne: Gernhardt, Hanappi, Müller; Happel, Zeman, Merkel

auch der strömende Regen über 90 Minuten nicht. Die Treffer für Rapid erzielten damals: Dienst 3, Gernhardt 2, Körner I und II. Überlegen führend beendete Rapid, noch ohne Hanappi, den Herbstdurchgang, mit vier Punkten Vorsprung auf Wacker.

Im siegreichen österreichischen Team gegen Schottland (1:0) standen Zeman, Happel, Gernhardt und Hanappi. 70.000 Zuschauer im Hampton Park von Glasgow mussten die Überlegenheit der Österreicher zur Kenntnis nehmen, die Rapidler zählten zu den besten Spielern.

Die Winterreise nach Belgien und Deutschland brachte, bis auf ein Remis, nur Erfolge, darunter ein 4:1 gegen Anderlecht. Der Beginn des Frühjahrsdurchgangs brachte zum Start eine blamable 1:2-Niederlage beim LASK in Linz. Zu leicht hatten die Rapidler dieses Spiel genommen, hatte man doch in den Vorbereitungsspielen, auch gegen schwere internationale Gegner, kein Spiel verloren geben müssen. „Bimbo" und Pesser mussten den Spielern gründlich die Haare waschen und sie, wie schon ein Jahr zuvor, von ihrem selbst erbauten Podest herunterholen. Es zeigte Wirkung, ein 1:2 gegen den LASK blieb 1950/51 die einzige Meisterschaftsniederlage.

Jetzt schloss Rapid an die tollen Leistungen im Herbst an und prolongierte die Siegesserie. Elektra (11:0), Sportclub (6:3), Austria (3:1), Vienna (5:2), Admira (3:1), Vorwärts Steyr (6:1), FC Wien (3:2), FAC (8:2) und Wiener Neustadt (7:1) mussten die Überlegenheit Rapids schmerzlich zur Kenntnis nehmen. Lediglich Sturm Graz und die Vienna erreichten jeweils ein ehrenvolles 3:3. Damit war der 17. Meistertitel in Hütteldorf. Überlegen gewonnen wie noch nie zuvor. Wacker wurde mit fünf Punkten distanziert. Mit 133 erzielten Toren hatte Rapid einen einmaligen Rekord aufgestellt und erstmals die Schallmauer von 100 Meisterschaftstoren durchbrochen.

Tabelle Saison 1950/51

1	**Rapid**	**24**	**20**	**3**	**1**	**133**	**40**	**43**
2	Wacker	24	18	2	4	100	38	38
3	Austria	24	14	4	6	89	49	32
4	WSC	24	11	5	8	73	52	27
5	Vienna	24	10	6	8	56	58	26
6	FC Wien	24	10	5	9	45	50	25
7	St. Graz	24	8	7	9	48	74	23
8	Admira	24	8	5	11	66	50	21
9	FAC	24	7	6	11	53	72	20
10	LASK	24	7	5	12	25	62	19
11	V. Steyr	24	7	2	15	34	64	16
12	Neustadt	24	6	3	15	45	74	15
13	Elektra	24	3	1	20	31	115	7

Vom 6. bis 19. Mai 1951 spielte Rapid wieder im Mutterland des Fußballs, absolvierte vier Spiele, gewann eines, spielte einmal unentschieden und verlor zweimal. Erwähnenswert davon das Ergebnis gegen Hibernians, die man vor 40.000 Zuschauern auf heimischer Anlage mit einem 5:3 bezwang. In der Revanche gegen Schottland, am 27. Mai 1951 im Praterstadion, standen mit Zeman, Happel, Gernhardt, Hanappi, Riegler, Probst und Körner II gleich sieben Rapidler im Team. Österreich gewann 4:0, Hanappi erzielte zwei Tore. Den Abschluss dieser erfolgreichen Spielsaison bildete der Sieg im Zentropacup 1951. In der ersten Runde wurde Lazio Rom mit einem 5:0 eliminiert und im Finale Wacker Wien mit 3:2 besiegt. Nach dem Mitropacupsieg von 1930 konnte mit dem Zentropacupsieg 1951 ein zweiter internationaler Bewerb gewonnen werden. Rapid war jetzt auf dem Weg nach ganz oben.

Diese Rapidmannschaft, von Sektionsleiter „Bimbo" Binder und seinem Trainer Pesser geformt, zählte am Beginn der 50er Jahre zu den besten Vereinsmannschaften Europas und war mit den Spitzenteams aus Spanien, Italien, Portugal, Schottland und England auf eine Stufe zu stellen. Leider gab es zu diesem Zeitpunkt noch nicht die großen internationalen Europacup-Bewerbe der UEFA und so konnte man in keinem Bewerb die Konkurrenzfähigkeit dieser einmaligen Mannschaft demonstrieren. Es wäre wirklich interessant gewesen wie sich die Mannschaft des SK Rapid am Höhepunkt ihres sportlichen Könnens gegen die großen europäischen Mannschaften in Bewerbsspielen geschlagen hätte.

SPIELSAISON 1951/52:

Trauriger Abschied von Rapid

Zum Schulschluss im Juni 1951 erhielt Tochter Elisabeth eine traurige Nachricht aus der Wiener Staatsoper. Ihre langjährige Ausbildnerin, die ehemalige Primaballerina der Staatsoper, Adele Krausenecker, musste ihr schweren Herzens mitteilen, dass sie ihre Ballettausbildung nicht weiter fortsetzen konnte. Der Grund dafür war, dass sie zu groß für eine Balletttänzerin wurde.

Da hat sie von ihrem 190 cm großen Vater zu viele Gene auf den Lebensweg mitbekommen. Sie liebte das Ballett und galt als sehr großes Talent. Fast zehn Jahre übte sie mit Eifer und Ausdauer fast täglich in der Ballettschule. Sie war durch diese Nachricht schwer angeschlagen, lange Zeit ein wenig depressiv und oft weinte sie in sich hinein und wollte alleine sein.

Ich hatte damals einen chronischen Keuchhusten und sollte auf Rat unseres Hausarztes zu einem Kuraufenthalt in die Berge. Also fuhr meine Mutter mit mir und meiner Schwester für zwei Wochen in die

Kein Urlaub ohne Fußball

Ballerina Adele Krausenecker

Abschied vom Staatsopernballett

Zerwürfnisse Gernhardt - Binder!

Zwischen dem Traditionsmittelläufer Rapids, Poldl Gernhardt, und Sektionsleiter Binder bestehen schon seit längerer Zeit Meinungsverschiedenheiten. Diese gingen nun so weit, daß der Plan bestand, Gernhardt als Mannschaftskapitän abzusetzen. Da sich aber ein Großteil der Spieler dagegen aussprach, bleibt der unstreitbare Stolz von Hütteldorf weiter Kapitän. Die Nichtverwendung Gernhardts in St. Pölten war ebenfalls auf die erwähnten Differenzen und nicht auf eine „Leistenentzündung" zurückzuführen. Es ist zu hoffen, daß der Streit Binder-Gernhardt bald aus der Welt geschafft wird.

Berge. In der Umgebung des Wilden Kaisers fand meine Schwester etwas Abstand vom Abschied aus dem Staatsopernballett, und ich konnte meinen Husten ausheilen. Dieser herrliche Urlaub blieb mir bis heute in schöner Erinnerung.

Nach einer kurzen Urlaubspause begann Rapid, sich auf die Saison 1951/52 vorzubereiten. Es folgte eine Reihe von nationalen und internationalen Freundschaftsspielen, die alle gewonnen wurden. Am 18. und 19. August gastierten zwei deutsche Spitzenmannschaften im Wiener Stadion. Im ersten Spiel demolierte Rapid den SV Werder Bremen mit 4:1. Nur 24 Stunden später muss auch der Hamburger SV dran glauben. Zur Pause führten die Hamburger noch mit 4:3, der Endstand lautete jedoch 6:5 für die groß aufspielenden Hütteldorfer.

Vollgepumpt mit Selbstvertrauen nahm Rapid die Meisterschaft 1951/52 in Angriff. Mit Austria Wien stand dann gleich zu Saisonbeginn der Erzrivale auf dem Spielprogramm. Prompt setzte es eine Niederlage. 55.000 Zuschauer sahen im Prater eine überlegene Austria, welche die Hütteldorfer in der ersten Hälfte regelrecht überfuhr und mit 4:1 führte. In der zweiten Hälfte fing sich Rapid zwar, konnte das Spiel offen halten, aber an diesem Tag war dies zu wenig. Die Veilchen siegten mit 5:3. Dieses Ergebnis hatte auch

Gernhardt im Kampf mit Binder

Der Rapid-Läufer erwägt den Beitritt zur Austria

Wien, 8. September (Eigenbericht). Beim SK Rapid gibt es seit neuestem Affären am laufenden Band. Die vergangene Saison schloß mit einem Streit zwischen Happel und Sektionsleiter Binder, das neue Spieljahr beginnt mit einer Maßregelung Poldl Gernhardts. Dazwischen wirbelte der Uebertritt von Hanappi zu den Hütteldorfern viel Staub auf.

Bei Rapid herrschte bis jetzt Ordnung und deshalb ist man überrascht über die Unruhe, die in den Verein gekommen ist. Gernhardt wurde gestern erklärt, daß der Vereinsvorstand beschlossen habe, ihn zu suspendieren, was gleichbedeutend ist mit dem Ausschluß von Spielen. Das ist eine schwere Maßregelung eines verdienten und bei Rapid alt gewordenen Fußballers. Vorläufig hüllen sich die Hütteldorfer über die Gründe ihrer Maßnahme noch in Schweigen, da man vorerst dem Vereinsausschuß nochmals Gelegenheit geben will, sich mit dem Fall Gernhardt zu befassen.

Angeblich sollen die Spieler mit den Leistungen „Poldls" nicht zufrieden gewesen sein und seine Abdankung als Mannschaftsführer verlangt haben. Das ist aber kein stichhältiger Grund, ihn überhaupt von der Teilnahme an Spielen auszuschließen. Es scheint vielmehr ein Gegensatz zwischen Gernhardt und Sektionsleiter Binder vorzuliegen sowie seinerzeit bei Happel. Das bestätigt auch Gernhardt, der erklärte, nur unter der Bedingung für Rapid weiter spielen zu wollen, wenn Binder als Sektionsleiter ausscheidet. Er selbst glaubt aber nicht recht an der Erfüllung dieser Bedingung, sondern hält eher einen Vereinswechsel für wahrscheinlicher, und zwar will er zur Austria, die sich für ihn sehr interessiert zeigt. Er würde bei ihr Flügelläufer spielen.

Gernhardt erschien Freitag in der Vorstandssitzung des SK Rapid, um die Gründe seiner Maßregelung zu erfahren, doch teilte man ihm diese nicht mit, worauf sich der Spieler wieder entfernte.

Gernhardt auf drei Monate gesperrt

Der SK Rapid beschloß Freitag, den Nationalspieler Gernhardt für drei Monate zu sperren. Als Begründung werden Disziplinlosigkeiten und finanzielle Forderungen des Spielers, die mit der Südamerikareise des Vereines begannen und seither fortgesetzt wurden, angeführt.

etwas Positives: Es rüttelte die Rapidler auf. Die nächsten Spiele nahm man nicht mehr auf die leichte Schulter. Sportlich ging es aufwärts, aber zwischen der sportlichen Leitung der Mannschaft und der Vereinsleitung kam es zu großen Problemen. Seit der großen Südamerikatournee hatte Rapid-Kapitän Gernhardt Differenzen mit Sektionsleiter Binder und dem Vorstand. Die Verpflichtung von Hanappi sowie die Umstellung auf das brasilianische Spielsystem führten in erster Zeit zu einer Unruhe und Unsicherheit bei einigen Spielern. Poldl Gernhardt passte es gar nicht, dass Hanappi die Rolle des Spielmachers im Mittelfeld von Binder und Pesser übertragen wurde. Happel spielte jetzt auf dem Posten des letzten Mannes, dem Ausputzer, und Gernhardt als Läufer (oder Vorstopper, wie wir heute sagen würden). Er wollte aber unbedingt eine offensive und gestaltende Aufgabe haben, jene, die jetzt Hanappi erfüllte, der dafür auch besser qualifiziert war. Zudem pochte er als letztes aktives Relikt der Meistermannschaft von 1941 und wegen seiner Leistungen auf der Südamerikatournee auf eine Sonderstellung und verlangte höhere Prämien als seine Kameraden.

Seine Sonderforderungen wurden jedoch von Sektionsleiter Binder, Spielervertreter Robert Körner und der Vereinsleitung nicht akzeptiert. Das brasilianische System hatte sich letztendlich sehr schnell durchgesetzt, und nicht nur die Rapid-Spieler, auch die Fachleute sahen das neue System positiv und richtungweisend für den Wiener Fußball. Gernhardt wollte plötzlich wieder zum veralteten Stoppersystem zurückkehren, bei dem er mehr Freiheiten hatte. Nach seinem Plan sollten Merkel, Happel und Golobic (Müller) Verteidiger spielen, während er mit Hanappi und den „Verbindern“ Riegler und Probst ein „magisches Viereck“ bilden würde. Er wusste aber auch, dass, solange Binder und Pesser das Sagen hatten, er kein eigenes System bestimmen könnte. Gernhardts Sonderwünsche wurden gemeinsam und übereinstimmend von Sektionsleiter Binder und dem Vereinsvorstand abgelehnt. Die Situation wurde noch zusätzlich verschärft, als einige Spieler der Kampfmannschaft die Einstellung und den Einsatz von Gernhardt in den ersten Meisterschaftsspielen kritisierten und seine Ablösung als Kapitän forderten.

Rapid sperrt Gernhardt auf drei Monate

Nach 16 Jahren will der bekannte Internationale die Hütteldorfer verlassen — Eine Erklärung des Sportklubs Rapid

Lange schon pfiffen es die Spatzen vom Dach, daß zwischen Rapid und Gernhardt nicht alles in bester Ordnung sei. Da plötzlich kam die Sache mit der Zurücklegung der Kapitänstelle in ein akutes Stadium.

Sportklub Rapid gibt bekannt

Der Vorstand hat den Spieler Gernhardt auf drei Monate gesperrt. Die Gründe dieser Bestrafung sind sein disziplinwidriges Verhalten gegen den Klub und die wiederholten finanziellen Forderungen an den Verein.

Diese übermäßigen finanziellen Forderungen reichten bereits in die Zeit der Südamerikatournee zurück, wo Gernhardt um 50% mehr an Prämien verlangte als die übrigen Spieler. Diese Mehrzahlung wurde damals nach einer Aussprache Binders mit dem Spielervertreter Körner I nicht bewilligt.

Vor Beginn der heurigen Saison hatte Sektionsleiter Binder mit dem Mittelläufer neuerlich eine Aussprache, worin dem Spieler erklärt wurde, daß seine Sonderstellung gegenüber den anderen Spielern aufgehoben werden muß. Die Kameraden erklärten, die Sonderstellung Gernhardts nicht mehr weiter billigen zu können.

Gernhardt erklärte nach der Sperre einem Mitarbeiter des „Neuen Österreich“: „Ob die Sperre auf drei oder sechs Monate lautet, ist egal, solange Binder Sektionsleiter ist, wird sich das Verhältnis zwischen mir und Rapid nicht bessern.'

Zu der Angelegenheit der finanziellen Forderungen erklärte Gernhardt, daß er die 50%ige Mehrzahlung für Brasilien deshalb forderte, weil ein Teil seiner anderen Kameraden damals nicht darauf bedacht waren, in bester Kondition gegen die südamerikanischen Mannschaften anzutreten und er wesentlich mehr leisten mußte als die anderen Spieler.

Gernhardt wird nun wahrscheinlich zur Austria übersiedeln. Die erste „Tuchfühlung“ der beiden Vereine soll schon stattgefunden haben. Rapid wird allerdings sein langjähriges Mitglied nicht ohne Ablöse ziehen lassen.

Gernhardt: „Ich bin bereit, als Kapitän abzutreten!"

Der Wortlaut des Rapid-Kommuniqués

Zur dreimonatigen Sperre des Mittelläufers Gernhardt

Wie wir bereits gestern mitteilten, hat Rapid seinen langjährigen Mittelläufer Gernhardt für das morgige Spiel gegen Sportklub nicht aufgestellt, weil zwischen den Hütteldorfern und ihrem Spieler Differenzen entstanden sind. Gestern fand eine Vorstandssitzung bei Rapid statt, bei der Gernhardt einvernommen wurde. Spät abends gab Rapid folgendes Kommuniqué heraus:

„Der Spieler Gernhardt wird wegen seines disziplinwidrigen Verhaltens gegenüber dem Klub und wegen der wiederholten unbegründeten finanziellen Forderungen, die der Verein nicht erfüllen kann, auf die Dauer von drei Monaten gesperrt.

Die finanziellen Forderungen gehen bereits auf die Brasilienreise zurück, auf der Gernhardt bereits vor den ersten Spielen an die Sektionsleitung das Ansinnen stellte, ihm eine um 50 Prozent höhere Prämie als den anderen Spielern zu bezahlen. Sektionsleiter Binder besprach hierauf diese Forderungen mit dem Spielervertreter, der diese ablehnte und darüber hinaus nach Rücksprache mit den übrigen Spielern den Vorschlag machte, die restlichen Kämpfe ohne Gernhardt zu bestreiten.

Zu Beginn der diesjährigen Meisterschaft hatte Sektionsleiter Binder mit Gernhardt eine Aussprache. Der Sektionsleiter erklärte ihm, daß sich die übrigen Spieler über die Vorrangstellung Gernhardts beschwerten.

Gernhardt fühlte sich durch diese Stellungnahme seiner Kameraden gekränkt und erklärte, nicht mehr spielen zu wollen, außer wenn ihm der Verein für diese Kränkung eine größere finanzielle Separatzuwendung zubillige. Als dieser Wunsch aber vom Vorstand abgelehnt wurde, erklärte Gernhardt der Sektionsleitung, nicht mehr spielen zu wollen. Gernhardt wirkte noch in den nächsten Spielen mit, ist aber seit dieser Zeit unablässig bemüht, Uneinigkeit in den Klub zu bringen."

Der Mittelläufer Gernhardt ist ein sehr intelligenter Mensch, er ist aber zu temperamentvoll.

Zweifellos hat er sich in mancher Hinsicht nicht richtig benommen, doch ist objektiv festzustellen, daß auch von Rapid Fehler gemacht wurden.

Uns erscheint die ganze Affäre übermäßig aufgebauscht. Sowohl der Vereinsvorstand als auch Gernhardt haben sich verrannt.

Wir sind unterrichtet, daß keiner der beiden Streitteile unversöhnlich ist. Auf unseren Rat hat sich Gernhardt heute an den Bundeskapitän Nausch um Intervention gewendet.

Wir zweifeln nicht, daß dieser konziliante Funktionär Mittel und Wege finden wird, um diese Differenzen, die keineswegs so schwerwiegender Natur sind, wie sie im ersten Augenblick erscheinen, aus der Welt zu schaffen.

Wird Gernhardt Sektionsleiter?

Verläßt Bimbo Binder die Rapidler? — Das „Brasilianische" in Gefahr — „Rapidgewaltiger" Dworschak ist erkrankt

Bimbo-Binder verläßt Rapid

In einer gestern bis in die späten Abendstunden dauernden Vorstandssitzung Rapids ist der Fall Binder endgültig bereinigt worden. Binder hat seine Sektionsleiterstelle zurückgelegt, was vom Vorstand einstimmig zur Kenntnis genommen wurde. Binder erhält für seine langjährige Tätigkeit bei den Hütteldorfern eine einmalige, angemessene Abfertigung. Wer an die Stelle Binders tritt, ist derzeit noch nicht beschlossen, aber auf keinen Fall ist hiefür Poldl Gernhardt in Aussicht genommen.

Über die weiteren Pläne Binders ist noch nichts Definitives bekannt, doch verlautet, daß er nach Deutschland übersiedeln will, wo er noch aus der Zeit seiner Tätigkeit in der deutschen Nationalmannschaft einen guten Ruf genießt.

Man täte Binder Unrecht, wenn man nicht seine großen Verdienste für den österreichischen Fußballsport und vor allem für Rapid entsprechend würdigen würde. Der „Hütteldorfer Kanonier" hat durch sein fabelhaftes Schußvermögen viele Schlachten auf dem grünen Rasen entschieden und war während seiner aktiven Tätigkeit ein vorbildlicher Sportsmann. Daß er an seiner Managertätigkeit scheiterte, darf ihm nicht allzu schwer angekreidet werden.

Palastrevolution bei Rapid

Verschiedene Vorgänge in den letzten Tagen lassen darauf schließen, daß bei Rapid eine schwere Krise ausgebrochen ist, deren tiefere Ursachen in finanziellen Schwierigkeiten zu suchen sind. Sektionsleiter Binder nahm nicht an der Grazer Reise teil, da er sich durch die Nominierung Gernhardts, den er aus der Mannschaft stellen wollte, brüskiert fühlte. Es gibt aber auch noch einige andere Anzeichen dafür, daß es innerhalb des Vereines in der nächsten Zeit zu schweren Auseinandersetzungen kommen wird, die möglicherweise zu weitgehenden personellen Veränderungen innerhalb der Leitung führen können.

Die ganze Angelegenheit lief, durch die Presse zusätzlich aufgebauscht, völlig aus dem Ruder. In der Woche vor dem Meisterschaftsspiel gegen den GAK in Graz beschloss der Vereinsvorstand, Gernhardt für drei Monate intern zu sperren, und begründete diese Bestrafung mit seinem andauernden disziplinwidrigen Verhalten und seinen wiederholten ungerechtfertigten finanziellen Forderungen. Sektionsleiter Binder glaubte damit den Vorstand auf seiner Linie und nominierte Gernhardt nicht für das Auswärtsspiel in Graz. Doch jetzt zeigte sich der wahre Charakter dieser Rapidfunktionäre. Innerhalb von wenigen Stunden vollbrachten sie eine völlige Kehrtwendung, änderten ihre Ansichten und vor allem ihren eigenen Vorstandsbeschluss. Sektionsleiter Binder wurde aufgefordert, Gernhardt doch spielen zu lassen. Binder sah sich damit nicht mehr in der Lage, seiner Funktion als verantwortlicher Sektionsleiter nachzukommen und seiner Autorität und Befugnisse beraubt. Sollte Gernhardt in Graz spielen, so würde er nicht mit der Mannschaft in die steirische Landeshauptstadt reisen. Der Vorstand wollt aber Gernhardt unbedingt spielen sehen, und so blieb „Bimbo" in Wien. Mit Gernhardt verlor Rapid gegen den GAK mit 0:3.

Nach dem Spiel in Graz gab es am Montag in Wien die entscheidende Vorstandssitzung über die Zukunft des Vereins und von Sektionsleiter Binder. Wie so oft bei Rapid ist eine „Krise" weniger auf sportlicher Ebene zu suchen als in den Kreisen der Funktionäre. Leider erreichten die Qualitäten der Rapid-Funktionäre in der Vereinsführung nicht das sportliche Niveau, das die Rapid-Spieler auf dem Spielfeld zeigten. Es fehlte an ausreichendem Fußball-Fachwissen, wirtschaftlich-kaufmännischem Agieren und vor allem an Menschenkenntnis. Zu oft waren Neid und Geltungssucht einzelner Funktionäre oder Grüppchen im Vorstand an Vereinskrisen schuld.

Dabei war die sportliche Lage hervorragend. Rapid war regierender Meister 1950/51 und auf dem Weg zum 18. Meistertitel mit Rekordergebnissen. Zusätzlich wurde Rapid 1951 Zentropacup-Sieger, einem kleinen Vorgänger der künftigen Europacup-Bewerbe. Rapid hatte eine der stärksten Mannschaften Europas. Sektionsleiter Binder und Trainer Pesser vollendeten den Umbau der Mannschaft mit den Wunschspielern Golobic, Riegler, Dienst, Hanappi, Gieszer und Probst. Die Qualität der Mannschaft, die Führung der Fußballsektion und deren sportliche Fachkenntnisse konnten also nicht die Ursache der schwelenden Rapid-Krise gewesen sein. Auch Binders disziplinarische Maßnahmen wurden vor kurzem noch vom Vorstand bestätigt.

Rapid ist ein sportlicher Begriff für Wien. Tausende Male stand die grün-weiße Elf aus Hütteldorf im Mittelpunkt begeisterter Kundgebungen und ruhmvoller Betrachtungen. Rapid war und ist der Inbegriff der Solidität, die leider vielfach auch im Sport Mangelware geworden ist. Solidität auf dem Spielfeld und in der vereinsmäßigen Führung. Um so mehr war die Öffentlickeit überrascht, daß auch bei Rapid nicht alles mehr so ist wie zu Dionys Schöneckers Zeiten, daß auch dort in finanziellen Fragen eine gewisse Leichtigkeit vorherrscht und die Folge davon eine bedeutende, ja beinahe erdrückende Schuldenlast vorhanden ist. Man ist nun darangegangen, den berühmten Verein zu sanieren. Es wird in Hinkunft dort nach kaufmännischen Grundregeln gewirtschaftet werden, dabei aber natürlich auch der Sport nicht zu kurz kommen. Dabei war es notwendig, sich von einem beliebten und allgemein geschätzten Sportsmann, von Franz Binder, zu trennen, der seit Abschluß seiner Spielerlaufbahn als Sektionsleiter und Manager bei dem Verein wirkte. Der Abschied wird keinem Freund Rapids und des Wiener Fußballs leicht fallen.

Die finanzielle Lage war normal, angespannt wie immer, aber – wie die Zukunft zeigte – zu bewältigen. Da der Vorstand für die disziplinarischen Vereinsprobleme mitverantwortlich war, schwenkte man auf die finanzielle Seite der Fußballsektion um. Sicher hatten die Spielertransfers das Vereinsbudget belastet. Sie waren jedoch eine gute Investition für die Zukunft, die man ausschöpfen konnte. Man warf also Binder vor, schlecht gewirtschaftet zu haben, die Mannschaft sei zu teuer, er habe nicht die Vorraussetzungen für eine finanzielle Gebarung etc. Dazu ist zu bemerken, dass für die finanziellen Belange nicht der Sektionsleiter für Fußball verantwortlich ist, sondern der Vorstand, im Speziellen der Präsident und der Finanzreferent. Binder konnte der Vereinsleitung Spielertransfers nur vorschlagen oder empfehlen und nur mit dem Geld arbeiten, das vom Präsidenten, Finanzreferenten und Vorstand genehmigt wurde. Da man ihm diesbezüglich nichts anhängen konnte, warf man ihm vor, dass er und mitgereiste Funktionäre bei der großen Brasilientournee 1949 überhöhte Spesenabrechnungen vorgelegt hätten. Das konnte nicht nachgewiesen werden, da es diese Spesen nicht gegeben hatte. Zur angespannten finanziellen Lage kam noch

Franz Binder, der als internationaler Spieler fast zwanzig Jahre zum Ruhm des Sportklubs Rapid beigetragen hat und auch als Sektionsleiter Rapid zur besten Mannschaft des Kontinents machte, hat wegen Differenzen mit dem Vereinsdirektorium seine Funktionen zurückgelegt.

Binder über seinen Rücktritt

Von Rapid wird folgendes gemeldet: Der Vorstand des SK Rapid hat sich gestern abend mit den Differenzen, die zwischen ihm und dem Sektionsleiter Binder bestehen, in einer offenen Aussprache beschäftigt. Da das Direktorium des Klubs der von Binder gewünschten und bisher auch teilweise gewährten Möglichkeit zur Großzügigkeit bei der Leitung der Fußballsektion nicht mehr zustimmen konnte, hat Sektionsleiter Binder seine Stelle zurückgelegt. Der Vorstand dankte ihm für seine erfolgreiche Tätigkeit.

Das heißt, daß Binder mit gestrigem Tag nicht mehr Sektionsleiter des SK Rapid ist. Wir haben die Gelegenheit wahrgenommen, mit ihm über seinen Rücktritt zu sprechen, wobei er uns folgende Erklärung abgab:

„Meine Forderungen waren rein sportlicher Natur und lagen im Interesse der Spieler der Kampfmannschaft.

Ich gehöre seit 21 Jahren den Hütteldorfern an und habe als Spieler und auch als Funktionär für meinen Verein stets das Beste gewollt. Die Ereignisse der letzten Tage und die Stellungnahme einiger Funktionäre zu der ganzen Angelegenheit sind die größte Enttäuschung, die ich seit meiner Zugehörigkeit zu Rapid erlebt habe. Ich stand plötzlich mit meiner Auffassung bezüglich der Führung der Fußballsektion allein. Es ist aber noch gar nicht so lange her, daß das Gegenteil der Fall war.

Ich habe für meine Zukunft noch keine Pläne, da ich erst Abstand von dem, was mir widerfahren ist, gewinnen will.

Auf keinen Fall werde ich Wien oder Oesterreich verlassen.

Mein Vertrag, der mich zum Pächter der Kantine auf dem Rapid-Platz macht, läuft bis zum Jahre 1957, und so lange beabsichtige ich, sie auch zu führen.“

Auch Hierath zurückgetreten

Der Vizepräsident des SK Rapid und das Ehrenmitglied Hans Hierath hat gestern in der Vorstandssitzung ebenso wie Sektionsleiter Binder seine Stelle zurückgelegt. Hans Hierath gehört dem Verein seit 38 Jahren an und arbeitete stets mit Dyonis Schönecker zusammen. Zehn Jahre war Hierath ehrenamtlicher Sektionsleiter bei den Hütteldorfern.

Direktor Stauber äußert sich

Direktor Stauber wird als die treibende Kraft bei der Reorganisation des Klubs bezeichnet. Er war so freundlich, uns folgende Auskunft zu geben:

„Ich lege auf die Feststellung wert, daß die Reorganisation im Klub nur die Administrative betrifft. Wir arbeiten daran, schon seit 1. Juni. Der bisherige Sektionsleiter Binder verlangte eine gewisse Einflußnahme auf die Geschäftsführung, was mit der Vertretung der Interessen der Spieler kaum etwas zu tun hat. Die Wünsche Binders gingen weit darüber hinaus. Das Direktorium mengt sich nicht in die sportliche Führung ein, kann es aber nicht dulden, daß ein Sportsmann in die Geschäftsführung eingreifen will.

Obwohl Binder weggegangen ist, wird er von Rapid die gesetzlich vorgeschriebene Abfertigung bekommen. Was die Neubesetzung der Sektionsleiterstelle betrifft, drängt die Angelegenheit nicht, da unser Trainer Pesser auch diese Geschäfte, zumindest vorläufig führen kann. Wir werden uns zuerst mit den Spielern ins Einvernehmen setzen, und erst dann wird sich der Vorstand mit dieser Frage beschäftigen.“

hinzu, dass eine für den Winter 1951/52 geplante, scheinbar lukrative Südamerikatournee abgesagt wurde, die der Verein dringend benötigt hätte. Auch dafür konnte man den Sektionsleiter nicht verantwortlich machen.

Vielmehr spielte hier das gestörte Ego einiger Rapid-Funktionäre eine entscheidende Rolle. Man muss sich nur einmal vorstellen, wie die Rapid-Funktionäre damals zu leiden hatten. Sektionsleiter „Bimbo" Binder hatte eine Weltklassemannschaft aufgebaut, von 1947 bis 1949 wurde er dreimal vom „Sportfunk" zum populärsten Fußballer Wiens gewählt, die Spieler waren in der Sportöffentlichkeit sehr populär und die Medien kümmerten sich natürlich lieber um bekannte Persönlichkeiten als um Vorstandsmitglieder wie Direktor Schwarzl. Die neue Vereinsleitung, erst seit April 1951 in Amt und Würden, musste da natürlich etwas dagegen unternehmen, um sich selbst mehr ins Rampenlicht zu rücken. Koste es, was es wolle. Da war es ihnen nur recht, dass es auch in der Mannschaft, trotz der guten Erfolge, etwas kriselte.

Präsident Stauber warf Binder vor, er verlange eine Einflussnahme in die Vereinsleitung, welche weit über die Vertretung der Spielerinteressen hinaus führe. Der Verein müsse sich jetzt in administrativen Bereichen neu organisieren. „Bimbo" konnte die an den Haaren herbeigezogenen unberechtigten Vorwürfe der Vereinsleitung und den damit verbundenen Autoritäts- und Vertrauensverlust nicht akzeptieren und legte seine Funktion als Sektionsleiter zurück. Der Vorstand stimmte Binders Rücktritt mit Mehrheit zu. Dies war der Moment, in dem Binder seine langjährigen „Freunde" erkannte – die meisten waren ihm in den Rücken gefallen.

Aus diesen Intrigen zogen die beiden Vizepräsidenten Hans Hierath und Ernst Waltschek, Sekretär Dworschak und Robert Körner (Revisor) die Konsequenzen. Sie zeigten Rückgrat und legten ihre Ämter in der Rapid-Führung zurück. Sie blieben immer wahre Freunde meines Vaters, besonders Ernst Waltschek und Robert Körner. Zu den „Freunden" meines Vaters gehörte auch mein Taufpate Leopold Wannemacher, ein großer Bäcker in der Sechshauserstraße. Nach dem Krieg sonnte er sich an Binders Seite, aber 1952 war ihm ein versprochener Sitz im Rapid-Vorstand wichtiger als die Freundschaft. Im neuen Rapid-Vorstand schien er aber gar nicht mehr auf. In Wahrheit wurde er nur von ein paar Rapid-„Totengräbern" dazu benützt, um Binder abzuschießen. Das liebste Wienerlied meines Vaters war „Schau dir deine Freunde gut an" – er wusste genau warum!

Binders große Ära bei Rapid war zu Ende.

Gespräch mit Alfred Körner

Alfred Körner – oder Körner II, wie ihn die Fans in seiner aktiven Zeit nannten – ist eine Legende des österreichischen Rekordmeisters und hält bis heute die Vergangenheit der Hütteldorfer Traditionsmannschaft hoch. Während des Krieges kam er im Jahre 1942 mit 16 Jahren, gemeinsam mit seinem um zwei Jahre älteren Bruder Robert aus dem Rapid-Nachwuchs in den Kader der Kampfmannschaft. Anfangs hatten sie nur sporadische Einsätze, aber ab Sommer 1945 gehörten sie schon zum Stamm der Mannschaft. Es war eine schwierige Zeit für die Körner-Brüder, aber auch für den Verein. Ein Großteil der Mannschaft war in der Wehrmacht, und fremde Spieler überfluteten förmlich den Verein. In der Saison 1942/43 scheinen nicht weniger als 57 (!) Spieler im Kader auf. In den 20 Meisterschaftsspielen wurden 35 verschiedene Spieler eingesetzt. Von sportlicher Qualität der Meisterschaft konnte keine Rede mehr sein. Erst nach dem Krieg konnten Alfred und Robert Körner ihre sportlichen Qualitäten in der großen Rapid-Mannschaft der 50er Jahre ausspielen.

Binder jun.: Mit 16 Jahren schon im Kader der Kampfmannschaft, aber wann ging es für Sie bei Rapid sportlich richtig los?

KÖRNER: Wir waren alle froh, als der Weltkrieg zu Ende war und die starken Rapid-Spieler nach Hütteldorf zurückkehrten. Viele der alten Rapid-Stars hatten ihre Karriere beendet, aber im Sommer 1945 hatten Sektionsleiter Hierath und Trainer Pesser bereits einen guten Kader zusammengestellt. Als Letzter kam dann im Oktober 1945 endlich unser „Bimbo" Binder aus der Kriegsgefangenschaft zurück. Jetzt war Rapid

Binder jun. und Alfred Körner

endlich wieder Rapid, und wir holten uns gleich mit der Meisterschaft und dem Cupsieg die ersten Titel nach dem Krieg.

Binder jun.: Was bedeutete „Bimbo" zu diesem Zeitpunkt für Rapid?

KÖRNER: Einfach alles! Er war schon vor dem Krieg das Herz und die Seele Rapids, und wir Spieler, die Funktionäre und seine zahllosen Fans waren glücklich über seine gesunde Wiederkehr. Er integrierte sich sofort problemlos in die neue junge Mannschaft und übernahm als Kapitän die Führung. Die Zuschauerzahlen stiegen mit „Bimbo" in der Mannschaft sprunghaft an, und zu seinem ersten Heimspiel gegen Helfort pilgerten 16.500 Fans auf die Pfarrwiese.

Binder jun.: Wie war „Bimbo" als Mitspieler und später als Sektionsleiter?

KÖRNER: Die jungen Spieler wurden von den älteren Kameraden sehr gut aufgenommen. Wir wurden auch langsam und behutsam in die Mannschaft eingebaut, und Franz schaute darauf, dass keiner „verbrannt" wurde. Als Mannschaftskollege war er eine Respektsperson und Vorbild. Er legte großen Wert darauf, dass alle den Verein auf dem Platz und in der Öffentlichkeit gut präsentierten. Franz war schon Sektionsleiter, als er noch selbst spielte, und zum Ende seiner Laufbahn forcierte er immer mehr neue und junge Spieler. Der Übergang zum Sektionsleiter bzw. Trainer war nahtlos und ist uns gar nicht so richtig bewusst geworden. Er hat sich mit Robert Dienst seinen Nachfolger als Mittelstürmer selbst ausgesucht. Ich habe ihm meine Karriere als Fußballer zu verdanken. Bis 1959 spielte ich in Hütteldorf und erreichte sieben Meistertitel mit Rapid, einen Cupsieg und gewann den Mitropacup. In die österreichische Nationalmannschaft kam ich auf 47 Einberufungen, darunter auch Einsätze bei den Weltmeisterschaften 1954 und 1958, und erzielte 17 Tore.

Binder jun.: Was zeichnete ihn als Trainer aus?

KÖRNER: Seine Stärken lagen im Aufbau von Mannschaften. Gab man dem Franz zwei bis drei Jahre Zeit, so hatte er dann ein starkes, konkurrenzfähiges Team zusammengestellt. Talente aus dem eigenen Nachwuchs bekamen bei ihm ihre Chancen wie z. B. ich selbst, mein Bruder Robert und Ernst Happel. Er hatte das Auge für die richtigen Spieler auf den richtigen Positionen. Er holte Spieler nur dann von anderen Vereinen, wenn in den eigenen Reihen niemand zur Verfügung stand. Mit Dienst, Hanappi, Golobic, Riegler und Probst holte er für die jeweilige Spielposition die dazu perfekten Spieler. Das Ergebnis war die beste Rapid-Mannschaft der Vereinsgeschichte. „Bimbo"

Bimbo" Binder mit Alfred Körner

hat diese Qualitäten während seiner langen Trainertätigkeit erfolgreich eingesetzt. Er war fußballtechnisch und was die Spielsysteme betraf immer auf dem Laufenden. Auf der Bank war er der ruhige, besonnene Typ. Hatte er den Spielern etwas zu sagen, so holte er sich einen an die Linie und sagte ihm kurz und prägnant seine Anweisung. Auf der Pfarrwiese war es besonders schwer, von der Bank aus Anweisungen zu geben. Die Spielerbank befand sich beim Spielertunnel neben der Cornerfahne, also immer sehr weit von den Spielern entfernt.

Binder jun.: Was bedeutet „Bimbo" Binder für Rapid und den österreichischen Fußball?

KÖRNER: „Bimbo" schrieb einen großen Teil der erfolgreichen Vereinsgeschichte. Er prägte den heimischen Fußball mit seinen Qualitäten als erfolgreicher Goalgetter und als Spielerpersönlichkeit. Als Trainer ist es ihm gelungen, bei mehreren europäischen Vereinen starke Mannschaften zu formen. Er war für den österreichischen Fußball der geschätzte und oft bewunderte Repräsentant auf der ganzen Welt. Er war in der Sportöffentlichkeit anerkannt und beliebt und das sportliche und menschliche Vorbild für viele Spielergenerationen. Immer ehrlich, offen und direkt mit seiner Meinung, eckte er aber auch bei Funktionären oft an. „Haut's net auf meine Buam hin, haut's lieber auf mich", war einer seiner Sprüche, die ich nie vergessen habe. Bei seinem eigenen Verein wurde ihm einige Male so übel mitgespielt, wie er es sich aufgrund seiner ausgezeichneten Arbeit und seines tadellosen Lebenswandels nicht verdient hatte. Er war mein Freund, und beim Franz war man das sein Leben lang. Es war schön, dass ich noch mit „Bimbo" in einer Mannschaft spielen durfte und er als mein Trainer mich zu einem guten Fußballer gemacht hat.

Binder jun.: Danke für das Gespräch.

The Show Must Go On

Im Verlauf der Herbstmeisterschaft wurden wichtige Punkte gegen den GAK (0:3), Wacker (2:3) und Vienna (2:2) abgegeben. Dafür feierten die Rapidler Kantersiege gegen den Sportclub (10:3), Simmering (5:1), Blau-Weiß (6:0) und den FAC (10:1). Mit fünf Punkten Rückstand hinter den Veilchen beendete Rapid den Herbstdurchgang an zweiter Stelle.

Im Winter war eine vierwöchige Reise in die Türkei und nach Griechenland angesagt. In zehn Spielen erreichten die Hütteldorfer acht Siege bei zwei Niederlagen. Besonders die Griechen haben das Gastspiel der Rapidler lange nicht vergessen. Die Hütteldorfer gewannen alle sechs Spiele in Griechenland. Zum Abschluss der Tournee bekam PAOK Saloniki eine 8:2-Packung verpasst, und ARIS Saloniki knabberte lange an einem 1:11-Debakel. Rapid erzielte 42 Tore, die Goalgetter Dienst und Probst trafen je 13 Mal.

Die Spielsaison 1951/52 beendete „Bimbos" Mannschaft, trotz aller internen Probleme, mit dem 18. Meistertitel. Schade für „Bimbo", dass er, gerade als er von kurzsichtigen und eifersüchtigen Rapid-Funktionären mit Falschheit und Unterstellungen abgeschossen wurde, die wohl beste Rapid-Elf in der Vereinsgeschichte verlassen musste. Durch „Bimbos" Lebenswerk profitierte für sechs Monate ein gewisser Liebhardt als Sektionsleiter, ein Ahnungsloser, der eigentlich nicht wusste, wieso er einen Meistertitel mit Rapid erreichte. Auch Trainer Hans Pesser zweifelte an den Fähigkeiten der Rapid-Funktionäre und legte zum Saisonende sein Amt zurück.

Er ging zur Admira, die er viele Jahre erfolgreich betreute. Die von Binder und Pesser geformte Rapid-Mannschaft blieb in ihrem starken Kern bis 1958 erhalten und war sehr erfolgreich. Nach Liebhardt folgte Zimmermann für zwei Jahre als Sektionsleiter. Mit Trainer Pepi Uridil wurde Rapid 1953/54 Meister (19. Titel). Dann bekam Gernhardt 1954 endlich seine Chance als Sektionsleiter und mit Trainer Wagner erreichten sie 1955/56 den 20. Meistertitel. Dann löste Merkel mit Trainer Körner I das Duo Gernhardt/Wagner ab und sie wurden 1956/57 Meister (21. Titel). Die Lorbeeren dieser großen Mannschaft der 50er Jahre ernteten Leute, die gar nichts dafür getan hatten.

Von 1950 bis 1958 konnte der Kern von „Bimbos" Truppe eine der erfolgreichsten Perioden in der Vereinsgeschichte erreichen. Diese Mannschaft erreichte fünf Meistertitel und je zwei zweite und dritte Plätze. Rapid war in dieser Zeit eine der stärksten Mannschaften Europas. Bedauerlich war, dass es noch keine UEFA-Bewerbe gab. Rapid spielte eine Vielzahl von internationalen Spielen im In- und Ausland. 1951 schlug Rapid Lazio Rom mit 5:0, FC Sunderland 5:1, Werder Bremen 4:1, HSV 6:5 und Anderlecht mit 4:1. Ein absoluter Höhepunkt folgte im Mai 1952, als Arsenal London bei einem Turnier in Brügge mit 6:1 kräftig unter die Rapid-Räder kam. In der Saison 1956/57 spielte Rapid erstmals im Europacup der Meister. Gegner war Real Madrid. In Madrid gab es eine 2:4-Niederlage, aber in Wien einen 3:1-Sieg für die Hütteldorfer, bei dem Happel alle drei Rapid-Tore erzielte. Das dritte, entscheidende Spiel verkaufte Rapid teuer nach Madrid und unterlag mit 0:2 Toren. Im folgenden Jahr war für Rapid AC Milan der Gegner im Europacup der Meister. Nach einer 1:4-Auswärtsniederlage und einem 5:2-Heimsieg war wieder ein Entscheidungsspiel erforderlich. Dieses gewannen die Mailänder in Zürich mit 4:2.

1958 wäre die Zeit gekommen, die in die Jahre gekommene Rapidelf neu zu formieren. 1959 hatte Happel seine aktive Karriere beendet und übernahm das Amt des Sektionsleiters und holte sich Robert Körner als Trainer. In der Saison 1959/60 gelang diesem Betreuerteam der 22. Meistertitel, aber am notwendigen Umbau der Mannschaft scheiterten sie.

Noch während die unschönen und intriganten Aktionen aus den eigenen Reihen liefen, wurde diese Situation auch noch von der Presse weiter aufgebauscht. Mit „Bimbo" und Rapid waren schon immer gute Verkaufszahlen zu erreichen. So gab es auch einen Journalisten, der ein Angebot für „Bimbo" als Trainer für Roter Stern Belgrad kolportierte. Er wollte sogar wissen, dass die Jugoslawen „Bimbo" förmlich mit Geld überschütten wollten, und so sein Verhalten in der Rapid-Krise erklären. Es gab natürlich kein diesbezügliches Angebot aus Jugoslawien. Diese und andere unsaubere Aktionen von Einzelgängern aus den Medien trafen meinen Vater sehr. Obwohl der Großteil der Sportjournalisten das Verhalten der scheinbar unfähigen Rapid-Funktionäre nicht verstand und die Rapid-Fans zu ihm standen, zog er sich vorerst etwas zurück. Er hatte zu diesem Zeitpunkt auch noch die Rapid-Kantine auf der Pfarrwiese gepachtet, die von seiner Frau geführt wurde. Er war so enttäuscht von Rapid, dass er auch diese letzte Verbindung mit Rapid abbrach und den Pachtvertrag auflöste.

Der Abschied von Rapid, vor allem die Art und Weise, kränkte meinen Vater damals sehr, mehr als er in der Öffentlichkeit und vor seinen Freunden zeigte. Sein Lebenswerk sollte der Erfolg und das Wohl des Sportklub Rapid mit einer erfolgreichen Mannschaft sein, Rapid war sein Leben.

1952–1954:
Trainer bei Jahn Regensburg

Ungewollt hatte „Bimbo" jetzt mehr Zeit für die Familie, die er auch nützen wollte. Tochter Elisabeth kam schließlich über ihr unfreiwilliges Ende beim Staatsopernballett hinweg und wollte sich in der Zukunft mehr sportlich betätigen. Sie war eine ausgezeichnete Gymnasiastin, und ihr Berufsziel war, einmal in einer Bank zu arbeiten. Ich besuchte damals den Kindergarten und war sehr oft mit meinem Vater beim Training und bei den Spielen von Rapid auf der Pfarrwiese gewesen. Dort konnte man so richtig mit und ohne Ball herumtoben, und die Rapid-Spieler waren alle sehr nett und freundlich zu mir. Viel Zeit zum Durchatmen hatte mein Vater aber nicht. Da gab es in Regensburg einen sehr wohlhabenden Fleisch- und Wurstfabrikanten, Franz Ostermeier.

Der vom Fußball begeisterte Fabrikant kannte „Bimbo" schon von seinen Spielen vor dem Krieg, verfolgte seine sportliche Laufbahn, bewunderte seine Tore, freute sich über die Erfolge gegen Schalke 04 und in der deutschen Nationalmannschaft. Natürlich berichteten die Medien in Deutschland immer groß über „Bimbos" erfolgreiche Rapid-Elf, aber auch über seinen unverständlichen Abgang im Februar 1952. Franz Ostermeier, ein echter Fußballfanatiker, war Förderer von Jahn Regensburg. Heute würde man sagen, er war ein Sponsor, aber er hatte und wollte keinerlei Funktion im Verein. Die ahnungslosen Rapid-Funktionäre halfen letztendlich Franz Ostermeier, sich einen großen Wunsch zu erfüllen: sein Idol, den großen „Bimbo" Binder, nach Regensburg zu holen.

Er reiste für seinen Jahn selbst nach Wien, machte meinem Vater ein faires Angebot. Er unterschrieb seinen ersten Vertrag als Trainer im Ausland. Für Deutschland war dies damals eine große Sensation, auch wenn es nur der Jahn aus der Bayernliga war. Selbst sein alter Teamtrainer aus der „Anschlusszeit", Sepp Herberger, freute sich darüber und wünschte ihm viel Erfolg in Deutschland. Jahn Regensburg ist ein alter Traditionsverein in Bayern. Der bekannteste Spieler, den Jahn hervorbrachte, war der Torhüter und Nationalspieler Hans Jakob in den 30er Jahren. Sportlich waren sie immer in der Süddeutschen Liga. Der „Jakl", wie er in Regensburg genannt wurde, erinnerte sich mit Schaudern an ein Spiel gegen Rapid, in dem ihm Binder einen Fernschuss durch die Beine jagte, dass er Mühe hatte, danach wieder seine Fassung zu finden. Aber auch der ehemalige Nationaltorhüter Jakob freute sich, dass sein Verein jetzt in guten Händen war.

Das „Jahn-Stadion" in Regensburg kannte „Bimbo" noch aus seiner Zeit als aktiver Spieler.

Wurstfabrikant Franz Ostermeier holte Franz Binder zu Jahn Regensburg

Zum Start der Rückrunde 1952 krebste Jahn Regensburg in der zweiten Süddeutschen Liga abstiegsgefährdet am Tabellenende herum. Die Qualität der Spieler war nicht schlecht, sie brauchten aber dringend eine starke Hand – und die bekamen sie mit dem berühmten „Bimbo" Binder aus Wien. Im April 1952 krempelte er also die Ärmel hoch und begann seine Arbeit als Trainer beim SSV Jahn Regensburg. Schon nach kurzer Zeit hatte er mit seiner Erfahrung das Potential der Spieler erkannt und mit einem enormen Arbeitseifer das Selbstvertrauen der Spieler wiederhergestellt. Das Team wurde von ihm auf die schwere Aufgabe optimal vorbereitet, um den Kampf um den Klassenerhalt zu gewinnen.

Franz und Liesl kurz vor der Anreise in das neue Zuhause in Regensburg

Meine Mutter war vorerst nicht sehr begeistert davon, nach Regensburg zu übersiedeln. Meine Schwester hatte kein Problem damit, obwohl sie natürlich ihren Freundeskreis nicht mehr um sich haben würde. Aber Regensburg war ja nur 400 Kilometer von Wien entfernt, und zu den Schulferien würde sie sowieso immer in Wien sein. Ich wurde nicht gefragt, aber mir war es ehrlich gesagt mit knapp sechs Jahren ziemlich „wurscht", wo ich lebte. Ich stand vor der Einschulung, hatte keinerlei Vergleichsmöglichkeiten, was Schulen betrifft. Die Wohnung im Gemeindebau in Wien behielten meine Eltern „zur Sicherheit". Sie sollte noch viele Jahre unser „Stammsitz" in Wien bleiben, egal, wohin uns der Fußball noch wehen würde.

Im Juni 1952 war es dann soweit, wir folgten dem Familienoberhaupt nach Deutschland. Regensburg war für uns eine neue Welt. Wir übersiedelten in eine schöne, große Neubauwohnung am Stadtrand, bekamen unseren ersten elektrischen Kühlschrank und eine Waschmaschine. Das Bad verfügte über eine Badewanne mit einem beheizbaren Ofen für warmes Badewasser. Vorbei die Zeit, als ich einmal in der Woche in der gemeinsamen Waschküche des Gemeindebaus mit dem letzten Spülwasser im Waschzuber abgeschrubbt wurde. Es gab Bananen, Streichkäse, Schinkenwurst, Fleisch- und Wurstdelikatessen und einmal in der Woche ein Essen in der Fleischfabrik von Franz Ostermeier. Was für ein Luxus nach unserer düsteren, spartanisch eingerichteten Gemeindebauwohnung, dem täglichen Eismann für den Kühlkasten, der Waschküche mit Bügelsaal und der Fleischbank ums Eck. Aber auch hier war, zumindest im Jahre 1952, nicht alles Gold, was glänzte.

In Regensburg waren noch 1952, erst sieben Jahre nach Kriegsende, die Zerstörungen durch zahlreiche schwere Bombenangriffe an jeder Ecke der Stadt zu sehen. Die Regensburger taten alles in ihrer Macht Stehende für den Wiederaufbau dieser so schönen ehemaligen königlichen Reichsstadt. Meine erste Schule, die Pestalozzi-Schule, war ein eher düsterer alter Bau aus den 20er oder 30er Jahren. Auf dem Weg zur Schule war noch fast jedes zweite Haus zerstört oder schwer beschädigt. Auch ein Flügel der Pestalozzi-Schule befand sich noch im Wiederaufbau. Im Stadtteil Regensburg-Prüfening war der Standort der Messerschmitt-Werke. Damit war Regensburg eines der Hauptziele für alliierte Bombenangriffe gewesen. Trotz der zahlreichen Bombardierungen blieb erfreulicherweise die historische Altstadt mit dem Dom fast unbeschädigt. Die Donaubrücken wurden in den letzten Kriegstagen noch durch die Wehrmacht selbst schwer beschädigt. Zum Kriegsende wurde die Stadt kampflos den Amerikanern übergeben.

Wir lebten uns sehr schnell in unserer neuen Heimat ein. „Bimbo" hatte nach wenigen Spielen das „Abstiegsgespenst" vertrieben. Von Spiel zu Spiel steigerte sich die Mannschaft und die Regensburger wurden wieder auf „Jahn" aufmerksam. Die Zuschauerzahlen stiegen sprunghaft an. Die im Herbst noch deprimierte Jahn-Elf blühte auf und konnte jetzt befreit ihre Qualitäten zeigen. Der SSV Jahn schloss die Saison auf dem guten 8. Tabellenplatz im gesicherten Mittelfeld der Tabelle ab, und „Bimbo" hatte seine Qualitäten als Trainer schon nach einem halben Jahr in Regensburg bewiesen. Binders große Stärke lag im Aufbau von Mannschaften. Mit dem Arbeitsbeginn im Frühjahr 1952 richtete er aber auch bereits sein Au-

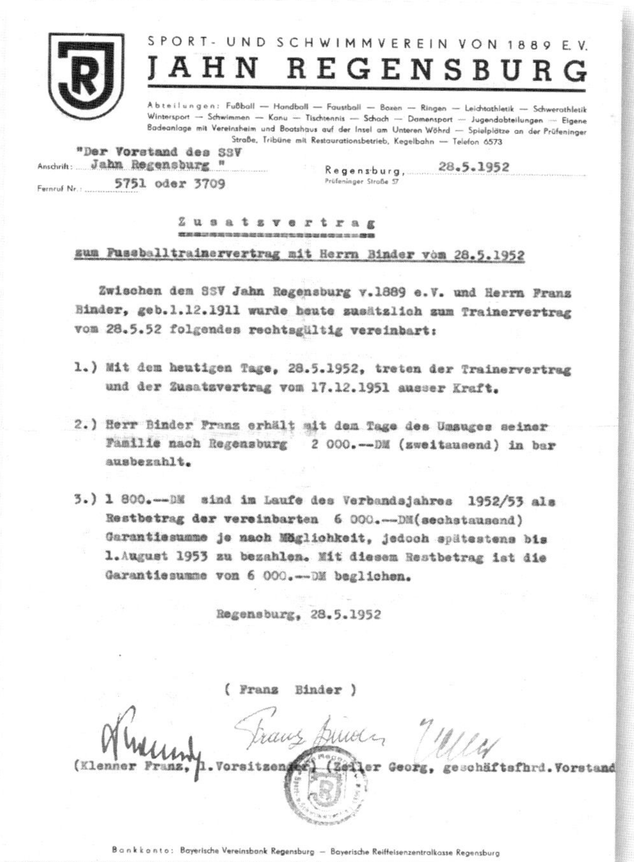

SPORT- UND SCHWIMMVEREIN VON 1889 E. V.
JAHN REGENSBURG

Abteilungen: Fußball — Handball — Faustball — Boxen — Ringen — Leichtathletik — Schwerathletik Wintersport — Schwimmen — Kanu — Tischtennis — Schach — Damensport — Jugendabteilungen — Eigene Badeanlage mit Vereinsheim und Bootshaus auf der Insel am Unteren Wöhrd — Spielplätze an der Prüfeninger Straße, Tribüne mit Restaurationsbetrieb, Kegelbahn — Telefon 6573

Anschrift: "Der Vorstand des SSV Jahn Regensburg "
Fernruf Nr.: 5751 oder 3709

Regensburg, 28.5.1952
Prüfeninger Straße 57

Z u s a t z v e r t r a g

zum Fussballtrainervertrag mit Herrn Binder vom 28.5.1952

Zwischen dem SSV Jahn Regensburg v.1889 e.V. und Herrn Franz Binder, geb.1.12.1911 wurde heute zusätzlich zum Trainervertrag vom 28.5.52 folgendes rechtsgültig vereinbart:

1.) Mit dem heutigen Tage, 28.5.1952, treten der Trainervertrag und der Zusatzvertrag vom 17.12.1951 ausser Kraft.

2.) Herr Binder Franz erhält mit dem Tage des Umzuges seiner Familie nach Regensburg 2 000.--DM (zweitausend) in bar ausbezahlt.

3.) 1 800.--DM sind im Laufe des Verbandsjahres 1952/53 als Restbetrag der vereinbarten 6 000.--DM(sechstausend) Garantiesumme je nach Möglichkeit, jedoch spätestens bis 1.August 1953 zu bezahlen. Mit diesem Restbetrag ist die Garantiesumme von 6 000.--DM beglichen.

Regensburg, 28.5.1952

(Franz Binder)

Franz Binder

(Klenner Franz, 1.Vorsitzender) (Zeiler Georg, geschäftsfhrd.Vorstand

Bankkonto: Bayerische Vereinsbank Regensburg — Bayerische Reiffeisenzentralkasse Regensburg

„Bimbos“ Trainervertrag mit Jahn

Liesl unterwegs mit ihrer HAK-Klasse

Unser erstes Auto

genmerk auf die folgende Spielsaison. Das Frühjahr zeigte, dass seine Mannschaft einen sehr guten und ausbaufähigen Kern hatte. Er holte sich nur zwei Verstärkungen in den Kader und setzte sich die Rückkehr des SSV Jahn in die oberste Spielklasse, die Süddeutsche Liga, zum sportlichen Ziel.

Nach der Übersiedlung nach Regensburg hatten wir im Juli noch einen kurzen Urlaub in Wien, und dann begann für „Bimbo“ schon die Vorbereitung auf die Spielsaison 1952/53. Im September hatte ich meine Einschulung. Meine Schwester Liesl ging auf die Handelsakademie. Sie war in ihrer Klasse das einzige Mädchen, und ihr Lehrer sagte viele Jahre später, dass das Niveau in der Klasse durch Liesl sprunghaft angestiegen sei und er noch nie so disziplinierte Schüler gehabt habe wie in den Jahren von 1952 bis 1954. Sie begann in Regensburg bei Jahn mit dem Handballspiel. Meine Einschulung im Herbst 1952 wurde nur übertroffen von unserem ersten Auto im Frühjahr 1953. Mein Vater kam eines Tage ganz stolz nach Hause und beorderte uns alle auf die Straße vor das Wohnhaus. Dort stand er dann, unser VW Käfer, dunkelblau, mit Autoradio und sagenhaften 30 PS unter der Heckhaube. Unser Volkswagen war das Nachfolgemodell des „Brezelkäfer“ mit bereits ovaler Heckscheibe. Die aufklappbaren „Winker“ in den Türholmen mussten bereits nach wenigen Jahren durch „Blinker“ auf den Kotflügeln ersetzt werden. Für uns gab es nichts Schöneres und Besseres als unseren geliebten Käfer.

Die Spielsaison 1952/53 war für Jahn Regensburg ein voller Erfolg. Unter „Bimbos“ straffer und kundiger Führung spielte die junge Mannschaft groß auf. Die Begeisterung in der alten Domstadt war unbeschreiblich, als der SSV Jahn Regensburg die Meisterschaft gewann und zum zweiten Mal den Sprung in die höchste Spielklasse, die Oberliga Süd, schaffte.

„Bimbo“ Binder hatte sein sportliches Ziel erreicht und war zu einem der populärsten Bürger von Re-

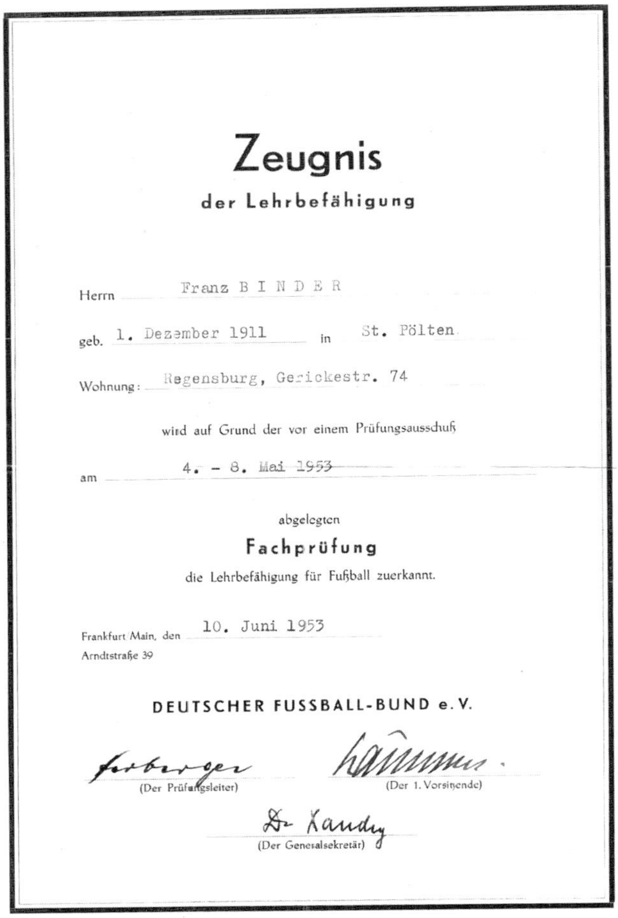

Zeugnis
der Lehrbefähigung

Herrn Franz B I N D E R

geb. 1. Dezember 1911 in St. Pölten

Wohnung: Regensburg, Gerickestr. 74

wird auf Grund der vor einem Prüfungsausschuß

am 4. - 8. Mai 1953

abgelegten

Fachprüfung

die Lehrbefähigung für Fußball zuerkannt.

Frankfurt/Main, den 10. Juni 1953
Arndtstraße 39

DEUTSCHER FUSSBALL-BUND e. V.

(Der Prüfungsleiter) (Der 1. Vorsitzende)

(Der Generalsekretär)

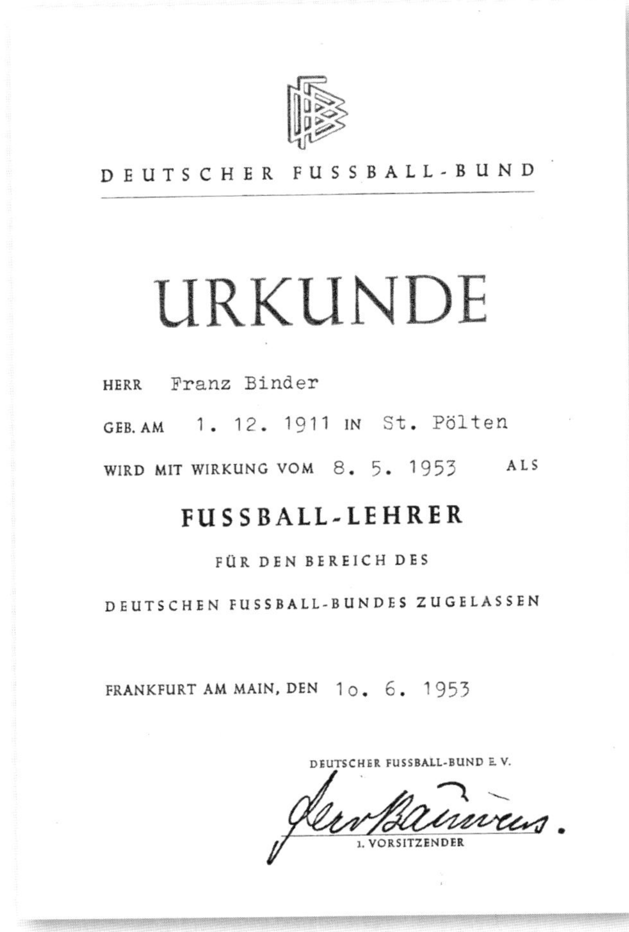

DEUTSCHER FUSSBALL-BUND

URKUNDE

HERR Franz Binder

GEB. AM 1. 12. 1911 IN St. Pölten

WIRD MIT WIRKUNG VOM 8. 5. 1953 ALS

FUSSBALL-LEHRER

FÜR DEN BEREICH DES

DEUTSCHEN FUSSBALL-BUNDES ZUGELASSEN

FRANKFURT AM MAIN, DEN 1o. 6. 1953

DEUTSCHER FUSSBALL-BUND E. V.

1. VORSITZENDER

gensburg geworden. Im Mai 1953 erhielt „Bimbo“ die Einladung, auf der Sporthochschule in Köln seine Berechtigung als „Fußball-Lehrer“ im Bereich des DFB zu erhalten. „Reichstrainer“ Herberger war noch immer in Amt und Würden. Er freute sich, dass sein ehemaliger österreichischer Torjäger der deutschen Nationalmannschaft in Regensburg arbeitete und begrüßte ihn herzlich in Köln. Normalerweise dauerte der Erwerb der Trainerlizenz beim DFB mehrere Wochen. Herberger war natürlich bestens informiert über die Trainertätigkeit Binders, dessen Arbeit als Sektionsleiter bei Rapid in Wien und den Aufbau einer der besten Mannschaften Europas. Daher mutete er Binder die Schulbank nicht mehr zu. Sein Aufenthalt auf der Sporthochschule in Köln dauerte nur zwei Tage. Am ersten Tag musste „Bimbo“ ein Referat über seine sportliche Karriere, seine Zeit unter „Chef“ Herberger im deutschen Team und seine Arbeit als Sektionsleiter bei Rapid halten. Mein Vater hatte sich im Hotel drei Spickzettel vorbereitet, auf denen er die wichtigsten Punkte seines Referates festgehalten hatte. Er sprach 90 Minuten, so lange wie ein Match dauert, vor seinen deutschen Trainerkollegen, Sepp Herberger und der Prüfungskommission. Er erhielt tosenden Applaus für seine interessanten und amüsanten Ausführungen und hatte damit die Prüfung bestanden. Vor seiner Abreise am nächsten Tag überreichte ihm der DFB seine „Lehrbefähigung für Fußball“.

Franz Binder (hinten Mitte) mit seinen künftigen deutschen Trainerkollegen in Köln

Brügge am 25. Juni 1953. Sportklub Rapid – Arsenal London 6:1. Rapid in Weiß, stehend von links: Dienst, Riegler, Gernhardt; vorne: Gieszer, Merkel, Zeman, Körner I, Hanappi, Probst, Happel, Körner II

Ein für „Bimbo" interessantes Freundschaftsspiel fand am 24. Juni 1953 im Rahmen eines internationalen Turniers in Brügge statt. Die von Binder geformte Mannschaft der „Rapid-Kanoniere" traf auf die „Gunners" von Arsenal London. Das Duell war schon von den Vereinsnamen her ein Leckerbissen für die belgischen Fußballfans. Für die Gastgeber aus Brügge war das Engagement dieser beiden europäischen Spitzenmannschaften ein wahrer Glückstreffer. Gespannt erwartete man den Vergleich des kampfkräftigen englischen Fußballs mit der Wiener Schule. Der legendäre Alfred Körner erinnert sich noch heute an dieses Spiel, als ob es gestern gewesen wäre: „Wir waren damals eine so gute Mannschaft, dass wir uns auch nicht vor einem so großen Namen wie Arsenal London fürchten mussten. Seit 1951 hatten wir nur ganz wenige internationale Freundschaftsspiele verloren, und so waren wir vor dem Spiel sehr kühl und gelassen. In der laufenden Meisterschaft hatten wir unsere Chancen schon verspielt und nun wollten wir uns international rehabilitieren. Eine Stärke Rapids von jeher war es, sich mit den Aufgaben zu steigern. Dies gelang uns ganz vorzüglich gegen Arsenal. Fußballspielen konnten wir alle, und auch unsere Kondition unterschied sich nicht von anderen europäischen Spitzenteams. Hatten wir aber einen besonders guten Tag, dann hatte kein Gegner eine Chance gegen uns. Dies war dann gegen „Arsenal" der Fall. Es wurde ein tolles Spiel, das sicher zu den Höhepunkten meiner Karriere zählt. Schade nur, dass wir dieses Superspiel nicht vor unserem eigenen Publikum spielen konnten."

Fredl Körner hat wirklich nicht übertrieben. An diesem Tag in Brügge hätte wohl keine Mannschaft der Welt gegen Rapid bestanden. Vom Tormann bis zum Linksaußen spielten und kämpften alle in Hochform. Die Hütteldorfer demonstrierten modernen Fußball, zügig und direkt. Sie waren den „Gunners" über die gesamte Spielzeit überlegen, sowohl spielerisch als auch kämpferisch. Sie erteilten den Lehrmeistern eine gehörige Lektion und schickten sie mit einer 1:6-Niederlage zurück auf die Insel. Die Londoner konnten machen, was sie wollten, sie fanden kein Rezept gegen die starken Wiener. Mühelos wurden die Angriffe Arsenals abgewehrt, das Mittelfeld zügig überbrückt, und die Rapid-Stürmer wirbelten die Abwehr Arsenals ständig durcheinander. Beim Stand von 3:1 für Rapid stellte sich Arsenal komplett um, die Stürmer verteidigten und die Verteidiger versuchten anzugreifen. Aber es half alles nichts, es fielen noch drei Tore für Rapid. Nach dem Spiel applaudierten die Arsenal-Spieler den Rapidlern und gratulierten ihnen fair und sportlich zu diesem Erfolg. Wahrscheinlich mit einigen Tränen in den Augen, die auch die Rapid-Spieler vor Freude in den Augen hatten.

Spieler als aufmerksame Zuhörer

Die Regensburger 1953 bei der Meisterfeier im Jahn-Stadion

Die Helden von Brügge waren: Zeman; Merkel, Happel; Hanappi, Gernhardt, Gießer; Körner I, Riegler, Dienst, Probst und Körner II. In Wien überreichte man den Spielern zur Erinnerung an dieses denkwürdige Spiel eine Goldmedaille. Stolz war man auch auf die Kommentare in der englischen Sportpresse, der Tenor war: „Wir versuchen uns zu erinnern. Wann haben wir je ein so exzellentes Spiel gesehen? Nie!" Diese Aussage der kritischen britischen Sportpresse sagt mehr als tausend weitere Worte.

In Deutschland wurde man hellhörig, und die Sportöffentlichkeit interessierte sich jetzt dafür, wie sich diese junge und ambitionierte Jahn-Elf in der Süddeutschen Liga 1953/54 behaupten würde. Die Fans wurden nicht enttäuscht. Jahn erreichte nach aufsehenerregenden Erfolgen, darunter Auswärtssiege gegen Kickers Offenbach und den Karlsruher SC, einen sensationell sechsten Tabellenplatz als Oberliga-Süd-Neuling. Diese Leistung hatten nur wenige den Regensburgern zugetraut.

Die Stadt Regensburg ehrte den erfolgreichen Trainer aus Wien, und Franz Ostermeier war ganz besonders stolz auf seinen Freund. Trotz der großartigen Erfolge, die „Bimbo" mit Jahn hatte, neigte sich das Regensburger Kapitel nach knapp zweieinhalb Jahren dem Ende zu. Die Arbeit und die Erfolge mit Jahn Regensburg beeindruckten die deutschen Fußballfans, die Medien und Vereine. Der große Nachbar der Regensburger, der 1. FC Nürnberg, klopfte an „Bimbos" Tür. Der „Club", mit damals sieben Titelgewinnen deutscher Rekordmeister, befand sich 1954 in keiner rosigen Lage. Die Mannschaft war überaltert und stützte sich nur auf mehrere Routiniers aus der Meisterelf von 1948. Die Nürnberger hatten einen rechtzeitigen Umbau der Mannschaft verabsäumt, und die Nachwuchsarbeit stand nicht zum Besten. Hinzu kam noch die sonderbare Einstellung der

Binsenweisheiten

Es kommt nichts besseres nach. Hätte es noch eines Beweises für die Richtigkeit dieser alten Weisheit bedurft, Rapid hat ihn erbracht. Vor noch nicht allzulanger Zeit machten die Hütteldorfer einen „Reinigungsprozeß" mit, geradeso als wäre in unmittelbarer Nachbarschaft der Hackinger die Volksdemokratie ausgebrochen. Die „Fußball-Titoisten" Binder und Dworak mußten dran glauben und auch Hierath wurde gegangen. Des Vereines Schuldenlast hatte ihnen den Kopf gekostet. Nach der „Machtübernahme" durch anerkannte Finanzfachleute schien das goldene Zeitalter für die Grünweißen anzubrechen. Jetzt saßen endlich Leute an der Spitze, die auch nicht einen Tropfen des munter rieselnden Geldbächleins in ihre Tasche ableiteten. Und wie sieht diese Fußballfabrik ein Jahr nach der Amputation ihres Kopfes aus? Ist aus dem Rekonvaleszenten mittlerweilen ein kraftstrotzender Riese geworden? Im Gegenteil. Rapid war wohl noch nie so heruntergewirtschaftet, wie gerade jetzt. Die Schulden sind nicht wesentlich geringer geworden, dafür hat aber die sportliche Potenz des Vereines wesentlich gelitten. Es zeigt sich heute mit erschreckender Deutlichkeit, daß Binder ja doch die Seele der Hütteldorfer war. Er hat die Mannschaft zusammengehalten und er verwaltete das stolze Erbe des von Schönecker gezüchteten Rapid-Geistes.

Die einzig wirklich positive Leistung der neuen Vereinsleitung — man hat den Spielern bürgerliche Existenzen geschaffen — wirkt sich heute in sportlicher Hinsicht auch als Hemmschuh aus. So mußten die Hütteldorfer jetzt durch ein unglückliches Zusammentreffen von Urlaubsschwierigkeiten und Verletzungen mit einer schwachen Rumpfmannschaft auf Tournee gehen.

Bereits ein Jahr nach Binders Abgang aus Wien begann die Wiener Presse die Rapid-Vereinsführung heftig zu kritisieren.

„Club"-Führung, die von auswärtiger Verstärkung aber schon gar nichts wissen wollte und das Wort „Investitionen" aus dem eigenen Wortschatz verbannt hatte. Dennoch wollte man in Nürnberg einen Neuaufbau der Kampfmannschaft durchführen, um künftig wieder in der Süddeutschen Liga konkurrenzfähig zu sein. Hohe Zielsetzungen, die nicht leicht umzusetzen waren, doch hatte „Bimbo" Interesse an einer Arbeit beim „Club". Es würde nicht leicht werden, aber das störte ihn nicht. Er kannte sich und seine Fähigkeiten, und so unterschrieb er vorerst einen Vertrag für zwei Jahre. Insgesamt sollten es dann sechs tolle Jahre in Nürnberg werden. Bis heute gibt es keinen Trainer beim „Club", der es so lange ausgehalten hat wie Franz Binder. „Bimbo" war den Nürnbergern kein Unbekannter. Während des „Dritten Reichs" spielte er mit Rapid viermal gegen den 1. FC Nürnberg (3 Siege, 1 Niederlage, 2 Binder-Tore), auch von seinen Einsätzen in der deutschen Nationalmannschaft war er den Franken wohlbekannt. Bevor „Bimbo" beim „Club" seinen Trainervertrag unterschrieb, hatte er für seine Regensburger einen neuen Trainer vermittelt. Der Nachfolger wurde sein alter Vereinskamerad und Rapid-Idol, Josef „Pepi" Uridil. In den 20er Jahren war Uridil Rapids großer Goalgetter, ehe er von „Bimbo" abgelöst wurde. Kurios war, dass Uridil 1951 auch Binders Nachfolger bei Rapid und 1954 Meister war.

Nach zwei Jahren in Regensburg wurden also wieder die Koffer gepackt und nach Nürnberg übersiedelt. Sosehr wir uns darüber freuten, dass mein Vater jetzt bei einem der größten und bekanntesten Fußballklubs Deutschlands arbeiten konnte, traf unsere Familie ein schwerer Schicksalsschlag. Meine Schwester Liesl spielte damals mit großem Ehrgeiz bei Jahn Regensburg in der Damen-Handballmannschaft. Irgendwann im Frühjahr 1954 kam sie mit Beschwerden und angeschwollenem rechten Knie nach Hause.

Mein Vater schickte sie sofort zum Vereinsarzt, der eine Schleimbeutelentzündung diagnostizierte, Ruhe und eine Behandlung mit Salben und Umschlägen verordnete. Das Knie wurde jedoch nicht besser. Es war dick geschwollen, wurde immer steifer, und man hatte den Eindruck, das ganze rechte Bein würde immer dicker werden und sich verfärben. Weder der Vereinsarzt noch die Ärzte im Regensburger Krankenhaus fanden eine Erklärung für diese Knieverletzung oder Krankheit. Nach Beendigung der Spielsaison mit Jahn Regensburg im Juni 1954 und der Vertragsunterzeichnung beim 1. FC Nürnberg reiste mein Vater mit Liesl nach Wien, um sie von Spezialisten untersuchen zu lassen. Ein Arzt nach dem anderen wurde konsultiert, meine Schwester von Kopf bis Fuß untersucht, aber keiner der Ärzte fand damals die Ursache ihrer Krankheit. Eine Sportverletzung war auszuschließen, und so konzentrierte man sich auf innere Medizin, Ernährung, Gewebe und Gefäße. Spezielle Ernährung und eine Kur mit Brennnesselsaft brachten nichts. Im Juni war ihr rechtes Bein bereits so angeschwollen, dass es völlig steif war und sich dunkel verfärbte. Meine Eltern waren völlig verzweifelt. Man gab ihnen den Rat, Spezialisten in Italien und Prof. Niehans in der Schweiz aufzusuchen, der damals gerade mit seinen Frischzellenkuren in aller Munde war. Mein Vater und Liesl machten sich also auf den Weg nach Italien und in die Schweiz.

Liesl beim Ausbruch der Krankheit

Chirurg Dr. Hammerschmid (ganz rechts) und sein Ärzteteam von der Uni-Klinik

Weder die Spezialisten in Italien noch Prof. Niehans konntent helfen oder auch nur die Erkrankung diagnostizieren. Nach zwei Wochen, auf dem Rückweg nach Deutschland, besuchten sie dann in München die letzte Klinik, die ihnen empfohlen wurde. Es war die Uni-Klinik in München. Der damalige Oberarzt der Chirurgie, Dr. Josef Hammerschmid, untersuchte Liesl genau, entnahm Gewebeproben. Die Diagnose war für uns niederschmetternd: Krebs. Meine Schwester hatte ein Knochen-Sarkom im rechten Knie, die übelste Krebsart überhaupt, mit Verdacht auf weitere Metastasen in den Organen. Er empfahl eine sofortige Amputation des gesamten rechten Beines und gab meiner Schwester eine Lebenserwartung von ca. drei Monaten. Mein Vater war am Boden zerstört, meine Mutter reiste sofort nach München. Nach einem weiteren Gespräch mit Dr. Hammerschmid wurde meiner Schwester bereits am nächsten Tag das rechte Bein amputiert.

Die Übersiedlung von Regensburg nach Nürnberg war ganz anders geplant gewesen und gestaltete sich letztendlich total chaotisch. Während mein Vater mit meiner Schwester in Italien, Schweiz und Deutschland bei den Ärzten unterwegs war, bereitete meine Mutter die Übersiedlung vor. Sie war damit natürlich total überfordert, und so wurde ich für diese kritische Zeit, es war gegen Schulschluss, in ein Internat in Regensburg gesteckt. Ich kann mich nur mehr sehr dunkel daran erinnern, und so sind mir nur in Blau gekleidete Nonnen mit großen, weißen Hauben, ein miserables fettiges Essen und mein Schulschwänzen mit langen Wanderungen am Donauufer im Gedächtnis geblieben. Chaos total. Ich glaube, es waren nur vier Wochen in diesem Internatsgefängnis, dann bekam ich eine schwere infektiöse Gelbsucht. Gelb wie ein Chinese holte mich meine Mutter nach Nürnberg, und jetzt erfuhr ich erst von der Operation meiner Schwester, von ihrer schweren Krankheit und dass sie in der Uni-Klinik in München liegt.

Die nächsten drei Monate war meine Mutter hauptsächlich im München bei meiner Schwester, mein Vater trainierte den „Club", durch meine schwere Gelbsucht mit entsprechend harter Diät war ich nur mehr ein wandelndes Knochengerüst, und die Schulzeit in der Nürnberger Scharrer-Schule stand vor der Türe. Das war unsere Ankunft in Nürnberg, zum Beginn chaotisch, doch es wurden noch wunderschöne Jahre.

„Bimbo" im Sommer 1954 mit seiner Tochter in der Schweiz, in Italien und in Deutschland auf Ärztetour. Über einen Monat lang konsultierten sie leider erfolglos Ärzte und Spezialkliniken; erst in München fand man die Ursache ihrer Krankheit.

1954–1960

Sechs Jahre Trainer beim 1. FC Nürnberg

Wie schwer die Arbeit beim „Club" werden sollte, wurde „Bimbo" schnell klar. Die Franken waren in den 20er Jahren die dominierende Fußballmannschaft in Deutschland. Der „Club" hatte 1920, 1921, 1924, 1925 und 1927 den Meistertitel nach Nürnberg geholt und stand 1922 und 1934 im Endspiel um die deutsche Meisterschaft. Auch die erste Nachkriegsmeisterschaft 1948 ging nach Nürnberg, und 1935 und 1939 gewannen sie den deutschen Pokal. Die Nürnberger Fußballanhänger waren sehr fachkundig, erfolgsverwöhnt, aber auch sehr kritisch. Die Nürnberger konnten zwar 1948 ihren sechsten Meistertitel nach Hause spielen, aber 1954 war die Mannschaft überaltert und kam über Platzierungen im Mittelfeld nicht mehr hinaus. „Bimbos" Aufgabe war mit einem völligen Neuaufbau der Mannschaft klar definiert. Mit Max Morlock hatte der „Club" einen der besten Stürmer Deutschlands in seinen Reihen, der auch unter Herberger im Team zum Einsatz kam. Um dieses Nürnberger Spieleridol sollte nun eine neue, attraktive und schlagkräftige Mannschaft geformt werden. Leider fehlten dem „Club" die notwendigen finanziellen Mittel, um sich mit arrivierten Spielern verstärken zu können. Die Kasse war leer und die Vereinsführung gab „Bimbo" alle Vollmachten und Freiheiten, nur kosten durfte es nichts.

Die Mannschaft sollte also völlig neu aufgebaut werden. Schon von seinem Vorbild als sportlicher Leiter, Dionys Schönecker von Rapid, hatte er gelernt, dass man für den kompletten Neuaufbau einer Mannschaft, sollte man keine unbeschränkten finanziellen Mittel zur Verfügung haben, mindestens drei Jahre braucht. Das heißt, im ersten Spieljahr musste er denn Kader kennenlernen, mit dem vorhandenen Spielermaterial auskommen und dann sieben bis acht altgediente Spieler durch neue ersetzen. Im ersten Jahr wollte er die Talente im eigenen Nachwuchs und Spieler von Amateurmannschaften aus dem Umfeld von Nürnberg beobachten. Im zweiten Jahr sollten dann bereits neue junge Kräfte in die Mannschaft eingebaut und in der Übertrittszeit schwächere gegen stärkere Talente ausgewechselt werden. Im dritten

Die Sportanlage des 1. FC Nürnberg, der „Zabo", 1954

Jahr dann, wenn alles nach Plan verlief, wollte „Bimbo" um den Meistertitel in der Oberliga Süd mitspielen.

Der Plan war gut. Aber vorerst befand sich im Sommer 1954 ganz Deutschland im Fußballfieber. Die deutsche Nationalmannschaft unter der Regie von Bundestrainer Sepp Herberger hatte die Qualifikation für die Weltmeisterschaft (16. 6. bis 4. 7. 1954) in der Schweiz geschafft. Aber auch die Österreicher waren mit einer sehr starken Mannschaft vertreten und zählten zu den Favoriten. Für „Bimbo" hatte diese WM eine ganz besondere Bedeutung. Er selbst hatte nicht nur für Österreich im Team gespielt, sondern während des „Dritten Reichs" auch neun Mal für die deutsche Nationalmannschaft.

Sein damaliger Teamchef Herberger war noch immer im Amt und mit Max Morlock auch einer seiner

Max Morlock erzielt den Anschlusstreffer zum 1:2 gegen Ungarn im WM-Endspiel 1954.

künftigen Clubspieler. Aber weit mehr Kontaktpunkte gab es zur österreichischen Mannschaft. Sieben Rapidler waren im Teamkader: Zeman, Hanappi, Happel, Dienst, Probst und die Brüder Robert und Alfred Körner. Es waren jene Spieler, die „Bimbo" nach 1945 aus dem eigenen Nachwuchs oder von anderen Vereinen für Rapid erworben und in die große Rapid-Mannschaft der 50er Jahre eingebaut hatte. Trotz der tragischen Umstände um seine Tochter Liesl verfolgte er die WM interessiert, war traurig über die 1:6-Niederlage Österreichs gegen Deutschland im Semifinale, aber freute sich dann sehr über den neuen Weltmeister Deutschland, der im Finale die favorisierten und objektiv besseren Ungarn 3:2 bezwang. Max Morlock erzielte bei dieser WM sechs Tore, sein wichtigstes war der Anschlusstreffer zum 1:2 im Endspiel gegen Ungarn. Mitte Juli 1954 kehrte auch Weltmeister Morlock zur Mannschaft nach Nürnberg zurück, und „Bimbo" konnte mit dem kompletten Kader die Vorbereitung auf die Meisterschaft der Süddeutschen Oberliga durchführen.

Mit folgendem Kader ging „Bimbo" in seine erste Spielsaison beim „Club": die Torhüter Edi Schaffer (33 Jahre) und Günther Fößel (26), die Abwehrspieler Konrad Kraft (24) und Alfred Mirsberger (27), im Mittelfeld Günther Baumann (33), Gerhard Bergner (27), Fritz Kapp (28), Horst Schade (32), Konrad Schiffer (25), Walter Zeitler (24) und Gustav Schober (27), den Angriff bildeten Kurt Ucko (30), Siegfried Wagner (18), Konrad Winterstein (27), Waldemar Schweinberger (24), Günther Glomb (34), Helmut Herboldsheimer (29) und Max Morlock (29).

Diese 18 Spieler hatten einen Altersdurchschnitt von fast 28 Jahren. An diesem Spielerkader fällt nicht nur der hohe Altersdurchschnitt auf, sondern auch das Defizit an Abwehrspielern. Die Mannschaften

Der „Club" 1954, als „Bimbo" das Training übernahm.

und Taktiken des Weltklasse-Stürmers Binder waren immer offensiv und auf Tore ausgerichtet, doch beim „Club" war das Übergewicht an Mittelfeldspielern und Stürmern eklatant groß und die Abwehr sträflich vernachlässigt. Dieses Spielsystem von einem Tag auf den anderen umzustellen war nicht möglich. Er probierte verschiedene Varianten in der Abwehr aus, doch es fehlten an bestimmten Positionen die dafür geeigneten Spieler, und einige von den „alten" Spielern wollten oder konnten nicht mehr mithalten. Zum Saisonende 1954/55 lag der „Club" am 9. Tabellenplatz. 12 Siegen standen 5 Unentschieden und 13 Niederlagen gegenüber. Mit 64 erzielten Toren lagen die offensiven Nürnberger im oberen Mittelfeld, aber die 51 erhaltenen Tore waren eindeutig zu viel. Die erste Spielsaison war nur ein Sondierungsjahr, das wussten auch die Vereinsleitung und die Fans.

Privat hatte „Bimbo" ein kleines Erfolgserlebnis. Entgegen aller Vorhersagen der Ärzte hatte Tochter Elisa-

Liesl nach der Operation im Jänner 1955

Das Clubhaus im „Zabo“

Paula und Liesl

Die stolze Führerscheinbesitzerin

beth ihre schwere Operation mit Beinamputation in der Münchner Uniklinik überraschend gut überstanden. Selbst Dr. Hammerschmid war erstaunt, wie gut die Genesung seiner Patientin fortschritt. Nach drei Monaten, mit einer Rehabilitation (Prothesenanpassung), durfte sie die Klinik verlassen und nach Nürnberg zu ihrer Familie kommen. Leider konnte der Genesungsfortschritt die Krebserkrankung selbst nicht stoppen. Untersuchungen ergaben, dass mit der Beinamputation nur eine momentane kritische Situation behoben werden konnte. Ihre Krebserkrankung (Sarkom) war schon vor der Operation so weit fortgeschritten, dass sich Metastasen gebildet hatten und deshalb eine Heilung unmöglich war. Der behandelnde Arzt gab ihr jetzt noch zwei Jahre. Für meine Eltern war klar, dass die Zeit, die sie noch mit uns verbringen konnte, so angenehm und schön wie möglich sein sollte. So unangenehm diese Situation auch für meinen Vater war, lebte er doch wieder auf, als seine Liesl nach Hause kam. Im November 1954 feierten wir in Nürnberg ihren 18. Geburtstag.

Sie war eine bemerkenswerte junge Frau, sie liebte das Leben, tat alles für ihre Genesung und wusste doch, dass ihre Lebenserwartung nicht hoch sein würde. Ganz besonders freute sich eine Nürnberger Handballerin, dass es meiner Schwester wieder etwas besser ging. Im Frühjahr 1954, knapp bevor der Krebs bei Liesl ausbrach, spielte sie mit den Handballerinnen von Jahn Regensburg beim 1. FCN in Nürnberg, damals noch auf dem Feld. Beide Vereine hatten in ihren Vereinsfarben Rot, und der Zeugwart von Jahn hatte Liesls Dress in Regensburg vergessen. Die Liesl ging also zum Kapitän der Clubdamen und fragte, ob man ihr nicht einen Dress für das Spiel borgen könnte. Paula Wurzer konnte an diesem Tag nicht spielen und borgte Liesl ihren Dress. Die Damen vom „Club" waren viele Jahre Deutschlands bestes Frauen-Handballteam, sie gewannen das Spiel klar, aber Paula hatte Liesl nicht vergessen.

Der „Club" war ja kein reiner Fußballverein, sondern ein Klub, in dem viele Sportarten wie Handball, Leichtathletik, Tennis, Schwimmen, Fechten und Hockey für Damen und Herren ausgeübt wurde. Das Stadion des 1. FC Nürnberg befand sich in Zerzabelshof, hatte Platz für ca. 25.000 Zuschauer, eine 400-Meter-Aschenlaufbahn, mehrere Trainingsplätze, Tennis- und Hockeyanlagen, ein eigenes Schwimmbad mit einer 50-Meter-Bahn und ein großes Klubhaus mit Restaurant und Büroräumen. Die ganze Anlage wurde von den Einheimischen einfach „Zabo" genannt". Eines Tages sprach Paula meinen Vater im Klubhaus an, erzählte ihm von der geborgten Dress und fragte, wie es denn der Liesl gehe, da alle von ihrem schweren Schicksal wussten. Daraufhin lud mein Vater Paula ein, Liesl zu Hause zu besuchen, sie würde sich sicher freuen. Gesagt, getan, sie besuchte Liesl, und daraus wurde eine tiefe innige Freundschaft für ihr kurzes Leben. Paula wurde als fünftes Mitglied in die Familie Binder aufgenommen. Obwohl seit dem Tod meiner Schwester 53 Jahre vergangen sind, besteht diese Freundschaft zur Familie immer noch.

Den Sommer 1955 verbrachte die Familie in Wien. „Bimbo" musste aber schon nach zwei Wochen zurück nach Nürnberg zu seiner Mannschaft. Wir genossen

Holt Bimbo-Binder!

Bei der am kommenden Sonntag stattfindenden Generalversammlung des ÖFB wird die wichtige Frage des zukünftigen Bundeskapitäns angeschnitten werden. Es ist zu hoffen, daß endlich Klarheit geschaffen wird und man sich nicht mit Übergangslösungen aus der Affäre zu ziehen trachtet, wie dies vielfach angekündigt wurde.

Österreichs Fußballteam braucht einen „starken Mann", darüber gibt es keinen Zweifel. Je mehr Leute bei der Teamaufstellung mitreden, desto verfahrener wird der Karren. Der neue Bundeskapitän muß für das Team allein verantwortlich zeichnen, und niemand, auch nicht die höchsten Stellen im ÖFB, werden dem Bundeskapitän in Hinkunft dreinreden dürfen.

Leider gibt es aber im ÖFB zahlreiche Funktionäre, die brennend gern in der Teamaufstellungsfrage ihr Süppchen mitkochen würden. So ist es denn kein Wunder, wenn man sich nicht darüber einigen kann, den kommenden Bundeskapitän mit den nötigen Vollmachten auszustatten.

Es wäre aber doch besser, auf die Öffentlichkeit zu hören und die Vernunft sprechen zu lassen. Der österreichische Fußball wird zweifellos noch tiefer absinken, wenn nicht in Kürze wieder eine starke Persönlichkeit die Geschicke des Teams in die Hand nimmt.

Für die Wahl des neuen Bundeskapitäns ergeben sich daher folgende Hauptforderungen: Der neue Bundeskapitän muß hauptamtlich arbeiten. Er muß mit allen nötigen Vollmachten ausgestattet sein. Er muß gleichzeitig als Verbandstrainer fungieren und er muß auf längere Sicht arbeiten und planen können. Für alle seine Handlungen soll er die alleinige Verantwortlichkeit tragen.

Wir wüßten einen Mann, dem man das Schicksal des österreichischen Teams anvertrauen könnte. Er kennt die Spieler wie kaum ein anderer, er hat sich als Trainer und Funktionär bewährt, und er genießt in der Fachwelt das beste Ansehen. Unsere Spieler schätzen ihn, sie fürchten ihn aber auch, weil sie wissen, daß er, wenn es sein muß, hart durchgreifen kann. Wir meinen keinen anderen als Bimbo-Binder, dessen Fähigkeiten und dessen sportliche Einstellung über jeden Zweifel erhaben sind. Schon einmal haben wir unsere Stimme für Binder erhoben, und heute können wir es nur wiederholen: Holt Bimbo-Binder zurück!

Wer könnte unseren Stürmern das Schießen besser beibringen als der einst gefürchtetste österreichische Goalgetter? Wer könnte sie eine zweckmäßigere Spielweise besser lehren als der stets uneigennützig und zweckmäßig operierende Angreifer? Binder wird schneller als jeder Ausländer die augenblickliche Situation erfassen. Er kennt alle Spieler und sie kennen ihn. Es wäre für Österreichs Fußball in dieser Situation das beste, dem langen Hütteldorfer Ex-Kanonier die Chance zu geben und ihn so rasch als möglich heimzuholen.

Vom 1. bis 17. Mai 1955 gastierte der „Club“ auf Einladung der „Deutschen Einwanderer in den USA“ in New York.

In sechs Spielen gegen amerikanische Auswahlmannschaften erreichte der „Club“ fünf Siege bei einer Niederlage. Ein siebentes Spiel gegen den FC Sunderland aus England endete 1:1.

die Heimat, und Liesl blühte immer mehr auf. Sie ging mit ihrer Prothese so gut, dass es kaum auffiel. Sie hatte Spaß daran, sich mit ihren alten Freunden in Wien zu vergnügen. Für mich selbst war diese Zeit nicht so leicht. Ich war alt genug, um die Schwere der Krankheit meiner Schwester zu verstehen und dass sich meine Eltern um ihre Rehabilitation kümmern mussten, dagegen hatte ich auch nichts. In dieser schwierigen Zeit war ich doch sehr einsam, es ging mir zwar nicht schlecht, mein Leben war sehr ausgefüllt. Aber die Wärme und Zuneigung meiner Eltern fehlte mir sehr. Diese Zeit half mir, sehr jung schon Selbständigkeit zu entwickeln.

Die Krankheit meiner Schwester prägte unsere ganze Familie, wir waren sehr verschlossen und jeder hatte dieses schwere Schicksal mit sich alleine verarbeitet. Anfang September kehrte auch Liesl nach Nürnberg zurück und wollte unbedingt den Führerschein machen, damit sie öfter nach Wien fahren könnte. Dieses Vorhaben war aber nicht ganz einfach.

Das für Führerscheine zuständige Amt in Nürnberg hatte im Prinzip nichts gegen behinderte Fahrer, die gab es ja in Deutschland nach dem Krieg genug. Es gab aber noch keine Anfrage einer rechts komplett beinamputierten jungen Frau. Es wurde festgelegt, dass die Bedienung des Gaspedals mittels eines Hebels links neben dem Lenkrad zu erfolgen hatte und das Bremspedal und das Kupplungspedal so knapp nebeneinander liegen müssen, dass diese gemeinsam mit dem linken Fuß gedrückt werden könnten, und zwar so, dass, wenn man das Bremspedal drückt, auch ausgekuppelt werden kann. Die Auflagen waren klar und verständlich, nur hatte keine Fahrschule in Deutschland ein derart präpariertes Schulungsfahrzeug. Für die VW-Niederlassung in Nürnberg war dies kein Problem. In wenigen Tagen wurde unser VW umgebaut, und die Liesl konnte ihre Fahrstunden mit dem eigenen Fahrzeug absolvieren. Sie war eine ausgezeichnete Fahrerin und schaffte trotz ihrer Behinderung die Lenkerprüfung in knapp vier Wochen.

Im Frühjahr 1955 wollte die Generalversammlung des ÖFB einen neuen Bundeskapitän (Teamchef) bestellen. Der „Sportfunk“ machte sich für „Bimbo“ Binder stark, der alle Voraussetzungen dafür hatte. Tatsächlich gab es eine offizielle Anfrage des Verbandes, aber „Bimbo“ lehnte aus mehreren Gründen ab. Er war noch immer vom Verhalten seiner „Freunde“ bei Rapid gekränkt und wollte deshalb nicht nach so kurzer Zeit nach Wien zurück. Die schwere Erkrankung seiner Tochter und die optimale Rehabilitation durch die Uni-Klinik in München waren durch die geringere Entfernung nach Nürnberg wesentlich effektiver zu gestalten. Der letzte Punkt war, dass er glaubte, als Teamchef zu wenig ausgelastet zu sein, und er durch seinen täglichen persönlichen Einsatz als Trainer bei einem Verein mehr bewirken könne.

Für die Spielsaison 1955/56 konnte „Bimbo“ noch keine große Kaderänderung erwirken. Seine Wünsche nach echten Verstärkungen wollte der Verein nicht erfüllen. Er bekam nur einen zusätzlichen Abwehrspieler und holte von einem kleinen Verein einen jungen, talentierten Tormann, den er als Nachfolger von Edi Schaffer aufbauen wollte: Roland Wabra. Er musste also noch ein weiteres Jahr mit seinen alten Recken in die Meisterschaft gehen. Aber spielerisch und taktisch hatte sich der „Club“ schon wesentlich verbessert. Er stellt die Spieler auf jene Positionen, die sie seiner Meinung nach am besten ausfüllen konnten, und spielte ein System, das auf seine Spieler zugeschnitten war. Er konnte sich auf Stützen wie Schaffer,

Warum keine Rückkehr Binders

„Bimbo" Binder weilte auf Kurzurlaub in Wien. Er, der zweifellos Österreichs populärster Nachkriegsfußballer war und heute zu den erfolgreichsten Trainern Europas zählt, ist vertraglich nur mehr bis Ende Juni an den süddeutschen Spitzenreiter, FC Nürnberg, gebunden.

Es ist daher verständlich, daß jene, die den „Langen" gern wieder in Wien sehen möchten, fragten, ob er noch immer gegen eine Rückkehr ist. „Nürnberg hat mir einen neuen Zweijahresvertrag angeboten", meinte Binder. „Die Bedingungen sind ausgezeichnet. Ich werde unterschreiben.

Italienischen und spanischen Klubs, die mich ebenfalls als Trainer verpflichten wollten, habe ich abgesagt.

Warum keine Rückkehr

Eine Rückkehr nach Wien? Sie kommt vorläufig nicht in Frage. Aber nicht deswegen, weil ich im Ausland mehr verdiene, sondern deswegen, weil ich ein prächtiges Betätigungsfeld habe und man mich dort, als ich Wien verließ — was, das möchte ich feststellen, nur ungern geschehen ist —, mit offenen Armen aufgenommen hat. Man sorgte sich um mich, kam mir in jeder Weise entgegen, und es ist selbstverständlich, daß ich mich in Deutschland heute wohl fühle. Ich rechne das auch den Deutschen, die immer fair zu mir waren, hoch an und will das gute Verhältnis durch eine vorzeitige Abreise nicht trüben.

Später einmal ...

Vielleicht werde ich später einmal meine Zelte wieder in Österreich aufschlagen. Dann, wenn ich das kleine Unrecht, das man an mir begangen hat, ganz überwunden habe. Ein Trainer muß freie Hand haben, muß in sportlichen Dingen allein entscheiden können. Das kann man in Deutschland, ob ich es in Österreich könnte, bezweifle ich. In Österreich wird den Trainern zuviel dreingeredet. Erlauben sie sich einmal einen Einwand, wird ihnen sofort zu verstehen gegeben, daß sie nur Angestellte, nur bezahlte Kräfte sind. Daß man so nicht erfolgreich arbeiten kann, wird wohl jedem einleuchten."

Italien und Spanien wollen „Bimbo" Binder

Der kürzlich auf Urlaub in Wien gewesene Exrapidler „Bimbo" Binder zählt zu den erfolgreichsten und bekanntesten Trainern Europas. Es ist vor allem sein Verdienst, daß der von ihm betreute FC Nürnberg Tabellenführer der süddeutschen Oberliga und erster Anwärter auf den Meistertitel ist.

Als Binder vor zwei Jahren die **Trainerstelle** bei den Nürnbergern übernahm, **wies** die Mannschaft nicht weniger als acht **Spieler** über 30 Jahre auf. Seither hat der **Exrapidler** die Elf völlig umgekrempelt **und** etliche junge Talente herausgebracht.

Die Arbeit Binders wurde auch außerhalb Deutschlands bekannt. Dies geht aus **zwei** Angeboten hervor, die der ehemalige **Hütteldorfer** Goalgetter kürzlich aus **Italien und** Spanien erhalten hat.

Glomb, Herboldsheimer, Schade, Ucko und Morlock mit ihrer Erfahrung zwar verlassen, aber alle waren schon über 30 Jahre. Ohne neue junge Kräfte gab es keine Aussicht auf eine Verbesserung für die Zukunft. Der Verein hatte ein großes internes Problem durch die Vielfalt seiner Sportabteilungen. Aus allen diesen Abteilungen waren Vertreter im Vereinsvorstand, jede Abteilung erhielt ihr eigenes Budget, Investitionen und Personalfragen (Akteure und Angestellte) wurden von allen beschlossen (oder auch nicht). Obwohl die Fußballabteilung praktisch den gesamten Verein finanzierte, war sie letztendlich nur ein Rädchen im Vereinsgetriebe. Über die Ausgaben für neue Spieler entschied der Vereinsvorstand, wie z. B. der Leiter der Hockeyabteilung und der Tennissektion, Schwimmer-, Radball-, Leichtathletik- und Handballobmann. Diese Funktionäre hatten natürlich ihre eigenen Vorstellungen und Wünsche für ihre Abteilungen und daher auch wenig Interesse, in neue Kicker zu investieren.

Aber nach dem Ende der Saison 1955/56 sahen auch die am Fußball desinteressierten Vereinsfunktionäre des „Clubs" ein, dass eine weiterhin erfolglose Fußballabteilung den Weiterbestand des ganzen Vereines in Frage stellte. „Bimbos" zweite Saison erbrachte nur eine unwesentliche Verbesserung auf den 7. Tabellenplatz. Sein auf zwei Jahre befristeter Trainervertrag lief aus, und für die gewünschte Verlängerung seiner Tätigkeit beim „Club" verlangte er eine Verstärkung der Mannschaft. Der Vorstand brauchte sehr lange, um sich von dieser Notwendigkeit überzeugen zu lassen. Zähneknirschend stimmten sie einem Kompromiss mit „Bimbo" zu. Da er die finanzielle Situation des Vereines kannte, kamen teure Einkäufe nicht in Frage. In den beiden vergangenen Jahren hatte er sich in der Fußballszene der Umgebung von Nürnberg genau umgesehen und einige Namen von Spielern in seinem Notizbuch notiert. Wenn er schon keine bekannten Spieler bekommen sollte, so wollte er jetzt jene, die er schon seit einiger Zeit beobachtet hatte. Hier kam wieder „Bimbos" spezielle Fähigkeit zum Vorschein, talentierte junge Fußballer zu erkennen, die für seine Mannschaft wertvoll sein könnten. Das war schon bei Rapid so und auch bei Jahn Regensburg.

Der Vorstand gab sein O.K. und Binder holte von kleinen Vereinen aus der Nürnberger Umgebung seine Wunschspieler in den „Zabo". Es waren dies der Mittelfeldspieler Heinz Kreißel (23 Jahre), der defensive Mittelfeldspieler Josef „Jo" Zenger (21) und der bullige Stürmer Max Schmid (23). Der Mittelfeldspieler Walter Zeitler (26) und Stürmer Heinrich Müller

Binder nicht zu Rapid

Wenn Trainer „Bimbo" schießt, zieht sich Torhüter Schaffer die Wollhandschuhe an

Spezialbericht für den „Neuen Kurier" von Gerhard Bergner

Nürnberg, 23. September. **„Bimbo"-Binder hat beim 1. FC Nürnberg einen Dreijahresvertrag, der erst im Sommer 1957 abläuft. Er denkt vorläufig nicht daran, den „Klub" zu verlassen, um etwa wieder zu seinem Wiener Stammverein als Betreuer zurückzukehren. Außerdem ist Binders Trainergage in Nürnberg so hoch, daß ihm wohl kaum ein anderer Verein auf dem Kontinent ein ähnlich günstiges finanzielles Angebot machen könnte. Alle Wiener Kombinationen rund um Binder und Rapid dürften vorläufig also Wunschträume sein.**

„Ich lebte mich beim 1. FC Nürnberg sehr gut ein, habe ein gutes Verhältnis mit Spielern und Vereinsleitung, und auch meine Familie fühlt sich hier wohl. Meinen Vertrag werde ich unter allen Umständen erfüllen. Was nach dem Jahre 1957 geschieht, weiß ich vorläufig noch nicht": das sind Binders Worte, der zwar im Herzen nach wie vor Rapidler ist, gegenwärtig jedoch keine Möglichkeit sieht, seinem Klub zu helfen.

Binder wirkt beim 1. FC Nürnberg sehr erfolgreich. Die Mannschaft liegt gegenwärtig am dritten Tabellenplatz, und der lange Wiener erfreut sich allgemein größter Beliebtheit. Seine Erfolge dürften auf sein geschicktes Umgehen mit den Spielern beruhen. Er leitet nicht nur das Training der Kampfmannschaft, sondern betreut auch die Jugend- und Reserveteams, er ist also ganzwöchig stark beschäftigt. Auch heute noch bewundern selbst die besten Spieler des „Klubs" seine Schußkraft. Im Training gibt er nicht nur Anweisungen, sondern zeigt den Leuten praktisch, wie man scharf und placiert schießt.

Ein einziger Mann in der Mannschaft sieht dies allerdings nicht ausgesprochen gern: Torhüter Schaffer. Er erklärt: „Wenn Bimbo selbst schießt, dann ziehe ich mir selbst im Sommer meine Wollhandschuhe an."

(22) erarbeiteten sich in Binders Training wieder einen Stammplatz in der Kampfmannschaft. Jetzt war „Bimbo" etwas zufriedener. Er hatte eine gute Mischung aus Alt und Jung, Erfahrung und Kampfkraft, Routine und Kreativität. Viele der Club-Fans kannten einige der neuen Spieler nicht und standen dem Optimismus des Trainers sehr kritisch gegenüber. Mit dieser zusammengewürfelten Mannschaft werde der „Club" untergehen, davon waren zu Saisonbeginn 1956/57 die Anhänger überzeugt. Selbst die eigenen Vorstandmitglieder zweifelten, ob sie mit der Vertragsverlängerung für den Trainer die richtige Entscheidung getroffen hatten. Wahrscheinlich hatte sich „Bimbo" damit sein eigenes Grab geschaufelt.

Mitte der 50er Jahre waren die Spitzenvereine der Oberliga Süd Kickers Offenbach, Karlsruher SC, Eintracht Frankfurt, VfB Stuttgart, BC Augsburg und die SpVgg Fürth. Der FC Bayern war 1955 abgestiegen und schaffte 1956 gleich wieder den Aufstieg. 1860 München hatte 1955/56 ein einjähriges Gastspiel in der Oberliga Süd und kam in der Saison 1957/58 wieder. Beide Münchner Vereine waren damals noch keine große Konkurrenz, etablierten sich aber ständig im oberen Mittelfeld. Für die anstehende Saison 1956/57 waren von den deutschen Fachleuten und Journalisten Kickers Offenbach, der Karlsruher SC und der VfB Stuttgart zu den Favoriten erkoren worden. Der „Club" mit seiner jungen Truppe schien nicht einmal im erweiterten Kreis der Titelkandidaten auf. Binder war dies nur recht. Er brauchte die Spieler nicht mehr extra zu motivieren, die wollten es jetzt allen zeigen und fieberten dem Saisonstart entgegen.

Liesl auf dem Weg zum Großglockner: Der neue Porsche-Motor ist in Ordnung.

Liesl sah gut aus, nahm zu, genoss ihr Leben. Da sie den Führerschein gemacht hatte, war sie, gemeinsam mit ihrer Freundin Paula, sehr oft in Wien. Auch die Spiele des „Club“ besuchte sie regelmäßig und fuhr mit Mutter und Paula zu Auswärtsspielen. Sie war eine ausgezeichnete und sichere Autofahrerin. Auf der Heimfahrt von einem Auswärtsspiel hatte sie im Spätherbst 1955 mit unserem Käfer einen Motorschaden. Der Wagen wurde zum VW-Dienst nach Nürnberg geschleppt. Leider musste der Motor erneuert werden. Der Werkstattmeister machte meinem Vater das Angebot, in unseren VW von einer Porsche-Havarie den intakten und stärkeren Motor einzubauen. Ein Wahnsinn die Steigerung von 22 KW des VW-Motors auf 32,4 KW des Porsche-Motors. Mein Vater stimmte zu und zwei Tage später holten wir unseren „Käfer-Porsche“ ab. Eigentlich sah er aus wie vorher, aber von hinten erkannte man den stärkeren Motor an den zwei dicken Auspuffrohren. Dazu musste die Karosserie hinten ausgeschnitten werden, und so hatten wir im Herbst 1955 einen der ersten „getunten“ „Beetle“ mit einem tollen Porsche-Sound.

Die Familie hatte sich in den beiden vergangenen Jahren in Nürnberg gut eingelebt. Liesl ging bewundernswert mit ihrer Krankheit um. Mir selbst gefiel es in Nürnberg auch sehr gut. Wir wohnten im Osten der Stadt, in einer neuen Wohnanlage. Zerzabelshof lag in unmittelbarer Nähe zum Tiergarten und dem ehema-

Unser neues Heim in der Bertastraße

Die wunderschöne historische Altstadt Nürnbergs (links) wurde im Krieg durch Bomben völlig zerstört und die Burg (rechts) schwer beschädigt.

ligen Parteitagsgelände auf dem Zeppelinfeld. Das Fußballstadion und die große Sportanlage des „Club" waren nur wenige Gehminuten von unserem Wohnhaus entfernt. Für mich stand 1956 die 5. Klasse in der Scharrer-Schule auf dem Programm. Als wir 1952 nach Regensburg kamen, hatte die Stadt an der Donau, sieben Jahre nach Kriegsende, noch sehr schwere Beschädigungen durch die Bombardierungen der Amerikaner. Die Ruinen, die ich 1954 in Nürnberg sah, übertrafen jene von Regensburg bei weitem. Nürnberg war nicht nur die Stadt der Reichsparteitage der Naziregierung gewesen, sondern auch ein wichtiger Verkehrsknotenpunkt und Produktionsstandort für Rüstungsgüter. Noch 1954 arbeitete man mit Hochdruck an der Säuberung der Altstadt von Bauschutt und der Herstellung der Infrastruktur wie Strom, Gas, Wasser und Kanalisation. Bis 1956 wurden die meisten wichtigsten Wiederaufbauarbeiten begonnen bzw. abgeschlossen.

Schon beim Start in die Spielsaison 1956/57 überraschten die neuformierten „Cluberer" nicht nur die eigenen Fans, sondern auch die Fachleute. Die Mannschaft präsentierte sich diszipliniert, spielfreudig und kampfkräftig. Die unbekannten Neuen schlugen toll ein. „Jo" Zenger stabilisierte und organisierte die Abwehr hervorragend, Heinz Kreißel wurde zum Spielgestalter und Max Schmidt war auf Anhieb der neue Goalgetter. Aber auch die „Alten" kamen in einen zweiten Frühling und boten konstant gute Leistungen. „Bimbo" stellte jetzt Morlock als echten Stürmer auf, und das Clubidol zeigte auf dieser Position seine Qualitäten als Torschütze.

Schon zur Halbzeit der Meisterschaft hatte der „Club" die Tabellenführung erobert, die Zuschauer waren begeistert. Die Nürnberger konnten die großen Favoriten Kickers Offenbach, den Karlsruher SC und den VfB Stuttgart auf Distanz halten.

Meiner Schwester ging es den Umständen entsprechend ganz gut. Die Beinprothese beherrschte sie perfekt und das verhalf ihr, ein fast normales Leben zu führen. Gerne hätte sie einen Beruf ausgeübt, doch der in ihr schlummernde Krebs, die medikamentöse Behandlung und ihre Behinderung ließen dies nicht zu. Ihr Arzt, Dr. Hammerschmid, kam monatlich mit dem Flugzeug von München nach Nürnberg zu einer Untersuchung. Er flog im Krieg ein JU-88-Kampfflugzeug von Norwegen aus auf alliierte Geleitzüge im Eismeer. Als begeisterter Pilot flog er auch privat nach dem Krieg. Er hatte sich von den Amerikanern ein zweisitziges, kleines einmotoriges „Piper"-Flugzeug gekauft, mit dem er immer nach Nürnberg kam. Meinen „Erstflug" über Nürnberg absolvierte ich mit Dr. Hammerschmid in seinem „Leukoplastbomber", wie er sein stoffbespanntes Flugzeug nannte. Wie der Arzt vorhergesagt hatte, hatten sich bei meiner Schwester

Die Mannschaft des 1. FC Nürnberg 1957

Trainerkollege Pal Csernaj besucht „Bimbo" und gratuliert zum Meistertitel.

Die Meistermannschaft des 1. FC Nürnberg

Metastasen in der Lunge gebildet, die nicht operabel waren und im Winter 1956/57 noch keine besonderen Beschwerden verursachten.

Für meinen Vater gab es in der Frühjahrssaison nur eine Zielsetzung: den Meistertitel in der Oberliga Süd. Mit den Kickers aus Offenbach gab es in den ersten Runden ein Kopf-an-Kopf-Rennen. Mehrmals wechselte die Führung, aber ab der 20. Meisterschaftsrunde gaben die Nürnberger die Tabellenführung nicht mehr ab. Obwohl die Offenbacher gegen den „Club" in der vorletzten Runde im direkten Duell mit 1:0 im „Zabo" gewonnen hatten, war der Meistertitel in der Oberliga Süd dem 1. FC Nürnberg nicht mehr zu nehmen. Nürnberg stand kopf, „Bimbo" und seine Mannschaft wurden von den Fans enthusiastisch gefeiert. Der Meistertitel brachte alle Kritiker zum Schweigen, der „Club" hatte sich auch für die Spiele um die „Deutsche Fußballmeisterschaft" qualifiziert.

Bis zur Einführung der Bundesliga wurde die deutsche Meisterschaft in einer Endrunde ausgespielt. Von den vier Oberligen waren jeweils der Meister und der Zweite qualifiziert. Diese acht Vereine wurden in zwei Gruppen gelost und spielten dort einmal gegeneinander. Hatte ein Verein Glück und bekam zwei Heimspiele zugesprochen, so war dies ein enormer Vorteil für den Gruppensieg.

Tabelle Oberliga Süd – Saison 1956 /57

1.	1. FC Nürnberg	30	76 : 33	47
2.	K. Offenbach	30	81 : 35	43
3.	Karlsruher SC	30	74 : 41	41
4.	VfB Stuttgart	30	69 : 44	39
5.	E. Frankfurt	30	60 : 42	35
6.	SpVgg Fürth	30	61 : 57	29
7.	VfR Mannheim	30	51 : 54	29
8.	Aschaffenburg	30	44 : 54	27
9.	Regensburg	30	46 : 73	27
10.	FC Bayern	30	52 : 62	26
11.	FSV Frankfurt	30	41 : 60	26
12.	1. FC Schweinfurt	30	41 : 68	24
13.	BC Augsburg	30	23 : 37	23
14.	Stuttgarter Kickers	30	46 : 50	22
15.	Augsburg	30	35 : 64	22
16.	Freiburger FC	30	43 : 66	20

In Gruppe 1 spielten: Hamburger SV, 1. FC Nürnberg, Duisburger SpV, 1. FC Saarbrücken.
In Gruppe 2 spielten: Borussia Dortmund, Kickers Offenbach, 1. FC Kaiserslautern, Hertha BSC.

Die Nürnberger hatten Pech bei der Auslosung und mussten zwei Spiele auswärts austragen. Zum ersten Spiel fuhr der „Club" nach Saarbrücken und erreichte ein verdientes 2:2-Unentschieden. Entscheidend für den Gruppensieg konnte damit schon das zweite Spiel gegen den Favoriten aus Hamburg werden. Der HSV trennte sich ebenfalls mit einem 1:1-Unentschieden gegen den 1. FC Saarbrücken, und damit war die

Bimbo", Happel und Sohn, Hotelier Eschlböck

Liesl, Paula, Fam. Happel, mein Vater und ich

Gruppe 1 nach zwei Spielen noch völlig offen. Zum zweiten Spiel in Hamburg mussten die Nürnberger eine weite Anreise in Kauf nehmen. Der HSV stellte eine routinierte und erfahrene Mannschaft, und die ambitioniert aufspielenden, aber noch unerfahrenen Franken brachten die Hamburger an den Rand einer Niederlage. Lange stand das Spiel auf des Messers Schneide, aber zwei vermeidbare Eigenfehler ermöglichten einen knappen 2:1-Sieg der Hamburger. Damit hatte der „Club" den Gruppensieg verschenkt. Im letzten Spiel sahen die Nürnberger Fans noch ein 2:2 gegen Duisburg. „Bimbo" war über das Ausscheiden ein wenig enttäuscht, denn ein Sieg gegen die Hamburger wäre durchaus möglich gewesen. Die Mannschaft zeigte Herz und Einsatz, aber es fehlte an Routine für diese schwere Endrunde. Der Finalgegner des HSV war die Borussia aus Dortmund, die nichts anbrennen ließ und sicher mit einem 4:1-Sieg den Titel in den Ruhrpott holte.

Die „Cluberer" hatten eine erfolgreiche Saison absolviert und „Bimbo" schickte seine Mannschaft in den wohlverdienten Urlaub. Sein Vertrag mit dem „Club" war mit Ende der Spielsaison 1956/57 beendet, aber durch den großen Erfolg, den Binder mit seiner Mannschaft hatte, bot ihm der Verein eine Vertragsverlängerung für weitere drei Jahre an, die er akzeptierte.

Für die Familie Binder ging es wie immer auf erholsame Wochen nach Wien. Diesmal stand aber auch eine Woche Urlaub am Mondsee auf dem Programm. Die Familie Eschlböck betrieb in Plomberg am Mondsee eine Pension mit Restaurant. Dort wollte Binder sich auch mit Ernst Happel, dessen Frau und kleinem Sohn treffen, um gemeinsam einige schöne Tage zu verbringen. Gastronom Eschlböck war ein langjähriger und begeisterter Rapid-Fan und erfüllte seinen Rapid-Stars alle Wünsche. Die Pension Eschlböck hatte eine eigene Anlegestelle für das Personenschiff, und direkt vor dem Haus war eine Haltestelle der wenige Jahre später eingestellten Salzkammergut-Schmalspurbahn. Meine Schwester lud ihre Freundin Paula nach Plomberg ein. Wir machten Ausflüge mit dem Schiff, ruderten und segelten über den Mondsee, fuhren mit der Bahn nach Bad Ischl und dampften mit der Zahnradbahn auf den Schafberg. Es waren die schönsten Ferien in meiner Jugend. Damals wusste ich noch nicht, dass es unser letzter gemeinsamer Urlaub mit meiner Schwester sein sollte.

Viel zu schnell war die schöne Zeit am Mondsee vorbei. Mein Vater musste zurück nach Nürnberg, um seine Mannschaft auf die kommende Saison vorzubereiten, Happel reiste zurück zu Rapid, und wir fuhren nach Wien zu unseren Freunden und Bekannten. Egal, wo „Bimbo" auch war, über Fußball wurde immer geredet. Natürlich waren zwischen meinem Vater und Happel auch Rapid und die ständigen Stimmen für eine Rückkehr meines Vaters nach Hütteldorf Gesprächsthema. Auch im Sommer 1957 gab es in den Medien Rufe nach Binder, und Happel bestätigte auch einen Meinungsumschwung in den Reihen Rapids. Man bedauerte seinen Abgang in Wien sehr.

Nur wenige Kilometer von Nürnberg entfernt lag das kleine Städtchen Herzogenaurach. Diese kleine Stadt in Franken war die Geburtsstätte der modernen Sportschuhe. Nach dem Ersten Weltkrieg gründeten dort die Brüder Adolf und Rudolf Dassler eine Schuhfabrik. Sie erkannten eine Marktlücke und spezialisierten sich auf Sportschuhe. Fußballer und Leichtathleten waren die ersten Zielgruppen. So gewann 1936 der Amerikaner Jesse Owens bei den Olympischen Spielen in Berlin vier Goldmedaillen in Dassler-Schuhen. Nach dem Zweiten Weltkrieg trennten sich die Brüder wegen persönlicher Differenzen. Rudolf gründete 1947 mit Puma seine eigene Marke. Adolf Dassler blieb am Stammsitz der Firma und nannte sein Unternehmen Adidas. Der Name setzte sich aus seinem Vor- und dem Nachnamen zusammen. Das Markenzeichen waren drei Streifen, die künftig alle Produkte von Adidas zieren sollten. Adi Dassler war von den Brüdern der eigentliche Schuhmacher und arbeitete ständig an Verbesserungen seiner Sportschuhe. Streit gab es zwischen den Brüdern auch darüber, wer der Erfinder der Schraubstollen für Fußballschuhe war. Nach Aussagen des Chauffeurs von Adi Dassler gab es das Konzept und die Idee der Schraubstollen schon sehr lange, aber Adi Dassler brachte sie zur Produktionsreife. Anfang der 50er Jahre waren Schraubstollenschuhe das Nonplusultra bei Fußballschuhen. Mit Stollen aus Leder oder Aluminium in verschiedenen Größen und Formen konnten die Fußballschuhe jetzt optimal auf die jeweils vorhanden Platzverhältnisse angepasst werden. Gut für die Spieler, die nun mit einem „eingelaufenen" Paar Matchschuhe ihre Spiele bestreiten konnten. 1954 wurde Deutschland mit Adidas-Schuhen Fußballweltmeister. Als mein Vater 1954 seine Trainertätigkeit beim „Club" begann, setzte sich sofort der Schuhausrüster Adidas mit ihm in Verbindung.

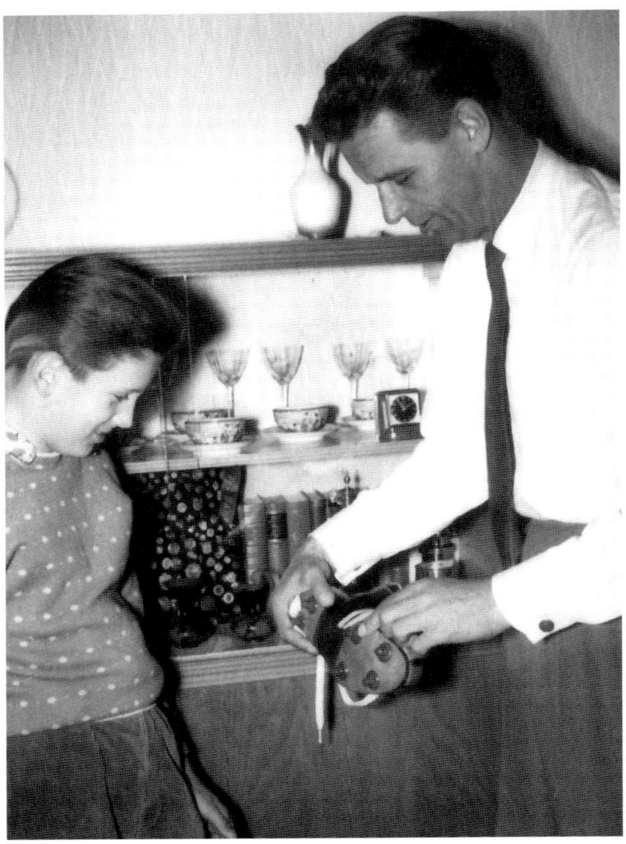

Hier zeigt mir mein Vater 1957 den neuesten „Adidas"-Fußballschuh „Uwe Seeler". So einen Qualitätsschuh hätte sich „Bimbo" für seine eigene Karriere immer gewünscht.

Adi Dassler kannte „Bimbo" aus seiner aktiven Zeit und legte großen Wert auf die Meinung eines ehemaligen Weltklassestürmers über sein Schuhwerk. Mein Vater war von den Adidas-Schuhen von Anfang an begeistert. Solche Schuhe hätte er sich in seiner Laufbahn gewünscht. „Bimbo" und Adi diskutierten oft und lange über die Schuhe, mein Vater testete sogar neue Modelle und beurteilte die Elastizität, die Stollen, das Leder, die Form und das Gewicht. Jedes Jahr kamen bessere Modelle auf dem Markt. Adidas war auf dem Sprung, den größten Teil der Fußballwelt mit seinen tollen Schuhen zu erobern.

Diesen Sommer machte Adi Dassler meinem Vater ein sensationelles geschäftliches Angebot. Wenn mein Vater wieder einmal nach Österreich zurückkehren wollte, so sollte er für Österreich die Adidas-Vertretung übernehmen. Dassler konnte sich mit „Bimbo" Binder keinen besseren Partner für den österreichischen Markt vorstellen. Aber es funktionierte leider nicht, mein Vater und meine Mutter hatten keine wirtschaftliche und kaufmännische Ausbildung, was dafür eine Voraussetzung gewesen wäre. Dassler hätte es auch mit meiner Schwester als Geschäftsführerin durchgeführt, aber sie war durch ihre Krebskrankheit dazu nicht mehr in der Lage. Da ist meiner Familie ein großes Geschäft durch die Lappen gegangen. Adidas wurde die Nummer 1 der Sportausrüster auf der ganzen Welt.

An der Meistermannschaft änderte „Bimbo" nicht sehr viel. Vom TSV Roth, einem kleinen Verein im Umfeld von Nürnberg, holte er sich mit Richard Albrecht einen jungen, talentierten Stürmer, der gleich einen Stammplatz in der Kampfmannschaft eroberte. Für den langjährigen und bewährten Tormann Edi Schaffer wurde die Saison 1957/58 seine letzte beim „Club". Er hatte noch zwei Einsätze in der ersten Mannschaft und dann machte er Roland Wabra Platz.

„Bimbo" holte 1955 den jungen Roland Wabra zum „Club".

Die Spiele gegen Eintracht Frankfurt wurden immer sehr emotional geführt. Hier beschwert sich Binder beim Referee über ein schweres Foul.

Schaffer, seit 1947 bei den Nürnbergern, stand in 413 Meisterschaftsspielen zwischen den Pfosten. Auf einen guten Torhüter legte „Bimbo“ in seinen Mannschaften immer großen Wert.

Wie in der vorjährigen Saison waren der Karlsruher SC, Kickers Offenbach und Eintracht Frankfurt die größten Konkurrenten um die begehrten Qualifikationsplätze für die deutsche Fußballmeisterschaft. Für die Mannschaften SK Rapid und Austria war das „Derby“ um die Vorherrschaft im Fußball in Wien beinahe so wichtig wie ein Titelgewinn. Die Spiele waren meist ausverkauft und hatten einen dramatischen Spielverlauf, sie waren im Wiener Fußball immer der Saisonhöhepunkt. Ganz ähnlich ist in Franken die Rivalität zwischen dem 1. FC Nürnberg und der SpVgg Fürth. Auch hier haben die „Derbys“ eine lange Tradition. In der 5. Runde trafen die Erzrivalen zum ersten Duell der Saison 1957/58 aufeinander. Die Spielvereinigung hatte sich sehr gut auf die Saison vorbereitet und zählte zu den engeren Kandidaten um den Titel. Im Fürther „Ronhof“-Stadion konnten die „Cluberer“ knapp, aber verdient mit 1:0 gewinnen, zwei wichtige Punkte nach Nürnberg entführen und die Führung in der Tabelle einnehmen. Der 1. FC Nürnberg war im Herbstdurchgang prächtig in Fahrt, hielt die Konkurrenz in Schach und ging als Herbstmeister in die Winterpause.

„Bimbo“ hätte sich jetzt zufrieden über Weihnachten und Neujahr schöne Tage machen können, aber leider hatte sich im Laufe des Herbstes Liesls Gesundheitszustand kontinuierlich verschlechtert. Die Besuche der Auswärtsspiele mit ihrer Freundin Paula waren nicht mehr möglich, und auch die Heimspiele im „Zabo“ konnte sie nicht mehr verfolgen. Die Metastasen in der Lunge schränkten ihre Beweglichkeit sehr ein. Sie konnte nur mehr schlecht liegen, kaum schlafen und litt sehr an Atemnot. Zur Sicherheit wurde in ihrem Zimmer eine Sauerstoffflasche deponiert. Der übliche Winterurlaub nach Wien wurde diesmal gestrichen, und wir feierten Weihnachten und Neujahr in Nürnberg.

In der Frühjahrsmeisterschaft war der „Club“ bis zur 20. Runde an der Tabellenspitze. Dann stand wieder das Derby gegen die Fürther auf dem Programm.

Diesmal entführten die Fürther in einem starken Spiel zwei Punkte aus dem „Zabo“. Mit dieser Heimniederlage verlor der „Club“ auch die Tabellenführung an den Karlsruher SC. In der 27. Runde gewann Eintracht Frankfurt in Nürnberg mit 5:3. Dieser Punkteverlust ließ den „Club“ vom 2. auf den 4. Tabellenplatz abstürzen. Die Qualifikation schien verloren, aber im Meisterschaftsfinish zeigten die Nürnberger ihre Qualitäten. In den letzten drei Meisterschaftsrunden besiegten sie Jahn Regensburg, BC Augsburg und den FSV Frankfurt, schoben sich auf Platz 2 in der Tabelle und hatten wieder die Qualifikation für die deutsche Meisterschaft erreicht. Mit einem Punkt Vorsprung wurde der KSC Fußballmeister in der Oberliga Süd.

Die Gruppenauslosung für die deutsche Fußballmeisterschaft 1958 sah wie folgt aus:
Gruppe 1: Hamburger SV, 1. FC Nürnberg, 1. FC Köln, FK Pirmasens
Gruppe 2: Schalke 04, Karlsruher SC, Eintracht Braunschweig, Tennis Borussia Berlin

Gleich im ersten Spiel trafen die Nürnberger auf den Vorjahrsgegner HSV und verloren mit 1:3. Im zweiten Spiel gegen den FK Pirmasens erreichten die Franken ein 2:2 und besiegten im 3. Spiel den 1. FC Köln mit 4:3 Toren. Der „Club“ wurde hinter dem HSV Zweiter der Gruppe, die Hanseaten gewannen alle drei Qualifikationsspiele. Im Endspiel am 18. Mai 1958 standen sich dann Schalke 04 und der HSV gegenüber. Der HSV verlor sein zweites Finale hintereinander, diesmal mit 0:3. Die Meisterschaft endete dieses Jahr schon im Mai, da im Juni die Fußball-Weltmeisterschaft in Schweden auf dem Programm stand. Deutschland als regierender Weltmeister und Österreich hatten sich für die WM 1958 qualifiziert. Die Fußballfans waren schon ganz gespannt auf dieses Turnier und fieberten der Eröffnung entgegen.

Im April hatte Liesl ihre erste gesundheitliche Notsituation. Ihre Lungenfunktion war sehr eingeschränkt, sie konnte im Liegen nicht mehr schlafen, war stark abgemagert, da sie kaum mehr Appetit hatte. Bis jetzt hatten wir uns ein gemeinsames Zimmer geteilt, nun musste ich in das Schlafzimmer meiner Eltern übersiedeln. Meine Mutter wich nun nicht mehr von Liesls Seite und pflegte sie liebevoll. Dr. Hammerschmid wollte an ihr noch ein neue Behandlungsmethode aus Amerika probieren und radioaktives Material in die Lungenflügel einbringen, um die Metastasen zu bekämpfen. Dieses Medikament wurde eigens aus den Staaten eingeflogen, kostete eine Unsumme und konnte leider nicht eingesetzt werden, da nicht mehr genügend gesunde Lungenmasse vorhanden war. Das radioaktive Medikament musste dann auf Kosten meiner Eltern aufwändig entsorgt werden.

Jetzt war es also wirklich nur mehr eine Frage von Tagen oder Wochen, bis der Krebs meine Schwester endgültig besiegt haben würde. Bewundernswert war, wie sich Liesl in ihr Schicksal fügte. Sie wusste, dass sie bald sterben würde, aber es gab kein Jammern oder Klagen. Es war, als wollte sie uns unterstützen, um mit der traurigen Situation besser fertig zu werden. Es war das Jahr der Fußball-Weltmeisterschaft, und meine Schwester hatte sich fest vorgenommen, sich im Fernsehen die Spiele anzusehen.

Am 8. Juni 1958 begann die WM in Schweden. Die Ballzauberer aus Brasilien waren mit der österreichischen Nationalmannschaft ihre besonderen Favoriten, und der Zufall wollte es, dass ihre beiden Lieblingsmannschaften in einer Gruppe spielten. Brasilien schlug dann die Österreicher mit 3:0, aber das war ja zu erwarten. Im Wohnzimmer hatte Liesl ihren Platz auf der Couch, jedes Spiel, welches im Fernsehen übertragen wurde, sahen wir uns gemeinsam an. Meistens war auch ihre Freundin Paula da, die ihr immer, wenn sie Zeit hatte, zur Seite stand. Mein Vater trug Liesl zu jedem TV-Spiel ins Wohnzimmer, und sie genoss diese gemeinsamen Stunden mit der Familie. Österreich überstand die Vorrunde nicht, aber Brasilien und Deutschland kamen ins Semifinale. Deutschland verlor gegen starke Schweden mit 1:3 Tore und Brasilien besiegte Frankreich mit drei Toren des jungen kommenden Superstars Pelé mit 5:2. Am 29. Juni 1958 gewann Brasilien das Endspiel gegen Schweden mit 5:2 und wurde Fußballweltmeister. Liesl hatte ihr letztes Ziel also wirklich erreicht und die WM 1958 noch miterleben dürfen.

Als die WM vorüber war, hatte ich das Gefühl, dass sie alle bis dahin mobilisierten Kräfte verlassen hatten. Das Morphium gegen die immer ärger werdenden Schmerzen schien jetzt stärker zu wirken. Sie ging in sich, dachte sehr viel nach, und wir ließen sie nicht mehr allein. Am Abend des 2. Juli war ich bei ihr, sie saß im Bett, da sie nicht mehr liegen konnte, und fragte mich, was ich mir zu meinem Geburtstag am 14. Juli wünschen würde. Ich wusste es nicht, denn die traurige Situation in der Familie ging auch an mir nicht spurlos vorüber. Wir verabschiedeten uns lieb wie immer mit einem Gute-Nacht-Kuss und ich ging zu Bett. Es war ganz komisch, ich konnte lange nicht einschlafen und hatte ein flaues Gefühl in der Magengegend. Um sieben Uhr früh weckte mich meine Mutter, ich sah sie an und wusste, dass Liesl gestorben war. Meine Mutter war in der Nacht vor Erschöpfung an Liesls Bett eingenickt, und als sie aufwachte, war Liesl für immer eingeschlafen. Nach den Sterbeformalitäten durfte ich mich noch von ihr verabschieden.

Ihre Gesichtszüge waren ganz entspannt, und mir schien, als habe sie ein leichtes Lächeln auf den Lippen. Es sah aus, als wollte sie uns sagen, wie froh sie

Am 3. Juli 1958 verstarb meine Schwester Elisabeth nach langer, schwerer Krebserkrankung. Dies ist eines ihrer letzten Bilder vom Herbst 1957.

ist, dass sie keine Schmerzen mehr ertragen muss, und wie dankbar sie für die Zeit war, die wir gemeinsam verbringen durften. Meine Schwester wurde nach Wien überführt und auf dem Baumgartner Friedhof beigesetzt. Elf Tage vor meinem zwölften Geburtstag, vier Jahre nach ihrer Beinamputation war ihr Leidensweg zu Ende. Diese vier Jahre waren geprägt durch den Krebs meiner Schwester. Ich war alt genug und hatte meine Schwester viel zu lieb, um nicht zu verstehen, dass fast die gesamte Aufmerksamkeit und Fürsorge der Eltern meiner Schwester galt. Ich war zwar meist auf mich selbst gestellt und erlangte dadurch eine gewisse Selbständigkeit.

Durch den Tod meiner Schwester wurde nun mein Leben neuerlich verändert. Plötzlich war ich das einzige Kind, und die Fürsorge und Liebe, die mir jetzt zuteil wurde, brach wie eine Flut über mich herein. Bis jetzt hatte meine Mutter festgelegt, wann ich zum Abendessen zu Hause sein sollte, so musste ich jetzt auf einmal genaue Auskunft geben, wo ich bin, was ich mache und mit wem. Sei vorsichtig im Schwimmbad und fahr mit dem Rad vorsichtig! Speziell im letzten Lebensjahr meiner Schwester fühlte ich mich oft allein und einsam in der Familie. Aber ich sah, wie meine Eltern gelitten haben, sah ihre Verzweiflung und auch oft ihre Tränen. Es war in Wahrheit eine ganz schlimme Zeit. Auch meine Leistungen in der Schule waren stark rückläufig, ich hatte kein Problem, die sechste Klasse positiv zu beenden, aber mir fehlte die Lust am Lernen und an den Hausarbeiten. Sicher fehlte mir die Kontrolle durch meine Eltern, aber dann gab es plötzlich ein Licht am Ende meines Tunnels. Nach der Beerdigung und wochenlanger Depression, ständigem Betrauern durch Verwandte und Bekannte freute ich mich schon auf die Rückkehr nach Nürnberg.

In unserer Wohnanlage in Nürnberg wohnte im Nebenhaus ein pensionierter Rektor und Lehrer eines Gymnasiums. In einem zufälligen Gespräch mit meiner Mutter erfuhr er von meiner Lernunwilligkeit und nahm sich meiner an. Ab dem Schulbeginn im September 1958 war ich unter den Fittichen von Rektor a. D. Josef Berger. Nach der Schule nach Hause zum Mittagessen, dann zu ihm mit den Hausaufgaben und immer noch ein wenig plaudern über mich, meine Hobbys und meine Wünsche für die Zukunft. Erst wenn ich meine „Pflichten" erfüllt hatte, begann meine Freizeit. Ich kannte die Bergers schon, seit wir 1954 eingezogen waren, aber jetzt entwickelte sich ein tolles menschliches Verhältnis zwischen uns. Ich ging wieder mit Freude in die Schule und das Lernen fiel mir ganz leicht. Herr Berger erkannte meine Talente für Technik und meinte, dass ich im Sommer 1959 auf die Gewerbliche Mittelschule wechseln und nach der mittleren Reife auf eine HTL gehen sollte. Genau das war auch mein schulisches Ziel.

Nach unserer Rückkehr nach Nürnberg begann mein Vater mit der Vorbereitung seiner Mannschaft auf die neue Spielsaison. Seine geliebte Arbeit lenkte ihn etwas von der Trauer um Liesl ab, doch er war nicht mehr der alte „Bimbo". Es sollte Jahre dauern, bis er seine Gelassenheit und seinen Humor wieder gefunden hatte. Meine Mutter war durch den Tod ihrer Liesl völlig am Boden zerstört, die körperliche Belastung fiel zwar jetzt weg, aber seelisch war sie schwer angeschlagen. Liesls Freundin Paula gehörte ja praktisch schon seit Jahren zu unserer Familie, und ihre Freundschaft half meiner Mutter sehr.

Binder mit kritischem Blick auf seine Spieler

Sie werden sich wahrscheinlich schon fragen, ob „Bimbos" zwölfjähriger Sohn eigentlich auch Fußball spielte oder etwas anderes machte. Als Sohn von Franz Binder kommt man am Fußball nicht vorbei. Als Kind schon mit auf der Pfarrwiese beim Rapid-Training, besuchte ich auch immer die Heimspiele von Jahn Regensburg und dem 1. FC Nürnberg. Meine fußballerischen Betätigungen beschränkten sich aber aufs „Kicken" mit meinen Freunden am Spielplatz oder auf der Wiese, manchmal auch als Ballbub bei Meisterschaftsspielen. Im August 1957 meldete ich mich aber doch beim Nachwuchs des „Club" an. Es kam leider keine so richtige Freude auf. Die Trainingsplätze im „Zabo" hatten keinen Rasen, sondern waren aus Schlacke, steinhart, staubten bei trockenem Wetter, und bei Regen verwandelten sie sich in eine glitschige Matschlandschaft. An Details kann ich mich nicht erinnern, aber ein wenig an mein erstes Spiel. Ich war ein dürres, großes, schlaksiges und unbeholfenes Bürschlein, das als linker Verteidiger aufgestellt wurde.

Ich war ein wenig beleidigt, weil ich als Sohn eines der besten Goalgetter auch als Stürmer spielen wollte. Aber wahrscheinlich hat mein damaliger Nachwuchstrainer meine in mir schlummernden Talente einfach nicht erkannt. Dennoch gelang es mir bei meinem Debüt als linker Verteidiger, auf mich als Torschütze aufmerksam zu machen. Vor dem eigenen Tor wollte

Trainingseinheiten im Zabo

ein Mitspieler den Ball aus der Gefahrenzone schießen. Leider traf er mich aus kurzer Entfernung am Knie, ich hatte keine Chance auf ein Ausweichmanöver, und der Ball landete unhaltbar im eigenen Tor. Mein erstes Tor war also ein Eigentor. Trotzdem hatte ich noch ein paar Einsätze, aber es begeisterte mich nicht, und so hängte ich bereits nach drei Monaten die Fußballschuhe vorerst an den Nagel. Meine „liebe" Mutter erzählte später immer, dass mich die Gänseblümchen am Spielfeldrand mehr interessiert hätten als das Fußballspiel.

Obwohl der „Club" in den beiden vergangenen Jahren sehr erfolgreich spielte und mit einem ersten und einem zweiten Platz zweimal die Qualifikation für die deutsche Fußballmeisterschaft erreichte, woll-

Während unseres Aufenthaltes in Nürnberg schaute ich mir gemeinsam mit meinem Vater lieber Fußballspiele an als selbst zu spielen.

te der Verein auch weiterhin keine teuren Investitionen in die Verbesserung der Mannschaft tätigen. Der Kern des Spielerkaders blieb fast gleich. Einige Stützen der Mannschaft waren schon in die Jahre gekommen, und der Mannschaftsumbau ging nicht so voran, wie es sich „Bimbo" wünschte. Die Leistungsträger wie Günther Glomb mit 38 Jahren, Gustav Schober mit 31 und Kurt Ucko mit 34 Jahren hatten den Zenit ihrer Karrieren bereits überschritten. Max Morlock näherte sich mit seinen 33 Jahren auch dem Ende seiner Karriere. Max hatte aber eine außergewöhnlich gute körperliche Konstitution, war voll fit und sollte noch einen Höhepunkt seiner Laufbahn vor sich haben. „Bimbo" holte auch dieses Jahr wieder junge Talente in den Kader.

Ferdinand „Nandl" Wenauer kam vom ASV Nürnberg-Süd mit 15 Jahren in den Nachwuchs zum „Club", und „Bimbo", der das Talent von Wenauer erkannte, stellte ihn mit 19 Jahren auf den Stopper-Posten in der Kampfmannschaft. „Nandl" sollte es in den 14 Jahren seiner Laufbahn auf 706 Einsätze beim „Club" bringen und auf vier in der Nationalmannschaft. Wenauer hatte leider das Pech, dass Teamchef Sepp Herberger sich auf einen anderen Stopper festlegte und ihn für die WM 1962 in Chile nicht nominierte. Vom TSV Gleißhammer holte sich „Bimbo" einen jungen Stürmer in

Ferdinand „Nandl" Wenauer

den Kader. Heinz Strehl war technisch sehr versiert, kampfkräftig und mit einem Torinstinkt versehen.

Wer sollte so ein Talent besser erkennen als „Franz Binder? Strehl entwickelte sich zu einem der besten Mittelstürmer, die je für den 1. FC Nürnberg spielten. Er erreichte in 12 Jahren 534 Einsätze für den „Club" und vier Einberufungen in die Nationalmannschaft. In 174 Spielen in der Bundesliga erzielte er 76 Tore, womit er heute noch Rekordtorschütze der Nürnberger ist. Wenauer und Strehl wurden mit dem 1. FC Nürnberg 1961 und 1968 deutscher Meister. Beide

„Bimbos" Entdeckung Heinz Strehl wurde einer der besten Stürmer, die der 1. FC Nürnberg in der Vereinsgeschichte hatte.

Spieler verstarben schon sehr jung, „Nandl" Wenauer mit 53 und Heinz Strehl mit 48 Jahren.

Der Verlauf der Meisterschaft war sehr durchwachsen. Der „Club" feierte schöne Erfolge und hatte dann wieder unverständliche Umfaller. Im Herbstdurchgang war der „Club" in der Tabelle zwischen dem zweiten und dem fünften Platz. Im Frühjahr hatten sich die Nürnberger auf den 4. Tabellenplatz eingependelt, doch selbst ein tolles Finish mit drei Siegen in Folge reichte nur mehr für den undankbaren dritten Platz in der Tabelle, mit dem man die Qualifikation für die deutsche Meisterschaft knapp verpasste. „Bimbos" sechste Spielsaison beim 1. FC Nürnberg wird richtungweisend für die Zukunft der Franken. Inklusive der „alten Garde" beendeten sieben Spieler ihre Tätigkeit (Max Schmid wechselte zu Rapid nach Wien), und sieben neue Talente kamen in die Mannschaft. Darunter waren insbesondere vier junge Spieler, die „Bimbo" Binder in jahrelangen Spielerbeobachtungen für den „Club" ausgewählt hatte. Zwei 22-jährige Abwehrspieler, Paul Derbfuß und Helmut Hilpert, waren kompromisslose und nervenstarke Spieler, die den jungen Stopper Wenauer hervorragend ergänzen sollten. Derbfuß kam vom TV 1860 Schweinau und spielte in der Saison 1958/59 für den VfB Bayreuth.

Helmut Hilpert wechselte schon als Nachwuchsspieler 1952 vom FC Hersbruck zum „Club", wo er Trainer Binder schon in den Nachwuchsmannschaften auffiel. Derbfuß absolvierte (bis 1964) 175 und Hilpert (bis 1968) 353 Spiele für den „Club". Für den Angriff der Nürnberger hatte „Bimbo" zwei ganz tolle 19-jährige Stürmer entdeckt. Tasso Wild kam vom Nachwuchs der TUSPO Nürnberg über die SpVgg Fürth als „Amateur" 1958 zum „Club". Bereits ein Jahr später stellte ihn Binder in der Kampfmannschaft auf.

Bis 1967 spielte er 153 Meisterschaftsspiele und erzielte 55 Tore. Der zweite Stürmer war Gustav „Gustl" Flachenecker vom TB Johannis 88. Er sollte bis 1966 beim „Club" 225 Spiele absolvieren. Jetzt war Trainer

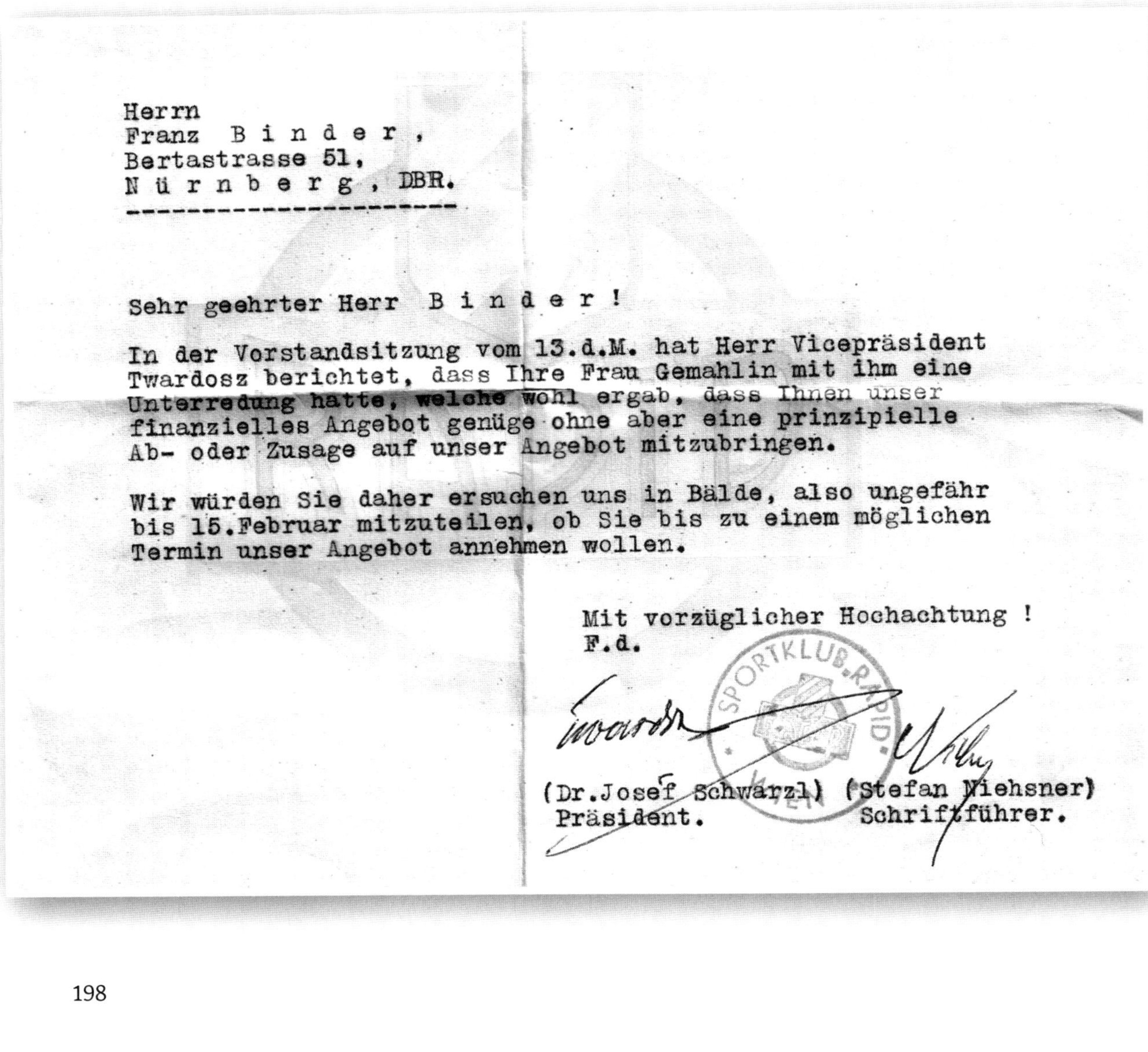

Herrn
Franz B i n d e r ,
Bertastrasse 51,
N ü r n b e r g , DBR.

Sehr geehrter Herr B i n d e r !

In der Vorstandsitzung vom 13.d.M. hat Herr Vicepräsident Twardosz berichtet, dass Ihre Frau Gemahlin mit ihm eine Unterredung hatte, welche wohl ergab, dass Ihnen unser finanzielles Angebot genüge ohne aber eine prinzipielle Ab- oder Zusage auf unser Angebot mitzubringen.

Wir würden Sie daher ersuchen uns in Bälde, also ungefähr bis 15.Februar mitzuteilen, ob Sie bis zu einem möglichen Termin unser Angebot annehmen wollen.

Mit vorzüglicher Hochachtung !
F.d.

(Dr.Josef Schwarzl) (Stefan Niehsner)
Präsident. Schriftführer.

Binder mit dem Umbau der Mannschaft und deren Zusammensetzung wirklich zufrieden. Obwohl ihm von Seiten des Vereines kaum finanzielle Mittel für Spielereinkäufe zur Verfügung gestellt wurden, hatte er eine junge und schlagkräftige Mannschaft geformt. Alle Spielerzugänge für die Kampfmannschaft unter „Bimbo“ kamen aus dem eigenen Nachwuchs und kleinen Vereinen aus der Umgebung und waren eigentlich „Schnäppchen“, die das Vereinsbudget nicht belasteten.

Wie jeden Sommer in der Saure-Gurken-Zeit geisterten Meldungen über eine Rückkehr Binders nach Wien zu Rapid durch die Medien. Die große Mannschaft, die „Bimbo“ in Hütteldorf aufgebaut hatte, begann ab 1956 zu zerfallen. Stützen der Mannschaft wie Gernhardt, Körner Robert, Probst, Merkel, Müller, Kaffka spielten nicht mehr für Rapid, und im Sommer 1959 beendeten auch Alfred Körner und Ernst Happel ihre Karrieren.

Seit Jahren war ein Neu- bzw. Umbau der Mannschaft notwendig geworden. Leider versagte die Vereinsleitung, welche Sektionsleiter und Trainer bestellte, wie auch die sportliche Leitung selbst an fachkundiger Kompetenz. Zwischen 1952 und 1959 hatten nicht weniger als sechs verschiedene Sektionsleiter (Zimmermann, Gernhardt, Schick, Niehsner, Kouril und Bohman) mit acht Trainern (Pesser, Uridil, Hierländer, F. Wagner, Beranek, Merkel und Kumhofer) die Mannschaft betreut.

Im Sommer 1959 wurde Ernst Happel Sektionsleiter und Robert Körner Trainer – ein gutes sportliches Betreuerteam, von dem man viel erwartete: eine neuformierte Mannschaft und wieder einen Meistertitel. Obwohl Rapid 1954, 1956 und 1957 Meister wurde, waren die internationalen Erfolge gering. Daher wurden die Rufe nach Binder immer lauter. Es gab auch ständigen Briefverkehr zwischen der Rapid-Geschäftsstelle und Binder. Noch hatte er kein Interesse an einer Rückkehr nach Wien, denn jetzt hatte er endlich sein Team in Nürnberg beisammen und wollte noch den letzten Schliff geben.

Mit meiner Mutter machte ich dieses Jahr fast zwei Monate Sommerurlaub in Wien. Es waren unbeschwerte Wochen, die ich mit meinen Wiener Freunden verbrachte. Das Wetter war bestens und die meiste Zeit waren wir im Hütteldorfer Schwimmbad oder im „Gänsehäufel“ an der Alten Donau. Noch vor den Ferien hatte ich in Nürnberg ohne Probleme die Aufnahmeprüfung für die dreijährige Gewerbe-Mittelschule geschafft. Mein weiteres schulisches Ziel war nach der Mittleren Reife eine höhere technische Schule, wie z.B. in Österreich die HTL.

Mitte der 50er Jahre begann europaweit der Flugverkehr rapide zu wachsen. Die Zahl der Geschäfts- und Urlaubsreisen zwangen auch die Lufthansa zu expandieren. Um in Zukunft allen Anforderungen einer modernen und großen Airline nachzukommen, unternahm die Lufthansa große Anstrengungen, um junge Männer für die Berufe Linienpilot und Flugzeugtechniker anzuwerben. Zu den Aufnahmebedingungen gehörte auch der Abschluss einer technischen Hochschule. Nürnberg hatte eine große Garnison der Army mit einer kleinen Start- und Landebahn.

Diese Flugflächen befanden sich beim Parteitagsgelände und waren für einmotorige Propellermaschinen ausgelegt. Auf dem Nürnberger Flugplatz war eine Einheit der Air Force mit Jagdmaschinen stationiert. Mit meinen Freunden radelte ich oft zu diesen Standorten und beobachtete den Flugverkehr. Das Fliegen faszinierte mich, und deshalb war meine schulische Zukunft auf eine Tätigkeit in der Luftfahrt ausgerichtet. Ich wollte Pilot oder Flugtechniker werden, durch die intensive Arbeit mit Herrn Berger hatte ich gute Chancen, meine Ziele zu erreichen, denn die Schule bereitete mir keine Schwierigkeiten mehr. Ich freute mich schon auf den Schulbeginn im

Unterwegs mit Freund Ernst

Herbst. Mein Vater blieb nur zwei Wochen in Wien und kehrte dann zur Saisonvorbereitung nach Nürnberg zurück. Wie immer, wenn „Bimbo“ in Wien war, sorgte sein Freund Ernst Waltschek (Bild oben) für ein intensives Freizeitprogramm. Waltschek nützte jede Möglichkeit, um Franz in Nürnberg zu besuchen und sich ein Spiel des „Clubs“ anzusehen. Unser VW war schon langsam in Jahre gekommen, und als mein Vater von einem großen Autohändler und Clubmitglied ein tolles Angebot für einen neuen Opel Rekord bekam, schlug er zu. Die Überraschung war riesen-

Demission sichert Binder-Engagement für Vienna

Bruckner und Demel gehen

Das Tauziehen im Vienna-Vorstand um das Engagement des Ex-Rapidlers „Bimbo" Binder als Trainer wurde gestern durch die Demission des geschäftsführenden Vizepräsidenten und sportlichen Leiters Franz Demel sowie des Kassiers Hans Bruckner beendet. Bruckner und Demel, die in den letzten zehn Jahren der Vienna zu dem Ruf des bestgeführten Wiener Klubs verhalfen, erklärten sich außerstande, die Mitverantwortung für die finanzielle Belastung, die das Engagement Binders für die Vienna bedeutet, zu tragen.

Damit ist die Verpflichtung von Binder als Vienna-Trainer — das von der Gruppe des Vizepräsidenten Pihon forciert wurde — als vollzogen zu betrachten. Der „Lange" wird im kommenden Herbst auf der Hohen Warte zu amtieren beginnen. Ein Angebot des holländischen Klubs, Philipps-Eindhoven, das unter Vermittlung von Rapid-Sekretär Schick an Binder ergehen sollte, kommt zu spät.

Willkommen . . .

Der hohe Preis, um dessentwillen man auf der Hohen Warte — zu einem für die Mannschaft, die sich noch im Rennen um den Titel befand, äußerst ungünstigen Zeitpunkt, das zeigte sich auch gestern — das Unterste zum Obersten kehrte, war das Engagement vom „Bimbo" Binder als hauptamtlicher Trainer. „Wir mußten handeln", sagt die siegreiche Opposition, „sonst wäre er nicht mehr frei gewesen!" Doch nun ist gar nicht sicher, daß die Vienna auch die Vorteile der vorwöchigen „Operationen" ernten kann: Binder las mit Schrecken die Berichte über die Vienna-Krise in den Zeitungen und hat nun trotz allem Heimweh ernste Bedenken, unter so spektakulären Vorzeichen nach Wien zurückzukehren und die Verantwortung für eine Mannschaft zu übernehmen.

Man kann „Bimbo" verstehen. Doch in Wien hat er wirklich nichts zu befürchten. Man kennt ihn noch aus der Zeit seines Wirkens als Spieler und Sektionsleiter bei Rapid als aufrechten Sportsmann und guten Fachmann. Man bedauerte immer wieder, daß er so viele Jahre im Ausland blieb und, war man auch über die Vorgänge bei der Vienna dieser oder jener Meinung, gegen Franz Binder wurde wohl kein einziges abfälliges Wort geäußert. Fast jeder Klub des Oberhauses könnte sich dazu gratulieren, einen hauptamtlichen Trainer zu bekommen — und ganz besonders einen solchen wie „Bimbo". Mag Binder also getrost den Vertrag, der auf ihn wartet, unterschreiben. Vielleicht ist er einer der Ärzte, die Österreichs Fußball gesundpflegen könnten. Es wartet viel Arbeit auf ihn in Wien — aber auch viele Freunde erwarten ihn, die ihn nicht vergessen haben . . .

w. s.

groß, als mein Vater meine Mutter und mich vom Bahnhof mit dem neuen Auto abholte.

Meinem Vater machte es großen Spaß, mit seiner jungen Mannschaft zu arbeiten. Mit Roland Wabra hatte der „Club" einen sicheren Torhüter. „Bimbo" hatte „Nandl" Wenauer die verantwortungsvolle Aufgabe übertragen, mit seinen 20 Jahren die Abwehr zu organisieren. Wenauer standen für diese Aufgabe jetzt Derbfuß, Hilpert, Feilhuber und Zeitler zur Seite. Im Mittelfeld arbeiteten Kreißel, Schweinberger, Zenger, Ucko und Schober (Herbstsaison). Der Angriff, geführt von „Oldboy" Morlock, bestand aus Albrecht, Flachenecker, Strehl, Dirrigl, Wild und Müller. Der Kern des Nürnberger Spielerkaders war stark, aber dünn besetzt, und „Bimbo" befürchtete, dass der Ausfall von Leistungsträgern während der Meisterschaft nicht vollwertig ersetzt werden können. Die kommende Saison 1959/60 würde die Mannschaft noch brauchen, um sich optimal zusammenzuspielen. Dann wollte sich „Bimbo" mit den Nürnbergern wieder für den Kampf um den deutschen Meistertitel qualifizieren. Der „Club" begann die Meisterschaft zur Freude der Fans wie aus der Pistole geschossen mit vier Siegen. Im ersten Saisonspiel kam die TSG Ulm mit 8:2 unter die Räder. Es folgten Siege gegen den VfR Mannheim (3:1), den FC Bayern (3:0) und den FSV Frankfurt (2:1). Ab der zweiten Runde war der 1. FC Nürnberg an der Tabellenspitze. Die Vereine an der Tabellenspitze waren sehr ausgeglichen, und so wechselten die Positionen von Runde zu Runde. In der 11. Runde war der „Club" an zweiter Stelle, doch dann kam ein Leistungseinbruch. Die Zahl der verletzten Spieler stieg sprunghaft an und die Leistung sank. Zur Winterpause waren die Nürnberger bis auf den sechsten Platz zurückgefallen. Sofort begann das Jammern und Nörgeln beim Vereinsvorstand und den Anhängern. Die Franken sind schon ein seltsames Volk. Sie haben keine Geduld, und diese Ungeduld hindert sie bis heute, sich in der Bundesliga zu etablieren.

„Bimbo“ hatte kein Problem damit. Für ihn war dieses Jahr ein Aufbaujahr, und die Leistungen zeigten, dass er auf dem richtigen Weg war. Auch im Frühjahr gab es keine wesentliche Steigerung mehr. Der „Club“ beendete die Meisterschaft am sechsten Tabellenplatz. „Bimbo“ analysierte die Saison so: Alle jungen Spieler erfüllen die in sie gesetzten Erwartungen voll. Wenauer, Strehl und Wabra spielten alle 30 Meisterschaftsspiele. Hilpert hatte 29 Einsätze, Dirrigl 27, Schweinberger und Zeitler 26, Flachenecker 22, Albrecht und Derbfuß 21. Durch Verletzungen fielen leider wichtige Leistungsträger lange aus. Von möglichen 30 Spielen waren Morlock nur 17 Mal, Müller 19 Mal, Zenger 14 Mal, Feilhuber 16 Mal, Ucko 13 Mal, Schober 7 Mal und Wild nur 6 Mal im Einsatz. „Bimbo“ war nicht glücklich mit dem 6. Tabellenplatz, aber sehr zufrieden mit der gezeigten Mannschaftsleistung.

Schon während des Frühjahrsdurchgangs gab es Stimmen innerhalb des Vereines für einen Trainerwechsel im Sommer. Binder sei schon zu lange beim Verein, die von ihm aufgebaute Mannschaft zwar gut, aber jetzt wäre frisches Trainerblut erforderlich. „Bimbos“ Vertrag endete im Sommer 1960, und nach einem kurzen Gespräch mit der Vereinsleitung beendete er seine Tätigkeit beim „Club“. Bis heute ist er der längstdienende Trainer beim 1. FC Nürnberg. Viele bewunderten ihn dafür, dass er es so lange in Franken ausgehalten hatte. Sorgen um seine Zukunft als Trainer musste er sich nicht machen.

Als bekannt wurde, dass „Bimbo“ seinen Vertrag in Nürnberg nicht weiter verlängern würde, kamen sofort Anfragen anderer europäischer Vereine. In Wien machte die Meldung die Runde, und der älteste Verein Österreichs, die Vienna, zeigte sofort Interesse an einer Verpflichtung von Binder als Trainer. Angeblich gab es sogar einen Vorstandsbeschluss für Binder mit allen Vollmachten als sportlicher Leiter. Hier hatten aber einige Funktionäre der Vienna zu große Hoffnungen, denn diese Zeitungsmeldung war wohl mehr ein Füller des jährlichen Sommerloches in der österreichischen Sportberichterstattung. Besonders intensiv bemühte sich schon seit Jahren Rapid um seine Rückkehr nach Hütteldorf. Der Vorstand hielt „Bimbo“ immer auf dem Laufenden. Rapid-Präsident Dr. Schwarzl schickte sogar Vertragsentwürfe nach Nürnberg, um ihn wieder für Rapid zu gewinnen. Aber gerade auf den Präsidenten Dr. Schwarzl war „Bimbo“ nicht gut zu sprechen, denn der war ihm 1951 in den Rücken gefallen und hatte seinen Abschied von Rapid erwirkt.

Abschiedsfoto mit der Familie Berger

Solange der Präsident und eine Mehrheit der alten Funktionäre am Ruder waren, wollte er nicht nach Wien zurückkehren. Das Vertragsangebot vom Dezember 1958 von Dr. Schwarzl lehnte Binder im Februar 1959 ab. Im Jahre 1960 machte sich langsam eine starke Opposition gegen die amtierende Vereinsleitung von Rapid bemerkbar. Man wollte Rapid wieder europareif gestalten. Für die sportliche Führung des Vereines hatte diese Opposition Franz Binder als sportlichen Leiter in ihrem Programm vorgesehen.

Eine telefonische Anfrage kam vom holländischen Spitzenverein PSV Eindhoven. „Bimbo“ zeigte sich gesprächsbereit, und schon nach wenigen Tagen waren zwei Vereinsfunktionäre in Nürnberg eingetroffen. Die Verhandlung führte Mijnher van Gelder, der Sekretär des PSV. „Bimbo“ sollte Cheftrainer werden mit der sportlichen Verantwortung für die Kampfmannschaft und Reservemannschaft, ihm unterstanden auch die Nachwuchstrainer, die ärztliche Betreuung, Platzmeister und Zeugwart. Die Organisation und Durchführung von Spielen, Trainingslagern, Reisen etc. sowie Spielerkader, Transfer- und Vertragsverhandlungen waren gemeinsam mit dem Sekretär durchzuführen. PSV Eindhoven war eigentlich die Firmenmannschaft von Philips, die Generaldirektion hatte ihren Sitz in Eindhoven. „Bimbo“ merkte sofort, dass PSV ein professionell geführter Verein war, der keinerlei finanzielle Probleme hatte. Der Plan war, mit Binder als Trainer die Mannschaft von PSV neu zu gestalten und sportlich auf die Höhe der beiden großen niederländischen Vereine Feyenoord Rotterdam

Der Abschied fiel mir sehr schwer. Die sechs Jahre in Nürnberg waren eine sehr schöne und unvergessliche Zeit.

und Ajax Amsterdam zu bringen. Auch im internationalen Fußball wollte sich PSV etablieren. Von der Firmenmannschaft zum europäischen Spitzenteam war die Devise in Eindhoven. Meinem Vater gefielen die Ausführungen über den Verein von Mijnher van Gelder sehr gut, und am finanziellen Angebot mit allen „Zuckerln“ wie Wohnung, Spesen etc. gab es nichts auszusetzen. Es trugen sicher auch die guten Verdienstmöglichkeiten zu seiner Zusage, nach Eindhoven zu übersiedeln dazu bei, aber die sportlichen Zielsetzungen des Vereins kamen seinen Qualitäten als Trainer entgegen und die Aufgabe reizte ihn. Die enormen Behandlungskosten für seine verstorbene Tochter hatten seine Ersparnisse aufgebraucht, und jetzt ergab sich die Möglichkeit auf eine finanzielle Gesundung mit einer interessanten sportlichen Aufgabe. Also nichts wie ab nach Holland.

Mit der Übersiedlung nach Holland ergab sich aber für meine Zukunft ein großes Problem. Eigentlich hatte ich noch zwei Jahre Mittelschule vor mir und dann noch einmal drei Jahre eine HTL. Da es in Holland ein völlig anderes Schulsystem gab, konnte ich nicht wie geplant meine Ausbildung fortsetzen. Meine Mutter ließ nicht zu, dass ich alleine in Nürnberg blieb. Verständlich, der Tod meiner Schwester lag erst zwei Jahre zurück, und jetzt war ich das einzige Kind, das man keinem Risiko oder Gefahr aussetzen wollte. Was sollte ich mit meinen 14 Jahren schon ausrichten? Ich sah darin weniger ein Problem, denn die Familie Berger hätte sich um mich gekümmert und selbständig war ich ja schon genug.

Ich hatte aber keine Chance. Mein Vater hätte zugestimmt, aber meine Mutter hätte dies nicht verkraftet. Mein Schulproblem wurde auch mit dem Präsidenten und den Funktionären von PSV besprochen, und diese sagten zu, mir zu helfen. Philips hatte in Eindhoven eine eigene Werkschule. Für fast alle Fachrichtungen vom Glasbläser bis zum Elektroniker wurden dort Schüler ausgebildet. Wenn ich wollte, konnte man mich für das kommende Schuljahr nachmelden, meine Fachrichtung wäre Elektronik und ich müsse innerhalb eines halben Jahres die holländische Sprache in Wort und Schrift erlernen. Die Ausbildung würde vier Jahre dauern und mit dem Ingenieurtitel abschließen. Ich stimmte zu, da mir dieser Bildungsweg auch zu meinem Berufsziel verhelfen konnte. Im Juni 1960 reiste ich mit dem Zug alleine in die Ferien nach Wien, denn meine Eltern wollten die Übersiedelung nach Eindhoven vorbereiten. Die Vereinsleitung hatte meine Eltern nach Eindhoven eingeladen, um den Trainervertrag zu unterschreiben und meinen Vater als neuen Trainer des PSV vorzustellen. Sie besichtigten die Wohnung, die Übersiedelung organisierte der Verein, und die Arbeits- und Aufenthaltsbestätigung mit den Behörden wurde ebenso erledigt. Nach zwei Wochen kamen meine Eltern nach Wien, atmeten kurz durch, und gemeinsam ging es Anfang Juli nach Nürnberg. Wir hatten drei Tage Zeit, um die Übersiedlung durchzuführen. Da die Wohnung in Eindhoven möbliert war, ging nur ein kleiner Teil unseres Inventars nach Holland, der größere in ein Depot nach Wien.

Der Abschied von unseren vielen Freunden in Nürnberg war sehr traurig. Die arme Paula und die Familie Berger weinten sich die Augen aus. Unsere Nachbarn, meine Freunde und Schulkameraden waren beim Abschied da. Wir versprachen uns, einander nicht aus den Augen zu verlieren. Da Nürnberg genau in der Mitte des Reiseweges zwischen Eindhoven und Wien liegt, nützten wir jede unserer Reisen zu einem Besuch bei unseren treuen Freunden in Nürnberg.

1960–1962

Trainer bei PSV Eindhoven

Eindhoven und die Niederlande waren für uns einfach phantastisch. Schon die ersten Eindrücke von der Stadt, der Wohnung und die Lebensweise der Holländer unterschieden sich doch gewaltig von unseren bisherigen Erfahrungen in Deutschland. Regensburg und Nürnberg waren in den 50er Jahren Städte, in denen die Bewohner mit Volldampf die schweren Bombenschäden aus dem Krieg beseitigten und ihre Heimat wieder neu gestalteten. Obwohl auch Eindhoven als Industriestandort Kriegsschäden hatte, war davon Anfang der 60er Jahre nichts mehr zu sehen. Unsere neue Wohnung befand sich am Stadtrand.

Die Wohnanlage, gemischt mit Reihenhäusern und kleinen zweistöckigen Wohneinheiten, war neu und modern. Alles war sehr sauber, gepflegt und großzügig angelegt. Die Wohnung war schnell eingerichtet, und wir fühlten uns so sofort heimisch. Eindhoven war eine sehr lebendige Stadt. Das eigentliche Stadtzentrum war klein mit einer Fußgängerzone, Kaufhäusern, Geschäften, Kinos und Restaurants. Das Leben in der Stadt wurde hauptsächlich von Philips geprägt. Jeden Morgen brachten über 100 firmeneigene Busse Arbeiter aus dem Umland, Belgien und Deutschland in die Fabriken. Die Einheimischen waren innerhalb der Stadt hauptsächlich mit zahllosen Fahrrädern unterwegs. Die größten Fabriksanlagen waren damals die Glühlampenfabriken und Bildröhrenerzeugung. Dazu wurden auch Haushaltsgeräte, Fernseher, Radios und elektronische Bauteile hergestellt. Philips hatte ein eigenes Stromkraftwerk, Metallerzeugung und eine Glashütte. In zahlreichen Labors experimentierten Techniker und Forscher an neuen Entwicklungen in der Elektronik. In Eindhoven war auch die Fabrik des holländischen Autoherstellers DAF, welcher LKW und einen kleinen PKW mit Automatikgetriebe herstellte. Nach Arbeitsschluss gab es eine kurze Hektik auf den Straßen, wenn die Busse und die Fahrräder mit den Werktätigen nach Hause fuhren.

Unser neues Heim in Eindhoven

Wenn meine Mutter zum Einkaufen ging bzw. mit ihrem Fahrrad fuhr, fühlte sie sich wie im Paradies. Butter, Käse, Fleisch und Obst gab es in bester Qualität und sehr preiswert. Die Probleme mit der Sprache hatte sie bald im Griff. Supermärkte, wie wir sie jetzt an jeder Straßenecke sehen, gab es damals nicht. Die Leute gingen in Lebensmittelgeschäfte, zum Bäcker, Konditor, Metzger und in Obstläden. Besonders mit dem Metzger verstand sich meine Mutter sehr gut. Er wusste bald, was ein „Scherzerl", „Teilsames" oder „Brüsterl" war, nur mit einem „Wadschunken" für ein Gulasch hatte er schwer zu kämpfen. Erst als sich meine Mutter auf den Unterschenkel klopfte, ging ihm eine Philips-Glühlampe auf: „Vlees van de been" war die Lösung.

Mit meinem Vater lernte ich die Sportanlagen von PSV kennen. „Philips-Sport-Vereniging" war die richtige Bezeichnung, und Philips hat für alle Sportarten, die von Mitarbeitern ausgeübt wurden, Anlagen eingerichtet. Die Abteilung Fußball war die größte Sportabteilung, und der jeweilige Generaldirektor von Philips war auch immer Präsident des Fußballvereins. Das Stadion von PSV lag im Zentrum der Stadt in unmittelbarer Nähe des Bahnhofs. Es war noch nicht das supermoderne Stadion, wie wir es heute von den vielen Europacup-TV-Übertragungen kennen, sondern noch das alte aus der Gründungszeit. Es war ein reines Fußballstadion mit einer kleinen, gedeckten Sitzplatztribüne. In der Tribüne waren die Umkleidekabinen, sanitäre Einrichtungen, die Vereinsbüros und ein kleines Restaurant. Der Rest der Stadionränge waren Stehplätze. Das Hauptspielfeld war einfach Weltklasse. Ein Rasen wie in Wimbledon, saftig grün, kurz geschnitten und eben wie ein Parkettboden. Das Highlight des Stadions war die Flutlichtanlage. Vier fast 60 Meter hohe Lichtmasten mit je 60 starken Scheinwerfen sorgten für eine optimale Ausleuchtung des Spielfeldes. Optimale Ausleuchtung ist da etwas untertrieben, wir sind schließlich im Stadion der größten Glühlampenfabrik der Welt, und Philips sorgte dafür, dass 1960 im eigenen Stadion auch die stärkste Flutlichtanlage der Welt installiert war. Der Rasen war so gut, dass die Kampfmannschaft auch auf dem Hauptspielfeld trainieren konnte. Bei besonders schlechtem Wetter stand neben dem Stadion noch ein Hartplatz für das Training zur Verfügung.

PSV Eindhoven wurde 1913 gegründet, und im Jahre 1929 gelang der erste niederländische Meisterschaftsgewinn. 1955 wurde in Holland der Profifußball eingeführt, und schon seit den Gründungstagen, noch als Werkmannschaft, legten die Verantwortlichen für den Fußball ihr Augenmerk auf den eigenen Nachwuchs. Als ich mit meinem Vater die Sportanlage für den Nachwuchs des PSV besichtigte, waren wir beide sehr beeindruckt. Sechs Grasplätze und zwei Hartplätze, alle mit Flutlichtanlagen, standen für Training und Meisterschaftsspiele zur Verfügung. Große, saubere, gepflegte Umkleideräume, sanitäre Anlagen und eine Kantine vervollständigten diese tolle Sportanlage. Hier, unter so guten Bedingungen, wollte ich auch trainieren und spielen. Ich war zwar mit 14 Jahren nicht mehr der Jüngste, aber jetzt wollte ich unbedingt meine eigene Fußballerkarriere starten. Da uns der Jugendleiter durch die Anlage führte, konnte ich mich noch am gleichen Tag bei PSV als Spieler anmelden, und eine Woche später war ich bereits spielberechtigt. Ich wurde meinem Alter entsprechend der B-Jugend zugeteilt.

K. N. V. B. Afd. Noord-Brabant

Franz
Voornamen, eerste naam voluit

Binder
Achternaam

14.7.46
Geboortedatum en jaar

P.S.V.
Vereniging

Juniors niederländischer Spielerpass

Schöner hätte unsere Ankunft in Eindhoven gar nicht sein können. Meine Mutter war mit der Lebensqualität in Holland sehr zufrieden, mein Vater hatte einen Trainer-Traumjob bei einem europäischen Spitzenverein, und ich konnte eine Ausbildung bei Philips beginnen und war jetzt ganz scharf aufs Fußballspielen. Die Situation war zu schön, um wahr zu sein, da musste ja etwas Negatives passieren. Es war dann das Wetter. Der Juli war sonnig und heiß, aber im September schlug das Wetter komplett um. Die nächsten vier Monate sollte es in Holland fast ununterbrochen regnen. Ich musste täglich mit dem Rad in die Schule und mein Vater hatte jeden Tag Training. Schön langsam fühlte man sich immer nass. Die Medien sprachen vom schlechtesten Wetter der letzten 100 Jahre. Im Wohnzimmer hatten wir ein riesiges Fenster, vom Boden bis zur Decke über die gesamte Länge des Raumes. Der Wind peitschte Tag um Tag den Regen gegen das Fenster, und das Wasser lief in Strömen daran herunter. „Bimbo" stand verzweifelt vor der Wasserwand und meinte: *„Jetzt weiß ich, wie sich die Fische in einem Aquarium fühlen!"*

Erst Anfang Dezember wurde die Wetterlage wieder besser. Einmalig waren aber die Platzverhältnisse. Egal wie viel es regnete, alle Fußballplätze in Holland waren bespielbar. Keine Trainingseinheit fiel aus und kein Meisterschaftsspiel musste abgesagt werden. Trainer Binder hatte einen Kader mit 20 Spielern, mit dem er in die Vorbereitung ging. Obwohl schon seit 1955 die Eredivisie mit Profifußballern in Holland gespielt wurde, hinkte hier der PSV anderen Spitzenvereinen hinterher. Während Feyenoord Rotterdam und Ajax Amsterdam einen reinen Profibetrieb hatten, hatte PSV nur Vertragsspieler. Die Spieler waren bei Philips angestellt, arbeiteten bis am frühen Nachmittag und gingen dann zum Training. Darüber wurde „Bimbo" vom Vorstand nicht aufgeklärt, denn er hatte fest damit gerechnet, die Spieler zweimal am Tag beim Training zu haben.

Das Training begann täglich erst um 17 Uhr, dadurch konnte „Bimbo" zwischen Oktober und Mai nur bei Kunstlicht trainieren. Jetzt wunderte er sich nicht mehr, dass die Konkurrenz Eindhoven vor allem körperlich um einiges voraus war. Aber die Situation konnte er im Moment nicht ändern. Der Spielerkader war bunt gemischt. Die aktuellen Teamspieler Brusselers, Renders, Van der Kuil, Van Wissen und Wiersma sowie die Routiniers Svensson und Louwers bildeten einen soliden Kern, auf dem Binder aufbauen konnte. Dazu kamen junge talentierte Spieler aus dem eigenen Nachwuchs bzw. aus der Region.

„Bimbo" erkannte in den ersten Vorbereitungsspielen sofort, dass die Mannschaft taktisch sehr defensiv ausgerichtet war und einige Spieler auf den falschen Positionen eingesetzt waren. Dies erklärte auch, dass der PSV in den letzten Jahren sehr wenig Tore erzielte und in der Meisterschaft nur enttäuschende Mittelfeldplätze erreichte. Auch der Torhüter war, wie dann die Spiele im Herbstdurchgang zeigten, kein echter Rückhalt für die Mannschaft. Die erste taktische Maßnahme war, dass die vielfachen Teamspieler mehr Verantwortung übernehmen mussten. Wiersma als Libero hatte mit Brusselers die Abwehr zu organisieren, Van Wissen und Svensson waren im Mittelfeld für die Offensive und Spielgestaltung zuständig und den Angriff führte Van der Kuil. Um diese Spieler baute „Bimbo" jetzt seine Mannschaft auf. Das erste Jahr war wieder dazu da, den Spielerkader ken-

Das alte Stadion von PSV hatte die stärkste Flutlichtanlage der Welt.

nenzulernen, zu testen, auszuprobieren (auszutauschen) und taktisch-technisch zu schulen.

Die Sportjournalisten favorisierten Ajax Amsterdam sowie die beiden Rotterdamer Vereine Feyenoord und Sparta. Die Höhepunkte der Herbstsaison waren die Heimsiege gegen MVV Maastricht mit 5:0 und ein vielbejubelter 4:1-Sieg gegen den Meisterschaftsfavoriten Feyenoord. Auf einem guten Mittelfeldplatz ging der PSV in eine kurze Winterpause. Diesmal mussten wir auf unsere obligatorische Weihnachtsreise nach Wien verzichten, denn die Werkschule von Philips gab uns nur die Tage zwischen Weihnachten und Silvester frei. Dafür gab es schöne Weihnachtsfeiern mit der Kampfmannschaft und für die Jugend. Ich hatte den ganzen Herbst eifrig trainiert, und da ich in meinem ersten Match für die B-Jugend von PSV mit einem 8:0-Sieg vier Tore schoss, hatte ich sofort einen Stammplatz in der Mannschaft. Wir trainierten viermal in der Woche am Abend im Trainingszentrum, und am Sonntag spielten alle Amateur- und Nachwuchsmannschaften ihre Meisterschaftsspiele. In der Winterpause versuchte mein Vater wieder den Präsidenten davon zu überzeugen, dass er die Spieler der Kampfmannschaft auch am Vormittag zu Trainingseinheiten zur Verfügung haben wollte. Leider lehnte der Präsident dieses Ersuchen ab.

Nur 35 Kilometer von Eindhoven entfernt, in dem kleinen Städtchen Tilburg, war beim dortigen Fußballverein auch ein Österreicher als Trainer beschäftigt. Heinrich „Wudi" Müller trainierte Willem II aus Tilburg. Namenspate war der niederländische König Willem II., der in Tilburg sein militärisches Hauptquartier hatte und dort verstarb. „Wudi" und „Bimbo" kannten sich als Spieler aus den 30er Jahren, als Müller beim Wiener AC als Stürmer in der Verbinderposition spielte. Müller kam auch auf drei Einsätze im

Erste Weihnachten 1960 in Eindhoven

Die Kampfmannschaft von PSV Eindhoven 1960/61: stehend: van Wissen, Heerschop, Wiersma, Bekkering, Renders, Brusselers; hockend: Louwers, van der Kuil, Kruiver, Svensson, van den Heuvel

„Wudi" besuchte „Bimbo" immer an den freien Spiel- und Trainingstagen in Eindhoven. Grete Müller und Erna Binder erkundeten Holland – hier die Käsestadt Edam.

„Wunderteam" und spielte insgesamt fünfmal für Österreich. Mitte der 30er Jahre wechselte er zum ungarischen Spitzenverein Hungaria MTK Budapest und wurde zweimal ungarischer Meister. 1940 wurde die Hungaria aufgelöst, und „Wudi" Müller wechselte zur Wiener Austria, bei der er bis 1944 als Spieler tätig war. Seine Trainertätigkeit begann er bei der Austria (1944–1955), es folgte 1956 die niederländische Nationalmannschaft, weiters Willem II Tilburg, AEK Athen und wieder die Wiener Austria. 1972 ging Müller in die verdiente Pension. „Wudi" freute sich, dass er jetzt mit „Bimbo" endlich wieder einen Freund aus Österreich in Holland hatte. An jedem trainings- oder spielfreien Tag kam „Wudi" mit seiner Frau auf einen Kaffee und eine Kartenpartie nach Eindhoven.

Es entwickelte sich eine angenehme Freundschaft, und gemeinsam machten wir Ausflüge zum Käse nach Edam und zum Keukenhof mit den riesigen Tulpenfeldern. Mit Willem II war „Wudi" sportlich keine Konkurrenz zum PSV. Willem II hatte von 1961 bis 1990 seine mageren Jahre, wie sie die Tilburger selbst bezeichneten. 17 Jahre krebsten sie in der Ersten Division herum, ehe der Wiederaufstieg in die „Eredivisie" gelang. Jetzt zählt Willem II zu den etablierten Vereinen in der höchsten Spielklasse.

Dafür hatte sich „Bimbo" für die Frühjahrssaison etwas Neues ausgedacht. Die Heimspiele vom PSV fanden grundsätzlich am Samstag um 17 Uhr statt. Ein Vorspiel der zweiten Mannschaft gab es nicht, da es für diese Mannschaften keinen landesweiten Bewerb gab. Mein Vater führte jetzt vor jedem Heimspiel am Samstagvormittag um 9 Uhr ein „Aufwachtraining", wie er es nannte, ein. Eine Stunde konnten sich die Spieler am Platz bewegen und durften machen, was sie wollten, ausgenommen war untätiges Herumstehen. Die Torleute nahm sich „Bimbo" gesondert vor. Die hatten ein einstündiges spezielles Tormanntraining mit meinem Vater zu absolvieren. Mein Vater war mit den Leistungen seines Keepers Bekkering nicht zufrieden. Seine Stärke war das Spiel auf der Linie, wobei er oft mit sagenhaften Reflexen Bälle abwehren konnte, aber seine Schwächen im sicheren Ballfangen, Stellungsspiel und Herauslaufen waren eklatant. Das wurde jetzt mit einem kräftigen Schusstraining vor jedem Heimspiel trainiert, bis Bekkering die Handschuhe rauchten. Im Laufe des Frühjahres nahm mich mein Vater dann zu diesem Sondertraining mit, und ich durfte mit ihm die Torleute einschießen. Ein tolles zusätzliches Training für mich. Nach diesem Vormittagstraining am Spieltag gab es ein gemeinsames Mittagessen, dann wurden die Spieler bis zum Spiel zu ihren Familien entlassen. „Bimbo" erreichte mit dieser Aktion, dass seine Spieler nicht schläfrig, sondern bereits hellwach und auf Fußball eingestellt zum Spiel kamen. Weiters konnte er mit seinem Tormann dessen Schwächen ausbessern, und das gemeinsame Mittagessen gewährleistete, dass alle Spieler auch das richtige Essen in der Vorbereitung auf das Spiel bekamen. Zuerst maulten die Kicker natürlich, aber schon bald machten alle gerne mit und „Bimbo" musste das Samstagtraining immer energisch nach 60 Minuten beenden.

Bei Rapid war man bemüht, „Bimbo" ständig über Vereinsangelegenheiten zu informieren. So wurde er davon in Kenntnis gesetzt, dass die Rapid-Junioren zu Pfingsten an einem großen internationalen Turnier in Den Haag teilnehmen würden und er sich eines der größten österreichischen Fußballtalente, Franz Hasil, ansehen solle. Wir fuhren also nach Den Haag, mein Vater beobachtete den 18-jährigen Hasil in drei Spielen und meinte, dass da wirklich ein großer Könner heranwachsen könnte, den man gut aufbauen muss.

„Bimbo" beobachtet Franz Hasil in einem Juniorenturnier bei ADO Den Haag.

Das Freizeitangebot in Eindhoven war sehr beschränkt und mit Wien nicht zu vergleichen.

Damals wusste er noch nicht, dass sich Hasil 14 Monate später schon unter seinen Fittichen befinden sollte.

In der Saison 1960/61 lieferten sich Feyenoord und Ajax ein Kopf-an-Kopf-Rennen um die Meisterschaft. Schon zur Halbzeit des Titelrennens lagen die beiden Vereine mit großem Abstand an der Spitze. PSV gelang es im Frühjahr, die Rotterdamer, diesmal sogar im eigenen Stadion, mit 3:1 zu schlagen. Einen dramatischen Spielverlauf gab es zwischen dem PSV und Sparta Rotterdam in Eindhoven. Die Führung wechselte mehrfach, aber am Ende lag PSV mit 5:4 in Front. Deutlich war jetzt schon das von Binder auf Offensive umgestellte Spielsystem erkennbar. 74 Tore schossen die Eindhovener in der laufenden Meisterschaft, aber kassierten mit 59 Toren einfach zu viele unnötige Gegentore. Damit reichte es nur zum siebenten Tabellenplatz. Feyenoord und Ajax waren in dieser Saison einfach zu stark. Mit 53 Punkten wurden die Rotterdamer knapp Meister vor Ajax mit 51 Punkten. Der drittplatzierte VVV Venlo hatte bereits 11 Punkte Rückstand auf Ajax. Darauf folgte ein dicht gedrängtes Mittelfeld bis zur achten Platzierung innerhalb von nur sieben Punkten.

Unmittelbar nach dem letzten Meisterschaftsspiel fuhren wir mit dem Auto über Nürnberg (Paula) nach Regensburg (Ostermeier), weiter nach St. Pölten (Verwandte) und dann endlich nach Wien. Von früh am Morgen brauchten wir mit unserem intensiven Besuchsprogramm nach Wien bis spät in die Nacht. Ich hasste dieses Abklappern von Freunden und Verwandten, und zum Glück lagen alle unsere Besuchsorte ohne Umwege auf der Strecke Eindhoven–Wien. Mein Vater hatte drei Wochen Urlaub, die er mit seinen Wiener Freunden verbrachte. Er ließ auch keine Hoffnung auf eine vorzeitige Rückkehr nach Wien aufkommen, denn sein Vertrag beim PSV Eindhoven endete erst im Sommer 1962. Ein ganzes Jahr waren wir durchgehend in Holland gewesen, und ich muss sagen, dass mein Vater nicht ganz glücklich war. Er hatte in der Vereinsleitung nicht durchsetzen können, dass die Kaderspieler auch für ein Vormittagstraining zur Verfügung waren. Einmal am Tag trainieren war für ihn zu wenig. Es ging nicht nur um die Spieler, die er noch besser hätte ausbilden können, sondern auch um „Bimbo" selbst. Es war ihm nicht möglich, seinen ihm angeborenen Arbeitseifer auszuleben. Er hatte einfach zuviel Freizeit und die Tage waren lang. Training von 16 bis 20 Uhr im Stadion war für meinen Vater nicht ausreichend. In Eindhoven gab es keine Kaffeehäuser zum Karten- und Billardspielen so wie in Wien, keinen Heurigen, und seinen großen Freundeskreis vermisste er sehr.

Im einzigen „Koffiehuis" (mit einem Billardtisch) waren vormittags ausschließlich Pensionisten, mit denen er sich nur schwer unterhalten konnte. „Die wollen mit mir immer nur um Geld Karten- oder Billardspielen, aber da habe ich ein schlechtes Gewissen, denn ich will ihnen das Geld nicht aus der Tasche ziehen", meinte mein Vater, von dem seine ehemaligen Kameraden bei Rapid behaupteten, er kenne die Karten von hinten besser als von vorne. Auf ungezählten langen Tourneen und Hotelaufenthalten im Ausland waren für die Fußballspieler damals das Karten- und das Billardspielen die gängigsten Freizeitbeschäftigungen. Gegen die alten Holländer war „Bimbo" natürlich ein Vollprofi, aber er spielte immer nur um Cent und nicht um Gulden.

In Wien hatte er endlich wieder Gelegenheit, mit seinem Freund Ernst Waltschek seine Kaffeehaus- und Heurigenbesuche nachzuholen. Die Revoluzzer bzw. neuen Reformer des SK Rapid nützten die Möglichkeit, mit Franz Binder persönlich reden zu kön-

Der Vereinsvorstand von PSV Eindhoven präsentiert sich mit dem Spielerkader für die Saison 1961/62. Franz Binder steht in der hinteren Reihe als Vierter von rechts.

nen, und überschlugen sich förmlich mit Gesprächseinladungen. Sie hatten wirklich vor, die jahrelangen Sesselkleber im Rapid-Vorstand mit ihren Reformplänen abzulösen. Um die Rapid-Anhänger und die Sportöffentlichkeit auf ihre Seite zu bekommen, benötigten sie die Rapid-Legende „Bimbo" Binder. Er hörte sich alle Vorschläge in Ruhe an, deutete auch seine Vorstellungen über eine sportliche Zukunft Rapids an, und nach neun Jahren im Ausland war er jetzt nicht mehr so abgeneigt, wieder nach Wien zurückzukehren. Er hielt aber fest, dass er seinen Vertrag bei PSV Eindhoven auf jeden Fall bis zum Vertragsende im Juni 1962 erfüllen wollte. Nach vielen Gesprächen kehrte „Bimbo" nach Holland zur Meisterschaftsvorbereitung zurück mit der Zusage, bis zum Sommer 1962 engen Kontakt zu Rapid zu halten.

Den Spielerkader für die Saison 1961/62 hatte „Bimbo" drastisch von 20 auf 16 Spieler reduziert, und er bekam auch die geforderten Verstärkungen. Torhüter Bekkering wurde durch Gert Bals ersetzt, vom SC Enschede kam Pierre Kerkhoffs und aus England der linke Flügelstürmer Gordon Nutt von Southend United, der vorher fünf Jahre bei Arsenal London aktiv war. Aus dem eigenen Nachwuchs kamen Lambert Maassen und der besonders talentierte Wim Wolbers. Jetzt hatte „Bimbo" eine Mannschaft, mit der er im Kampf um den Meistertitel mitmischen wollte.

Die Meisterschaft beginnt mit fünf Kantersiegen gegen VVV Venlo (A 3:1), ADO Den Haag (H 6:1), De Volewijckers (A 6:3), Rapid JC (H 7:1) und Sparta Rotterdam (A 0:5). Erst in der sechsten Runde stoppte eine 0:1-Heimniederlage gegen DOS Utrecht den Siegeslauf. Nach dieser peinlichen Niederlage stand eine Woche später wieder ein Heimspiel gegen DWS Amsterdam auf dem Programm. Ich durfte bei Heimspielen, ganz rechts neben dem Masseur und dem Arzt, auf der Spielerbank sitzen. Zu einer optimalen Matchvorbereitung war es nötig, die Spieler regelrecht aufzuwecken und auf das Spiel zu konzentrieren. Mein Vater ärgerte sich oft über die Lethargie einzelner Spieler. Im Spiel gegen DWS passierte etwas besonders Lustiges, das die Zuschauer auf der halben Sitzplatztribüne mitbekamen und sich krumm lachten. Wenige Minuten vor Spielende stand es 1:1, PSV war ständig überlegen, aber es wollte ganz einfach kein Tor gelingen. Dann gab es noch einen Freistoß von links. Langsam formierten sich die PSV-Spieler in Erwartung des Balles, als genau vor der Spielerbank Rechtsaußen Jan Louwers bereits abgeschaltet hatte und sich auf den Weg in die Kabine vorbereitete. Er war mit dem Remis offensichtlich zufrieden, aber nicht „Bimbo".

Binder war der Typ des ruhigen Trainers, der nicht wie ein Kasperl auf der Outlinie auf und ab hüpfte, den Linienrichter verbal attackierte oder bei einem Tor aufsprang, um mit seinen Betreuern abzuklatschen.

Schlimmes ahnend verfolgt „Bimbo" die Geschehnisse im „De Kuip"-Stadion.

Er schrie auch keine Anweisungen quer über das Spielfeld, da er aus eigener Erfahrung wusste, dass ihn niemand hören konnte. Er holte sich, wenn nötig, bei einer Spielunterbrechung einen Spieler zur Linie dem er dann eine kurze und klare Anweisung gab. Als jetzt Louwers völlig teilnahmslos vor ihm herumstand, sprang er auf und ging gegen seine sonstige Gewohnheit einen Meter ins Spielfeld. Er zeigte mit dem Finger in Richtung des gegnerischen Tores, und in seinem besten Wiener Dialekt sagte er: *„Wos is, Herr Louwers, woll'n ma net a bei an Freistoß für uns in Strafraum der Gegner gehn?"* Die Zuschauer lachten, Louwers wachte wieder auf, sprintete wie von einer Tarantel gestochen in den gegnerischen Strafraum, Gorden Nutt hob den Freistoßball genau auf seinen Kopf und der Ball schlug unhaltbar zum 2:1-Siegestreffer ein. Die Tribüne feierte „Bimbo" als Torschützen, der sich lächelnd bedankte und wieder auf seinen Platz setzte. Das sind Kleinigkeiten, die ein Match, ja sogar eine Meisterschaft entscheiden können.

Der Meisterschaftsverlauf im Herbst 1961 war ein Vierkampf zwischen den hohen Favoriten Feyenoord Rotterdam, Ajax und Blauw-Wit aus Amsterdam sowie dem PSV Eindhoven. Bis zum Ende des Herbstdurchgangs gab es noch ein 2:2-Unentschieden gegen Ajax, und Feyenoord schlug den PSV in Eindhoven mit 3:0. Herbstmeister wurden die Rotterdamer knapp vor dem PSV und Blauw-Wit. Den Winter verbrachten wir wieder in Eindhoven. Es standen zu wenig freie Tage für die lange Fahrt nach Wien zur Verfügung. Die Winter in Holland sind aber auch sehr schön. Es gibt nur ganz wenig Schnee, dafür sind die Temperaturen sehr kalt. Über Wochen sind dann die zahlreichen Kanäle zugefroren, und man kann darauf kilometerweit Eislaufen. Die Holländer nützen diesen Wintersport mit ihren Familien immer weidlich aus.

Obwohl ich zu Weihnachten Eishockeyschuhe bekam, begeisterte mich Eislaufen nicht. Mein Debüt auf dem Eis beinhaltete einen kapitalen Sturz mit schwerer Kieferprellung, und damit war meine Karriere auf dem Eis auch schon wieder beendet. Da kein Schnee auf den Radwegen lag, hielt ich mich mit Radfahren fit. Im Vorbereitungstraining der Nachwuchsmannschaften verletzte ich mich schwer am linken Knie. Bei einem internen Spiel attackierte mich ein Gegenspieler so unglücklich, dass er mir das linke Knie verdrehte und ich mir das Innenband schwer zerrte. Die Folge waren zwei Wochen Liegegips. Bis ich wieder richtig trainieren konnte, vergingen zwei Monate und weitere sechs Wochen bis zu meinem ersten Spiel nach der Verletzung. Dann hatte ich aber ein besonders schönes Fußballerlebnis. Immer wenn die Kampfmannschaft ein Freundschaftsspiel hatte, durfte die am besten platzierte Nachwuchsmannschaft das Vorspiel im Stadion bestreiten. Das war immer eine Auszeichnung für uns junge Spieler, und wir durften uns auch einmal vor großer Kulisse präsentieren. Zu Ostern spielte PSV ein Freundschaftsspiel gegen Anderlecht und meine Mannschaft wurde für das

PSV B-Jugend 1961/62

Vorspiel ausgewählt. Der Gegner war in einem Meisterschaftsspiel die B-Jugend unseres Stadtrivalen FC Eindhoven.

Für mich war es das erste Pflichtspiel nach meiner langwierigen Verletzung, aber der Arzt gab sein O.K. und mein Trainer stellte mich wieder als mittlere

Rapid-Opposition greift an: Großklub mit ‚Bimbo' Binder

Sturmspitze auf. Mit einem Kniestrumpf wurde mein Knie noch sicherheitshalber gestützt, und ich freute mich schon auf das Spiel. Natürlich war ich im Unterbewusstsein noch unsicher, ob mein linkes Knie einer vollen Belastung standhalten würde. Wir waren ständig im Angriff, und ich hatte Chance über Chance, aber die Bälle kamen immer auf meinen linken Fuß zum Schießen. Immer, wenn ich mir die Kugel auf den rechten Fuß legen wollte, verlor ich ihn. Dann reichte es mir. Ich nahm mir vor, beim nächsten Ball, den ich mit links zum Schießen bekäme, voll durchzuziehen, entweder würde das Knie halten oder nicht. Es dauerte nur wenige Sekunden und unser rechter Flügelstürmer drippelte sich bis zur Outlinie durch und spielte mir den Ball zurück an die Strafraumgrenze. Aus vollem Lauf zog ich mit links durch und hatte den Bann gebrochen, keine Schmerzen im Knie und ein Tor geschossen. Unseren Rivalen aus Eindhoven schickten wir mit einer 2:13-Niederlage nach Hause, ich konnte sieben Tore erzielen, alle mit dem linken Bein. Die PSV-Fans feuerten uns bei dieser Torflut auch entsprechend lautstark an. Vielleicht ein wenig zu viel, denn wir hatten bei diesem Spiel alle 15 Tore selbst erzielt. Die beiden Gegentore waren Eigentore.

Eredivisie

PSV—Blauw-Wit	2—1
VVV—Fortuna '54	3—0
ADO—NAC	2—3
Volewijckers—Feijenoord	3—0
Rapid JC—Willem II	1—5
Sparta—Ajax	4—0
DOS—Volendam	6—2
Enschede—MVV	1—6
DWS—GVAV	2—0

Feijenoord	**34**	**20**	**10**	**4**	**88—35**	**50**
PSV	34	21	7	6	85—43	49
Blauw-Wit	34	16	9	9	71—54	41
Ajax	34	16	7	11	80—59	39
NAC	34	15	8	11	60—49	38
MVV	34	12	12	10	55—46	36
Volendam	34	15	4	15	69—76	34
Willem II	34	14	5	15	63—52	33
Sparta	34	12	9	13	46—50	33
DOS	34	10	12	12	61—62	32
Volewijck.	34	13	6	15	68—87	32
Fort. '54	34	11	9	14	57—61	31
Enschede	34	11	8	15	55—69	30
GVAV	34	8	14	12	48—61	30
ADO	34	9	11	14	58—69	29
DWS	**34**	**7**	**14**	**13**	**38—63**	**28**
VVV	**34**	**10**	**7**	**17**	**38—62**	**27**
Rapid JC	**34**	**6**	**8**	**10**	**35—77**	**20**

Ein Punkt fehlte PSV auf den Titel 1961/62.

Die Eredivisie war spannend wie schon seit Jahren nicht. Aus dem Vierkampf im Herbst wurde im Frühling ein Dreikampf. Ajax erwischte einen schlechten Start und hatte schon nach wenigen Runden alle Chancen auf den Titel verspielt. Auch PSV verlor etwas den Anschluss an Feyenoord, hauptsächlich durch unnötig knapp verlorene Partien und zu viele Unentschieden. Fünf Runden vor Saisonende führten die Rotterdamer überlegen vor Blauw-Wit und PSV die Tabelle an. Dann hatte Feyenoord ein Blackout, und PSV legte mit fünf Siegen in Serie einen tollen Zwischenspurt um den Titel ein. In der vorletzten Runde führte Feyenoord mit 47 Punkten vor PSV mit 46 Punkten. Die Meisterschaft war mit einem Schlag wieder völlig offen. Hollywood hätte nicht besser Regie führen können, denn in der 33. Runde stand im Stadion „De Kuip" („Die Wanne") das entscheidende Meisterschaftsspiel Feyenoord gegen PSV auf dem Programm. Mit fast 50.000 Zuschauern war das Stadion ausverkauft. Zahlreiche Fans hatten PSV nach Rotterdam begleitet und feuerten die Mannschaft frenetisch an. Ich war an diesem dramatischen Tag auch im „De Kuip" und verfolgte das Spiel von der Tribüne aus.

Das Spiel war lange Zeit sehr ausgeglichen, die Eindhovener waren gut von Trainer Binder auf die starken Rotterdamer eingestellt. Die Verteidigung spielte konzentriert und man lief den Rotterdamern nicht ins offene Messer. Immer wieder konterte PSV gefährlich, aber bis zur Pause gab es auf keiner Seite einen Torerfolg. Nach der Pause merkte man, dass Feyenoord mit einem Unentschieden zufrieden sein würde, um den Vorsprung von einem Punkt zu halten. Jetzt gab „Bimbo" das Kommando auf totalen Angriff und PSV drückte Feyennord in die Defensive. In der 60. Minute gelang dann Piet van der Kuil der Führungstreffer für PSV.

Zu diesem Zeitpunkt war PSV Tabellenführer und hatte den Meisterschaftsgewinn in der eigenen Hand. Leider hatten die Eindhovener aber nicht mit dem Referee gerechnet. Feyenoord musste jetzt auf den Ausgleich spielen, und mit Hilfe des Schiedsrichters begann ein Sturmlauf auf das PSV-Tor. In der 92. Minute ließ sich ohne jegliche Fremdeinwirkung ein Feyenoord-Spieler im Strafraum fallen, und der Schiri zeigte auf den Elfmeterpunkt. 1:1 – wieder war das Spiel gedreht. Aber der falsche Elferpfiff war noch nicht der

Weltstandard durch Professionalismus!

Seit Monaten beschäftigt Rapid wieder einmal die Sportrubriken der Zeitungen, den ÖFB, die Anhängerschar – und sogar die Konkurrenzvereine. Der geschäftsführende Vizepräsident, Baumeister Friedrich Grassi, und Finanzreferent Direktor Heinz Holzbach haben es wiederholt vor aller Öffentlichkeit ausgesprochen: Rapid wird den unumgänglich gewordenen Schritt zum Vollprofessionalismus einschlagen!

Baumeister F. Grassi

Beide Funktionäre, mit einem gewissen „G'spür" für die Realistik des Fußballbetriebes, wie es heute in West und Ost gleichermaßen* gehandhabt wird, ausgestattet, wollen Österreichs Rekordmeister auch international stärker ins Licht bringen und trachten danach, daß Rapid in absehbarer Zeit zu den ganz Großen dieser Fußballwelt gehört, und zwar mit allem Drum und Dran.

Nur so ist zu verstehen, daß Rapid mit seiner ausgezeichneten Finanzgebarung in der Lage ist, namhafte Beträge für die Verpflichtung ausländischer Spitzenspieler auszugeben. Die ersten Anzeichen dieser reiflich überlegten kommerziellen Gebarung machen sich bereits bemerkbar und werden zum Teil auch schon von anderen Nationalligaklubs nachgeahmt.

Der SK Rapid mit seinem sportsachverständigen Präsidenten, Sektionschef Dr. Heinz Pruckner, will dabei auf die alte verpflichtende Tradition des Klubs keinesfalls verzichten. Es werden daher auch in der neuen Ära den Talenten aus den eigenen Reihen die Chancen zum Aufstieg in die Kampfmannschaft eingeräumt bleiben.

Direktor H. Holzbach

Eine wichtige Voraussetzung dazu ist allerdings, daß man – auch aus dem treuen Anhängerkreis – ein wenig Geduld aufbringt. Wie heißt es doch? Rom ist auch nicht an einem Tag erbaut worden …

wirklich tragische Höhepunkt dieses Spieles. PSV hatte Anstoß, Piet van der Kuil nimmt den Ball, überspielt von der Mittelauflage kommend vier Rotterdamer Spieler, kommt in den Strafraum, täuscht den Tormann, überspielt ihn und rollt den Ball aus zehn Metern in Richtung leeres Tor. Als die Lederkugel zwischen Fünf-Meter-Linie und Torlinie war, pfiff der Referee überraschend für alle Zuschauer das Spiel ab. Kein Tor, kein Sieg, keine Chance auf die Meisterschaft mehr. Der Schiedsrichter entschied mit einem klaren Regelverstoß die Meisterschaft 1961/62; er hatte den Titel nicht nur dem Verein, den Spielern, den Fans, sondern auch „Bimbo" Binder gestohlen. In der letzten Runde gewannen beide Meisteranwärter, und die Rotterdamer konnten ihren Titel jetzt auch offiziell feiern. Die Presse schrieb zwar seitenweise von einem Skandal, bezeichnete PSV als wahren Meister, aber in den Annalen scheint Feyenoord als Meister auf.

Im Juni waren neue Vertragsverhandlungen. Der Verein wollte meinen Vater unbedingt für weitere zwei Jahre verpflichten. „Bimbo" war nach dem sportlich guten Jahr und der Qualität der Mannschaft nicht abgeneigt, hatte aber eine Bedingung. Er wollte, dass er die Mannschaft dreimal in der Woche auch vormittags zum Training zur Verfügung hat. Dies lehnte nach wie vor der Generaldirektor von Philips ab, und so entschied sich „Bimbo" für eine Rückkehr nach Wien zu Rapid. Der Vorstand von PSV und die Spieler verabschiedeten meinen Vater bei einem unvergesslichen Bankett, und nicht nur Sekretär Van Gelder hatte bei seiner Abschiedsrede Tränen in den Augen. Ich wäre sehr gerne weiter in Eindhoven geblieben, um meine Ausbildung fortzusetzen, aber wieder einmal ging es daneben. Der Generaldirektor von Philips ermöglichte mir aber, dass ich meine Ausbildung bei Philips Wien fort- bzw. später abschließen konnte.

„Bimbo" Binder mit Ernst Happel, den er als Trainer für ADO Den Haag empfohlen hatte. In Holland begann Happels große Karriere als Trainer.

In dieser Situation war aber mein Vater leider der größte Pechvogel. Ich glaube, dass es nur sehr wenige Trainer auf der Welt gab und gibt, die nicht in den Genuss des Erfolgs in den von ihnen aufgebauten Mannschaften kommen. Als er 1952 Rapid verließ, wurden seine Nachfolger mit der von ihm geformten Mannschaft viermal Meister. Den 1. FC Nürnberg verließ „Bimbo" 1960, und sein Nachfolger Herbert Widmayer wurde mit der von ihm aufgebauten Mannschaft in der Saison 1960/61 deutscher Fußballmeister. Nach seinem Abgang 1962 vom PSV Eindhoven erging es ihm auch nicht besser, denn der neue Trainer Bram Appel wurde mit dem von Binder geformten Team holländischer Meister 1962/63. Beim PSV kam noch dazu, dass im Laufe der Herbstsaison der Generaldirektor von Philips dem Vormittagstraining zustimmte.

„Bimbo" organisierte rasch die Übersiedelung nach Wien, um sich auf seine neue Aufgabe bei Rapid zu konzentrieren. Der Verein und die Rapid-Anhänger hatten seine Rückkehr schon sehnlich erwartet, denn die Rapid-Mannschaft brauchte eine Runderneuerung. Robert Körner hatte ein Jahr zuvor das Amt des Trainers von Ernst Happel übernommen und war ab sofort der Assistent von Binder. Körner und Happel waren gute Trainer, aber für einen alleinverantwortlichen kompletten Neuaufbau einer Mannschaft brauchte man die Kompetenz und die Erfahrung eines Franz Binder. Happel und mein Vater waren gute Freunde, und im Frühjahr 1961 kam der Präsident von ADO Den Haag nach Eindhoven zu einem Gespräch mit meinem Vater. Er wollte einen neuen Trainer für ADO verpflichten und von meinem Vater wissen, was er von Ernst Happel hält. Mein Vater sagte damals, dass er mit Happel einen der besten Trainer der Zukunft bekommen könnte. Happel unterschrieb bei ADO und begann seine Weltkarriere als Fußballtrainer.

1962–1966:

Wieder zurück in Hütteldorf

Nach der nüchternen holländischen Industriestadt Eindhoven lebte mein Vater in seinem geliebten Wien wieder richtig auf und stürzte sich mit Elan in die schwierige Aufgabe eines Neuaufbaues der Kampfmannschaft. Die Familie zog wieder in die kleine Gemeindebauwohnung in der Hütteldorfer Straße, aber so recht gefiel es uns dort nicht mehr. Nach den Wohnungen in Regensburg, Nürnberg und Eindhoven war der Gemeindebau nur mehr „Substandard". Für meinen Vater war schnell klar, dass er für uns eine neue Bleibe suchen musste, was neben seiner Arbeit bei Rapid seine zweite große Aufgabe wurde. Meine Mutter war sehr traurig über die Rückkehr nach Wien. Ihr hatte es im Ausland viel besser gefallen. Dazu kam, dass jetzt das Grab meiner Schwester am Baumgartner Friedhof in unmittelbarer Nähe war und der Schmerz über den Verlust wieder stark in Erinnerung kam und sie seelisch sehr belastete.

Der alte neue „Chef" amtiert in Hütteldorf

FRANZ BINDER, der Rapid-Kanonier. dessen Rekord, 1006 Tore in 756 Spielen, ungebrochen blieb, ist nach zehn Jahren Wanderschaft nach Hütteldorf als Chef heimgekehrt. „In zwei Jahren ist Rapid wieder Rapid", verspricht Bimbo den grün-weißen Anhängern.

Ich konnte meine technische Ausbildung bei Philips Wien fortsetzen und spielte ab Herbst in der Jugendmannschaft von Rapid. Nach der optimalen Nachwuchsarbeit beim PSV in Holland mit den ausgezeichneten Trainingsmöglichkeiten auf einer vereinseigenen Sportanlage waren die sportlichen Bedingungen beim Sportklub Rapid (und in Wien) gewöhnungsbedürftig.

Die Konditions- und Kraftarbeit machten wir bei Rapid mit sich immer wiederholenden Läufen im nahen Wienerwald. Am Rapid-Platz hatte die Kampfmannschaft Vorrang beim Training, daher konnten die Reserve und die vier Nachwuchsmannschaften erst mit dem Ball trainieren, wenn wir vom kleinen „Käfig" mit der steinharten roten Erde auf das Hauptfeld durften. Es war immer ein großes Gedränge, Ausweichmöglichkeiten zum Trainieren gab es keine. Aber für Rapid zu spielen wog alle Unannehmlichkeiten auf. Schon im Laufe der Frühjahrssaison hatte „Bimbo" einen intensiven Kontakt mit der Vereinsleitung von Rapid gehabt, und noch vor seiner endgültigen Rückkehr nach Wien stand der Spielerkader für die Saison 1962/63 bereits fest. Zur Vertragsunterzeichnung ließ er sich von der Vereinsleitung mit Präsident Schwarzl seinen Aufbauplan für die nächsten drei Jahre bestätigen und verpflichtete seinen Freund Robert Körner als Trainer. Obwohl mit Präsident Schwarzl und Finanzreferent Twardos noch zwei Relikte aus dem Jahre 1952 im Amt waren, übernahm „Bimbo" die schwierige Aufgabe bei Rapid. Im Vorstand waren die „Reformer" stark geworden und für 1964 war eine Generalversammlung angesetzt, in der eine neue Vereinsführung gewählt werden sollte. In Hütteldorf schien der alte Rapid-Geist wieder eingekehrt zu sein, und vorerst zogen alle an einem Strang.

Anlässlich seines 65. Geburtstages lud Sepp Herberger im Juni 1963 auch die österreichischen Teamspieler ein, die er in der „großdeutschen" Nationalmannschaft eingesetzt hatte. Herberger war von 1934 bis 1964 Chef der deutschen Nationalmannschaft. Sein größter Erfolg war 1954 der Weltmeistertitel in der Schweiz. „Bimbo" hatte nur gute sportliche Erinnerungen an Herberger. Neun Einsätze hatte er im deutschen Nationalteam und erzielte dabei zehn

Herberger überreicht „Bimbo" seine silberne Erinnerungsplakette. Links Karl Sesta, in der Mitte Willy Fitz

Rapids „Haus- und Hoffotograf"

Im Sommer 1962 kehrten wir nach 10-jährigem Auslandsaufenthalt nach Wien zurück. Schon bei meinen ersten Besuchen auf der Pfarrwiese fiel mir ein junger Mann auf, der sich mit einer Fotokamera bei den Kabinen und am Spielfeld herumtrieb. Er konnte sich frei bewegen und fotografierte die Rapidler, wie sie ihm vor die Linse kamen. Scheinbar kannte er viele Spieler persönlich, denn alle waren sehr freundlich zu ihm und erfüllten seine Wünsche nach Fotos. „Bimbo" Binder als neuer Sektionsleiter und sein Sohn waren natürlich besondere Motive für ihn. Wir freundeten uns sehr schnell an, und unsere Freundschaft hielt bis heute. Der junge Fotograf war Peter Perszem, ein Goldschmied, Hobby-Sportfotograf und ein echter Rapid-Anhänger.

Peter Perszem in „Action"

Er fotografierte bei jedem Heimspiel und wenn es ihm möglich war beim Training und bei Auswärtsspielen. Er war immer zur Stelle, wenn ein Fotograf gebraucht wurde. Seine schönsten Fotos verschenkte er an Spieler und Funktionäre. Er durfte als Rapids „Haus- und Hoffotograf" ohne Presseausweis in den Stadioninnenraum und war bei Auslandsreisen, auf eigene Kosten, immer bei der Rapid-Delegation.

Mit den Jahren wurde Peter ein echter Sportfotograf, er hatte eine Profiausrüstung. Die Qualität seiner Bilder blieb dem bekannten österreichischen Sportfotografen Herbert Sündhofer nicht verborgen. Da Peter Perszem sowieso bei fast allen Rapid-Spielen war, nahm ihm Sündhofer seine „Rapid-Bilder" zur Veröffentlichung in den Printmedien ab. Peter hatte das Glück, dass seine spätere Frau Renate seine Leidenschaft für Rapid und die Fotografie teilte und sie oft gemeinsam in Sachen „Rapid" unterwegs waren.

Durch unsere Freundschaft lernte ich Peters Mutter, Jahrgang 1923, kennen. Auch sie war von Kindheit an durch den Vater, der die kleine Gertrud oft auf die Pfarrwiese mitnahm, eine begeisterte Rapid-Anhängerin. Ich war völlig überrascht, als sie mir einmal erzählte, dass sie meinen Vater in Berlin im Endspiel gegen Schalke 04 gesehen hatte. Sie schwärmte richtig von meinem Vater, seinem Aussehen, seiner Größe, seinen Schüssen und wie nett er zu seinen Fans war. Nach dem „Anschluss" Österreich an Deutschland musste sie dem „BdM" (Bund deutscher Mädchen)

Mutter Gertrud, Peter Perszem und Gattin Renate

beitreten und wurde im Herbst 1940 zum Arbeitseinsatz nach Berlin in ein Süßwarengeschäft beordert. Als Rapid im Juni 1941 den Finaleinzug zum Endspiel gegen Schalke 04 in Berlin erreichte, bemühte sie sich sofort um eine Eintrittskarte. Damals waren sehr viele Wiener und Österreicher durch den Militärdienst und Arbeitseinsätze im Raum Berlin. Und so – erinnerte sich Gertrud – hatte Rapid auch zahlreiche Anhänger, die die Mannschaft lautstark unterstützten.

Am 21. Juni 1941 war sie sehr aufgeregt, am Morgen wurde der Krieg gegen Russland verkündet und niemand wusste, ob das Endspiel überhaupt stattfinden konnte. Als dann die Freigabe kam, machte sie sich sofort auf den Weg in das Olympiastadion. Die Kulisse mit über 90.000 Zuschauern war sehr beeindruckend. Selbst als Schalke nach der Pause mit 3:0 in Führung ging, gab sie die Hoffnung nicht auf, denn sie kannte ja die Kampfkraft und den Siegeswillen ihrer Lieblinge.

Nach dem Elfer zum 3:3-Ausgleich durch „Bimbo" wusste sie schon den Sieger. Auch die Berliner unterstützten jetzt die Rapid-Elf, und mit „Bimbos" Freistoß, dem 4:3-Siegestreffer, kannte der Jubel keine Grenzen mehr. Viele hatten Tränen in den Augen und lagen sich in den Armen. Sie sagte zu mir: „Franz, du wirst es nicht glauben, das sind Augenblicke, die du dein Leben lang nicht vergessen kannst. Sie sind im Gehirn eingebrannt, und wenn ich meine Augen schließe, sehe ich die Spielszenen wie vor fast 70 Jahren ablaufen, und es läuft mir kalt über den Rücken."

Solche Zeitzeugen des Finalspieles gibt es nur mehr sehr wenige, und auf die schönen Erinnerungen von Gertrud, sie verstarb leider im Februar 2011, will ich in diesem Buch nicht verzichten. An dieser Stelle möchte ich mich auch bei meinem Freund Peter Perszem bedanken, der mir, wie bei meinem ersten Buch, den größten Teil der Bilder kostenlos zur Verfügung stellte.

Rapid: Spielsaison 1961/62: Gieszer, Halla, Glechner, Schmid, Flögel, Höltl; Seitl, Hanappi, Gürtler, Bertalan, Bader

Tore. Während seiner Trainertätigkeit in Deutschland gab es immer Kontakt zum Bundestrainer, und „Bimbo" besuchte auch die Spiele der Nationalmannschaft. Zum Andenken an ihre Einsätze als „Deutsche" erhielten die Österreicher von Herberger silberne Erinnerungsplaketten.

Bei Rapid beendeten Walter Zeman, Robert Dienst und Peter Reiter noch vom alten Kern der Mannschaft aus den 50er Jahren ihre Laufbahn. Neuzugänge waren der junge Peter Rehnelt, und aus der eigenen Juniorenmannschaft kam Franz Hasil direkt in die Kampfmannschaft. Die Talente Nuske, Neumer, Lebersorger, Tutschek und Schrottenbaum wollte sich Bider noch genauer ansehen. Der Nachwuchs der Hütteldorfer hatte damals schon ein gewaltiges Reservoir an talentierten Spielern. Ullmann, Fritsch, Fak und Grausam standen schon in den Startlöchern, um in den kommenden Jahren geschickt in die Mannschaft eingebaut zu werden. Leopold Grausam, der 1958 von Pressbaum in den Nachwuchs von Rapid kam, war eines der großen Stürmertalente. „Bimbo" gefiel der junge kraftvolle Stürmer, aber er sah im Moment keine Chance auf einen Platz in der Stürmerreihe des SK Rapid. Er verlieh Grausam für ein Jahr an den SV Philips in der Wiener Liga, damit er Spielpraxis sammeln konnte. Trainieren musste er aber in Hütteldorf mit der Kampfmannschaft. Grausam entwickelte sich prächtig und war schon in der folgenden Saison Stammspieler. Das größte Problem bereiteten Binder im ersten Jahr die Torleute. Mit Huyer, Gürtler und dem Deutschen Haas setzte „Bimbo" abwechselnd drei Torleute ein, von denen sich aber keiner durchsetzen konnte.

Der Spielerkader hatte folgendes Aussehen:
Huyer, Gürtler, Haas; Glechner; Halla, Schrottenbaum, Höltl, Ludescher; Hanappi, Skocik, Gieszer, Hasil, Nuske; Wolny, Seitl, Schmid, Flögel, Rehnelt

Die Vorbereitung erfolgte mit zahlreichen Freundschaftsspielen in den Bundesländern, welche auch durchwegs hoch gewonnen wurden. Die Generalprobe vor dem Meisterschaftsstart hatte Rapid gegen die französische Spitzenmannschaft Lens. Die Binder-Truppe verlor zwar mit 1:2, zeigte aber, dass sie gut vorbereitet war. Die ersten Dämpfer kamen dann gleich zum Meisterschaftsstart gegen den Sportclub (0:1) und Schwechat (2:3). Binder und Körner war klar, dass die Mannschaft Spiele brauchte, um sich zusammenzuspielen und um die richtige Mischung zu finden. So wurde jede Gelegenheit wahrgenommen, um nationale und internationale Freundschaftsspiele zu absolvieren. Langsam fing sich auch die Mannschaft, und Gerhard Hanappi war noch immer ein unverzichtbarer Leistungträger der Hütteldorfer. Hanappi, 1951 von Binder zu Rapid geholt, war auch nach 11 Jahren nicht aus der Mannschaft wegzudenken. Am 16. September 1962 spielte Hanappi sein letztes Länderspiel gegen die ČSSR, das vor 76.000 Zuschauern im Praterstadion mit 0:6 verloren wurde.

Hanappi kam auf 93 Einsätze im Nationalteam und wurde als Rekordinternationaler von Österreich erst wieder durch einen weiteren Rapid-Spieler abgelöst: Andreas Herzog, der auf 103 Einberufungen kam. Hanappi war an der Niederlage gegen die ČSSR sicher nicht alleine schuld. Aber Teamchef Karl Decker brauchte ein Opfer und stellte Hanappi aus der Mannschaft. Damit verhinderte er, dass einer der größten Fußballer Österreichs zu der Ehre von 100 Teameinsätzen kam.

Für „Bimbo“ und die Rapid-Elf war Hanappi nach wie vor unentbehrlich. Er spielte als Läufer, aber auch als Stürmer in der linken oder rechten Verbinderposition. Dem schlechten Meisterschaftsstart folgte eine imponierende Serie von sieben Siegen in Folge, darunter ein 4:0-Erfolg gegen Austria Klagenfurt, mit dem Meisterschaftsdebüt und zwei Toren von Franz Hasil, sowie einem 8:0-Kantersieg gegen Wacker.

1951 holte „Bimbo“ Gerhard Hanappi von Wacker Wien zu Rapid.

Sport EXPRESS

Bimbo Binders „New-Look-System“ für Rapid heißt im Angriff „Zwickzange“

Der Hütteldorfer Ex-Kanonier hält nicht viel vom defensiven 4-2-4

Dazwischen spielte Rapid noch in der Qualifikationsrunde des Messestädtecups, dem Vorläufer des UEFA-Pokals, gegen Roter Stern Belgrad. Das erste Spiel in Wien endete 1:1, und beide Torschützen kamen von Rapid. Flögel erzielte den Treffer für Rapid und der unglückliche Höltl mit einem Eigentor den Ausgleich für Roter Stern. Das Rückspiel in Belgrad ging mit 0:1 verloren, was gleichzeitig das Ausscheiden aus diesem Bewerb bedeutete. Von den ausstehenden vier Meisterschaftsspielen im Herbstdurchgang konnte Rapid nur mehr drei Punkte verbuchen, ehe man sich in die Winterpause verabschiedete. Der strenge Winter 1962/63 verhinderte alle Vorbereitungsspiele, und so musste man ohne ein Match in den Knochen zum Cupspiel nach Kärnten reisen. Prompt gelang nur ein 1:1-Unentschieden gegen die Klagenfurter. Das Retourspiel auf der Pfarrwiese wurde dann mit Mühe 2:1 gewonnen, wobei der linke Flügelstürmer Peter Rehnelt beide Tore erzielte.

Die Frühjahrsmeisterschaft begann dann sehr gut. Aus den ersten fünf Runden erreichte man acht Punkte. Das traditionelle Osterturnier mit der Austria, Dosza Ujpest (2:1) und Ferencvaros (3:3) brachte den zweiten Platz hinter der Austria. Dann aber verloren die Hütteldorfer wieder den sportlichen Faden. Vier Niederlagen in Folge vernichteten jede Chance auf den Titel. Besonders weh taten die Punkteverluste gegen den GAK (0:1) auf der Pfarrwiese und ein 0:2 in Klagenfurt. Der Saisonausklang war dann wieder etwas versöhnlicher, denn von acht möglichen Punkten holte man sieben. In der zweiten Runde des österreichischen Cups besiegte Rapid Vienna mit 5:2, ehe gegen die Austria mit einem 0:1 das Aus kam. Bei den Violetten revanchierte sich Rapid aber im Meisterschaftsfinish mit einem 3:0-Sieg im Derby. Rapid beendete die Meisterschaft an vierter

Stelle hinter Meister Austria, die nun ebenfalls den Meisterschafts-Hattrick erreicht hatten.

„Bimbo“ war nicht unzufrieden mit seiner Mannschaft. Nach seinem dreijährigen Umbauplan sollte vor der Saison 1962/63 die eklatante Schwachstelle der Mannschaft, der Torhüter, neu besetzt werden. Die wichtigste Neuerwerbung für die Saison 1963/64 war daher der jugoslawische Torhüter Andrija Vereš von Vojvodina Novi Sad. Mit einem Schlag war das Torhüterproblem gelöst. Vereš war eindeutig die Nummer 1 und Huyer die Nummer 2. Neu im Kader waren der junge Ullmann und Branko Milanović, der nach einem Jahr wieder zurückkehrte. Diesen Spielern schenkten Binder und Körner das Vertrauen für die kommende Saison und nahmen nur kleine Korrekturen vor. Sie vergaßen aber nicht, dass in den nächsten beiden Jahren bewährte Kräfte wie Hanappi, Gieszer, Höltl, Schmid, Bertalan und Halla aus Altersgründen aus der Mannschaft ausscheiden würden. Hasil sollte einmal Hanappi ersetzen, und mit Grausam, Ullmann, Fritsch und Fak wuchsen eigene Kräfte im Nachwuchs heran, auf die man in Zukunft zählen konnte.

„Bimbo“ ist zufrieden. Mit Andrija Vereš von Vojvodina Novi Sad hat er die wichtige Position des Keepers optimal besetzt.

Spieler aus dem Ausland waren zu Beginn der 60er Jahre noch eine Seltenheit bei österreichischen Verei-

Binder machte gute Miene zum bösen Spiel. Hier begrüßt er den brasilianischen Stürmer Lukman auf der Pfarrwiese. Er sprach sich gegen die Verpflichtung dieses ausländischen Spielers aus, da er nicht in sein Konzept passte und Rapid genug österreichische Stürmer zur Verfügung hatte. Jahre später warf man ihm noch immer die Verpflichtung von Lukman vor.

nen. Rapid hatte mit Milanović und Vereš bereits zwei jugoslawische „Gastarbeiter" in seinen Reihen. Im Mai 1963 übernahmen neue Leute die Führung des Vereins. Die alte Garde aus den 50er Jahren wurde abgewählt und durch die „Erneuerer" ersetzt. Ihr Plan war, mit „Bimbo" sportlich wieder an die europäische Spitze anzuschließen und den Verein finanziell und wirtschaftlich auf einen gesunden, modernen Standard zu bringen. Ein wichtiges Vorhaben war eine Verbesserung des Vereinsimage. Dieses Vorhabens nahm sich Präsidiumsmitglied Baumeister Ing. Friedrich Grassi sehr intensiv an, er wollte die Rapid-Mannschaft international gestalten.

Für Grassi mussten unbedingt Südamerikaner her, am besten Brasilianer. Ich kann mich nach so langer Zeit nicht mehr genau erinnern, ob Ing. Grassi auf Urlaub in Brasilien war und dort brasilianische Ballzauberer für Rapid entdeckte oder ob ihm welche von „seriösen" Fußballmanagern angeboten wurden. Aber an den Besuch von Herrn Grassi bei uns zu Hause kann ich mich ganz genau erinnern. Er informierte meinen Vater, dass er zwei brasilianische Stürmer für Rapid verpflichten möchte. Mein Vater lehnte dieses Ansinnen energisch ab, er brauche keine zusätzlichen Stürmer, sein Spielerkader sei komplett. Außerdem habe er die Spieler nicht beobachten können und wisse daher nicht, ob diese in die Mannschaft und sein Spielsystem passen würden.

„Bimbo" brachte bei diesem Gespräch die Vereinbarung und Zusage des Vereins in Erinnerung als allein sportlich Verantwortlicher für den Kader der Kampfmannschaft zu gelten. Grassi beharrte trotzdem darauf, die brasilianischen Spieler nach Wien zu holen. Es hatte den Anschein, dass beide Spieler bereits engagiert waren. Wie sich später leider herausstellte, war diese von Binder nicht abgesegnete Aktion ein totaler Fehlgriff. Im Juni kamen Giovanni Lukman und Raoul Klein von Porto Alegre nach Wien. Beide waren etwas übergewichtig und von der langen Anreise etwas unbeweglich. Robert Körner nahm sich im Training der Südamerikaner besonders an, und es gelang ihm, Lukman spielfähig zu bekommen. In seinem ersten Freundschaftsspiel am 9. Juni 1963 gegen eine arabische Studentenauswahl auf der Pfarrwiese erzielte er fünf Tore beim 13:0-Sieg und erlitt dabei einen Abriss der Achillessehne. Lukman wurde operiert und zur Reha nach Brasilien zurückgeschickt, gemeinsam mit Klein, der nur einige Male in der Reserve zum Einsatz kam. Nach seiner Genesung kam Lukman im Frühjahr 1964 noch einmal für kurze Zeit nach Wien, spielte sein einziges Pflichtspiel im Cup gegen den FC Kufstein, um dann endgültig in seine

Walter Glechner (unten) spielte alle 26 Meisterschaftsspiele und Rudi Flögel (oben) war 1962/63 mit 17 Toren der beste Rapid-Stürmer.

Heimat zurückzukehren. Diese „brasilianische Affäre" sollte nicht überbewertet werden. Dennoch blieb als unangenehmer Beigeschmack, dass der Sektionsleiter dafür die Verantwortung tragen musste.

Damit die Mannschaft auch internationale Erfahrungen sammeln konnte, trat Rapid im Rappan-Cup an. Der Rappan-Cup war ein Sommerbewerb, der für die europäischen Toto-Spieler ins Leben gerufen wurde und die meisterschaftslose Sommerzeit überbrückte. Dieser Bewerb hieß später „Intertoto-Bewerb" und „Internationaler Fußball-Cup" (IFC) und hatte natürlich Vor- und Nachteile. Von manchen Trainern abgelehnt, da er die Vorbereitungsphase einer Mannschaft störte. Andere Trainer waren dafür, da er ihrem Team sechs internationale Aufbauspiele bot, die man in dieser Zeit auf freundschaftlicher Basis fast nicht organisieren und schon gar nicht finanzieren konnte. Binder sprach sich für eine Teilnahme an diesem Bewerb aus, die internationalen Spiele waren wichtig für seine Mannschaft. Ohne Belastung für das Team konnten in diesen Spielen Taktiken und junge Spieler ausprobiert werden.

Der Zufall wollte es, dass im Rappan-Cup 1963 „Bimbo" Binders alter Verein, PSV Eindhoven, in die gleiche Gruppe wie Rapid gelost wurde. Dazu kamen noch Djurgarden und der VfR Neumünster. Zum ersten Spiel reiste Rapid nach Stockholm und schlug die Schweden mit 3:0. Dann empfing man den VfR Neumünster in Wien und schickte die Deutschen mit einem 4:1 nach Hause. Im dritten Spiel kam es dann im Praterstadion zur direkten Konfrontation mit Binders ehemaliger Mannschaft PSV Eindhoven. Obwohl sich die Rappan-Cupspiele keines besonderen Publikumszuspruches erfreuten, interessierte immerhin 15.000 Wiener Fußballfreunde das Aufeinandertreffen zweier Binder-Mannschaften. „Bimbo" kannte natürlich noch genau die Spielanlage des regierenden holländischen Fußballmeisters PSV und die Eigenheiten der einzelnen Spieler und stellte sein Rapid-Team entsprechend darauf ein. Bis zur Pause hielten die Holländer noch ein 1:1, wurden aber in der zweiten Spielhälfte mit einem 5:2 überrollt. Auch das Rückspiel in Eindhoven gewannen die Hütteldorfer mit 2:1. PSV war beeindruckt von der Leistung der Wiener und bewunderte seinen Ex-Trainer für die Qualität seiner Mannschaft. Auch gegen Djurgarden holte sich Rapid beide Punkte. In den sechs Bewerbsspielen mussten sich die Hütteldorfer lediglich dem VfR Neumünster einmal mit 0:1 geschlagen geben. Rapid gewann seine Rappan-Cup-Gruppe überlegen mit 10 Punkten vor PSV Eindhoven und erreichte ein Torverhältnis von 17:6.

Rapid-Binder stand unter Mordverdacht

ABEND EXPRESS

1 SCHILLING

Freitag, 10. Juli 1964
Nr. 1900 a Jahrgang 1964

Exinternationaler und Rapid-Sektionsleiter Franz Binder, 48, wäre beinahe das Opfer einer mehr als dramatischen Mystifikation geworden: Israels Polizei vermutete nämlich, Binder habe im Winter 1944 in Ungarn Kriegsverbrechen begangen.

Das österreichische Innenministerium schaltete sich ein und nun ist alles klar. Es war eine Namensverwechslung. Rapid-Binder nahm nicht am „Todesmarsch" ungarischer Juden von Budapest nach Hegyeshalom als Bewacher teil.

Ingenieur Simon Wiesenthal, in aller Welt als Eichmann-Jäger bekannt, erhielt als erster die Verständigung aus Israel. Ungarische Überlebende des damaligen Todesmarsches um die Weihnachtszeit 1944 sagten aus, einer ihrer Peiniger in deutscher Uniform sei der bekannte Fußballinternationale Franz Binder gewesen.

Der Mörder hieß Binder

Während die Polizeiaktion anlief, kam auch schon eine Nachricht, die nicht mehr für eine eventuelle Täterschaft des Rapid-Binder sprach.

Die Ungarn sagten nämlich, „ihr" Binder stamme aus dem Burgenland. Rapids Franz Binder ist aus Sankt Pölten gebürtig, außerdem war er stets nur Luftwaffensoldat, nie aber beim Volkssturm (oder gar bei der SS), wie die Ungarn angaben.

Alle diese Mißverständnisse klärten sich bei Franz Binders Einvernahme im Innenministerium.

Franz Binder erklärte heute früh EXPRESS: „Ich war während des Krieges bei der Luftwaffe und zuletzt — nach Auflösung des Luftwaffenfußballklubs LSV Markersdorf — als Obergefreiter im Westen. In Ungarn war ich überhaupt nur bei Fußballspielen . . .!"

Rapid war also für die Meisterschaft 1963/64 gut gerüstet und begann auch wie aus der Pistole geschossen. Aus den ersten sieben Spielen holte man 13 Punkte nach Hause. Erst der Wiener Austria gelang es mit einem 2:3 im Derby vor 40.000 Zuschauern, die Siegesserie der Rapidler zu stoppen. Dazwischen eliminierte Rapid auch in der Vorgruppe 6 des Messestädtecups Racing Paris mit 1:0 und 3:2 aus dem Bewerb. Bis zum Ende der Herbstmeisterschaft gaben dann die in bestechender Form spielenden Hütteldorfer keinen Punkt mehr ab und wurden überlegen Winterkönig. Der einzige Wermutstropfen im Herbst war das knappe Ausscheiden gegen Valencia im Messestädtecup, mit einem mageren 0:0 in Wien und einer unglücklichen 2:3-Niederlage in Spanien. Rapid aber war auf Meisterkurs, und die Hochform der Ersten färbte auch auf die anderen Mannschaften Rapids ab. Neben der Kampfmannschaft wurden auch die Reserve und alle Nachwuchsmannschaften Herbstmeister.

An einem Wochentag im Spätherbst kam ich von meiner Ausbildungsstätte bei Philips-Wien im 11. Bezirk mit der Straßenbahn zum Urban-Loritz-Platz, um dort in den 49er umzusteigen, der mich zum Training auf die Pfarrwiese bringen sollte. Im Haltestellenbereich war ein Zeitungskiosk. Während ich auf meine Straßenbahn wartete, sah ich auf der Titelseite des blauen „Abend-Express" die riesengroße Überschrift:

„Rapid-Binder unter Mordverdacht!"

Der Schock war natürlich gewaltig. Was war da los? Am Morgen hatte ich mich noch ganz normal von meinem Vater verabschiedet und am Abend sollte ich ihn vielleicht im Gefängnis besuchen? Wieso hat mich niemand verständigt? Ich kaufte mir ein Exemplar und erfuhr von der Verwechslungsgeschichte mit einem „Major Binder", der in Ungarn Kriegsverbrechen begangen hatte. Schon im kleingedruckten Bericht wurde die Geschichte aufgeklärt, aber die Überschrift war eine reine Frechheit. Damals war mir diese Geschichte gar nicht bekannt, da ich bei den ersten Nachforschungen 1946 noch ein Baby war. Jetzt klärte man mich zu Hause auf. Mein Vater war natürlich sehr verärgert und konnte sich kaum beruhigen, meine Mutter weinte und verfluchte die Journalisten, die dies geschrieben hatten. Am nächsten Tag setzte sich mein Vater mit dem Anwalt des SK Rapid in Verbindung. Der „Express" wurde wegen Rufschädigung verklagt. Der Richter verdonnerte den „Abend-Express" zu einer Geldstrafe von 35.000,- Schilling und einem Widerruf in der gleichen Größe wie der ursprüngliche Artikel. Wie im Urteil festgelegt, kam dann der Widerruf und die Überschrift war:

„Rapid-Binder stand unter Mordverdacht!"

Wohnsitz der Familie Binder

Mit Leopold Grausam (links) und Toni Fritsch (rechts) holte „Bimbo“ zwei weitere junge Talente in den Kader der Kampfmannschaft. In seiner ersten Saison erzielte Grausam in 14 Einsätzen auf Anhieb 10 Tore.

Damit war die Auflage für den „Abend-Express“ auch an diesem Tag ausverkauft. Diese Angelegenheit, die eigentlich schon 1946 überprüft und abgeschlossen wurde, war auch dem „Nazijäger“ Simon Wiesenthal sehr unangenehm, und er besuchte meinen Vater, um ihm nochmals persönlich mitzuteilen, dass es keinerlei Verdachtsmomente gegen seine Person gab und je gegeben habe, und entschuldigte sich.

Seit mehr als einem Jahr suchten meine Eltern eine neue Wohnung für uns, wenn möglich im Westen von Wien, damit wir es nicht so weit auf die Pfarrwiese hatten. Eine Wohnung fanden wir nicht, aber die Gemeinde Wien bot meinem Vater im 14. Bezirk ein Pachtgrundstück an. Darauf wurde ein Bungalow erbaut, in den wir im November 1963 einziehen konnten. Es war für meine Eltern und mich die fünfte Übersiedelung in 11 Jahren. Die Lage war besonders für meine Mutter ideal. Sie hatte jetzt nur wenige Gehminuten auf den Baumgartner Friedhof zum Grab ihrer Liesl, und für meinen Vater war die Pfarrwiese nur einen Katzensprung entfernt.

Mit Spannung erwarteten die Rapid-Anhänger den Start in die Frühjahrssaison 1964. Diesmal erreichte Rapid sogar 10 Meisterschaftsrunden ohne Niederlage und baute seinen Vorsprung auf Verfolger Austria ständig aus. Der SK Rapid hatte drei Runden vor Ende der Meisterschaft bereits den 23. Meistertitel sicher in der Tasche. Prompt setzte es gleich eine 1:3-Niederlage, die einzige des Frühjahrs, in Linz gegen SVS. Auf die letzten beiden Spiele konzentrierte sich die Mannschaft wieder voll und siegte. Rapid war nun zum 23. Mal österreichischer Meister,

Rapid wollte auch das Double erreichen, die Entscheidung im Cup stand noch aus. Über Wacker (5:0), Kufstein (2:1) und den Wiener Sportclub (3:2 im Nachspiel) erreichten die Hütteldorfer das Semifinale. Der zweite Semifinalist war die Austria. Die Veilchen, in der Meisterschaft an zweiter Stelle, setzten alles daran, wenigstens den Cuptitel den Hütteldorfern wegzuschnappen. Am 17. Juni 1964 trafen die beiden Erzrivalen auf der Hohen Warte zusammen. Die Partie ging in die Verlängerung und endete 3:3. Ein Wiederholungsspiel war erforderlich. Das zweite Aufeinandertreffen ging im Prater über die Bühne, und die Austria war die glücklichere Mannschaft und siegte mit 2:1. Aber den Cupsieg erreichten die Violetten dennoch nicht. Im Finale unterlagen sie der Admira mit 1:0.

Der 23. Meistertitel erfüllte die Hütteldorfer mit großem Selbstvertrauen, und für die Saison 1964/65

Meistertitel als Lohn für Konsequenz

Rapids Festhalten an der einmal vorgezeichneten Linie brachte Erfolg

DER BESTE FANG DIESER TRANSFERZEIT glückte zweifellos Meister Rapid mit der Verpflichtung des Teamtormannes Roman Pichler (links). Unser Bild zeigt den Hütteldorfer Neuling erstmals beim Training im Gespräch mit Binder

Meistermannschaft 1963/64: Vereš, Ullmann, Gieszer, R. Körner, Binder, Glechner, Halla, Wolny, Rehnelt, Gürtler; vorne: Zaglitsch, Schmid, Seitl, Höltl, Hanappi, Flögel, Milanović, Skocik

hatten sie sich vorgenommen, wieder einmal im Europacup zuzuschlagen. Der Spielerkader blieb nahezu unverändert. Zum bewährten Vereš holte man vom WAC den talentierten Tormann Roman Pichler, und aus dem eigenen Nachwuchs rückten Erich Fak und Toni Fritsch nach. In den Meisterschaftsspielen hatte Pichler seiner Mannschaft durch tolle Paraden so manchen wichtigen Punkt gerettet und konnte bei seiner Verpflichtung auch vier Teameinsätze vorweisen. Dies war umso erstaunlicher, da der junge Pichler zu seiner Zeit mit Fraydl (Austria) und Szanwald (WSC) eine harte Konkurrenz um den Platz des Teamtorhüters hatte.

Pichler entpuppte sich als starke Alternative zu Vereš, und in der Folge wechselten sich die beiden Rapid-Torhüter, wie schon einmal Zeman und Musil, im Tor der Hütteldorfer ab. Der Europacup der Meister bescherte Rapid in der ersten Runde den irischen Meister Shamrock Rovers aus Dublin. Entsprechend gut wollte man sich daher auf die Herbstsaison 1964 vorbereiten.

Nach einem leichten „Warm up" in Kärnten mit zwei Spielchen kam eine Serie von vier internationalen Testspielen, die nicht so verliefen, wie man erwartet hatte. Gegen den Bundesligaverein Hertha BSC gab es in Berlin ein 2:2. In Wien verlor man dann gegen CDNA Sofia 1:2, spielte gegen den Karlsruher SC 3:3 und musste sich der englischen Spitzenmannschaft Chelsea London im Praterstadion mit 1:2 geschlagen geben. Die Pflichtspiele begannen dann mit einem Sieg im Cupspiel gegen Deutschkreutz (3:0) und einem Pflichtsieg gegen Wiener Neustadt (2:0).

Das nächste Spiel fand in Innsbruck statt. Dem Aufsteiger Wacker Innsbruck gelang damals ein sensationeller 1:0-Sieg über den Meister. Etwas Außergewöhnliches ereignete sich im folgenden Spiel gegen den WAC. Ein Wadenbeinbruch ist für einen Spieler sehr schmerzhaft, aber kommt im Fußball doch öfters vor. Gegen den WAC gab es aber gleich zwei Wadenbeinbrüche, und beide Verletzungen trafen Rapid-Spieler. Knapp vor dem Europacup fielen Fritsch und Milanović für mehrere Wochen aus. Die Mannschaft verdaute diese Ausfälle sehr gut.

Schmid und Nuske ersetzten die beiden Flügelstürmer, und im letzten Spiel vor dem Europacup zeigten sich die Rapidler mit einem 5:2 in Kapfenberg in guter Form. Diese Form hielt dann auch im Europacup. 43.000 Zuschauer sahen im Praterstadion eine groß aufspielende Rapid-Elf, die Shamrock Rovers mit 3:0 schlug. Stopper Glechner drückte zweimal ab, und Nuske rechtfertigte seine Aufstellung mit dem dritten Treffer. Ein Superspiel lieferten die Hütteldorfer dann im Rückspiel in Dublin. Angefeuert von 40.000 Fans wollten die Iren ein Fußballwunder vollbringen, aber Rapid hielt bis zur Pause das Spiel offen und drehte in der zweiten Hälfte richtig auf. Durch Tore von Wolny und Flögel wurden die Iren mit 2:0 auf eigener Anlage besiegt, und Rapid stieg in die zweite Runde auf. Dort wartete mit dem schottischen Meister Glasgow Rangers eine der stärksten Vereinsmannschaften der Insel.

Die zweite Europacup-Runde fand erst Mitte November statt und man konnte sich mit Meisterschaftsspielen auf diesen harten Brocken vorbereiten. Die Hütteldorfer blieben in den nächsten sechs Meisterschaftsrunden ungeschlagen und führten die Tabelle an. Gespannt wartete man auf das Duell mit den Schotten. Rapid und die Rangers hatten in Freundschaftsspielen schon öfter die Klingen gekreuzt. Jetzt stand man sich aber in einem Bewerbsspiel gegenüber, in dem es nicht allein um die Ehre, sondern auch um viel Geld ging. Im Ibrox-Park in Glasgow wollten dann auch 55.000 fanatische Schotten einen Sieg ihrer Mannschaft sehen. Rapid spielte gut, durch gekonntes Passspiel und mit enormem Einsatz wurden die stürmischen und schablonenhaften Angriffe der Schotten abgefangen. Der ausgezeichnete holländische Schiedsrichter Horn, der schon das Spiel in Dublin gegen die Rovers geleitet hatte, unterband jede übertriebene Härte der Schotten und hatte das Spiel sicher in der Hand. Vereš war in Hochform und ließ bis zur Pause keinen Treffer zu, die Abwehrreihe mit Halla, Glechner und Höltl und die Läufer Skocik und Hasil stemmten sich den schottischen Stürmern entgegen. Rapid wurde gehörig unter Druck gesetzt und auch die Stürmer, Schmid, Wolny, Grausam, Flögel und Seitl, mussten öfter in der Abwehr aushelfen. Bis zur Pause hielten die Hütteldorfer bravourös ein 0:0. Auch in der zweiten Spielhälfte setzten die Schotten ihre Angriffe vehement fort. Lange Zeit hielt die Abwehr, aber dann gelang es den Rangers doch, das Siegestor zu erzielen. In der Schlussphase steigerte sich Rapid noch und hatte sogar noch Chancen auf den Ausgleich.

Es war ein großes Spiel der Hütteldorfer. Mit dem 0:1 von Glasgow hatte man sich für das Rückspiel eine ausgezeichnete Ausgangsbasis verschafft. Das Rückspiel versprach also einen Kampf auf Biegen und Brechen. Fritsch und Milanović laborierten nach wie vor an ihren Wadenbeinbrüchen. Vor diesem entscheidenden Spiel verletzte sich auch noch der routinierte Halla und musste durch Zaglitsch ersetzt werden. Sie fragen sich sicher, was eigentlich mit Gerhard Hanappi los war, der in den Mannschaftsaufstellungen nicht mehr aufscheint. Nun, Hanappi spielte noch in den Vorbereitungsspielen und kam zuletzt nur mehr in einem Cupspiel zum Einsatz. Hanappi hatte kleinere gesundheitliche Probleme, und die Jungen wie Hasil und Ullmann hatten seinen Platz in der Mannschaft eingenommen. Hanappi trainierte weiter mit der Mannschaft und stand für Eventualitäten zur Verfügung. Diese Einstel-

Josef Kirmaier:

Mein Sport-Tagebuch

Zu den Kavalieren der Fußballprominenz zählt Franz Binder, unter dem Namen „Bimbo" seit langem populär. Er war als Spieler ein Vorbild, wenn er auch mit seinen Schüssen manches Tornetz zur Strecke brachte. Und als er dann den gewiß nicht einfachen Beruf eines Trainers ergriff, blieb er stets mit beiden Beinen auf dem Boden der Tatsachen. Die Sehnsucht nach der Wiener Heimat führte den „Langen" zum Sportklub Rapid zurück, der ihn mit offenen Armen aufgenommen hat. Als wir uns kürzlich getroffen haben, fand er begeisterte Worte über die Erinnerungen bei Jahn Regensburg und dem 1. FC Nürnberg. Als ich ihn dann fragte, ob er bei Rapid ein neues Talent entdeckte, meinte er: „Ich glaube, wir haben einen jungen Mittelstürmer, der eines Tages von sich reden macht. Aber du weißt ja, daß nicht nur Können, sondern auch Glück dazu gehört. Er heißt Grausam, und wenn der grausam wird, dann hat der Gegner nichts zu lachen, denn er kann schießen, daß es eine wahre Lust ist." In der Tat, Mittelstürmer Grausam rechtfertigte das Vertrauen von Binder, er schoß am letzten Sonntag beim Meisterschaftsspiel Rapid — Kapfenberg 5:0 vier prächtige Tore. Dazu Binder: „Grausam ist ein disziplinierter Spieler, der das macht, was man ihm sagt. Er hat den richtigen Riecher, genau so, wie ich es zu meiner Freude auch als Trainer des 1. FC Nürnberg bei manchem Zwanzigjährigen erlebte."

Schiedsrichter: „Rapid spielte blendend!"

KURIER 1 Schilling
Donnerstag 1. Oktober 1964
ÖSTERREICHS GRÖSSTE TAGESZEITUNG / UNABHÄNGIG, ÜBERPARTEILICH
Redaktion Tel. 93 66 34, 93 35 16, 93 46 11 — Anzeigen Tel. 93 47 15 — Vertrieb Tel. 93 46 11, Erscheinungsort Wien, P. b. b. Verlagspostamt 62

Heribert Meisel telephonierte aus Dublin

Dublin. – Der Holländer Leo Horn, Schiedsrichter des gestrigen Europacup-Matches Shamrock Rovers gegen Rapid – 2 : 0 für die Wiener –, gab beim mitternächtlichen Festbankett in Dublin folgende für einen Referee außergewöhnliche Erklärung ab: „Ich gratuliere der Mannschaft von Rapid, die eine blendende Leistung bot. Die Wiener besiegten Shamrock Rovers nicht nur, sondern sie waren so überlegen, daß sie es sich leisten konnten, mit dem Gegner zu spielen. Ich bin sicher, daß diese Mannschaft, wenn sie Glück hat, im Europacup noch weitere Erfolge erzielen wird. Man warnte, ich würde ein heißes, schwieriges Match leiten müssen. Englische Zeitungen kündigten die Rapid-Spieler an, als handle es sich um eine Gruppe von Gangstern aus Wien. Ich kenne Rapid als eines der größten Fußballteams Europas, deshalb wußte ich, daß keine Gangster nach Dublin kommen würden. Als mich dann Bimbo-Binder als Chef von Rapid begrüßte, war mir sofort klar: Binder war ein großer Fußballer, er ist ein feiner Sportsmann und guter Trainer. Als Trainer haben wir ihn auch in Holland sehr geschätzt. Wenn Binder eine Mannschaft führt, dann ist diese in jeder Beziehung in Ordnung. Das faire und gekonnte Spiel Rapids in Dublin haben meinen ersten Eindruck in jeder Hinsicht damit bestätigt.

Eine der zahllosen Meister-Angriffsaktionen Rapids: Seitl (zweiter v. l.) am Ball — Kurier/AP-Funkbild

Zur Halbzeit sieht man den Spielern die sich anbahnende Niederlage gegen die Glasgow Rangers an. Die Körpersprache sagt alles!

lung gegenüber seinem Verein und den jungen, nachdrängenden Spielern zeichneten ihn besonders aus.

Vor den Europacupspielen gegen die Rangers gab es dann eine tragische Story, in der Hanappi als Mannschaftssprecher noch eine tragende Rolle spielte. Diese Geschichte möchte ich Ihnen nicht vorenthalten. Bei den Prämienverhandlungen für die zweite Europacup-Runde schlug Sektionsleiter „Bimbo" Binder der Mannschaft vor, die Einnahmen aus dem Heimspiel zwischen dem Verein und den Spielern 50:50 zu teilen. Binder, ein Mann mit Erfahrung und Weitblick, wusste, dass Rapid in Glasgow nicht untergehen würde und in Wien ein volles Stadion zu erwarten war. „Bimbo" wollte den Spielern für die guten Leistungen eine Superprämie mit diesem Teilungsvorschlag zukommen lassen.

1964 waren die Rapid-Spieler alle nur Vertragsspieler, die halbtags arbeiteten und abends trainierten. Die angebotene Europacup-Prämie hätte den Spielern ein übervolles Lohnsackerl beschert. Die Spieler setzten sich also zusammen und diskutierten den Prämienvorschlag der Vereinsleitung. Der Großteil der Spieler war dafür, dass man den Vorschlag annahm. Nicht dieser Meinung war Hanappi. Er plädierte für ein fixes Startgeld für beide Spiele, um jegliches Risiko auszuschalten, er befürchtete ein Debakel in Glasgow, beim Rückspiel in Wien aufgrund des späten Spieltermins am 8. Dezember schlechtes Wetter und daher wenig Zuschauer im Stadion. Es gelang ihm, die Mannschaft zu überzeugen, der Vereinsvorschlag wurde abgelehnt und ein fixes Startgeld von 8.000,- Schilling für beide Spiele vereinbart.

Am 8. Dezember mussten im Wiener Stadion das Spielfeld und die Zuschauerränge vom Schnee gesäubert werden, es war eisig kalt und es gab leichtes Schneetreiben. Als die Spieler zum Aufwärmen in das Stadion einliefen, waren sie schockiert. Eine Rekordzuschauerzahl von 70.000 Fans drängte sich auf den Rängen, mehr als vor Jahren gegen Real Madrid oder Benfica Lissabon. Die Konzentration der Spieler war mit einem Schlag beim Teufel. In Gedanken rechneten sie sich aus, wie hoch wohl die Prämie bei einer Teilung gewesen wäre: 40.000,-, 50.000,- oder gar 60.000,- Schilling. Dem folgenden Spielverlauf nach beschäftigte die Rapidler dieses Problem über die gesamte Spielzeit.

Fritsch und Milanović waren von ihren Wadenbeinbrüchen noch immer nicht genesen, und so verfolgten sie zusammen mit Routinier Paul Halla – er verletzte sich zwei Wochen vor diesem wichtigen Spiel in der Meisterschaft – ihre Kameraden von der Tribüne aus. Vom Anpfiff weg versuchten die Hütteldorfer ein schnelles Tor zu erzielen. Aber sie waren nervös, unkonzentriert und spielten überhastet. Zahlreiche Torchancen wurden herausgearbeitet, aber keine konnte verwertet werden. Die schottischen Verteidiger, unseren Stürmern körperlich überlegen, konnten das Spiel immer wieder beruhigen, verteidigten geschickt und konterten gefährlich aus einer sicheren Abwehr heraus. Rapids Spielaufbau war zu engmaschig und das Mittelfeld wurde nur langsam überbrückt. So konnten die Rangers immer wieder stören, und ein Ballverlust der Rapidler im Mittelfeld führte dann zu einem schnellen Konter und zur 1:0-Führung der Gäste. Auch in der zweiten Spielhälfte sah man die Hütteldorfer stürmen und die Schotten gefährlich kontern. Und wieder einmal konnte man eine alte Fußball-Weisheit anwenden: „Wenn man vorne kein Tor hineinbringt, bekommt man hinten eines."

Wieder fingen die Rangers geschickt einen Ball ab, überbrückten mit zwei schnellen Pässen das Mittelfeld, und schon war Vereš zum zweiten Mal geschlagen. Bei diesem entscheidenden Angriff der Schotten prallten „Schani" Skocik und Glasgows Spielmacher Baxter unglücklich zusammen. Durch diesen Zusammenprall erlitt Baxter einen Schienbeinbruch. Bis in den dritten Rang konnte man den Knacks hören. Skocik konnte man keinen Vorwurf für diese unglückliche Verletzung machen, seine Attacke war weder gefährlich noch auf eine Verletzung ausgerichtet. Doch auch mit nur 10 Mann waren die Schotten in der Schlussphase nicht zu biegen. Vier hundertprozentige Chancen vergaben die Rapid-Stürmer noch in der Schlussoffensive. Am Ende lautete der Spielstand 2:0 für die Rangers. Ein letztendlich verdienter Erfolg der Schotten. Aus drei Torchancen erzielten sie zwei Treffer, spielten intelligenter und waren läuferisch den Hütteldorfern in allen Formationen überlegen. Schade für Rapid, die Chancen waren da, aber man sollte sie auch verwerten. 70.000 enttäuschte Zuschauer machten sich auf den Heimweg, und die Spieler saßen mit gesenkten Köpfen in der Kabine, sie waren nicht nur aus dem Europapokal ausgeschieden, sie hatten nebenbei auch eine Menge Geld verschenkt.

Nachzutragen ist noch, dass Rapid den Herbstmeistertitel erringen konnte. Man hatte einen beruhigenden Vorsprung in der Meisterschaft herausgearbeitet, und die Weichen für eine Titelverteidigung schienen gestellt. Über die Winterpause waren alle verletzten Spieler wieder fit, und man konnte mit der stärksten Mannschaft in das Jahr 1965 gehen. Aus den ersten fünf Runden der Frühjahrsmeisterschaft holte Rapid neun Punkte und war damit weiter auf Meisterkurs. Dann kam aber ein unerklärlicher Leistungseinbruch. Zuerst setzte es gegen Schwechat eine blamable 0:2-Heimniederlage und im darauffolgenden Derby gegen die Austria eine 1:3-Niederlage. Die Admira und der in diesem Jahr sensationell spielende LASK hatten innerhalb einer Woche zu den führenden Hütteldorfern aufgeschlossen. Auch im traditionellen Osterturnier konnte die spielerische Krise nicht abgeschüttelt werden, und Rapid verlor beide Partien gegen Ujpest-Dosza (1:3) und Honved-Budapest (3:5).

Ein weiterer Tiefschlag folgte im WM-Qualifikationsspiel Österreichs gegen die DDR (1:1), in dem Walter Glechner einen Schienbeinbruch erlitt und für viele Monate ausfallen sollte. Den Posten des Stoppers übernahm Max Schmid, aber die eingespielten Formationen in der Abwehr und im Angriff waren dadurch auseinandergerissen. Mit Mühe gewann Rapid die beiden nächsten Meisterschaftsspiele gegen Wacker (2:1) und den Sportclub (1:0). Gegen den LASK, den gefährlichsten Verfolger, erreichte man in dem mit 20.000 Zuschauern bis zum Platzen gefüllten Linzer Stadion nur ein 1:1. Mit einem Sieg hätte man schon alles klar machen können.

Zwei Spiele standen jetzt noch auf dem Programm. Diese Meisterschaft sollte ein Finish voll Spannung und Dramatik erleben wie kaum eine zuvor. Am vorletzten Spieltag wurde die Admira zum Stolperstein Rapids. Die Hütteldorfer boten eine katastrophale Leistung und unterlagen verdient mit 0:2. Aber noch führte Rapid in der Meisterschaft mit einem Punkt

Walter Gebhardt kam von „Straßenbahn" und Erich Fak aus dem eigenen Nachwuchs in den Kader der Kampfmannschaft für die Saison 1965/66.

vor dem LASK und konnte aus eigener Kraft den Titel erreichen. Niemand zweifelte daran, dass man diesen einen noch notwendigen Punkt im letzten Spiel gegen den GAK in Graz holen würde. Zahlreiche Rapid-Fans begleiteten Rapid auf den GAK-Platz, um den 24. Meistertitel für Rapid zu feiern. Aber leider kam es schlimmer als befürchtet. Der GAK ging durch einen Abwehrfehler mit 1:0 in Führung und hielt diesen knappen Vorsprung bis zum Schlusspfiff. 85 Minuten berannte Rapid das GAK-Tor, schnürte die Grazer in der eigenen Hälfte ein, vergab Chance um Chance, war die in allen Belangen bessere Mannschaft und unterlag dennoch.

Zur gleichen Zeit schlug der LASK die Vienna auf der Hohen Warte und wurde als erster Verein aus einem Bundesland österreichischer Fußballmeister, mit je einem Punkt Vorsprung auf Rapid und die Admira. Während die Rapidler schwer angeschlagen zu den Kabinen gingen, trugen die Linzer Fans ihre Mannschaft auf den Schultern von der Hohen Warte. Rapid hatte sich selbst um den Titelgewinn gebracht und konnte nur mehr den Linzern gratulieren.

Insgesamt war es für Rapid eine ziemlich verkorkste Spielsaison gewesen. in der Meisterschaft und im Europacup am eigenen Unvermögen gescheitert; im Cup vorzeitig gegen die Admira (0:1) ausgeschieden; im Osterturnier versagt und im Mitropacup nur einen Kurzauftritt absolviert. Die Saison war zum Abhaken. Ein Rückschlag für Sektionsleiter Binder und Trainer Körner, die sich trotzdem nicht entmutigen ließen und die Verstärkung der Mannschaft für die kommende Saison unbeirrt fortsetzten. Als Rapid ein Jahr vorher Meister wurde, freute sich „Bimbo" natürlich sehr, doch sein Aufbauplan wurde durcheinandergebracht. Dieser Meistertitel kam um ein Jahr zu früh, denn der Umbau nach seinen Vorstellungen war noch nicht ganz vollzogen.

Paul Halla beendete seine Karriere, und Franz Wolny übersiedelte nach Tirol, doch Binder hatte bereits Ersatz gefunden. Sein untrügliches Auge für junge Talente hatte bei „Straßenbahn" einen jungen Verteidiger entdeckt, den er im Sommer 1965 nach Hütteldorf holte. Walter Gebhardt ersetzte den bewährten Halla problemlos. Gebhardt schaffte optimal den Sprung von der Wiener Liga in die Nationalliga. Vom ersten Tag an spielte er in der Kampfmannschaft, und seine Leistungen sicherten ihm für die kommenden Jahre einen Stammplatz. Für Gebhardt war es eine Auszeichnung und Ehre, den grün-weißen Dress überstreifen zu dürfen, deshalb waren auch die Transfer- und Vertragsverhandlungen mit ihm sehr einfach. Als Gebhardt bei den Vertragsverhandlungen Binder gegenübersaß und gefragt wurde, was er denn für ein Handgeld bekommen möchte, antwortete Walter bescheiden: „Eigentlich möchte ich ja nur für Rapid spielen." Gebhardt bekam dann natürlich ein Handgeld, aber seine Einstellung stempelte ihn damals schon zu einem echten Rapidler.

Im Sommer 1965 ging ein abenteuerlicher Transfer über die Bühne. In Simmering war mit August „Gustl" Starek ein großes Fußballtalent herangewachsen. Josef „Pepi" Argauer wollte den Simmeringer unbedingt zu den Violetten in den Prater holen. Diesen Transfer kann am besten „Gustl" Starek als Zeitzeuge beschreiben.

1963/64

1. Rapid	**26**	**19**	**5**	**2**	**69:27**	**43**
2. Austria-Wien	26	17	3	6	61:36	37
3. LASK	26	15	3	8	46:36	33
4. Schwechat	26	13	5	8	51:41	31
5. Sportklub	26	13	5	8	48:53	31
6. GAK	26	11	5	10	49:42	27
7. Admira	26	11	5	10	52:49	27
8. Vienna	26	8	8	10	38:33	24
9. WAC	26	7	10	9	33:38	24
10. Wr. Neustadt	26	8	6	12	33:47	22
11. Kapfenberg	26	8	2	16	38:56	18
12. SVS Linz	26	5	7	14	42:56	17
13. Simmering	26	8	1	17	46:64	17
14. Dornbirn	26	4	5	17	31:59	13

1964/65

1. LASK	26	14	8	4	49:29	36
2. Rapid	**26**	**14**	**7**	**5**	**42:21**	**35**
3. Admira	26	14	7	5	52:28	35
4. Sportklub	26	15	3	8	54:36	33
5. Vienna	26	12	6	8	51:36	30
6. Schwechat	26	10	9	7	27:28	29
7. Austria-Wien	26	9	10	7	29:28	28
8. W.-Innsbruck	26	8	10	8	29:23	26
9. Wr. Neustadt	26	8	7	11	31:32	23
10. GAK	26	6	8	12	28:48	20
11. Kapfenberg	26	5	10	11	25:45	20
12. Sturm-Graz	26	7	5	14	29:40	19
13. WAC	26	5	5	16	31:54	15
14. Wacker-Wien	26	4	7	15	27:56	15

Der 23. Meistertitel ging mit großem Vorsprung an die Hütteldorfer. Umso größer war 1964/65 die Enttäuschung, dass Rapid den Titel um einen Punkt verpasste und noch dazu mit dem LASK der erste Verein aus einem Bundesland den Meistertitel holte.

Gespräch mit „Gustl" Starek

„Gustl" Starek (Bild oben), geb. am 16. Februar 1945, begann seine Karriere als Fußballspieler beim 1. Simmeringer SC. Bis 1965 spielte er sich durch den Nachwuchs bis zur Kampfmannschaft. Im Sommer 1965 wurde er Profifußballer, und dies sind seine Stationen: 1965–67 SK Rapid Wien, 1967–68 1. FC Nürnberg, 1968–70 FC Bayern München, 1970–71 SK Rapid Wien, 1971–72 1. FC Nürnberg (Regionalliga Süd), 1972–73 Linzer ASK, 1973–77 SK Rapid Wien, 1977–79 Wiener Sport-Club und 1979–80 Vienna. Nach seiner aktiven Laufbahn wurde Starek Trainer. Er trainierte mehrere österreichische Bundesligavereine, den VfB Leipzig und war jeweils für zwei Jahre Co-Trainer bei der österreichischen A-Nationalmannschaft bzw. Cheftrainer des U-21-Teams, sowie Trainer von 1992 bis 1993 beim SK Rapid Wien. Mit dem Sportklub Rapid wurde er 1967 Meister und 1976 Pokalsieger, 1968 mit dem 1. FC Nürnberg und 1969 mit Bayern München deutscher Meister. 1967 war Starek österreichischer Torschützenkönig mit 21 Treffern.

Binder jun.: Gustl, du hast in deiner Karriere neunmal den Verein gewechselt, warum?
STAREK: Da gab es viele verschiedene Ursachen. Ich war als Spieler ein eher unangenehmer und aggressiver Typ, der dadurch auch oft mit seinen Gegen- und Mitspielern, dem Trainer, Funktionären und Zuschauern aneckte. Ich war auch dafür bekannt, oder besser gefürchtet, dass ich oft und impulsiv die Wahrheit über Dinge oder meine Meinung geäußert habe, auch wenn sie mich eigentlich nichts angingen. Manchmal leider auch zur falschen Zeit, und damit habe ich viele vergrämt. Aber so war ich eben, und aus dem „Gustl" ist mit den Jahren dann der „Schwarze Gustl" geworden. Wenn ich mich bei einem Verein nicht wohlfühlte oder das Gefühl hatte, nicht mehr gebraucht zu werden, so war es für mich persönlich immer am besten, so schnell wie möglich zu wechseln, um wieder etwas Neues zu beginnen. Immerhin war ich aber in meiner 15-jährigen Laufbahn sieben Saisonen bei meinem Lieblingsverein Rapid, und da hatte dein Vater „Bimbo" Binder einen wesentlichen Anteil daran.

Binder jun.: Wie bist du eigentlich zu Rapid gekommen?
STAREK: Das war im Sommer 1965 eine ganz lustige und ungewöhnliche Aktion. Ich war Spieler bei

Simmering, und in der Saison 1964/65 war Pepi Argauer unser Obmann. Er wollte mich unbedingt zur Austria vermitteln und vereinbarte mit Trainer Ocwirk einen Transfer in der Übertrittszeit im Juli 1965. Ich sollte Amateurspieler bleiben und im Trainingscamp der Austria Wien in Eisenstadt an der Vorbereitung teilnehmen. So eine Chance muss ein junger Spieler einfach wahrnehmen, obwohl ich eigentlich mit einem Spielervertrag gerechnet hatte. Als ich in das Trainingscamp einrückte, gab es bei Simmering einen Obmannwechsel. „Wickerl" Wimmer übernahm von Argauer das Amt des Obmannes und dieser wechselte als „Scout" zu den Violetten. Wimmer betrachtete den von Argauer angestrebten Wechsel von mir zu den Violetten als Geschenk, da für den SC Simmering zu wenig heraussprang. Da ich noch keinen Anmeldeschein für die Austria unterschrieben hatte, bot mich Wimmer auch „Bimbo" Binder von Rapid an, da er sich ein besseres Geschäft erhoffte. Ich galt damals als talentierter Spieler, den Binder schon an die Austria verloren glaubte, und dieser nütze die Chance, mich für Rapid zu verpflichten. Die beiden Vereine waren sich rasch über die Ablösesumme einig, und Simmering bekam auch noch die beiden Rapid-Spieler Nuske und Lebersorger als Draufgabe. Dann tauchte für mich völlig überraschend „Bimbo" mit seinem Freund Waltschek im Austria-Trainingscamp auf. Bis zu diesem Zeitpunkt hatte ich von nichts eine Ahnung, da mir Wimmer keine Information zukommen ließ. Ich wurde vom Mittagstisch der Mannschaft in einen Nebenraum gebeten, und „Bimbo" gab sein Interesse an mir bekannt, legte mir einen Profivertrag für zwei Jahre vor, zeigte mir ein Kuvert mit 20.000,- Schilling und ich unterschrieb sofort. „Dann pack deinen Koffer und komm mit", sagte „Bimbo". So wurde ich Rapidler und habe es bis heute nicht bereut. Binder gab mir mit diesem Vertrag die einmalige Möglichkeit, mir meinen Wunschtraum als Profifußballer zu erfüllen. Noch dazu beim Rekordmeister Rapid, ich war überglücklich. Ich holte nur mehr meine Sachen aus dem Hotelzimmer und es ging sofort zurück nach Hütteldorf.

Binder jun.: Wie waren deine ersten Eindrücke bei Rapid?

STAREK: Sektionsleiter Binder und sein Trainer stellten mich der Mannschaft beim Training vor, und ich hatte sofort das Gefühl, akzeptiert zu sein. Natürlich war die Umstellung vom Ostligisten Simmering zu diesem Topverein nicht leicht. In jeder Situation, sportlich, organisatorisch und disziplinär, merkte man die Handschrift „Bimbos", der auch allseits respektiert wurde. Er strahlte eine einmalige Ruhe aus, er gab sein Können, Wissen und Erfahrungen an uns weiter. Seine Persönlichkeit, sein Charakter und vor allem seine Ehrlichkeit bewunderte ich von Beginn an. Er war aber auch für seine Spieler da, er fühlte sich für sie verantwortlich und jeder konnte mit seinen Problemen zu ihm kommen. Ich merkte, dass „Bimbo" für den Fußballsport und speziell für Rapid lebte.

Binder jun.: Du hast auch die unterschiedlichsten Vereine trainiert, hast du von „Bimbo" etwas mitgenommen?

STAREK: Viele Unwissende haben über „Bimbo" und seinen Trainer Robert Körner genörgelt, dass sie wie zu ihren Zeiten in der Vergangenheit trainiert hätten. Von den 60er Jahren bis heute haben sich die Trainingsmethoden natürlich geändert, verbessert, einer neuen Spielweise und körperlicher Fitness angepasst. Aber das Training von „Bimbo" unterschied sich zu meiner Zeit nur unwesentlich von den Trainingsmethoden in Deutschland. Konditionell gab es an Rapid nichts auszusetzen, das Techniktraining gestaltete Robert Körner und „Bimbos" Einheiten für das Schusstraining waren Extraklasse. „Bimbo" hatte ein ganz besonderes Auge für die Qualität eines Spielers. Er wusste sofort, was er zu leisten imstande war, und setzte ihn auf der Position ein, auf der er sein Leistungsvermögen optimal für die Mannschaft einsetzen konnte. Auch taktisch war „Bimbo" immer auf der Höhe. Er studierte die Systeme, die die großen Mannschaften Europas spielten, und hätte gerne einmal mit seiner Rapid-Mannschaft gespielt wie Real Madrid, Inter Mailand oder Arsenal London. Seine Aussage war jedoch: „Ich kann nur ein System spielen, für das ich auch die geeigneten Spieler habe!" Ich wäre als Trainer gerne so gewesen wie Binder – immer ruhig, freundlich, fair, konzentriert und überlegen im Auftritt. Da fällt mir noch eine für Binder signifikante Aussage ein: „Wenn du ein Match verlierst, geh zum Gegner, gib ihm die Hand und gratuliere ihm, und dann gehe deinen eingeschlagenen Weg weiter!" Hier unterscheide ich mich leider von „Bimbo" Binder: Wenn ich verliere, könnte ich alle erwürgen!

Binder jun.: Was ist dir noch Besonderes über „Bimbo" in Erinnerung?

STAREK: In der Saison 1975/76 wurde Trainer Pecanka, mangels fehlender Erfolge, im September entlassen, und die Vereinsleitung holte als Feuerwehr wieder „Bimbo" als Sektionsleiter. Wir hatten in dieser Saison eigentlich nur eine durchschnittliche Mannschaft, aber „Bimbo" und seinem Trainer Körner gelang es, uns zu konsolidieren. Da keine Chance auf den Meistertitel war, konzentrierten wir uns im Frühjahr auf den Pokalbewerb. Tatsächlich erreichten wir gegen Wacker Innsbruck das Pokalfinale, welches damals in zwei Finalspielen ausgetragen wurde. Das erste Spiel endete in Innsbruck mit einer knappen 1:2-Niederlage. Durch ein Tor von Pawlek gewannen wir das zweite Finalspiel im Wiener Stadion mit 1:0 und wurden durch die Auswärtstorregel österreichischer Pokalsieger 1976. Der Jubel bei den Fans und die Freude bei den Spielern war natürlich riesengroß. Vor der Pokalübergabe suchte ich unseren „Bimbo" und konnte ihn weder auf dem Spielfeld noch auf der Betreuerbank finden. Irgendwer sagte mir, dass er in Richtung Kabine gegangen sei. Zu viert liefen wir in die Kabine, und tatsächlich saß „Bimbo" mutterseelenallein in der Kabine und hatte sich seine obligatorische Zigarette angezündet. Wir wollten ihn zur Siegerehrung mitnehmen, doch er meinte: „Die Gewinner seid ihr, nicht ich." Da schnappten wir uns den „Bimbo" und trugen ihn auf unseren Schultern auf das Spielfeld zur Siegerehrung. Diese Bescheidenheit eines so großen Sportsmannes habe ich bis heute nicht vergessen, denn an diesem Pokalsieg hatte er einen großen Anteil.

Binder jun.: Gustl, danke für das nette Gespräch.

Da man für die Saison 1965/66 keine Qualifikation für einen europäischen Fußballbewerb erreicht hatte, konzentrierte man sich in Hütteldorf ganz auf die Meisterschaft und den Cup. In der Vorbereitungsphase ehrte man den österreichischen Rekordinternationalen Dipl.-Ing. Gerhard Hanappi mit einem Abschiedsspiel gegen den 1. FC Köln. 30.000 Zuschauer verabschiedeten dann nach 45 Minuten ihr langjähriges Fußballidol mit tosendem Applaus. Nach einem Pausenstand von 0:0 verlor Rapid dieses Freundschaftsspiel gegen die überlegene Bundesligamannschaft aus dem Rheinland mit 1:3. Mit Gerhard Hanappi trat einer der größten österreichischen Fußballer von der sportlichen Bühne ab.

Juniorenmeister SK Rapid in der Saison 1963/64

Binder jun., Rapid-Reserve im Sommer 1965

Im Sommer 1965, mit 19 Jahren, war ich dem Rapid-Nachwuchs entwachsen und kam von der Juniorenmannschaft in den Kader der Rapid-Reserve. Während meiner zwei Jahre in Holland bei PSV Eindhoven war es völlig egal, wie dein Name war und wessen Sohn du bist. Beim PSV mussten die sportliche Einstellung und der Einsatz im Training sowie die gezeigte Leistung beim Meisterschaftsspiel stimmen, um auch am nächsten Wochenende wieder in der Mannschaftsaufstellung aufzuscheinen. Hier in Wien bei Rapid war es ganz anders. Von Beginn an war ich der „Sohn des Bimbo". Die Beurteilungen meiner wirklichen fußballerischen Qualitäten waren absurd. Für meine Mitspieler in der Jugendmannschaft nahm ich einem anderen nur den Platz weg, denn ich spielte ja nur, weil ich der Sohn des Sektionsleiters war. In der Juniorenmannschaft war es dann schon etwas besser. Mein damaliger Trainer war die Tormannikone Walter „Tiger" Zeman. Er stellte grundsätzlich immer nur die elf besten Spieler auf, und mein Name war ihm völlig egal. Ich empfand das als korrekt und wusste, wenn ich aufgestellt wurde, so habe ich es auch verdient. Wir waren eine sehr gute Junioren-Mannschaft und fast jedes Jahr Wiener Fußballmeister. Mit mir im Kader waren damals Bruno Blümel,

Reserve Rapid – LASK 3:0, September 1965, Wiener Stadion

Toni Fritsch, Erich Fak und Helmut Maurer, die alle in die Erste von Rapid kamen. Jedes Jahr fuhren wir zu Ostern und Pfingsten zu den großen internationalen Juniorenturnieren, bei denen wir immer im Spitzenfeld abschnitten.

Mit der Aufnahme in den Kader der Rapid-Reserve hat ein junger Spieler zwei bis drei Jahre Zeit, sich für die Kampfmannschaft zu qualifizieren. Die Reserve war ein buntes Gemisch aus ein paar älteren arrivierten Spielern, die „Notnägel" für einen Einsatz in der Ersten, dann die Talente aus dem eigenen Nachwuchs und interessante junge Leute von anderen Vereinen. Trainer der Reserve war Hans Hofstätter, der robuste „Ausputzer" der Rapid-Mannschaft vor dem Krieg. Besonders schöne und interessante Trainingseinheiten waren, wenn Erste und Reserve gemeinsam trainierten. Wenn „Bimbo" sein Schusstraining abwickelte, so mussten die Stürmer, Mittelfeldspieler und Torhüter beider Mannschaften antreten, während Trainer Körner mit dem Rest Techniktraining und Spielzüge übte. Jede Woche am Donnerstag gab es ein Trainingsmatch zwischen der Ersten und der Reserve. Da wurde auf Stamm- und Teamspieler keine Rücksicht genommen, denn die Jungen wollten vor dem Sektionsleiter und Trainer zeigen, was sie können. Es waren meist sehr ausgeglichene Trainingsspiele.

Manchmal gelang es aber auch der Reserve zu gewinnen. Die Rapid-Reserve war in den 60er Jahren so stark, dass sie auch keine Vereine aus der Regionalliga (2. Leistungsstufe) fürchten musste. Die Rapid-Fans sagten damals: *„In Österreich gibt es nur zwei gute Mannschaften: die Erste und die Reserve von Rapid!"*

In meiner aktiven Zeit spielten auch Söhne anderer großer Rapid-Spieler. Hans Pesser, der Sohn des legendären Rechtsaußen der Hütteldorfer, kam als Stürmer nicht an seinen Vater heran und hatte seine besten Jahre als Verteidiger bei der Admira. Mit mir in der Juniorenmannschaft spielte Hans Fitz, der Sohn des Linksaußen aus den 30er und 40er Jahren, Wilhelm Fitz. Er schaffte auch nicht den Sprung in die Rapid-Elf. Aber besonders kritisch wurde ich, der „Junior", beobachtet und kritisiert. Spielte ich gut und schoss Tore, so war das kein Wunder, denn ich war ja der Sohn des großen „Bimbo". Spielte ich schlecht, so spielte ich ja nur, weil ich „Bimbos" Sohn war. Mein sportliches Ziel war damals, einen Einsatz in einem Pflichtspiel der Kampfmannschaft zu erreichen. Es sollte mir nie gelingen.

Rapid, Saison 1965/66: Körner R., Zaglitsch, Milanović, Schmid, Veres, Pichler, Dellatorre, Glechner, Blümel, Skocik, Binder; vorne: Starek, Flögel, Gebhardt, Seitl, Hasil, Grausam, Höltl, Virba, Rehnelt

Der SK Rapid spielte in der Vorbereitung auf die Saison 1965/66 zahlreiche Freundschaftsspiele gegen Wiener Vereine, in denen „Bimbo" immer Spieler aus der Reserve einsetzte. In so einem Testspiel gegen „Waggonfabrik" durfte auch ich mitwirken. Die Aufstellung, so weit ich mich noch erinnere, war:

Vereš;
Gebhardt, Glechner, Skocik, Fak;
Hasil, Ullmann;
Flögel, Fritsch, Binder, Rehnelt

Wenn man mit solchen Klassekickern spielen kann, wird man sofort um zwei Klassen besser, auch mir ging es so. Die Pässe von Hasil und Skocik kamen punktgenau, mit Flögel wechselte ich mich in der Spitze ab, und die Flügelflitzer Rehnelt und Fritsch versorgten uns Stürmer mit präzisen Flanken.

Natürlich war „Waggonfabrik" kein Maßstab und hat uns nicht gefordert, aber wir schossen neun Tore und sechs davon gingen auf mein Konto. Nach dem Spiel saß ich neben Flögel in der Umkleidekabine, und vor der offenen Türe stand mein Vater und rauchte wie immer eine Zigarette. Flögel sprach meinen Vater an und meinte: „Trainer, was sagen Sie zum Buam, sechs schöne Tore, da wird er ja bald bei uns auf der Bank sitzen!" Die Antwort meines Vaters war ehrlich, aber für mich wenig aufbauend: „Weißt, Rudi, solange ich Sektionsleiter bei Rapid bin, wird er nicht in der Ersten spielen. Das tue ich ihm nicht an und mir auch nicht!"

So hart ist das Fußballerleben, wenn man der Sohn von „Bimbo" Binder ist. Oft wünschte ich mir, Maier oder Müller zu heißen. Letztendlich war das für mich aber gar nicht so entscheidend, ich wollte die nächsten Jahre in der Rapid-Reserve testen, wie gut ich wirklich war, und dann über meinen weiteren Weg entscheiden. Ein Vertrag und Geld spielten bei mir keine Rolle, ich spielte Fußball aus Leidenschaft, und ging es bei Rapid nicht, dann eben woanders. Aber es kommt im Leben sowieso alles anders als man denkt.

Die Hütteldorfer begannen die Saison 1965/66 gleich mit einer 1:3-Niederlage in Wiener Neustadt. Dies war ein Schock zur rechten Zeit und rüttelte die Spieler gehörig wach. Bis zum Ende des Herbstdurchgangs gab man kein Spiel mehr verloren. Aber fünf Unentschieden bescherten den Hütteldorfern dann nur den dritten Tabellenplatz, mit zwei Punkten Rückstand hinter Herbstmeister Admira. Im Herbst wurden zwei Cuprunden gespielt, die Rapid ohne Probleme mit Siegen über den Villacher SV (10:1) und den GAK (4:2) überwand. Dann packte man wieder einmal die Koffer, denn eine große Südamerikatournee stand auf dem Programm. Noch vor dem Heiligen Abend bestieg man den Jet nach Übersee, um erst am 31. Januar 1966 wieder nach Wien zurückzukehren. Diese Tournee war keine so große Strapaze wie andere zuvor. In fünf Wochen hatte man nur sieben Spiele zu absolvieren und so auch Zeit, um Land und Leute kennen zu lernen. Dafür hatten es aber diesmal die Gegner in sich. Mit River Plate (1:3), Peñarol Montevideo (2:2), Olympia Asunción (2:0), Elmec Guayaquil (0:2), Rosario Central (1:2), Cruzeiros Belo Horizonte (4:5) und Grêmio Esportivo Curitiba (3:4) hatte man die stärksten südamerikanischen Mannschaften zum Gegner. Die Rapidler zeigten weitaus mehr, als die Resultate aussagten, und scheiterten mehr an den ungewohnten klimatischen Bedingungen als an den spielerischen Qualitäten der Gegner.

Aber wie schon so oft, gärte es seit einiger Zeit in den Hütteldorfer Funktionärskreisen. Wieder einmal war „Bimbo" Binder der Angriffspunkt. Der Meisterschaftsgewinn 1964 hatte ihm wieder große Popularität eingebracht und seine gekonnte Aufbauarbeit bestätigt. Seit Rapid aber im folgenden Jahr die Meisterschaft knapp verpasste, wurden wieder kritische Stimmen laut. Binder sei zu wenig weltmännisch, sein Auftreten zu zurückhaltend, zu kumpelhaft, zu familiär, das Training habe keinen internationalen Standard, er wolle keine Ausländer usw. Die Generalversammlung von 1964 brachte dann endlich neues Blut in die Vereinsführung. Dr. Heinz Bruckner wurde Präsident, Erster Vizepräsident Dir. Stefan Niehsner, Zweiter Vizepräsident Dkfm. Kurt Eichelberger, Finanzreferent Ing. Friedrich Grassi und Schriftführer Dr. Johann Niedl. Dazu kam noch der zwölfköpfige Vorstand. Es wurden zwar Reformen durchgeführt, aber den aufgeblasenen Entscheidungsapparat der Vereinsführung behielt man bei.

Treibende Kräfte dieser Kampagne waren Ing. Friedrich Grassi und sein im Hintergrund agierender Freund Gen.-Dir. Heinz Holzbach. Holzbach, langjähriges Rapid-Vorstandsmitglied, und Vorstands-Newcomer Grassi wollten dem Verein internationales Flair geben. Wie bereits erwähnt, überredeten sie Binder, der Verpflichtung der brasilianischen Spieler Lukmann und Klein zuzustimmen, obwohl dieser ablehnte. Man warf Binder auch die Verpflichtung des Jugoslawen Teddy Virba als Fehleinkauf vor. Zur Entschuldigung meines Vaters muss ich aber festhalten, dass Virba ein ausgezeichneter „Blender" war, auf den auch andere hereingefallen wären. Ich selbst habe die Ära

ÖSTERREICH: Löst Vytlacil Bimbo Binder ab?

WIEN. — Man hat in diesen Tagen an Bimbo Binder ein arges „Foul" begangen. Zum gleichen Zeitpunkt, als sich Rapid Wien im Flugzeug zur Reise nach Südamerika befand, wurde in fast allen Zeitungen über den Rapid-Sektionsleiter hergezogen. Ja man wußte bereits zu vermelden, daß der Nachfolger — ab Juni 1966 — schon feststehe. Als erster Kandidat für den Posten eines sportlichen Leiters (möglicherweise sogar in einer Doppelfunktion zusammen mit dem Traineramt) wurde der ehemalige Rapidspieler Rudi Vytlacil genannt. Vytlacil trainiert zur Zeit den bulgarischen Meister Levski Sofia und die bulgarische Nationalelf. Groß heraus kam der Ex-Wiener jedoch durch den zweiten Platz der CSSR-Nationalelf bei der WM in Chile und durch den zweiten Platz im Olympia-Turnier von Tokio, wo Vytlacil ebenfalls als Trainer der CSSR-Auswahl tätig gewesen war. In den dreißiger Jahren stand Vytlacil noch in den Reihen des damaligen „Mitropacupsiegers" Rapid, und später wechselte er mit Österreichs vielleicht größten Ballkünstler aller Zeiten, dem blendenden Techniker Pepi Bican, zu Slavia Prag. Seitens der Rapid-Vereinsleitung wurden bereits eingeleitete Verhandlungen mit Vytlacil gar nicht in Abrede gestellt. Unerklärlich ist es jedoch, daß zwischen Rapid Wien und seinem Sektionsleiter Binder bis zum Juni 1967 nur ein „mündlich abgesprochener Vertrag" besteht. Das ist, gelinde gesagt, nur eine der kleinen Schlampereien, die den österreichischen Fußball verunzieren. Zwei weitere Binder-Nachfolger, und zwar der ehemalige Rekordinternationale Hanappi sowie der seit zwei Jahren bei Ado Den Haag als Trainer tätige ehemalige Nationalstopper Happel, haben jede Bereitschaft zur Übernahme des Sektionsleiterpostens, an Stelle von Binder, in Abrede gestellt. S. Graf

ÖSTERREICH: Rapid schloß seinen Vizepräsidenten aus

WIEN. — Es kriselt wieder beim Alt- und Rekordmeister Rapid Wien. Vor einigen Tagen wurde Vizepräsident Eichelberger — wegen Schädigung des Ansehens — aus dem Klub ausgestoßen. Kurz danach wies Präsident Pruckner dem verdienten sportlichen Leiter Rapids, Binder, im Laufe einer Vorstandssitzung die Tür. Schon sah es danach aus, als sollte die Mannschaft an Weihnachten ohne Binder nach Südamerika fliegen, wo ihr u. a. Spiele gegen den Weltpokalfinalisten Independiente, gegen Boca Juniors, FC Barcelona und eine Reihe anderer Spitzenmannschaften bevorstehen. Die Affäre Eichelberger begann damit, daß der ehemalige Vizepräsident eigenmächtig schärfste Repressalien gegen den ÖFB-Funktionär Dr. Gerö angekündigt hatte (Platzverbot und außerdem keine Abstellung mehr von Rapid-Spielern für die Nationalelf usw.). Dr. Gerö hatte zuvor ein bereits erledigtes Verfahren wegen Entführung des Spielers Starek aus dem Austria-Trainingslager neu aufgerollt, und zwar wegen eindeutiger Verfahrensmängel (der Spieler selbst war nämlich nicht einvernommen worden). Eichelberger wurde vom ÖFB auf ein Jahr als Funktionär suspendiert. Von da an begann ein Intrigenspiel. Man machte sogar Bimbo Binder massive Vorwürfe, daß er im vergangenen August von Eichelberger ein Darlehen in Höhe von etwa 4800,— DM entgegengenommen habe. Der Betrag wurde inzwischen längst zurückerstattet. Seine Höhe ist geradezu lächerlich in Anbetracht dessen, daß es sich bei Binder um einen der verdienstvollsten Rapidler handelte. Schließlich kam es vor kurzem noch zu Tätlichkeiten zwischen Eichelberger und dem Klubkassier, die sich in aller Öffentlichkeit abspielten. Binder und Trainer Körner erinnerte man daran, daß sie als Angestellte des Klubs auf jeden Fall die Südamerika-Tournee mitmachen müßten, noch dazu, da sie beide als einzige mit den Gegebenheiten auf diesem Kontinent vertraut sind. Alle 17 Spieler, die mitfahren, sind in dieser Hinsicht noch Anfänger und bedürfen einer zuverlässigen fachlichen Betreuung. S. Graf

Virba bei Rapid miterlebt und war begeistert über das, was der Spieler beim Training und in Freundschaftsspielen zeigte. Ein wirklich ausgezeichneter Kicker, aber wenn es um etwas ging, versagte Virba immer völlig. Mit Fehleinkäufen muss ein sportlicher Leiter leben, und „Bimbos" scheinbar einziger Fehleinkauf darf nicht gegen die vielen Spieler aufgewogen werden, die er kostengünstig für Rapid erwarb. Binders Spieler aus dem eigenen Nachwuchs und gute einheimische Verpflichtungen brachten dem Verein mehr als teure Ausländer.

Die kommenden Jahre zeigten dann, dass Binders Weg der bessere gewesen wäre. Legionäre zu verpflichten, nur um Ausländer zu haben, ist der falsche Weg. Grundsätzlich war Binder nicht dagegen. Mit Vereš, Schmid und Milanović spielten ohnehin drei Legionäre in seiner Mannschaft. Seine Meinung war jedoch, ein Ausländer muss immer besser sein als ein Einheimischer. Dass seine Trainingsmethoden auch keinen Anlass zur Kritik gaben, bewies er nach seinem Abgang von Rapid als Trainer im In- und Ausland erneut. Doch die Würfel waren bei Rapid bereits gefallen. Heinz Holzbach, seines Zeichens Generaldirektor bei der „Kurier"-Druckerei, hatte die Presse hinter sich. Pikanterweise fand die entscheidende Vorstandssitzung während Binders Abwesenheit in Südamerika statt. Er hatte keine Möglichkeit, seinen Standpunkt zu vertreten, und war, als er bei seiner Rückkehr in Schwechat aus dem Flugzeug stieg, bereits entlassen. Einen neuen Trainer hatte man noch nicht parat, und so musste Binders Assistent, Trainer Robert Körner, bis zum Sommer die Verantwortung übernehmen.

Zum zweiten Mal wurde Binder unschön abserviert. Dies sollte sich rächen, als nach dem Zerfall „seiner" Mannschaft der SK Rapid in eine langjährige sportliche Krise schlitterte. Mit der Übernahme der Hütteldorfer, anfangs der 70er Jahre, durch den Sponsor „Wienerberger Baustoffe", wurden Holzbach und Grassi in das zweite Glied zurückgedrängt. Ihre große Zeit kam dann ab 1978, als sich die „Wienerberger" von Rapid zurückziehen mussten.

Die „Zwillinge", wie sie auch genannt wurden, führten dann den Verein, aus den Fehlern und Erfahrungen der Vergangenheit die richtigen Schlüsse ziehend, mit Binder in die erfolgreichste Zeit der Vereinsgeschichte nach dem Zweiten Weltkrieg. Diesmal war es aber nicht „Bimbo", der Trainer, sondern Binder jun. als Vereinsmanager.

Eine Ära „Bimbo" Binder war also wieder einmal beendet, und Trainer Körner führte die Hütteldorfer in die Frühjahrssaison 1966. Dabei hätte „Bimbo" mit seinen Hütteldorfern noch viel vorgehabt. Seit seiner Rückkehr 1962 beobachtete er den Nachwuchs sehr genau. Er hatte sogar schon das Innentrio der Zukunft gefunden. Im eigenen Nachwuchs und ohne einen Schilling Transferkosten. Schon in der Knabenmannschaft, Geburtsjahrgang 1949–51, spielte bei Rapid ein Innentrio in der gleichen Besetzung: Mühlhauser/Ritter/Franz. Diese drei Talente schossen in den Nachwuchsmannschaften über 300 Tore. Es war eine Freude, sie gemeinsam spielen zu sehen. 1965 spielten sie in der Juniorenmannschaft und kamen auch schon in der Reserve zum Einsatz. „Bimbo" wollte sie behutsam aufbauen. Wenn Trainer Hofstätter Stürmer für die Reserve brauchte, durfte er immer nur alle drei gemeinsam einsetzen. Nach „Bimbos" Abgang machte sich keiner seiner Nachfolger die Mühe, den eigenen Nachwuchs zu fördern.

Vizepräsident Dkfm. Kurt Eichelberger, der ein Freund und Befürworter für Binder als Sektionsleiter war. Er war ständig im Clinch mit seinem Finanzreferenten (Klubkassier) Ing. Fritz Grassi und lieferte sich mit ihm sogar lautstarke Schreiduelle in der Ehrenloge. Die Art und Weise der Vereinsführung und die Umsetzung der geplanten Zielsetzungen führten zu schweren Differenzen innerhalb des Vorstandes. Dkfm. Eichelberger verließ darauf wie Binder 1966 den Verein. Sein Comeback als Vizepräsident hatte er in der Zeit des Sponsors Wienerberger von 1974 bis 1979 ohne Ing. Grassi im Präsidium.

Keinem dieser drei Riesentalente gelang der Sprung in die Kampfmannschaft. Da war es wesentlich leichter, Spieler teuer einzukaufen, als das Kapital der eigenen Reihen zu nützen. Trainer Robert Körner änderte nichts an der Mannschaft und am Spielsystem. Im Verlauf der Frühjahrsmeisterschaft unterlag Rapid nur einmal der Admira mit 1:2. In der Endabrechnung lag Rapid in der Meisterschaft leider nur an zweiter Stelle hinter Meister Admira. Die Niederlage im direkten Aufeinandertreffen und drei weitere Unentschieden sicherten der Admira den Titelgewinn. Nicht besser ging es Rapid im Cup. Im Semifinale bezwang man die Austria mit 3:0, unterlag aber im Finale dem Meister Admira mit 0:1.

Federführend für die Verpflichtung des neuen Trainers Rudolf Vytlacil im Sommer 1966 waren Grassi und Holzbach. Jetzt hatten sie endlich ihren wortgewandten, smarten Trainer aus der Tschechoslowakei, den man bei Interviews kaum verstand. Neu in die Mannschaft kam Jörn Bjerregaard, der eine echte Verstärkung wurde. Die Nummer 1 im Tor war Roman Pichler. Wie ein roter Faden zieht sich durch Binders Trainerarbeit, dass er für einen Verein eine neue schlagkräftige Mannschaft aufbaut und unmittelbar nach seinem Weggang der Nachfolger mit dem gleichen Spielerkader die Meisterschaft gewinnt. Nach seinem Abschied von Rapid im Frühjahr 1951 wurden die Hütteldorfer mit der von Binder gestalteten Mannschaft 1951, 1952, 1954, 1956 und 1957 Meister. 1957 waren noch immer 10 Spieler von 1951 die Stützen dieser Mannschaft.

Nach seinem Abschied 1960 nach sechs Jahren vom 1. FC Nürnberg wurde dieser deutscher Meister 1961. Nach seinem Abschied von PSV Eindhoven 1962 wurde diese Mannschaft Niederländischer Meister 1963. Nach dem zweiten Abschied von Rapid im Frühjahr 1966 wurde Rapid 1967 und 1968 Meister. Die sportlichen Leistungen und Erfolge der von „Bimbo“ aufgebauten Mannschaften können sich sehen lassen und bestätigen ihn als erfolgreichen Trainer. In der Neugestaltung von Mannschaften lag seine Stärke, hier konnte er sein ganzes Fachwissen, seine jahrzehntelange Erfahrung aus dem Profifußball, seine Menschenkenntnis und Führungsqualitäten zur Entfaltung bringen.

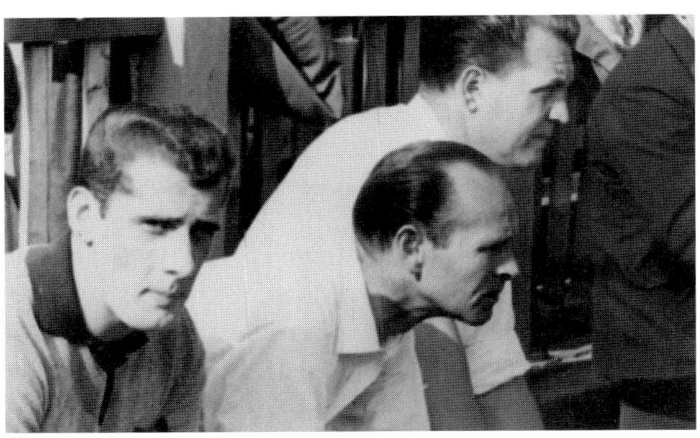

Nach dem neuerlichen Abschied von „Bimbo“ übernahm bis zum Sommer Robert Körner die Trainerstelle: hier zwischen Fritsch und Dienst.

Zeitzeuge Ferdinand Muschik

Gespräch mit Ferdinand Muschik

Ein besonderer Zeitzeuge ist das älteste Vereinsmitglied des Sportklub Rapid, der 97-jährige Ferdinand Muschik. Ich kenne ihn selbst schon seit einer Ewigkeit. Er war bei Veranstaltungen immer am Rapid-Platz oder im Hanappi-Stadion präsent. Mit seinem Sohn spielte ich in der Junioren- und Reservemannschaft Rapids. Die Gelegenheit, Ferdinand Muschik in seinem Schrebergarten zu besuchen und ihn zu interviewen, habe ich selbstverständlich wahrgenommen.

Binder jun.: Wann und warum sind Sie zu Rapid gekommen?

MUSCHIK: Am 1. April 1934 habe ich mich, nachdem mein alter Verein aufgelöst wurde, bei Rapid in der Leichtathletik angemeldet. Rapid war ein besonders beliebter und gut geführter Verein und hatte damals neben der Fußballsektion auch Abteilungen für Leichtathletik, Radrennfahren und Boxen. Neben meinen Einsätzen in der Leichtathletik habe ich bei den Heimspielen der Fußballer als Billeteur gearbeitet und später bis in die 80er Jahre den Ordnerdienst für Rapid organisiert. 1949 zum 50. Vereinsjubiläum wurde ich Ehrenmitglied und bekam das goldene Vereinsabzeichen. Zum 70er des SK Rapid im Jahre 1969 dann auch das Vereinsabzeichen mit Brillanten. 2000 wurde mir auch das Sportehrenzeichen der Stadt Wien verliehen. Rapid gehörte der größte Teil meines Lebens.

Der Rapid-Platz in Hütteldorf hatte kaum eine Trainingsmöglichkeit für mich. Meine Spezialdisziplinen waren auf den Langstrecken 3000 Meter Hindernislauf, 5000 Meter und 10.000 Meter. Ich war aktiv bis 1954, erreichte 45 österreichische Meistertitel und hielt viele Jahre den Streckenrekord im Höhenstraßenlauf. Ich trainierte hauptsächlich am Red-Star-Platz, der über eine Laufbahn verfügte, im Prater und im Wienerwald. Manchmal bekamen wir auch einen Kicker zugeteilt zur Reha nach einer Verletzung oder mussten mit ihm Ausdauer trainieren. Ich kannte aber alle großen Rapid-Fußballer und auch Funktionäre persönlich. Sektionsleiter Schönecker war für mich eine der größten Funktionärspersönlichkeiten, die Rapid je hatte. Intelligent, mit großem Fachwissen und immer Gentleman. „Bimbo" war 1934 schon ein allseits bewunderter Star und Nationalspieler. Die Rapid-Fans wollten immer nur Tore sehen, und der Franz lieferte sie am Fließband. Manchmal schimpften die Fans auch und nörgelten an seiner Laufarbeit, aber kaum traf er ins Tor, flogen die Hüte in die Luft. „Bimbo" war immer ruhig und besonnen, ein fairer Sportsmann, zum Angreifen, einer, mit dem jeder reden konnte. Ich habe nie miterlebt, dass er als Spieler oder Trainer einmal explodiert wäre oder jemanden angeschrien hätte. Alle hatten großen Respekt vor ihm, und seine Anweisungen kamen immer überlegt und in Ruhe.

Binder jun.: Was blieb Ihnen von dieser langen Zeit bei Rapid besonders in Erinnerung?

MUSCHIK: Also los war bei Rapid immer etwas. Die großen Erfolge und tollen Spiele der Mannschaft vor

Leichtathletiksektion des Sportklub Rapid, 1939: Ferdinand Muschik in der dritten Reihe, Vierter von links

dem Krieg sind unvergessen. Manchmal hatte ich auch Gelegenheit, die Mannschaft zu Auslandsspielen zu begleiten, was für mich immer ein Erlebnis war. Im

Im Schrebergarten August 2010. Binder jun.: Hatten die Leichtathleten damals auch Kontakte mit den Fußballern?

Krieg war ich bei der Fliegerabwehr und 1941 zum Endspiel um die deutsche Meisterschaft gerade zur Ausbildung in der Nähe von Berlin. Ich habe das Endspiel im Berliner Olympiastadion selbst gesehen mit der grandiosen Aufholjagd von 0:3 zum 4:3-Sieg. Der „Hattrick" unseres „Bimbo" bleibt mir ewig in Erinnerung. Schön waren auch die 50er Jahre mit der großartigen Mannschaft, die Binder und Pesser aufgebaut haben. Happel, Zeman, Hanappi, Dienst und Probst waren schon Superspieler.

Binder jun.: Wie war für Sie die Übersiedelung von der Pfarrwiese ins Hanappi-Stadion?

MUSCHIK: Genau wie deinem Vater hat mir der Abriss der alten Pfarrwiese sehr weh getan. 47 Jahre war der Rapid-Platz meine zweite Heimstätte. Dort traf ich meine Freunde und Sportkollegen, und wir verbrachten zahllose schöne Stunden im Kreise der Rapid-Familie. So hautnah wie in Hütteldorf konnte man im neuen Stadion den Spielern und Funktionären nicht mehr kommen. Für mich ist dabei ein wenig das „familiäre" Flair in der Rapid-Familie verloren gegangen. Natürlich entsprach die Pfarrwiese nicht mehr den modernen Anforderungen an den Spielbetrieb und den Service für die Zuschauer. Aber das Hanappi-Stadion ist von den Fans sehr schnell und gut angenommen worden. In den 80er Jahren gab es dazu noch zahlreiche Erfolgserlebnisse und für mich viel Arbeit mit dem Ordnerdienst.

Binder jun.: Danke für das Gespräch und weiterhin Gesundheit für die Zukunft.

1966–1976:

„Feuerwehrmann“ und ein Pokaltitel mit Rapid

Die Absetzung Franz Binders während der Südamerikatournee geschah nicht einstimmig, denn Vizepräsident Dkfm. Eichelberger wollte sich am Intrigenspiel nicht weiter beteiligen und stellte sein Amt zur Verfügung. Er war es auch, der seinen Freund vom Flughafen abholte und ihn über die Situation bei Rapid aufklärte, um nicht wie seine Ex-Vorstandskollegen nur über die Medien zu sprechen.

Mein Vater war von seinem Verein und gewissen Funktionären schwer enttäuscht, ließ sich dies wie schon vor 14 Jahren in der Öffentlichkeit aber nicht anmerken. Meine Mutter, der es in Deutschland und Holland sehr gefallen hatte und die eigentlich nicht wollte, dass mein Vater zu Rapid zurückkehrte, schüttete noch ein wenig ins Öl ins Feuer. „Ich habe dir immer gesagt, deine sogenannten ‚Freunderln‘ bei Rapid brauchen nur wieder eine gute Mannschaft und dann kannst du wieder gehen!“ Die Enttäuschung war schnell vergessen, da sofort Anfragen für ein Traineramt aus Deutschland eintrafen. Ich selbst hatte in diesem letzten Rapid-Jahr meinen Wehrdienst absolviert, meine Berufslaufbahn begonnen und bis zum Sommer noch in der Rapid-Reserve gespielt. Mein Trainer bei Rapid war Hans Hofstätter, und er wechselte für die Spielsaison 1966/67 zum Regionalligisten SC Simmering und nahm mich als Spieler mit. Bereits im Februar meldete sich Jahn Regensburg bei „Bimbo“ und fragte an, ob er nicht sofort die sportliche Leitung übernehmen wolle. Der Verein krebste in den letzten Jahren nur mehr im Mittelfeld der bayrischen Landesliga Mitte herum, und der Vorstand wollte über die Bayern-Liga wieder in die Regionalliga Süd aufsteigen. Binder erbat sich Bedenkzeit, da er auch andere Angebote prüfen wollte.

1966–1967:

Aufstieg in die Regionalliga Süd

Jetzt schaltete sich sein langjähriger Freund aus Regensburg, der Wurstfabrikant Franz Ostermeier, wieder ein. Er wollte „Bimbo“ unbedingt ein zweites Mal in die Donaustadt holen. Ostermeier fuhr nach Wien und machte „Bimbo“ eine zweite Amtsperiode bei Jahn schmackhaft. Die Regensburger brauchten ihn, und so unterschrieb er einen neuen Vertrag bei den Regensburgern und begann seine Arbeit am 1. April 1966. Jahn zählte in der Winterpause zu den Favoriten, die in der Landesliga Mitte um den Aufstieg kämpften. Zum Start der Rückrunde setzt es aber drei Niederlagen in Serie, und diese waren der Grund für die schnelle Verpflichtung Binders.

Innerhalb kurzer Zeit gelang es meinem Vater, die Mannschaft wieder aufzurichten, und Jahn fand Anschluss an die Tabellenspitze. Zwar gab es noch einen kleinen Durchhänger mit einer Serie von Unentschieden, doch in der entscheidenden Phase zum Ende der Meisterschaft war Jahn Regensburg nicht mehr zu halten und wurde Meister der Landesliga Mitte 1965/66. Der erste Schritt für das geplante Ziel, die Regionalliga Süd, war erreicht.

„Bimbos“ Spielerkader für die Saison 1966/67 war sehr jung. Teure Einkäufe konnten nicht getätigt werden, und so kamen sechs junge Spieler aus dem Umkreis von Regensburg in den Kader. Die beiden ältesten Spieler waren 26 Jahre alt, der Altersdurchschnitt des 19-Mann-Kaders betrug nur 22 Jahre. Mit Willi Scheck hatte „Bimbo“ einen verlässlichen Torhüter und mit Kapitän Johann Schieber einen routinierten Mann im offensiven Mittelfeld. Unter den Neuzugängen war mit Willi Gessl ein junger Mittelfeldspieler, der mit seinen 21 Jahren schon Erfahrungen bei den 1. FC Nürnberg Amateuren, bei der SpVgg Fürth und in der Bayernauswahl sammeln konnte. Der Star der Mannschaft war Gerd Faltermeier, ein sehr effektiver Stürmer, der mit seinen ausgezeichneten Leistungen als Amateurspieler in die Bayernauswahl und neunmal in die deutsche Amateur-Nationalmannschaft einbe-

Kommt Bimbo Binder wieder zum Jahn?

Binders Kommentar dazu: „Möglich!“ / Wir sprachen mit dem Altinternationalen

Einzug der Gladiatoren. Franz „Bimbo" Binder ist in seine frühere und künftige Wirkungsstätte bei Jahn Regensburg zurückgekehrt.

rufen wurde. Binder merkte schon in der Vorbereitung, dass sich auch die Spieler für diese Saison viel vorgenommen hatten und mit vollem Einsatz bei der Sache waren.

Die Spielsaison 1966/67 zog auch wieder mehr Zuschauer zu den Heimspielen ins Jahn-Stadion. Obwohl die Konkurrenz in der Bayernliga weit größer war als in der Landesliga, hatten die Regensburger vom Saisonstart an die Konkurrenz fest im Griff. Zur Winterpause befanden sich die Domstädter auf einer Spitzenposition, von der sie Chancen auf den Titel hatten. Die Entscheidung über den Titel fiel in den letzten Spielrunden. „Bimbos" junge Truppe hatte den längeren Atem und ließ sich die Chance auf den Aufstieg in die damals zweithöchste deutsche Spielklasse nicht mehr nehmen. Ganz Regensburg stand kopf.

Die Regensburger Fans warteten schon gespannt auf den Meisterschaftsbeginn der Saison 1967/68 in der Regionalliga Süd. Im Spieljahr 1963/64 führte der DFB die Bundesliga für Profifußball in Deutschland ein. Der Austragungsmodus sah damals vor, dass drei Vereine aus der Bundesliga zum Saisonende absteigen und die Aufsteiger sich aus den Regionalligen in Ausscheidungsspielen qualifizieren müssen. Heute hat

Wurstfabrikant Franz Ostermeier holte „Bimbo" Binder wieder zu Jahn Regensburg.

der deutsche Profifußball bereits drei Bundesligen. Jahn Regensburg befand sich damals in der zweithöchsten deutschen Spielklasse. „Bimbo" konnte mit Jahn ein Wunder wiederholen, welches er 1953 mit dem Aufstieg von Regensburg in die Oberliga Süd bereits geschafft hatte. Es war ihm aber auch bewusst, dass das sportliche Ziel für diese schweren Jahre nicht ein Durchmarsch in die Bundesliga sein konnte, sondern die Konzentration auf den Klassenerhalt. Es gab auch keine nennenswerten Spielertransfers und Binder musste der Meistermannschaft die Chance geben,

Die Mannschaft des SSV Jahn Regensburg 1967/68: „Bimbo" Binder, Rother, Baierl, Geßl, Vitzethum, Schieber, Eberl, Braun, Pöppel; vorne: Funke, Weiß, Spindler, Meichel, Faltermeier, Scheck, Günther, Heinrich, Haas

Der „Bimbo" schaffte ein Wunder

Binder war die Säule

● Der Schmied des Erfolges war unzweifelhaft der am 1. April 1966 verpflichtete Trainer „Bimbo" Binder, der – wie schon eineinhalb Jahrzehnte zuvor – aus dem Jahn eine Truppe machte, in der Kameradschaftsgeist und Lerneifer das beherrschende Element sind. Dieser Fußball-Lehrer – um den der Regensburger Klub von so manchem Großverein beneidet wird – war seinen Schützlingen mit seinem Können und seinen untadeligen menschlichen Qualitäten ein dermaßen eindringliches Vorbild, daß sich aus dem vielköpfigen Aufgebot eine echte Einheit formte, in der ein jeder aus echter Begeisterung auch für den anderen kämpfte und spielte.

SO MANCHE BANGE MINUTE hatte Bimbo Binder auf der Trainerbank auszustehen. Doch nie sah man ihn seinen Gleichmut verlieren.

„Bimbo" mit seinen beiden „Stars" Johann Schieber und Gerd Faltermeier

Erna und Franz Binder mit Ostermeier bei der Ehrung durch den Regensburger Oberbürgermeister

Zweimal Franz Binder

ks. Franz Binder war am Donnerstag abend im Regensburger Jahnstadion in zweifacher Ausführung zu sehen. Der Grund dafür: Franz Binder senior, besser bekannt unter dem Namen

Franz Binder jun. (links) kam aus Wien, um seinem Vater zum Geburtstag zu gratulieren und am Training des SSV Jahn teilzunehmen.

Aufnahme: Knut Hasse

„Bimbo", wurde 55 Jahre alt. Zu seinem Geburtstag eilte Franz Binder junior (20) aus Wien herbei, um seinem Vater zu gratulieren. Da er nun einmal in Regensburg war, nahm er gleich am Training der Jahnelf teil, das „Bimbo" Binder leitete. Er zeichnete sich dabei durch besondere Schußkraft aus, die bekanntlich auch seinen Vater berühmt gemacht hatte. Franz Binder junior spielt für Semmering in der österreichischen Regionalliga. Mit Pepi Stroh, der als Trainer in Schweden tätig ist, kam später noch ein berühmter österreichischer Nationalspieler nach Regensburg, um „Bimbo" Binder alles Gute zu wünschen und mit ihm alte Erinnerungen aufzufrischen.

sich in der Regionalliga Süd zu etablieren. Die Konkurrenz in der Regionalliga Süd hatte es in sich. Gegen bekannte Mannschaften wie Kickers Offenbach, Stuttgarter Kickers, VfR Mannheim, SpVgg Fürth, Hessen Kassel, Bayern Hof, Waldhof Mannheim, FSV Frankfurt, Freiburger FC und Darmstadt 98 musste man jetzt bestehen.

Es war ein hartes Jahr für „Bimbos" junge Schützlinge, und die Mannschaft zahlte viel Lehrgeld. Dennoch konnten die jungen Kicker viele wichtige Erfahrungen sammeln. Am Ende der Saison reichte es zum verdienten Klassenerhalt. Alle waren zufrieden, nur „Bimbo" nicht. Er sah in der Vereinspolitik von Jahn Regensburg keine Zukunft für ihn. Nach einer langen Aussprache mit der Vereinsleitung über die Zukunft der Mannschaft war „Bimbo" zu keiner weiteren Vertragsverlängerung bereit. Der Verein hatte keine finanziellen Möglichkeiten, sich bei einem unerwarteten Aufstieg einen Profibetrieb leisten zu können. Damit war auch klar, dass Binder keinerlei nennenswerte Verstärkungen bekommen konnte. In Zukunft immer nur um den Klassenerhalt kämpfen, waren nicht die Ambitionen, die „Bimbo" für eine Mannschaft hatte. Die Jahn-Elf war durch ihre Jugend, die Routine und Erfahrungen, die sie in den kommenden Meisterschaften bekam, so stark, dass sie sich bis zu ihrem Abstieg 1974 immer im gesicherten Mittelfeld platzieren konnte. Binder brauchte deshalb kein schlechtes Gewissen zu haben, dass er nicht mehr weiterarbeiten wollte, denn er hatte die Grenzen dieser Mannschaft schon lange erkannt.

Im Sommer 1968 wechselte Hans Hofstätter als Trainer von Simmering zur Vienna und nahm mich für zwei Jahre mit nach Döbling. Die Aufgabe war der sofortige Wiederaufstieg in die höchste Spielklasse. Der Spielerkader der Vienna war in dieser Spielsaison ein Sammelsurium von Vienna-Vereinsikonen, jungen Talenten und alten Stars. Im Kader war z.B. der WM-Torhüter der ČSSR, Willy Schroif, die arrivierten Vienna-Spieler „Jolly“ Liener, Englisch, Schilling, Marek und die Jungen wie Persidis, Hofbauer, Binder. Im letzten Jahr ihrer großen Fußballerkarrieren verstärkten noch die Zugänge von der Wiener Austria, Horst Nemec und Waldemar Graziano, bekannt als „Jacare“ (das Krokodil), von uns liebevoll „Murli“ genannt, die Mannschaft. Die Heimspiele der Vienna wurden meistens als Sonntagsmatinee auf der Hohen Warte gespielt. Mein Vater, jetzt wieder in Wien, begleitete mich immer zu den Spielen. Da wir nicht mehr für denselben Verein tätig waren, fühlte er sich mir gegenüber befreiter. Er gab mir vor dem Spiel nie Ratschläge, da er die Arbeit und taktische Aufgabenstellung meines Trainers nicht beeinflussen wollte. Auf dem gemeinsamen Nachhauseweg bekam ich seine Beurteilung über das Spiel und meine Leistung präsentiert. Uns gelang tatsächlich sofort der Wiederaufstieg in die Nationalliga, für mich war es das schönste und erfolgreichste Jahr meiner Fußballerlaufbahn.

1969:

Feuerwehr bei SW Bregenz

Im November erhielt „Bimbo“ einen verzweifelten Anruf aus dem „Ländle“. SW Bregenz spielte ab der Saison 1966/67 erstmals in der höchsten Spielklasse und schaffte in den ersten beiden Jahren auch immer den Klassenerhalt. Doch im Herbstdurchgang der Saison 1968/69 standen die Bregenzer vor der Winterpause mit Eisenstadt, Wattens und Donawitz am Ende der Tabelle. Das Problem meines Vaters war: Er konnte nur sehr schwer nein sagen. Er kam der Bregenzer Bitte nach und übernahm das Himmelfahrtskommando zur Rettung der Vorarlberger.

Der Junior grantig auf der Vienna-Reservebank, mit Hut Trainer Hofstätter und Chef Rudi Röckl

Im Jänner 1969 übersiedelte „Bimbo“ ins Ländle und bereitete die Mannschaft auf die Frühjahrssaison vor. Die Bregenzer hatten einen guten Kern aus routinierten Spielern wie Torhüter Antrich, Koretic, Kornexl, Blutsch, Skerlan, Metzler und den Teamstürmer Rafreider, aber der Altersdurchschnitt war zu hoch. „Bimbo“ hatte die berechtigte Befürchtung, dass die Mannschaft den harten Abstiegskampf nicht verkraften würde.

In der zweiten Frühjahrsrunde war Rapid zu Gast im Bodensee-Stadion von Bregenz. Die Hütteldorfer waren nur einen Punkt hinter Tabellenführer Austria und durften sich keine Niederlage leisten, wenn sie wieder den Titel holen wollten. Über 10.000 Zuschauer wollten sich am 9. März das Meisterschaftsduell von zwei Binder-Mannschaften nicht entgehen lassen. Trainer Vytlacil konnte seine stärkste Mannschaft aufbieten:

SK Rapid: Fuchsbichler; Gebhardt, Glechner, Fak; Eigenstiller, Flögel; Fritsch, Bjerregaard, Grausam, Lindman und Kaltenbrunner.

„Bimbo“ kannte natürlich die Rapid-Mannschaft sehr gut, denn es standen noch immer sechs Spieler aus seiner Amtszeit im Team. Vytlacil machte den Fehler und kam Binder mit seiner Aufstellung noch entge-

Rafreider zerschoß Europacupfighter

Bimbo Binder: Ich bin überglücklich

„Ich kann nur eines sagen: Diese Niederlage von Rapid war durchaus verdient, da sich die Mannschaft einen Totalversager leistete“, kommentierte Rapid-Trainer Rudi Vytlacil die Partie. „Wenn der Angriff nicht imstande ist, einen Treffer zu erzielen, dann verdient man sich eben nichts anderes. Bezeichnend für die Unsicherheit der Spieler: Nicht einmal ein Penalty konnte verwertet werden. Aber was soll ich machen, ich muß auch in Hinkunft mit dem gleichen Wasser weiterwaschen ...“

Wesentlich besser aufgelegt gab sich „Bimbo“ Binder, ehemaliger Kanonier von der Pfarrwiese, nunmehr Coach von Schwarz-Weiß. Während Vytlacil den Elfer als völlig regulär bezeichnete, meinte Binder: „Der Penalty war sehr hart. Ich bin jedenfalls über den Sieg meiner Burschen sehr glücklich!“

Das war die Revanche des Franz Binder

Vor drei Jahren mußte er Rapid verlassen, nun schlug er mit Schwarzweiß-Bregenz seinen alten Klub

VON HERIBERT BENESCH

Fast auf den Tag drei Jahre ist es her, da verabschiedete sich Rapids sportlicher Leiter Franz Binder mit einem Händedruck von seinem Nachfolger Rudolf Vytlacil. Sonntag nachmittag nach dem sensationellen 1 : 0- (0 : 0-) Sieg von Schwarzweiß-Bregenz über Rapid tauschten die beiden abermals einen Händedruck: Rudolf Vytlacil beglückwünschte als guter Verlierer Franz Binder zum Erfolg.

Für Binder, der als Fußballer und später als Funktionär Rapids jahrzehntelang ein Begriff war und den Verein im Frühjahr 1966 nicht ganz freiwillig verließ, bedeutet dieses 1 : 0 zweifellos eine persönliche Genugtuung. Binder selbst ist allerdings nach wie vor kein Freund großer Worte: „Die Bregenzer sind gute Fußballer, nun haben sie bewiesen, daß sie auch kämpfen können." Über das Konzept seiner Mannschaft gegen Rapid: „Wir überließen den Wienern als der stärkeren Elf freiwillig das Mittelfeld und wollten aus der Defensive zum Erfolg kommen, was uns auch gelungen ist. Daß der verletzt gewesene Blutsch auf Anhieb in Hochform war, war unser Glück." Binder über seine frühere Mannschaft: „Das war nicht Rapid. Aber vielleicht waren sie auch müde..."

Als Binder das Bodenseestadion verließ, schritt er durch ein jubelndes Spalier und mußte, wie in alten Zeiten, Autogramme geben. Als Trainer bekannter Klubs, wie FC Nürnberg, Philips-Eindhoven und Jahn-Regensburg, weiß er um die Wandelbarkeit des Publikums. Darum überschätzt er auch dieses 1 : 0 nicht, sondern meint nur: „Wir haben diese Punkte besonders dringend gebraucht, sind uns doch Eisenstadt und Wattens hart auf den Fersen."

Sie freuen sich über den Sieg über Rapid: Schwarzweiß-Bregenz-Trainer „Bimbo" Binder mit Torschützen Rafreider und Verteidiger Wirth (links)

gen, indem er Rapid-Spielmacher Rudi Flögel aus der Stürmerreihe in das Mittelfeld zurückzog. Mit sechs echten Stürmern in der Formation waren die Hütteldorfer voll auf Offensive und Sieg ausgerichtet. „Bimbo" schickte folgende Mannschaft aufs Feld:
SW Bregenz: Antrich; Wirth, Koretic, Kornexl, Szabo; Blutsch, Meier; Skerlan, Kulovic, Rafreider, Metzler.

Binder hatte seine Mannschaft etwas defensiver aufgestellt, um Rapid nicht ins offene Messer zu laufen. Der Erfolg war, dass die Rapid-Stürmer in der ersten Halbzeit keine effektiven Torchancen hatten. Bei Bregenz führte Kulovic Regie und Blutsch war mit einem enormen Laufpensum der beste Mann auf dem Platz. In der zweiten Spielhälfte hatte Bregenz die erste Torchance. In der 50. Minute spielen Rafreider/Metzler die Rapid-Abwehr aus, und den Schuss kann Fuchsbichler abwehren. Der zurückspringende Ball kommt wieder zu Metzler, der für Skerlan auflegt, dieser trifft aber aus drei Metern das leere Tor nicht. Nur drei Minuten später hat Skerlan eine ähnliche Chance und wieder vergibt er, knapp am Tor vorbei. In der 66. Minute schießt Glechner einen Freistoß nur knapp am Torpfosten vorbei. Kaltenbrunner hat in der 76. die Chance auf den Spielgewinn. Wirth foult Fritsch, den Elfmeter schießt Kaltenbrunner nur an den Pfosten. Kurz darauf verhindert die Querlatte den Führungstreffer durch Grausam. Dann kommt es wie so oft im Fußball: Bringst du vorne nichts hinein, bekommst du hinten eines rein! In der 83. Minute startet der eingewechselte Rechtsaußen Bischof einen Sololauf durch die Rapid-Abwehr. Er flankt zum völlig freistehenden Rafreider, der hat Zeit, sich das Leder zurechtzurichten, sich die Ecke auszusuchen und den Ball in Fuchsbichlers Tor zu versenken.

Das war der verdiente 1:0-Sieg der Bregenzer über die Hütteldorfer Titelaspiranten. Ein schöner Erfolg für „Bimbo". In der Endabrechnung reichte es dann aber für die Vorarlberger nicht. SW Bregenz und Donawitz als Tabellenletzter mussten in die Regionalliga. Ein Punkt oder fünf Tore fehlten auf den punktegleichen SC Eisenstadt und den Klassenerhalt. Meister wurde 1968/69 die Austria vor dem Sportclub und Rapid. Für Rapid begann jetzt eine lange Durststrecke von 13 Jahren bis zum 26. Meistertitel 1982.

Kaum hatte sich mein Vater nach seiner Rückkehr aus Bregenz an die Annehmlichkeiten Wiens gewöhnt, kam schon der nächste Hilferuf. Diesmal vom TSV 1860 München aus der deutschen Bundesliga. Im Oktober standen die „Löwen" abgeschlagen mit fünf Punkten am Tabellenende, und die Münchner erinnerten sich an „Bimbo" und seine erfolgreichen Trainertätigkeiten bei Jahn Regensburg, 1. FC Nürnberg, PSV Eindhoven und Rapid. Die Münchner Funktionäre suchten einen Fachmann als Trainer, dem der deutsche Fußball bekannt war, er sollte eine charakterstarke Führungspersönlichkeit sein. Sie fanden ihn in Franz Binder. Obwohl ihn seine Freunde warnten, die Sportmedien die „Löwen" bereits abgeschrieben hatten und seine Vorgänger ihm nur ein „kurzes Leben" in München vorhersagten, stellte er sich zur Verfügung. Er glaubte fest an eine berechtigte Chance auf den Klassenerhalt in der Bundesliga. Am 25. Oktober 1969 bezog er an der Isar sein Quartier.

1969/70:

Abstiegskampf mit den „Löwen“

Es schneite in München, als „Bimbo“ das erste Training der „Löwen“ in der Grünwalder Straße besuchte. Co-Trainer Hans Pilz hielt die Übungen ab, und mit Hut und Wintermantel stand „Bimbo“ am Spielfeldrand. Die Vorstellung der Mannschaft und die ersten Gespräche mit den Spielern waren sehr gut, und beide Seiten stellten fest, dass man miteinander auskommen kann. Viel Zeit zum Kennenlernen hatte man nicht.

Denn nach dem ersten Training am Donnerstag stand schon am nächsten Tag das Meisterschaftsspiel gegen Braunschweig auf dem Programm. Da „Bimbo“ noch keine Möglichkeit hatte, mit der Mannschaft zu arbeiten, war er bemüht, die Spieler moralisch aufzubauen und ihnen Selbstvertrauen zu geben. Zwei Änderungen in der Mannschaftsaufstellung führte er dennoch durch. Er stellte Horst Blankenburg als Libero auf, der Jugoslawe Perusić spielte Vorstopper.

War das der berühmte Trainereffekt? Von diesen Sprüchen hielt „Bimbo“ wenig. Ohne Trainingseinheiten, ohne die Spieler besser zu kennen kann ein Trainer nur wenig dazu tun. Die Spieler selbst hatten es geschafft und zu seinem Debüt einen Sieg eingefahren. Einen besseren Einstand kann sich ein Trainer nicht wünschen. Die Freude und das neue Selbstvertrauen über den Punktegewinn gegen Braunschweig wollte „Bimbo“ jetzt in die kommenden Trainingseinheiten und Bundesligaspiele mitnehmen. Schnell hatte Binder ein gutes Verhältnis zu den Spielern aufgebaut.

Die Mitarbeit bei den Trainingseinheiten war optimal, und die Stimmung wurde immer besser, da auch die Erfolge der „60er“ weiter anhielten und die „Rote Laterne“ abgegeben wurde. Die Fans von 1860 München fassten langsam wieder Vertrauen zu ihren Spielern und unterstützen sie jetzt ganz besonders.

Es gab wieder Hoffnung in München, dass der Traditionsverein den Klassenerhalt schaffen könnte. Im März 1970 stand das Derby gegen die Bayern auf dem Programm. Wie in Wien wird auch in München, unabhängig vom Tabellenstand, der Verein Nr. 1 in der Stadt im Derby bestimmt. Der Bundesligaschlager mit dem 160. Lokalderby zwischen dem TSV 1860 München und Bayern München war für mich ein Pflichttermin. Die „60er“ waren am Deininger Weiher kaserniert, dort besuchte ich meinen Vater und die Mannschaft.

Das Stadion an der Grünwalder Straße war mit 44.000 Zuschauern bis auf den letzten Platz besetzt. Die Stimmung war ausgezeichnet und die Spieler siegesgewiss. Kaltes, feuchtes Wetter und ein tiefer, matschiger Boden sind mir noch in Erinnerung. Ich war auch bei der Spielerbesprechung dabei und war über die Taktik meines Vaters etwas überrascht. Er wollte offensiv spielen und sich nicht vor den Bayern verstecken. Für zwei Bayernspieler, Beckenbauer und Müller, hatte er dann noch eine Überraschung bereit. Da er die eingespielte Abwehr nicht durch Manndeckungen auflösen wollte, sollte Gerd Müller nur im Raum gedeckt werden. Dafür mussten die Abwehrspieler aber sehr konzentriert ans Werk gehen und Libero Blankenburg sollte für eine entsprechende Organisation sorgen. Ein großes Problem hatte „Bimbo“ durch drei verletzte Stammspieler.

Er wollte Franz Beckenbauer noch einen „Bewacher“ der besonderen Art bescheren, aber wer sollte

Binder stellt „Löwen“ um
Blankenburg jetzt Libero

Binder mit seinem neuesten Schützling „Radi“ Radenkovic

Binder kam und siegte

Die Münchner schlugen Eintracht-Braunschweig 1 : 0
Alemannia-Aachen besiegte Dortmund 3 : 1 (1 : 0)

München. – Bundesligaschlußlicht München 1860 ging ohne Chance in das gestrige Meisterschaftsspiel gegen Eintracht-Braunschweig. Zu den verletzten Zeiser und Roth kam noch der Ausfall von Keeper Radenkovic, der wegen einer Grippeerkrankung nicht spielen konnte. Doch der neuengagierte Wiener „Bimbo“ Binder kam, sah und siegte. Unter seiner Führung feierte München 1860 auf eigenem Platz einen 1 : 0-(1 : 0-)Sieg über Eintracht-Braunschweig. Das „Goldtor“ fiel in der 24. Minute durch Kohlars. Der 1860-Sturm mit Keller-Kohlars-Fischer-Heiss zeigte eine sehr gute Leistung. Bei der Hintermannschaft waren noch Schwächen erkennbar, doch konnten die von den Norddeutschen nicht genützt werden. Ersatzkeeper Pauly hielt sich prächtig. Ein mehr als verdienter Erfolg der Münchner, die in der ersten Spielhälfte so gut wie nie zuvor in dieser Saison waren.

Die rote Laterne aber wurde die Mannschaft Binders nicht los, alle drei Tabellennachzügler vermehrten ihr Punktekonto. Hier die Ergebnisse: München 1860–Eintracht-Braunschweig 1 : 0 (1 : 0), Alemannia-Aachen–Borussia-Dortmund 3 : 1 (1 : 0), MSV Duisburg gegen Werder-Bremen 1 : 1 (0 : 0).

Die letzten drei der Bundesliga

16. Werder-Bremen	14	16 : 23	10
17. Alemannia-Aachen	14	17 : 29	10
18. München 1860	14	10 : 26	7

Dramatik, knisternde Spannung und tollen Einsatz — das bot das Münchner Derby zwischen 1860 und Bayern-München. Wie verzweifelt sich Titelaspirant Bayern gegen die drohende 1 : 2-Niederlage aufbäumte, beweist dieser Schnappschuß. Der fliegende Mensch: Bayerns Flügelflitzer Brenninger. Rechts Kroth (1860).

Binders Löwen stahlen Bayern Show, Punkte und Titelchance!

1860-Libero Blankenburg bester Mann auf dem Feld — Schalkes Star Hans Pirkner hält Europacupform

Stimmung wie sonst nur auf der „Wiesn" beim Oktoberfest herrschte in München beim Bundesligaschlager, dem 160. Lokalderby zwischen TSV-1860 und Bayern. 44.000 waren im Stadion an der Grünwalderstraße Zeugen des 2 : 1-Sensationserfolges der Binder-Elf 1860. Und sie erlebten einen gezähmten Bayern-Bomber Müller und „Bimbos" entfesselte „Raubtier"-Truppe.

Die Löwen stahlen Beckenbauer, Müller & Co

- die Show,
- beide Punkte — und
- die Chance auf den Meistertitel.

Mit 19 Punkten auf dem Konto hat sich 1860 aus der unmittelbaren Abstiegszone entfernt und steht jetzt an 15. Stelle der Bundesligatabelle.

Dabei waren Binders Hoffnungen vor dem Match zerronnen wie der Schnee im Stadion: er hatte drei Verletzte zu ersetzen.

Doch gerade ein Ersatzmann war es, der den Grundstein zum Sieg legte: der kleine Jugoslawe Zeljko Perusic, der seit 4. Jänner nicht mehr in der ersten Mannschaft bei 1860 gespielt hatte. Er ließ dem gefürchteten Bomber Gerd Müller keinen Meter Spielraum und ohne die Sturmspitze Müller war der Bayern-Sturm nur eine stumpfe Waffe.

Ganz groß in Szene setzten sich auch Libero Horst Blankenburg und Keeper Petar Radenkovic — gemeinsam mit Perusic ein nicht zu umgehendes Abwehrbollwerk.

Löwen-Goalgetter Fischer wurde zum Schreckgespenst der Bayern-Abwehr. Franz Beckenbauer, den er bei seinem phantastischen Solo zum 2 : 0 stehenließ, meinte: „Dieser Fischer ist auf dem besten Weg, einmal ein ganz Großer des Fußballs zu werden."

Ein weiterer Bomber, der Österreicher Hans Pirkner, kam diesmal zwar nicht zu Torerfolgen, aber zu guten Zensuren: beim 2 : 1-Auswärtserfolg von Schalke 04 über das Tabellenschlußlicht Alemannia Aachen.

Weitere Ergebnisse: MSV Duisburg — Borussia Mönchengladbach 0 : 1, VfB Stuttgart — Hamburger SV 1 : 1, Eintracht Braunschweig gegen 1. FC Kaiserslautern 1 : 0, 1. FC Köln — Hannover 96 5 : 0, Werder-Bremen gegen Eintracht-Frankfurt 3 : 2, Rotweiß Essen — Borussia-Dortmund 3 : 3.

Vor dem Lokalderby trifft „Bimbo" im Kabinengang Bayern-Trainer Cajkovski und Franz Beckenbauer (rechts).

dies sein? Seine Wahl fiel auf einen 18-jährigen Nachwuchsspieler, dessen einzige Aufgabe war, nicht zu attackieren, sondern dafür zu sorgen, dass der „Kaiser" keinen seiner gefürchteten offensiven Pässe in die Tiefe schlagen konnte. Es gelang tatsächlich, Beckenbauer und Müller durch Perusić zu neutralisieren. Damit war auch die offensive Kraft der Bayern nicht mehr vorhanden. Die „Löwen" hatten das Spiel sensationell gut im Griff und gewannen den Schlager mit 2:1. Die „Löwen" waren vorerst einmal von der Abstiegszone weg. „Bimbo" konnte die Euphorie der Spieler und Fans über einen möglichen Klassenerhalt nicht teilen. Die Münchner hatte viele Verletzte, und kaum ein Spiel konnte in der gleichen Aufstellung absolviert werden. Dazu kam auch, dass in der Frühjahrssaison die anderen abstiegsgefährdeten Vereine immer die gleichen Ergebnisse erzielten, und die „Löwen" konnten sich keinen Punktepolster schaffen. Nach 22 Runden hatte 1860 München 17 Punkte und stand noch vor Werder Bremen am 15. Tabellenplatz und konnte von jetzt an gegen die anderen Abstiegskandidaten kaum mehr wichtige Punkte machen. Bremen, RW Essen, Hannover 96, RW Oberhausen, Braunschweig, Duisburg und 1860 München kämpften bis zum Ende der Meisterschaft um den Abstieg.

Die letzten beiden der Tabelle mussten zurück in die Regionalliga. Die Ergebnisse gegen die unmittelbaren Kontrahenten und deren Resultate untereinan-

23. Febr. 1970 SPORT

1860 München siegt weiter

Jetzt lachen sie wieder, die Männer am Steuer des TSV 1860 München. Der schon totgesagte Patient 1860 München holte sich nämlich am Samstag mit 4:1 gegen RW Oberhausen seinen dritten Sieg in ununterbrochener Reihenfolge und steht jetzt bereits auf dem fünfzehnten Platz. Trainer Bimbo Binder (links) und Betreuer Kurt Krolopp haben also allen Grund zur Freude! Foto: Werek

Binders Geheimnis: Zuerst gute Moral!

„Bimbo" Binder ist derzeit in der Bundesliga der gefragteste Trainer. Der „Lange" hat ein geradezu sensationelles Comeback gefeiert und die Legendenbildung um seine Person vergrößert.

Binder kam gewissermaßen als „Notnagel" zu München 1860. Man gab ihm mit der total zerfallenen, abstiegsbedrohten Mannschaft überhaupt keine Chancen. Und dann trat das große Wunder ein: Binder erreichte mit den „Löwen" in 8 Spielen 12 Punkte und führte sie hervorragend. Nach dem großen 4 : 1-Heimerfolg gegen Rot-Weiß-Oberhausen glaubt niemand mehr in München, daß 1860 absteigen muß. Im Gegenteil, man denkt schon an höhere Pläne, nachdem auch das Publikum wieder Gefallen am Spiel der Mannschaft gefunden hat und in Scharen zum Match strömte.

Das Geheimnis des Rapidlers ist eigentlich keines. Man kennt „Bimbo" als umgänglichen Menschen, der die Sprache der Spieler spricht und der den Leuten Moral in aussichtslos scheinender Lage einimpfen kann, wie das zweifellos bei den „Löwen" geschehen ist.

Mit dem Ex-Rapidler „Bimbo" Binder gelang München 1860 ein guter Griff

„Wir sind wieder eine Mannschaft", jubeln die Spieler und geben zu, daß ihnen auf einmal das bisher hart emp-

VON K. H. SCHWIND

fundene Training Spaß macht und die Arbeit wie noch nie von der Hand geht. Binder verstand es, die gute Stimmung anzuheizen. In dieser Beziehung ist der „Lange" ein wahrer Meister. Er nahm viele Spieler mit seinem berühmten „Schmäh" und spart auch im Training nicht mit „Einlagen".

Zum Faschingskehraus ließ Binder beispielsweise seine Leute maskiert und kostümiert trainieren. Es gab eine Riesengaudi, und das Gemeinschaftsgefühl wurde gestärkt. Nur mit einem solchen Gemeinschaftsgefühl sind heute Erfolge zu erreichen.

Nach wie vor ist Binder überaus vorsichtig in seinen Prognosen. Er ist der Ansicht, daß man keine echten Wunder wirken kann und daß immer Rückschläge kommen können. Immerhin rechnet er aber nun schon fest damit, daß die „Löwen" dem Abstieg entgehen können, was gleichbedeutend damit sein würde, daß Binder einen neuen, lukrativen Vertrag bei München 1860 erhalten wird.

Neben der guten Art der Menschenführung hat Binder noch eines: Er hat einen Blick für die Spieleranlagen, und er scheut unnötige Experimente. Aus einem Verteidiger wird er keinen Stürmer machen, aus einem Innenstürmer wird er keinen Flügel erzwingen wollen. Mag sein, daß die Methode ein wenig altmodisch im heutigen modernen Allraum- und Zweckfußball anmutet, aber bei Binder hat sie sich immer noch bewährt. Die „Löwen" gehen jedenfalls für ihren Chef durchs Feuer. Sie vergessen sogar ganz, daß „Sklaventreiber" Merkel auch aus der Binder-Schule kam …

der waren oft so skurril, dass „Bimbo“ schon an eine Verschwörung glaubte. Nach den Kommentaren in gewissen Medien war es offensichtlich, dass damals die West-Vereine und auch die „Bayern“ keinen zweiten Verein aus München in der Bundesliga wollten. Leider schafften es die „60er“ und ihr Trainer nicht, den Abstieg in die Regionalliga zu verhindern. Drei Punkte fehlten in der Endabrechnung auf den Klassenerhalt. Wie eng es im Abstiegskrimi war, zeigt, dass zwischen dem Tabellenzehnten, dem 1. FC Kaiserlautern, und dem Siebzehnten, dem TSV 1860, nur sieben Punkte Unterschied waren. Die Münchner schafften 25 Punkte, davon 20 unter Trainer Binder. Mit ausschlaggebend für den Abstieg war auch die Tatsache, dass die „Löwen“ nur fünf Punkte in Auswärtsspielen erreichten. Im heimischen Grünwalder Stadion besiegten sie die Bayern, Hertha BSC, 1. FC Köln, Borussia Dortmund, VfB Stuttgart, Hannover 96, Oberhausen und Braunschweig. Den einzigen Auswärtssieg gab es in Hamburg gegen den HSV. Klaus Fischer, der Mittelstürmer der „Löwen“, wurde mit 19 Toren Dritter in der Torschützenliste. Die Meisterschaft ging an Borussia Mönchengladbach, welche mit diesem Titel ihren Erfolgslauf in den 70er Jahren startete. Der TSV 1860 München konnte „Bimbo“ für die Regionalliga nicht weiter verpflichten, und so packte er wieder einmal seine Koffer und kehrte zurück nach Wien. Nach der erfolglosen Zeit in München wurde es etwas ruhiger um „Bimbo“. Er widmete sich wieder seiner Familie, seinem Garten und besuchte mit seinen Freunden die Wiener Fußballplätze.

Zum 60. Geburtstag von „Bimbo“ Binder organisierte Alfred Körner eine besondere Feier. Das Bild zeigt Akteure, die 1941 beim Gewinn der deutschen Meisterschaft im Berliner Olympiastadion mit dabei waren.
Sitzend: Vorstandsmitglied a.D. Ernst Waltschek, Sektionsleiter a.D. Hans Hierath, Georg Schors und Hans Pesser
Stehend: Geburtstagskind „Bimbo“ Binder, Stefan Skoumal, Stefan Wagner, Wilhelm Fitz und Hermann Dvoracek

Während mein Vater in München mit den „Löwen“ um den Abstieg aus der deutschen Bundesliga kämpfte, spielte ich das zweite Jahr für die Vienna. Nach dem Wiederaufstieg der Döblinger im Sommer 1969 wurde trotz des Erfolgs Trainer Hofstätter entlassen. Sektionsleiter Rudolf Röckl verpflichtet als neuen Trainer für die Vienna den Tschechoslowaken Ernst Hlozek. Im Sommer 1970 kam Hlozek mit der Forderung einer Spielervertragsänderung an den Verein, die vorsah, dass die Spieler zwei- bis dreimal in der Woche auch vormittags wie ein Profi trainieren sollten. Beruflich war ich schon 1967 von Philips zu Bosch-Blaupunkt gewechselt. Zugleich mit der vorgesehenen Änderung meines Spielervertrages bei der Vienna wurde ich bei Bosch beauftragt, eine neue Abteilung für „Bosch-Fernseh Technische Fernsehanlagen“ aufzubauen. Mein Chef war sogar bereit, mich zweimal in der Woche für das Training abzustellen. In dieser Situation entschied ich mich für den Beruf und wollte nur mehr bei einem kleineren Verein meine Fußballleidenschaft ausleben. Ich lehnte den Vertrag der Vienna ab und wechselte zu Auto-Gerngroß in die 1. Klasse. Damals war mir noch nicht bewusst, dass diese berufliche Entscheidung mich über Umwege zu Rapid, den Lebensmittelpunkt meines Vaters, führen sollte.

„Bimbos“ 60. Geburtstag feierten wir im privaten Kreis am 1. Dezember 1971. Es folgte noch eine Vielzahl an Einladungen, und die Presse erinnerte sich an seine glanzvolle Karriere als Rapid- und Teamspieler. Freund Waltschek lud alle Binder-Freunde zum Heurigen nach Grinzing ein, der ÖFB gab ein Abendessen und Alfred Körner organisierte eine Geburtstagsfeier mit den „Alt-Rapidlern“ und „Alten Internationalen“. Aus ganz Europa kamen Glückwunschtelegramme, Karten und Briefe. Auch Bruno Kreisky schickte ein Geburtstagstelegramm.

ÖSTERR. POST- UND TELEGRAPHENVERWALTUNG

Die Telegraphenverwaltung übernimmt hinsichtlich der ihr zur Beförderung oder Bestellung übergebenen Telegramme keine wie immer geartete Verantwortung.

Dienstliche Angaben:

Gattung: Telegramm Eing.-Nr.

HERRN FRANZ BINDER
KINKPLATZ 6
1140/WIEN =

1.12.71

Aufgenommen von CTC auf Ltg. Nr. am 1.12.71 19 1/71 Uhr M. durch:

Aus WIEN/TLX Nr. 10116 Worte 24 Aufgegeben am 19 um 2000 Uhr

Die obigen Angaben bedeuten: 1. den Namen des Aufgabeamtes, 2. die Aufgabenummer, 3. die Wortzahl (auch in Bruchform, 4. den Monatstag), 5. die Aufgabezeit.

HERZLICHSTE GLUECKWUENSCHE ZUM GEBURTSTAG VERBUNDEN MIT AUFRICHTIGEN DANK FUER VIERZIG JAHRE MITARBEIT AM AUFBAU UNSERER BEWEGUNG =
BRUNO KREISKY +

Im Jahr 1972 war „Bimbo“ wieder als Trainer tätig. Diesmal gab es keine Kampfmannschaft zu betreuen, sondern die Amateurmannschaft des 1. FC Nürnberg. Zur gleichen Zeit war sein Freund Robert Körner als Co-Trainer beim „Club“. „Bimbo“ machte die Arbeit mit den jungen Spielern großen Spaß, diese hatten großen Respekt vor ihm und waren immer fasziniert von seinen interessanten und unterhaltsamen Erzählungen aus seiner aktiven Zeit. Völlig neu war für ihn, dass er einmal ohne jeglichen Erfolgsdruck durch Funktionäre arbeiten konnte. Die Burschen lernten damals wirklich viel von ihm. Er konnte nicht nur mit arrivierten Stars gut umgehen, sondern auch mit der Jugend. Ich habe mich immer darüber gewundert, dass Rapid ihn in dieser Zeit nicht für den Nachwuchs oder als Spielerbeobachter einsetzte. Scout wäre die ideale Aufgabe für Franz Binder, den Fußball-Fachmann, gewesen, die ihn ausgefüllt hätte. Nach einem Jahr war auch diese Trainertätigkeit in Nürnberg zu Endem und mein Vater interessierte sich jetzt für seine Pension. Er hatte schließlich genug geleistet und wollte jetzt sein Leben genießen. Durch die beruflichen Tätigkeiten in Österreich, Deutschland und Holland musste er erst einmal sämtliche notwendigen Unterlagen auftreiben und zusammenstellen. Dies war gar nicht so einfach, denn in Regensburg und Nürnberg hatte man es anscheinend mit den Abrechnungen der Abgaben nicht so genau genommen. In Holland war alles korrekt und perfekt, und die holländische Pensionsversicherung setzte sich sofort mit unserer PVA in Verbindung.

Im Jahre 1969 gründete der Vienna-Altinternationale Karl Decker mit Alfred Körner in Wien den BÖFL (Bund österreichischer Fußball-Lehrer). Decker war der erste Präsident und Körner sein Finanzreferent. Die Philosophie des BÖFL war, den ÖFB in der Fortbildung der Fußballtrainer zu unterstützen, Absolventen der Trainerausbildung österreichischer Landesverbände verschiedene Fortbildungsveranstaltungen anzubieten, an Fortbildungsveranstaltungen der UEFA und anderen Nationalverbänden teilzunehmen.

Bimbo Binder 60 Jahre alt

Kaum zu glauben, aber wahr: Franz „Bimbo“ Binder (unser Hasse-Bild), rank und schlank geblieben wie in seiner über 25 Jahre währenden aktiven Zeit, vollendet heute in

Wien sein 60. Lebensjahr. Der weltberühmte „Kanonier“ von Rapid Wien, der zu den ganz wenigen Stürmern auf der Welt zählt, die in ihrer Karriere über tausend Tore erzielten (1006), der 43mal den österreichischen und neunmal den deutschen Länderdreß trug, und der sich auch als Trainer große Meriten erwarb, hat mit ein gutes Stück Fußballgeschichte geschrieben.

Wir wünschen Bimbo Binder, der auch in Regensburg – wo er zweimal (1952–54 und 1966–68) Trainer des SSV Jahn, den er 1967 in die Regionalliga führte, gewesen war – zahlreiche Freunde hat, noch viele gesunde Jahre!

DIE WIENER LANDESREGIERUNG
HAT MIT BESCHLUSS
VOM 18. JULI 1972
HERRN FRANZ BINDER
IN WÜRDIGUNG SEINER
GROSSEN ORGANISATORISCHEN
LEISTUNGEN DAS
GOLDENE VERDIENSTZEICHEN
DES LANDES WIEN
VERLIEHEN

WIEN, IM NOVEMBER 1972

DER LANDESHAUPTMANN:

„Interview" mit Otto Schenk

Ich hatte Otto Schenk als Zeitzeugen schon lange im Visier, um ihn für dieses Buch und über Fußball bzw. meinen Vater zu befragen. In den Reihen der Künstler gab es schon immer begeisterte Anhänger des Fußballsports. Etwa den Burgschauspieler und Filmstar Attila Hörbiger, ein fanatischer Austria-Fan, für den ich bei Derbys gegen die Violetten immer einen Platz in der Loge des Hanappi-Stadions bereithielt. Nach den Spielen sah ich Attila Hörbiger oft mit „Bimbo" in intensive Fachgespräche über Fußball vertieft. In den Unterlagen meines Vaters fand ich auch eine Autogrammkarte von Fritz Muliar mit einem sehr persönlichen Text. Vor dem Weltkrieg war der berühmte Opernsänger Jan Kipura ein großer „Bimbo"-Fan. Heinz Holecek ist eindeutig ein Rapidler und hat uns bei vielen Weihnachtsfeiern stilvoll unterhalten, und auch Heinz Conrads hat sein „grünes Blut" und seine Freundschaft zu „Bimbo" nie verheimlicht. Filmregisseur Franz Antel war viele Jahre Präsident der Vienna.

Nun ergaben meine Recherchen, dass sich auch der große Wiener Mime Otto Schenk für Fußball interessierte. Großes Herzklopfen hatte ich, als ich ihn am 7. Juni 2011 zu Hause anrief. Seine Frau hob ab, und noch während ich mich vorstellte und mein Anliegen vorbrachte, schaltete sich Otto Schenk über einen zweiten Apparat in das Gespräch ein. Natürlich kannte er „Bimbo" Binder, seine Erfolge und war sogar ein wenig traurig, dass schon der 100. Geburtstag nahen sollte. Eigentlich wollte ich Otto Schenk interviewen und ihm Fragen stellen, aber es war nicht möglich. Alles, was ich eigentlich fragen wollte, beantwortete er selbst in einem Monolog aus dem Stegreif. Daher gebe ich unser „Telefoninterview" wortgetreu wieder.

„Ich habe mich schon in jungen Jahren, wie so viele in der damaligen Zeit, für Fußball interessiert. Nicht als Aktiver, aber als Zuschauer. Zum Zeitpunkt, als ‚Bimbo' Binder zu Rapid kam, war ich gerade auf die Welt gekommen. Die Erfolge der guten Wiener Vereine, wie Rapid, Vienna, Austria, Admira und auch des „Wunderteams" waren in aller Munde, und wir Jugendlichen kannten auch die großen Stars wie ‚Bimbo', Sindelar, Sesta, Decker, Hahnemann, um nur einige zu nennen. Nach dem Weltkrieg nahm ich trotz meiner Ausbildung zum Schauspieler und meinen ersten Engagements jede Möglichkeit wahr, um Spiele zu besuchen. Meist besuchte ich mit Kollegen Spiele im Wiener Stadion. Damals konnte ich selbst die enorme Schusskraft eines ‚Bimbo' Binder erleben. Beeindruckend für mich waren seine Tore aus der Distanz, bei denen die Torleute keine Chance auf Abwehr hatten. Eigentlich war ich ein Anhänger der Vienna, doch auch als Wiener stolz auf die Erfolge von Rapid und von Franz Binder als Spieler und Trainer.

Unter den Schauspielerkollegen gab es sehr viele, die sich für Fußball interessierten, manche waren richtige Fanatiker, die erst auf der Bühne richtig agieren konnten, wenn sie das Matchergebnis ihres Vereines kannten. Mit den Jahren nahmen mich meine beruflichen Aufgaben immer mehr in Anspruch. Dennoch informierte ich mich laufend über den heimischen Vereinsfußball, die Nationalmannschaft und den internationalen Fußball. Ich muss gestehen, dass ich heute kein Stadion mehr besuche. Mit der Entwicklung der Fanszene im In- und Ausland komme ich nicht mehr zurecht. Da geht es nicht mehr um Fußball, sondern nur mehr um organisierte Krawallmacher, und das hat mit Fußball, so wie ich ihn erleben möchte, nichts mehr zu tun. Die Fans leben das Spiel nicht mehr mit. Man hört von den Zuschauern keine Äußerungen der Enttäuschung bei einem Fehlpass oder Freude über eine gelungene Spielaktion, es gibt nur mehr eine über 90 Minuten andauernde monotone, gleichbleibende, primitive und störende Geräuschkulisse, die von Vorsagern noch künstlich gesteuert wird. Das ist nicht mehr mein Fußball.

Zur Zeit Ihres Vaters war die Stimmung in den Stadien noch richtig. Mir ist auch bewusst, dass sich der Fußballsport weiterentwickelt hat. Trotzdem haben mir die Spiele in den 50er und 60er Jahren besser gefallen. Die Spieler hatten mehr Zeit, um ihr technisches Können auszuspielen, und mich haben die langen Pässe fasziniert, die über 40, 50 Meter genau an den Mann gekommen sind, und natürlich schöne Tore, von denen uns besonders Franz Binder eine Unzahl präsentiert hat.

Ich habe Ihren Vater als fairen Sportsmann und als charaktervolle Persönlichkeit in Erinnerung. Er war für viele junge Sportler ein Vorbild und hat mit seinem Sport Österreich in der ganzen Welt gut vertreten. Wenn ich mir heute ein Spiel im Fernsehen ansehe und es fällt ein schönes Tor, so denke ich: Fast wie ein Tor von ‚Bimbo'. Viel öfter sehe ich Stürmer vor dem Tor, wie sie Chance um Chance vergeben, da denke ich dann, die hätten jetzt einen ‚Bimbo' gebraucht. ‚Bimbo' und seine Tore werden richtige Fußballfans nie vergessen."

Mein Dank gilt Herrn Otto Schenk für das erfrischende Gespräch.

Im Gespräch mit Walter Skocik und Rudi Flögel

Im Februar 2011 ergab sich bei einem gemeinsamen Abendessen mit meinen langjährigen Freunden die Gelegenheit, ein wenig über die Vergangenheit zu plaudern. Fast vier Jahre waren sie Spieler unter meinem Vater als Sektionsleiter, und mich interessierte, wie sie diese Zeit in Erinnerung hatten.

SKOCIK: Den letzten Meistertitel gewannen wir 1960, und dann begann man die Mannschaft umzubauen. Trainer war Ernst Happel, der ein Jahr zuvor seine aktive Laufbahn bei Rapid beendet hatte. Die nächsten beiden Jahre waren wir im Kampf um die Meisterschaft nicht beteiligt. Als feststand, dass „Bimbo" Binder im Sommer 1962 zu Rapid kommen würde, waren wir schon sehr gespannt.

Rudi Flögel

Walter Skocik

FLÖGEL: „Bimbo" war bekannt dafür, dass er Mannschaften aufbauen konnte. Dies war bei Rapid 1962 dringend nötig. Wir hatten einen ganz guten Kader, und aus dem Nachwuchs standen auch junge Spieler zur Verfügung. Wir brauchten wieder eine richtige Mischung im Team und ein neues Konzept. Mit Körner hatte Binder einen guten Trainer zur Seite.

Binder jun.: Wie war es, als „Bimbo" das Kommando übernahm?

SKOCIK: Persönlich kannte ich „Bimbo" damals noch nicht. Natürlich war mir bekannt, was er für Rapid als Spieler und Sektionsleiter geleistet hatte, und wir Spieler hatten großen Respekt vor ihm. Nur Hanappi kannte ihn noch aus den 50er Jahren mit der großen Rapid-Mannschaft.

FLÖGEL: Man merkte sofort, dass er eine große Persönlichkeit war. Er war sehr ruhig, aber bestimmt und vermittelte das Gefühl, dass man mit ihm über alles reden konnte. Er hatte ein fertiges Konzept und das wollte er mit Körner umsetzen.

Binder jun.: Hat sich was Besonderes geändert?

SKOCIK: Binder war auch als Sektionsleiter mit Trainer Körner beim jedem Training auf dem Platz. Wir hatten damals noch keinen Profibetrieb und trainierten jeden Tag ab 17 Uhr ca. 2 Stunden. Es gab viele Einzelgespräche, und Binder legte auch Wert auf eine gute Kameradschaft außerhalb des Trainings- und Spielbetriebes. Die Spielerbesprechungen hielt immer „Bimbo", und von Beginn an wollte er, dass nicht wir uns nach dem Gegner richten, sondern dass der Gegner sich nach uns richten muss.

FLÖGEL: Binder und Körner legten großen Wert darauf, dass die Grundschulung mit Passen, Stoppen, Schießen und Köpfeln nicht vernachlässigt wurde. Körner trainierte mit uns taktische Spielzüge, und die Einheiten beim Schusstraining mit „Bimbo" waren immer sensationell. In der Vorbereitung war auch körperliche Vorbereitung optimal, die Kraft und die Ausdauer haben uns nie gefehlt.

Binder jun.: Schon im zweiten Jahr habt ihr wieder die Meisterschaft gewonnen, lief alles nach Plan?

SKOCIK: „Bimbo" hatte sehr schnell junge Spieler in die Mannschaft eingebaut. Hasil, Fritsch, Rehnelt, Ullmann brachten frischen Wind in die Mannschaft. Die Meisterschaft haben wir ganz sicher gewonnen. Für mich war alles im Plan, nur „Bimbo" meinte, dass es vielleicht zu früh und zu leicht war. Er freute sich über den Titel, aber er machte ihn auch nachdenklich.

FLÖGEL: Am Titelgewinn hatte unser neuer Tormann Vereš einen großen Anteil. Die Torhüter waren jahrelang unser Problem, aber Binder gelang mit Vereš ein Goldgriff. In der Mannschaft spielten jetzt alle auf den für sie effektivsten Positionen, und das Spielsystem richtete sich nach dem Können der Einzelspieler. Das war das Verdienst von Binder, der ein Auge für die Qualität eines Spielers hatte und dafür, wie er im Team optimal eingesetzt werden kann.

SKOCIK: Nach dem Titelgewinn fragte der ORF-Reporter Heribert Meisl unseren Sektionsleiter Binder: „Rapid gewinnt die Meisterschaft mit einem System, in dem sie auch zu Hause auf Konter spielen. Warum?" „Bimbo" antwortete: „Ich würde gerne ein System wie Inter, Real oder Arsenal spielen, wenn ich die entsprechenden Spieler dafür zur Verfügung habe. Wir spielten diese Saison ein System, für das ich die Spieler habe, und sind deshalb Meister."

Binder jun.: Ihr habt viele Reisen unternommen und habt viele Tage mit Binder und Körner verbracht. Wie seid ihr miteinander ausgekommen?

FLÖGEL: Eigentlich immer sehr gut. Die beiden waren meist gut aufgelegt und auch für Späße zu haben. Beide waren ehrliche und geradlinige Charaktere. Man konnte auch seine Meinung sagen, wenn man den Mut dazu hatte. Vor einem Meisterschaftsspiel in Klagenfurt gab Binder in der Spielerversammlung bekannt, dass ich nur auf der Reservebank sitzen würde. Als ich ihn fragte: „Warum?", meinte er: „Rudi, du brauchst jetzt gar nicht nach Kärnten mitfahren, denk nach, warum." Wahrscheinlich waren meine Trainingseinheiten unter der Woche doch nicht ganz optimal gewesen.

SKOCIK: Es gab keine Probleme. Binder war nie aus der Ruhe zu bringen, und ich kann mich auch nicht daran erinnern, dass er einmal laut geworden ist. Er hat nie einen Spieler beleidigt und sich immer vor die Mannschaft gestellt. Sein Wort hat immer gehalten.

Binder jun.: Nach dreieinhalb Jahren war „Bimbos" Zeit als Sektionsleiter abgelaufen, war es die Erfolglosigkeit?

SKOCIK: Es war eine umstrittene Entscheidung der damaligen Vereinsleitung. Erfolglosigkeit, glaube ich, kann nicht die Ursache gewesen sein. Nach dem Meistertitel 1964 wurden wir 1965 und 1966 zweimal Zweiter, immer nur knapp hinter dem Meister. Wir hatten 1966 eine starke, junge und kampfkräftige Mannschaft, die Binder aufgebaut hatte. „Bimbo" hat auch viele Eigenbauspieler in den Kader aufgenommen. Wie gut die Mannschaft war, zeigt die Tatsache, dass Binders Nachfolger 1967 und 1968 mit seiner Mannschaft Meister wurde.

FLÖGEL: Es war schade, dass „Bimbo" nicht länger bleiben konnte. Nach der 25. Meisterschaft 1968 war es wieder notwendig gewesen, der Mannschaft frisches Blut zuzuführen. Dazu ist kein Nachfolger von Binder/Körner imstande gewesen. Ich glaube, es hat dann noch 13 Jahre bis zum nächsten Meistertitel gedauert. Ich kenne keinen, der wie „Bimbo" sein ganzes Leben mit seinem Lieblingsverein verbunden war. Wir haben uns immer wieder bei Rapid-Spielen getroffen, und ich kannte ihn immer nur freundlich und nett.

„Bimbo" hatte jetzt viel Zeit für die Gartenarbeit.

Der BÖFL wurde Mitglied der AEFCA (Alliance of European Football Coaches Association) und hatte dadurch gute international Kontakte. Decker und Körner holten sich „Bimbo“ als eines der ersten Mitglieder, als Zugpferd, in den BÖFL. Im Laufe der Jahre traten zahlreiche bekannte österreichische Spitzentrainer und Trainer aller Leistungsstufen dem BÖFL bei. Fast wöchentlich fand ein Treffen des Vereins statt, in dem Gedanken und Erfahrungen ausgetauscht wurden und man sich über technische und organisatorische Anliegen des Traineramtes informieren konnte. Es gab Feiern zu den Festtagen oder besonderen Anlässen. Einmal im Jahr wurde im Sommer ein Fortbildungskurs in der Sportschule Lindabrunn, Schileiten oder einem anderen schönen Ort veranstaltet, bei dem selbstverständlich auch der gesamte Vorstand des BÖFL, „Bimbo“ und die arrivierten Trainer anwesend waren.

90. Geburtstag von Hans Hierath

Die Organisation der zahlreichen Termine beim BÖFL und die wöchentlichen Treffen der „Alt-Rapidler“ und „Alten Internationalen“ waren die Domäne Alfred Körners. Er fand die Lokalitäten und auch immer Sponsoren, die für eine optimale Verpflegung sorgten. Meinem Vater war also auch nach seiner Pensionierung nicht langweilig, denn diese Termine nahm er immer gerne wahr. Mit seinem Freund Ernstl Waltschek, dem Weinproduzenten und Gastronom, war er sehr viel unterwegs zum Weineinkauf im Burgenland, Verkostungen und Einladungen von Weinbauern, die sich immer über den Besuch von „Bimbo“ freuten. Ein guter Freund meines Vaters war auch der „letzte Herr des Wienerliedes“, Hansl Schmid. Ob in Hansls Konzertkaffee oder bei Auftritten des Wienerlied-Sängers in Heurigenlokalen, mein Vater war oft mit dabei. „Bimbo“ war ein Fan von Wienerliedern und der Heurigen-Atmosphäre. Selbstverständlich besuchte er jedes Heimspiel Rapids auf der Pfarrwiese, aber auch die Länderspiele der Nationalmannschaft im Wiener Stadion.

Einen täglichen Pflichttermin gab es von Montag bis Freitag (9–13 Uhr) im Café Weidinger an der Ecke Gablenzgasse-Gürtel. Von seiner Erna verabschiedete er sich immer mit den Worten: „Jetzt fahre ich ins Büro.“ Mit Robert Körner und weiteren alten Freunden traf er sich dort auf eine Kartenpartie. Jahrelang war „Herzerln“ das bevorzugte Kartenspiel, in dem „Bimbo“ und Körner beinahe unschlagbar waren. Daher wechselte man auf Rommé mit verschärften Spielregeln. Doch auch das nütze nichts, „Bimbo“ spielte die Kosten für den monatlichen Spritbedarf immer herein.

1968 gewann Rapid den letzten Meistertitel und 1969 den letzten Cup unter Trainer Vytlacil und Co-Trainer Robert Dienst. In den sechs Jahren von 1969 bis zur Spielsaison 1975/76 hatte der Sportklub Rapid einen enormen Verschleiß an sportlichen Leitern/Trainern und Co-Trainern, aber keine zählbaren Erfolge:

ab 05/1969	Technischer Leiter: Karl Rappan / Trainer: R. Körner / Co: R. Dienst
ab 10/1969	Technischer Leiter: Karl Decker / Trainer: R. Körner / Co: K. Schlechta
ab 02/1970	Trainer: Gerd Springer / Co: L. Ullram
ab 11/1971	Trainer: Robert Körner / Co. L. Ullram
ab 04/1972	Trainer: Ernst Hlozek / Co: L. Ullram
ab 04/1975	Trainer: Josef Pecanka / Co: L. Ullram

Im August 1975 war wieder einmal Feuer am Dach. Mit Trainer Pecanka war der Start in die Meisterschaft 1975/76 für die Hütteldorfer sehr enttäuschend. In den ersten sieben Runden gab es bereits drei Niederlagen. Rapid war für den UEFA-Cup qualifiziert und hatte Galatasaray Istanbul zum Gegner. Die Rapid-Mannschaft spielte leider einen so unattraktiven Fußball, dass zu diesem Europacupspiel nur 9000 Zuschauer ins Wiener Stadion kamen. Mit Mühe erreichten die Hütteldorfer einen 1:0-Sieg. Pecanka, der sechs Jahre bei Simmering spielte und auch Hockey-Nationalspieler war, hatte bis zu seinem Traineramt als Cheftrainer bei Rapid nur Jugendmannschaften trainiert. Das Rapid-Präsidium musste reagieren, und Vizepräsident Dkfm. Eichelberger, der das Schlimmste verhindern wollte, hatte den Plan, wieder einmal „Bimbo“ Binder als „Retter der Hütteldorfer“ zu engagieren. Er setzte sich dafür im Präsidium ein, die Rapid-Fans waren dafür, doch die Medien kritisierten diesen Plan heftig. Zu alt, zu lange weg aus dem Fußballgeschäft, da komme der bald 65-jährige Binder nicht mehr so mit, und ähnlich wurde argumentiert.

Eigentlich wollte mein Vater nicht mehr so richtig, zu oft wurde er schon von Rapid-Funktionären enttäuscht, aber mit Dkfm. Eichelberger verband ihn auch eine Freundschaft, und so stimmte er einem Vertrag bis Juni 1976 zu. Der Vertrag hatte keine besonderen Bedingungen und kleine Klauseln einer Verlängerung. Er holte sich als Trainer wieder den bewährten Robert Körner ins Betreuerteam. Von den Spielern kannte er persönlich aus seiner aktiven Zeit nur Gustl Starek, den er selbst nach Hütteldorf geholt hatte, und Keeper Helmut Maurer aus der Juniorenmannschaft. Die Mannschaft selbst und wie sie im Herbst 1975 spielte, kannte er ganz gut, denn er sah sie fast jede Woche und kannte ihre Stärken und Schwächen.

Sein erstes Spiel war das Retourspiel im UEFA-Cup gegen Galatasaray in Istanbul. Er hatte keine Zeit und Möglichkeiten auf eine optimale Vorbereitung und vertraute auf folgende Mannschaft: Barthold; Krause, Persidis, Pajenk, Schlagbauer; Walzer, Hof, Starek; Dokupil, Krankl, Widmann. Rapid verlor das Match vor 60.000 fanatischen Türken mit 1:3. Das Ergebnis war für „Bimbo" zu hoch. Die Mannschaft spielte gut aber drei Einzelfehler in der Abwehr bedeuteten auch die drei Gegentore. Das Ehrentor für Rapid erzielte Krankl. „Bimbo" erkannte besonders die taktischen Mängel in der Abwehr. Zu sorglos und leichtsinnig wurde hier agiert, dies bewiesen die vielen Gegentore in der Saisonstatistik. Da wartete viel Arbeit auf Binder und Körner. Der Austragungsmodus der Bundesliga für den Herbstdurchgang war, dass gegen jeden Gegner Hin- und Rückspiel unmittelbar hintereinander ausgetragen wurde. In der Frühjahrsmeisterschaft dann im bekannten Meisterschaftsmodus mit Hin- und Rückrunde. Nach dem Europacupspiel in Istanbul standen die beiden Derbys gegen die Wiener Austria innerhalb einer Woche auf dem Programm.

Beide Spiele fanden im Wiener Stadion statt und endeten mit je einem verdienten Unentschieden 1:1. Das Präsidium und die Fans hatten vor den Derbys große Angst unterzugehen. Die Violetten spielten in einer tollen Form und waren klare Favoriten. Binder aber hatte die Rapidler taktisch gut eingestellt. Die Abwehr spielte konzentriert und kompromisslos, dafür wurde das offensive Spiel etwas vernachlässigt. Die Mannschaft zeigte bereits mehr Disziplin, ein erster positiver Schritt war schon nach drei Spielen zu erkennen. Doch die Spieler waren nach wie vor sehr verunsichert, es schien, als hätten sie in den letzten erfolglosen Jahren ihr Selbstvertrauen verloren. Manche konnten ihre eigentlichen Stärken nicht in das Spiel einbringen und gute Leistungen nicht über mehrere Spiele zur Geltung bringen. Bis zur Winterpause gaben die Hütteldorfer auf der Pfarrwiese keinen Punkt ab, aber auswärts gingen zu viele wichtige Punkte verloren. Praktisch war die Chance auf den Meistertitel schon dahin. In der ersten Pokalrunde hatte Rapid gegen Rudersdorf mit 5:1 gewonnen. Wenn schon nicht Meister, dann Pokalsieger, war die Devise für das Frühjahr 1976.

Franz Binder holte im Herbst 1975 wieder seinen Freund Robert Körner als Trainer zu Rapid. Sie waren ein erfolgreiches, bewährtes und eingespieltes Betreuerteam. Hier sieht man die beiden bei der Anreise zu einem Spiel.

In der Meisterschaft wurde Rapid Dritter hinter Meister Austria und Wacker Innsbruck. Konzentrieren wir uns deshalb auf den Pokalbewerb: Im April muss Rapid in der zweiten Runde nach Eisenstadt und kommt mit zwei Krankl-Toren weiter. Einen Monat später geht es gegen den Villacher SV aus Kärnten. Auch die Villacher können Rapid nicht stoppen und verlieren mit 1:2, Torschützen Krankl und Persidis.

Die vierte Runde ist das Semifinale, und Rapid wird gegen einen Bundesligaverein ausgelost. VÖEST Linz hat auf der Pfarrwiese keine Chance, und Rapid siegt mit Toren von Krankl, Pajenk und Starek mit 3:1 und steht im Pokalfinale. Der zweite Finalist ist Wacker Innsbruck. Das erste der beiden Finalspiele findet am 2. Juni 1976 am Innsbrucker Tivoli statt.

Pregesbauer erzielte den entscheidenden Auswärtstreffer in Innsbruck zum Pokalsieg.

Paul Pawlek jubelt nach seinem Siegestor im Cupfinale gegen Innsbruck mit Hans Krankl.

Ich habe mir eine Dienstreise – Tirol gehörte zu meinem Verkaufsgebiet – so eingeteilt, dass ich mir das erste Pokalendspiel in Innsbruck ansehen konnte. Die Mannschaft übernachtet in Kufstein im Hotel „Zum Goldenen Adler", das der Frau von Helmut Redl gehörte, der 1969–1971 bei Rapid spielte. Ich komme vormittags nach dem Frühstück im Hotel an, und mit meinem Vater und Robert setze ich mich auf einen Kaffee zusammen. Wir sprechen über das Finalspiel am Abend. Mein Vater hat gegenüber den letzten Spielen die Mannschaftsaufstellung etwas verändert und will wie folgt spielen: Barthold; Krause, Pajenk, Schlagbauer, Pregesbauer; Persidis, Kienast, Kautzky, Starek; Krankl, P. Pawlek. Im Frühjahr hat „Bimbo" die Position des linken Verteidigers mit Johann Pregesbauer besetzt, der vor drei Tagen seinen 21. Geburtstag gefeiert hat. Pregesbauer, ein Eigenbauspieler, war von Binders Vorgänger aus dem Kader gestellt, er wollte Rapid eigentlich schon verlassen. Hier war es wieder „Bimbos" geschultes Auge, welches das Talent Pregesbauers erkannte und ihn im Winter in den Kader der Kampfmannschaft holte. Pregesbauer oder „Wurmerl" wie ihn alle nannten, wurde in den kommenden Jahren zu einem verlässlichen Stammspieler.

Mitten in unserer Unterhaltung springt Trainer Robert Körner plötzlich nervös auf und fragt meinen Vater: „Du, Franz, was geben wir den Spielern zum Mittagessen? Kalbsbraten natur mit Reis und grünem Salat; Steak mit Kartoffel und Gemüse oder Palatschinken?" Jetzt kommt wieder eine typische Reaktion meines Vaters: „Robert, gib ihnen an Schweinsbraten mit Semmelknödel und Sauerkraut, damit s' heut a Kraft hab'n!"

Tatsächlich wussten die meisten Spieler selbst, was sie zur Vorbereitung essen sollten, aber ich erinnere mich, dass einige Schweinsbraten die Küche verlassen haben. Mit einer enormen kämpferischen Leistung gegen den Favoriten Wacker hielten die Rapidler die Niederlage mit einem 1:2 in Grenzen. „Bimbo" war sehr zufrieden mit der gezeigten Leistung und freute sich, dass sein „Schützling" Pregesbauer mit einem wuchtigen Weitschuss den wichtigen Auswärtstreffer erzielte.

Eine Woche später fand im Wiener Stadion das Rückspiel statt. Verletzungsbedingt konnte „Bimbo" nicht dieselbe Mannschaft wie in Innsbruck aufbieten: Maurer; Krause, Persidis, Pajenk, Schlagbauer; Lisak; Starek, Dokupil, Aichholz; Krankl, P. Pawlek. Die Abwehr spielte fehlerlos, und Starek führte im Mittelfeld Regie. Wieder bot Rapid eine ausgezeichnete kämpferische Leistung, die von den 15.000 Zuschauern mit Szenenapplaus honoriert wurde. Paul Pawlek war der Matchwinner. Mit einem Flugkopfball nach einer präzisen Flanke bezwang der kleinste Rapid-Spieler Innsbruck-Keeper Friedl Koncilia. Rapid war nach zwei spannenden Pokalfinalspielen zum neunten Mal österreichischer Pokalsieger und für den Europapokal der Pokalsieger für das kommende Jahr qualifiziert. „Bimbo" hatte es also wieder einmal geschafft und einen Titel nach Hütteldorf geholt.

Die Medien mussten sich den allgemeinen Gratulationen für Binder anschließen, es war keine negative Reaktion mehr zu hören und zu lesen. Im Gegenteil, es gab viele Stimmen, die für eine weitere Verpflichtung „Bimbos" waren. Doch dem Rapid-Präsidium fehlte der Mut, es zu versuchen. „Bimbos" Nachfolger als Trainer wurde Antonin Brezanczyk, dem es nicht gelang, einen weiteren Titel für Rapid zu verbuchen. Nach dem Pokalsieg war der Dampf aus der Mannschaft heraus. Die letzten beiden Meisterschaftsspiele gegen VÖEST Linz und dem GAK gingen verloren. Am 18. Juni 1976 saß „Bimbo" Binder in Graz-Liebenau das allerletzte Mal auf einer Betreuerbank. Im Dezember feierte er seinen 65. Geburtstag, sein schönstes Geburtstagsgeschenk hatte ihm schon die Rapid-Mannschaft im Sommer mit dem Pokalsieg gemacht.

Was ist da in „Bimbo" vorgegangen? Auf seiner geliebten Pfarrwiese, auf der legendären Betreuerbank neben dem „Spielertunnel" coacht er ein letztes Mal die Kampfmannschaft. Sein trauriger Gesichtsausdruck sagt alles!

Eröffnung der BÖFL-Räume im Hanappi-Stadion. Links A. Körner und Hans Pesser, in der Mitte „Bimbo" Binder mit Franz Antel, Robert Dienst und BÖFL-Präsident Karl Decker

1976–1989:

Die letzten Jahre

Franz Binder war jetzt endgültig von der Fußballbühne abgetreten. Seit er 1930 als Spieler zu Rapid gekommen war, war neben seiner Familie der Fußballsport sein Lebensinhalt. Jetzt, im Ruhestand, war er nicht mehr so lebendig, nicht mehr so energiegeladen und mehr in sich gekehrt. Seine vielen Freunde sorgten dafür, dass meinem Vater nie langweilig wurde. Kaum eine Woche verging ohne Einladung zu einer Feier, einem Abendessen oder Preisschnapsen. Mit seinem Freund Waltschek holte er jetzt Urlaube nach, auf die er in seiner aktiven Zeit verzichten musste. Dem immer agilen Alfred Körner gelang es, im neuen Weststadion zwei Räume für seine Aktivitäten zu bekommen. Den kleineren Raum baute er als Büro aus und den großen zu einem voll eingerichteten Aufenthaltsraum.

Die bequemen Sitz- und Tischgruppen und gastronomischen Einrichtungen hatte Körner über Sponsoren finanziert. So ausgestattet, wurde im neuen modernen Stadion das Hauptquartier für den BÖFL und die „Alten Internationalen" eingerichtet. Jeden Freitag ab 18 Uhr war Treffpunkt, und viele Trainer und Ex-Fußballer trafen sich zu einem freundschaftlichen Gedankenaustausch und zum Kartenspielen.

Auch nach jedem Rapid-Heimspiel waren diese Räumlichkeiten ein gerne besuchter Ort für unsere ehemaligen Kameraden, die dann die Rapid-Spiele kommentierten, über Funktionäre, Trainer und Spieler lästerten. Alfred Körner organisierte dort auch Geburtstage, Ehrungen und Weihnachtsfeiern. Die Rapid-Heimspiele und die Abende mit seinen vielen Freunden waren für meinen Vater immer ein Pflichttermin. Sie bedeuteten ihm sehr viel, da er dadurch nach seiner aktiven Zeit am heimischen Fußballgeschehen teilnehmen konnte.

Bei den Heimspielen seines Vereines litt er mit den Rapid-Anhängern, da es dem Verein einfach nicht gelingen konnte, einen Meistertitel nach Hütteldorf zu holen. Antonin Brezanczyk gelang keine Neuformierung und Leistungssteigerung der Mannschaft. Die Ausbeute waren 1977 und 1978 jeweils zweite Plätze in der Meisterschaft, was wenigstens die Qualifikation für den UEFA-Cup bedeutete. Durch den Pokalsieg von 1976 war Rapid für den UEFA-Bewerb der Pokalsieger qualifiziert, schied aber gegen Atletico Madrid in der ersten Runde aus. Ein Jahr später kam im UEFA-Cup gegen Slovan Bratislava wieder das Aus in der ersten Runde. Positiv in diesen Jahren war, dass sich die österreichische Nationalmannschaft für die Weltmeisterschaft 1978 in Argentinien qualifizieren konnte. „Bimbo" war bei allen Heim-Gruppenspielen des Teams im Wiener Stadion während der Qualifikation mit dabei und freute sich sehr über den großen Erfolg des österreichischen Fußballs.

1978 holte sich Hans Krankl mit 41 Toren den „Goldenen Schuh" für den besten europäischen Torjäger und wechselte zum spanischen Spitzenklub FC Barcelona. Selbstverständlich sah sich mein Vater alle Spiele im TV an, die übertragen wurden. Er bekam auch eine der ersten Satellitenanlagen und konnte jetzt noch mehr den internationalen Fußball verfolgen. Gemeinsam mit seiner Erna sahen sie die Fußballspiele, versäumten aber auch kein großes Tennisturnier, keinen Boxkampf, keine Eishockey-Weltmeisterschaft oder Skisportübertragung, kein Autorennen und keine Olympischen Spiele. Gingen meine Eltern früher gerne und oft ins Kino, so genossen sie zu Hause das Filmangebot im „Patschenkino". Die WM-Spiele in Argentinien, besonders der 3:2-Sieg über Deutschland, begeisterten meinen Vater.

Bei Rapid war im Herbst 1978 wieder einiges los. Beim Hauptsponsor „Wienerberger" gab es Probleme mit Direktor Seibt, der auch Geschäftsführer bei Rapid war. Der Hauptsponsor verlängerte den bestehenden Vertrag mit Rapid nicht mehr und brachte die Hütteldorfer in finanzielle Probleme. Diese Situation nützte der langjährige Rapid-Funktionär Gen.-Dir. Heinz Holzbach, um Rapid zu übernehmen. Unterstützt wurde er dabei von seinem Freund Ing. Fritz Grassi. Für die im Spätherbst vorgesehene Hauptversammlung des SK Rapid hatte Holzbach mit der OMV und der CA-BV zwei neue Sponsoren für die finanzielle Zukunft Rapids. Der damalige Parlamentspräsident Anton Benya, ein langjähriges Rapid-Mitglied, hatte aufgrund seiner öffentlichen Ämter nie eine führende Position in der Vereinsleitung angestrebt. Durch seine Verbindungen bekam Rapid die beiden neuen Sponsoren, die es ermöglichten, den Verein nach der Ära „Wienerberger" neu zu gestalten.

Unmittelbar nach der WM in Argentinien hatte ich ein Geschäftsessen mit Leopold Polsterer, dem früheren Herausgeber des „Kurier", und dessen Generaldirektor der Druckerei, Heinz Holzbach. Die Besprechung hatte nichts mit Fußball zu tun, sondern mit

Franz Binder als Zuschauer auf der Pfarrwiese

meiner Tätigkeit bei der Bosch-Fernseh GmbH. Leopold Polsterer hatte damals schon die Vision eines privaten TV-Senders der Printmedien, und ich sollte für ihn die technischen Möglichkeiten und die Kosten für ein privates TV-Studio planen und kalkulieren. Nach dem geschäftlichen Teil kamen wir natürlich doch auf den Fußball zu sprechen. Ich kannte Heinz Holzbach sehr gut aus meiner aktiven Zeit bei Rapid, und er erzählte, dass er jetzt in der kommenden Generalversammlung mit neuen Sponsoren und einem neuen Team den Verein übernehmen würde.

Ich gratulierte ihm dazu und bemerkte, dass er jetzt die einmalige Chance hätte, Rapid von Grund auf neu zu gestalten und auf europäischen Standard zu führen. Die gesteigerte Qualität in der noch jungen österreichischen Fußball-Bundesliga, das gute Abschneiden des Teams bei der WM und das neue Weststadion wären für die Fußballfans Argumente, wieder mehr die Bundesligaspiele zu besuchen. Mit modernen Zielsetzungen des Vereines auf sportlichen, organisatorischen und finanziellen Gebieten könnte er eine positive Zukunft des Rekordmeisters in die Wege leiten. Polsterer gefiel dies sehr gut, und er meinte, wenn ich wüsste, wie Rapid in der Zukunft aussehen sollte, so könne ich doch Holzbach helfen und ihm ein schriftliches Konzept darüber zukommen lassen. Holzbach griff diese Idee auf, und ich sagte zu, ein Konzept innerhalb von zwei Wochen zu erarbeiten.

Der Vater zum Sohn: „Ich helf dir immer"

Exkanonier Franz Binder sen.

Selbst Papa Franz Binder erfuhr erst am Mittwoch abend von den Rapid-Ambitionen seines Sohnes. „Der Bua wollte früher nix sagen, bevor's nicht fix war", sagte Binder dem KURIER. Der Dialog der beiden Binders:

Junior: „Papa, wenn ich schon kein großer Fußballer geworden bin wie du, vielleicht kann ich den Namen Franz Binder als Manager würdig vertreten."

Senior: „I freu mich, daß du ein Rapidler bist. Du mußt selbst wissen, ob du das derpackst. Wennst an Rat brauchst, helf ich dir immer."

Rapids neuer Manager spricht perfekt englisch und holländisch. Weil er als Fußballer immer an seinem Vater gemessen wurde („Diesen Vergleich würden heute sogar hochbezahlte Stars nicht standhalten", so der Junior), kniete sich der Sohn in die berufliche Karriere.

1959 begann er beim 1. FC Nürnberg in der Schülermannschaft (Trainer der Deutschen war damals der Senior), übersiedelte nach zwei Jahren nach Holland (acht Jahre Eindhoven), spielte dann bei Rapid (vier Jahre), Simmering (zwei) und bei Auto (zwei Jahre).

Durch meine langjährige Tätigkeit bei Bosch hatte ich eine hervorragende kaufmännische und organisatorische Ausbildung erhalten, die auch auf einen Profi-Fußballklub umsetzbar war. Für die sportlichen Fragen hatte ich ja einen exzellenten Spezialisten an der Hand: meinen Vater. Ich erzählte ihm von dem Gespräch mit Polsterer und Holzbach und dem versprochenen Konzept und wollte seine sportlichen Vorstellungen über eine neue Mannschaft hören.

Mein Plan war wie folgt: Als neuen Trainer hatte ich einen Trainertyp wie Walter Skocik vor Augen. Er hatte eine positive Rapid-Vergangenheit, die A-Trainerlizenz, war engagiert und geradlinig, er trainierte eine Mannschaft in Vorarlberg und war Sportlehrer auf einer höheren Schule. Für den Neuaufbau der Mannschaft plante ich einen Zeitrahmen über drei Jahre, wie ich es bei meinem Vater als Trainer bereits kannte, und formulierte die Zielsetzung wie folgt:

Erstes Jahr: Abbau von mindestens sechs bis acht Kaderspielern. Den Kern der Mannschaft bilden zehn Spieler des Vorjahrskaders, Einbau von jungen Talenten aus anderen Vereinen und dem eigenen Nachwuchs. Zu den jeweiligen Übertrittszeiten Aussiebung und Neuverpflichtung von Talenten.
ZIEL: Nicht absteigen

Zweites Jahr: Zu den jeweiligen Übertrittszeiten Verbesserungen an Spielerpositionen.
ZIEL: UEFA-Cup-Qualifikation

Drittes Jahr: Zu den jeweiligen Übertrittszeiten Verbesserungen an Spielerpositionen.
ZIEL: Kampf um die Meisterschaft

„Bimbo" war mit meinem Konzept einverstanden und meinte: „Wenn der Holzbach sportlich wirklich was ändern will, so braucht er diese drei Jahre und sollte diesen Plan den Fans auch ehrlich vermitteln."

Mein Rapid-Konzept an Heinz Holzbach hatte drei Schreibmaschinen-Seiten. Im Herbst 1978 kam dann die für Rapid entscheidende Generalversammlung. Wie Heinz Holzbach geplant hatte, wurden die „Wienerberger" abgewählt.

Neu gewählt wurden als Geschäftsführender Vizepräsident und Finanzreferent Heinz Holzbach, als Vizepräsident und Schriftführer Ing. Fritz Grassi und als drittes Präsidiumsmitglied Dr. Eduard Schöppl. Mit drei Personen war das neue Präsidium gerade richtig besetzt für schnelle und unkomplizierte Entscheidungen. Für seine Vermittlertätigkeit und die Gewinnung der neuen Hauptsponsoren wurde Nationalratspräsident Anton Benya zum „Ehrenpräsidenten" ernannt. Der mit zehn Personen

Erfolg mit Binder?

Der Sohn des Altinternationalen ist Rapidmanager

„Er wurde am 14. Juli 1946 geboren, hat Fernsehtechnik und Elektronik sowie Planung und Verkauf studiert, ist in Management und Marketing zu Hause, spricht englisch und holländisch und ist obendrein mit Rapid und dem Fußball aufgewachsen. Er ist daher in allen Dingen unser Mann!“

(Rapids Geschäftsführer Heinz Holzbach über den neuen Klubmanager Franz Binder junior.)

aufgeblähte Vorstand war jetzt völlig entmachtet. Es gab je einen Kassier, Arzt, Rechtsberater und Jugendleiter mit festgelegten Vereinsaufgaben, der Rest des Vorstands wurde für besondere Aufgaben eingesetzt. Rechtsverbindliche Vereinsangelegenheiten waren nun ausschließlich Sache des Präsidiums. Heinz Holzbach ließ sich bei der Hauptversammlung auch eine Satzungsänderung bestätigen, die ihm erlaubte, einen hauptamtlichen und bezahlten Vereinsmanager, Sekretär oder Geschäftsstellenleiter zu verpflichten.

Nach mehreren Monaten Funkstille bekam ich aus heiterem Himmel im Februar 1979 eine Einladung zu einer Besprechung mit dem Präsidium des SK Rapid. Mein Konzept hatte beim Präsidium Gefallen gefunden, und Holzbach fragte mich, ob ich es nicht selbst umsetzen wolle. Im ersten Moment war ich ziemlich sprachlos und erbat eine Bedenkzeit. Als Erstem erzählte ich meinem Vater vom Angebot, als Manager bei „seinem“ Verein zu arbeiten. Er kannte mein Konzept und meinte: „Wenn alles so umgesetzt und schriftlich festgehalten werden kann, dann mach es.

Knalleffekt: Bimbos Sohn

● **Sohn des einstigen Rapid-Kanoniers wurde Manager in Hütteldorf**

Effektvoller Rückzug Draxlers: 1 Million als Geschenk an Rapid ●

Knalleffekt bei Rapid: Mit Franz Binder junior, dem 32jährigen Sohn des einstigen Hütteldorfer Wahrzeichens, wurde der neue Manager des Klubs der Öffentlichkeit vorgestellt, Kommerzialrat Joschi Draxler sagte Rapid wohl als Präsident ab, schenkte dem Klub aber seine noch ausständigen Forderungen von genau 1.015.000 Schilling. Womit nach Aussage der Geschäftsführung die 22-Millionen-Schuldenlast nun im Blitztempo auf 2,8 Millionen zusammengeschrumpft ist.

Rapids neuer Manager arbeitet vorläufig noch bei seiner alten Firma, hat augenblicklich nur einen Vertrag auf drei Monate beim Klub, und dieser Vertrag ist beidseitig kündbar. Rapid und der neue Manager sprechen von einer Übergangsphase, aber nicht von einer Probezeit.

„Ich bin überzeugt, daß auch die besten Maßnahmen nichts nützen, wenn die Mannschaft nicht gut spielt und nicht attraktiv genug ist", gibt sich der neue Manager durchaus realistisch. Binder jun. ist dem Geschäftsführer und dem Präsidium unterstellt, und seine erste Aufgabe wurde schon bekannt: Auswahl der Nachwuchstrainer, Erstellung neuer Verträge, Imagepflege des Klubs.

Wird sich Franz Binder jun. an ausländische Vorbilder halten? (In der Trainerzeit seines Vaters spielte er auch bei Eindhoven und beim FC Nürnberg in Nachwuchsteams.)

„Nein, ich habe vorläufig kein ausländisches Vorbild und glaube, daß man zu einer österreichischen Lösung in der Arbeit kommen muß. Natürlich werde ich aber bei ausländischen Klubs dazulernen."

Während Franz Binder jun. seit Tagen schon als Manager feststand, hoffte die Klubleitung noch bis zur gestrigen Pressekonferenz, Joschi Draxler bewegen zu können, neuerlich das Präsidentenamt zu übernehmen, erhielt aber eine Absage: „Ich bin geschäftlich überlastet und gesundheitlich auch nicht in der Lage, zusätzliche Arbeit zu übernehmen", bedauerte der Ex-Präsident, erklärte sich aber bereit, dem Klub immer unter die Arme zu greifen. Der erste Griff war gewaltig: Draxler verschenkte über eine Million an die Hütteldorfer.

▲ JOSCHI DRAXLER (links) kam nicht – Franz Binder junior (r.) nahm an und wurde neuer Klubmanager bei Rapid, um eine Unmenge Arbeit vorzufinden.

◄ DYNASTIE BINDER: Junior und Senior vor einigen Jahren noch auf dem „Bankerl". Die Familie Binder war mit dem Geschick Rapids immer sehr eng verbunden.

Auf mich kannst du immer zählen, ganz egal worum es geht." Der Job bei Rapid reizte mich natürlich. Beruf und Hobby verbinden zu können, ist doch optimal.

Ich regelte die Kündigungsfrist mit meiner Firma und sagte Rapid zu. Am 6. April 1979 wurde ich als Manager und Geschäftsstellenleiter des SK Rapid im Rahmen einer Pressekonferenz präsentiert. Mein Vater jubelte zwar nicht, als ich ihm meine Entscheidung mitteilte, aber ich spürte, dass er sich innerlich freute. „Immer wenn ein ‚Binder' bei Rapid ist, sind auch Erfolge da", meinte er und wünschte mir viel Glück. Meine Mutter konnte da weit weniger Euphorie für meinen Job aufbringen und meinte mit einem Blick auf meinen Vater: *„Jetzt haben sie wieder einen, der ihnen die Arbeit macht, und kommt der Erfolg, dann haun s' auch ihn wieder raus."*

Der Meisterteller ist wieder in Hütteldorf.

15 Jahre dauerte letztendlich meine Zeit bei Rapid, in der wir den Verein auf europäischen Standard brachten. Das Grundkonzept für den Neuaufbau einer neuen Rapid-Mannschaft bestätigte sich in den kommenden Jahren. Ich holte den engagierten Walter „Schani" Skocik als Trainer, und er formte aus einem soliden Kaderkern und jungen Talenten eine tolle Mannschaft.

Im ersten Jahr 1979/80 sah das Konzept vor, dass wir mit unserer jungen Mannschaft nicht absteigen. Wir erreichten den sicheren fünften Tabellenplatz.

Die zweite Saison 1980/81 sollte uns einen UEFA-Cup-Startplatz einbringen. Im Winter bekamen wir unvorhergesehen drei starke Verstärkungen. Anatoli Sintschenko von Zenit Leningrad war der erste russische Fußballprofi im westlichen Ausland, Hans Krankl kehrte nach seinem Engagement bei Barcelona und einem halben Jahr Vienna zu Rapid zurück, und mit Antonín Panenka kam ein Europameister und einer der weltbesten Mittelfeldspieler aus der ČSSR. Mit einem 4:2-Sieg bei Sturm Graz im letzten Meisterschaftsspiel entrissen wir den Steirern den Meistertitel – der ging an die Austria – und erreichten unser Saisonziel, einen internationalen Bewerb.

Für die dritte Spielsaison 19981/82 war im Konzept die Meisterschaft vorgesehen. Vorerst lief alles nach Plan. Im Verlauf der Frühjahrsmeisterschaft kam es zwischen dem Trainer und den Spielern zu Differenzen, die sich auch auf das Verhältnis zwischen Skocik und dem Präsidium negativ auswirkten. Das Auswärtsspiel in Innsbruck wurde verloren und das Präsidium sah plötzlich, dass sich die Chancen auf den Meistertitel in den allgemeinen Zwistigkeiten verringern würden, und ersetzte Trainer Skocik für die restlichen neun BL-Runden durch dessen Co-Trainer Rudi Nuske.

Die Meisterschaftsentscheidung fiel im letzten Spiel gegen chancenlose Tiroler. In einem überfüllten Hanappi-Stadion wurden sie mit einem klaren 5:0 vom Platz gefegt, in Hütteldorf war die Hölle los. Der 26. Meistertitel, nach 13 Jahren Erfolglosigkeit, war wieder in Hütteldorf.

Für mich wäre der Trainerwechsel nicht notwendig gewesen. Das Präsidium hatte sich den Spielern gebeugt. Der Titel gehörte „Schani" Skocik, seine Aufbauarbeit seit 1979 war die Grundlage für diesen Meistertitel.

Einer der glücklichsten Männer an diesem Tag war aber „Bimbo" Binder. Im Gedränge der Meisterfeier kam er zu mir und sagte – über das ganze Gesicht strahlend: *„Na, hob i dir's net g'sogt, drei Jahr braucht's für a neue Mannschaft und an Titel!"*

Und noch eine Aussage von „Bimbo" sollte sich mit den Jahren bestätigen: *„Man hält eine Mannschaft nur an der Spitze, wenn es gelingt, einen eingespielten Kern zu halten und rechtzeitig qualifizierten Ersatz für Ausfälle bereit zu haben."*

Der „Dreijahresplan" hat also perfekt funktioniert. Wir konnten, jetzt mit Trainer Otto Baric, die Erfolgsquote noch steigern. Saison 1982/83 der 27. Meistertitel, dazu Cup-Sieger und damit das Double, 1983/84 und 1984/85 Cup-Sieger, damit den Cup-Hattrick und UEFA-Pokal-Finalist, 1986/87 der 28. Meistertitel und Cup-Sieger und damit das 2. Double sowie 1987/88 der 29. Meistertitel. 1986, 1987 und 1988 gewann Rapid einen Supercup-Hattrick. Zwischen 1982 und 1988 hatte Rapid die erfolgreichste Periode in der Vereinsgeschichte nach dem Zweiten Weltkrieg. Bei soviel sportlichen Erfolgen kamen „Bimbo" und seine Kollegen vom BÖFL und den „Alten Internationalen" aus dem Feiern nicht heraus.

Mit einer menschlichen Enttäuschung wurde „Bimbo" im Frühjahr 1980 konfrontiert. Eines Tages bekam mein Vater ein Paket mit einem Taschenbuch. „Max Merkel. Geheuert, gefeiert, gefeuert" war der Titel. Anbei ein kurzer Brief: „Lieber Franz, das Buch vom Max musst du lesen, vor allem die Seiten 58 und 59, die dich betreffen. Der hat schon komplett den Verstand verloren, mich kann er jetzt ...! Rufe Dich an. Grüße Ernstl [Happel]."

Was war passiert? Merkel – oder vielmehr sein Ghostwriter – erfand in einem wahren Märchenbuch „G'schichterln" über Binder und Happel. Über meinen Vater schrieb er wörtlich: *„Der Bimbo war ein Freund der Mädchen und der Flaschen. In beiden Fällen erfolgte der Abschuss reihenweise. Bei den Mädchen ließ er uns ja nicht zusehen, aber bei den Flaschen! Das waren Weinflaschen, die stellte er, nachdem er sie vorher vorsorglich ausgetrunken hatte, auf die Torlatte, und dann schoss er sie aus zwanzig Metern Entfernung eine nach der anderen herunter. Das soll ihm heute einer nachmachen! Wenn der Bimbo aufs Tor schoss, da wartete der Tormann manchmal nervös auf den Ball, dabei war er schon im Netz! Ich bin einmal hinter ihm gestanden, als er aus 40 Metern einen Freistoß schoss. Der Ball drückte sich nach dem Schuss zusammen wie ein Powidltatschkerl und flog in Spiralen gegen das Tor. Wenn der Tormann hingriff, sengte es ihm den Handschuh durch. Mit solchen Granaten tat ich mir's als Trainer schwer."*

Über Happel brachte er eine unappetitliche Geschichte über Sex, Saufen und Orgien in Hotelzimmern. Beide, mein Vater und Happel, beendeten daraufhin ihre Freundschaft mit dem „Peitschenknaller".

Zum Feiern gab es im Dezember 1981 den 70. Geburtstag von „Bimbo". Eine Geburtstagsfeier jagte die andere. Alfred Körner organisierte mit dem BÖFL und den „Alten Internationalen" für seinen Freund im Hanappi-Stadion ein großes Fest mit Buffet und Wiener Musik. Die Medien waren voll mit Erinnerungen an „Bimbos" sportliche Höhepunkte und Glückwünsche, Telegramme trafen aus ganz Europa ein. Die 80er Jahre vergingen wie im Fluge, fast jedes Jahr gab es einen Meistertitel, Pokalsieg oder tolle Erfolge im Europacup zu bejubeln.

„Bimbo" Binder mit „Peitschenknaller" Merkel als die Freundschaft noch in Ordnung war.

Beim BÖFL feiert „Bimbo" seinen 70. Geburtstag, mit dabei die Brüder Körner

WALTER SCHWARZ

SCHWARZ AUF WEISS

Tormannschreck von Europa: „Bimbo" 70!

„Wie ich 1930 von Sturm 19 St. Pölten zu Rapid gekommen bin, war ich 19. Ich war das, was man heute als junges Talent bezeichnen würde. Ich hab' schießen können – sonst nicht viel. Aber bald hatte ich einen Stammplatz. Ich bin zwei Jahre lang jeden Tag mit der Bahn zum Training St. Pölten–Wien und retour gefahren – und dann noch mit der Straßenbahn. Ich hab' geboxt, bin kampfmäßig geschwommen und hab' Leichtathletik betrieben. Das alles

Grünweißes Herz: F. Binder

hat mir sehr geholfen, ein Profi zu werden!"

Der das sagt, ist ein Fußballdenkmal: Franz Binder, legendärer Rapid-Kanonier, feiert morgen seinen 70. Geburtstag. Der getreue „Lange", der den Hütteldorfern 19 Jahre als Spieler und dann noch viele Jahre als Funktionär diente, war nie ein Freund von vielen Worten. Doch seine Ansicht über die Fußballer von heute formuliert er klar: „Zu meiner Zeit gab es eine Fülle von Klassespielern. Heute gibt es zu wenige. Der Einsatz, die Kampfbereitschaft, die Kraft waren viel größer als heute!"

Er führt sein eigenes Beispiel an: „Ich war nie verletzt. Weil ich jeden Tag stundenlang trainiert, weil ich gerne jede Menge von Schweiß vergossen hab'."

Mutterseelenallein hat Anno 30 der Binder Franz draußen auf der Pfarrwiese sein Schußtraining praktiziert: Links-rechts-links-rechts – aus allen Distanzen: „Das kann man nur üben und immer wieder üben!"

Der Erfolg: Fast 1100 Tore in 760 Spielen für Rapid – einsamer Weltrekord! Schüsse, die Tornetze glatt durchrissen, Torhüter, die mit den gehaltenen Bällen über die Linie gewuchtet wurden – wo Franz Binder hinschoß, erzeugte er Horror: Ob aus dem Spiel, ob Freistöße oder Elfmeter – er war der Schrecken europäischer Torleute.

Sein größtes Spiel – trotz 19 Einsätzen in der österreichischen (15 Tore) und einigen in der deutschen Nationalmannschaft – war das 4 : 3 gegen Schalke 04 am 22. Juni 1941 im Berliner Olympiastadion. Nach einem 0 : 3-Rückstand wurde Rapid mit 4 : 3 deutscher Meister durch ein Tor von Schors – und drei von Binder. Dabei hatte der Franz in der ersten Hälfte einen Elfer verschossen – daneben („Weil bei mir hat noch kein Tormann einen Elfer gehalten!"). Und dann: Ein Freistoß, ein Elfer – und wieder ein Freistoß. Das konnte eben nur „Bimbo" ...

1949 wurde er Sportchef von Rapid. Dann ging er als Trainer nach Deutschland: Drei Jahre Regensburg, sechs Jahre Nürnberg. Er trainierte PSV Eindhoven, 1860 München – dann erneut Nürnberg. Er sprang bei Rapid immer wieder dann als sportlicher Leiter in die Bresche, wenn andere den Karren verfahren hatten. Zuletzt 1976 – da wurde er Cupsieger ...

Franz Binder, eine Legende? Nein, einer der seltenen Menschen im Fußball. Gratuliere, Franz!

Sonderausstellung zu „Bimbos" 75. Geburtstag

Ganz besonders freute sich „Bimbo" über den Einzug seiner Lieblingsmannschaft 1985 in das Europacupfinale der Pokalsieger. Es war ein toller Ritt auf einer großen Erfolgswelle. Die Nachfrage nach Autogrammstunden von alten und aktuellen Rapid-Spielern war riesengroß.

Mein Vater kam wie ein Vollprofi jedem meiner Wünsche nach Autogrammstunden oder Einladungen von Rapid-Fans nach. Er konnte noch immer stundenlang die Fans mit Geschichten aus seiner Zeit als Spieler unterhalten und half mir auch beim Beobachten von jungen Talenten. Unsere Rapid-Freunde aus ganz Österreich informierten uns über talentierte Spieler. Da hatte ich mit meinem Vater den besten Fachmann zur Hand, und er hat sich praktisch nie in seinen Spielerbeurteilungen geirrt.

1986, zum 75. Geburtstag meines Vaters, hatte sich Alfred Körner etwas ganz Besonderes ausgedacht. Körner organisierte eine „Bimbo"-Binder-Sonderausstellung, die im Dezember 1986 im Foyer des Hanappi-Stadions präsentiert wurde. Mehrere Wochen konnten die Freunde und Fans von „Bimbo" die Ausstellung in Wien besuchen, dann wurde diese noch in St. Pölten und mehreren niederösterreichischen Orten in Geldinstituten gezeigt.

Zur jeweiligen Ausstellungseröffnung war er persönlich anwesend, schrieb Autogramme und plauderte mit seinen zahlreichen Fans über seine Karriere. Er hatte ein dicht gedrängtes Programm, denn neben der Ausstellung gab es noch eine Vielzahl von Ehrungen durch die Stadt Wien, seine Heimatstadt St. Pölten, den Österreichischen Fußballbund, den Niederösterreichischen und den Wiener Fußballverband, den BÖFL. Die Sportredaktion des ORF produzierte einen besonderen Filmbericht über die Karriere von „Bimbo"

Einige Wochen war eine Sonderausstellung zu „Bimbos" 75. Geburtstag in mehreren Lokalitäten in Wien und Niederösterreich zu sehen.

Binder. Die Printmedien brachten ausführliche Berichte, und wie zu jedem besonderen Geburtstag von „Bimbo" hatte die Post mit Glückwünschen alle Hände voll zu tun. Gesundheitlich ging es meinem Vater ganz gut. Er war sein Leben lang und trotz der intensiven Sportausübung ein starker Raucher gewesen. Mit Ausnahme seiner Blindarmoperation während des Krieges war er nie im Krankenhaus. Er lehnte auch Kontrollbesuche beim Hausarzt ab, da ihm anscheinend ja nichts fehlte. Man merkte aber, dass ihm Erkältungen, bedingt durch das Rauchen, manchmal zu schaffen machten. Es fehlte ihm auch der frühere Appetit, und mit 80 kg lag er doch etwas unter seinem Normalgewicht. Nach einer verschleppten schweren

Wahrzeichen feiert am Montag den 75er

Ein Wahrzeichen des österreichischen Fußballs, Franz Binder, wird am kommenden Montag 75 Jahre alt. Aus diesem Anlaß wird an diesem Tag im Hanappi-Stadion eine Sonderausstellung des Bundes Österreichischer Fußballehrer unter dem Ehrenschutz von Stadtrat Franz Mrkvicka eröffnet (19 Uhr).

Binder war Rapids gefürchtetster Goalgetter, der im Laufe seiner aktiven Zeit nicht weniger als 1006 Tore in Bewerbsspielen erzielt hat.

1933 und dann ohne Unterbrechung von 1937 bis 1941 war er Schützenkönig. 19 Mal wurde er in die österreichische Nationalmannschaft berufen, wobei er 17 Tore erzielte. 9 Länderspiele bestritt er mit der deutschen Nationalmannschaft. Er war beim 5 : 2-Sieg in Berlin über Weltmeister Italien dabei — mit drei Toren.

Mit Rapid wurde er 1938 deutscher Pokalsieger und 1941 deutscher Meister mit dem legendären 4 : 3-Finalsieg über Schalke 04, zu dem er drei Tore beisteuerte.

Als Trainer führte er Rapid 1951 mit nur einer Niederlage zum Meistertitel mit 133 : 40 Toren! Trainer war er auch in Holland und in der BRD.

PRÄSIDENT DES NATIONALRATES
ANTON BENYA
PRÄSIDENT
DES ÖSTERREICHISCHEN GEWERKSCHAFTSBUNDES

Wien, am 1. Dezember 1986

Sehr geehrter Herr Binder !

Ich habe Sie schon bewundert, als Sie noch beim SV St.Pölten spielten und später natürlich auch, vor allem, wie Sie den Kritikern standgehalten und sie "einfach" durch Tore von Ihrer Qualität überzeugt haben. Lange bevor man den Brasilianer PELE als ersten 1.ooo-er Schützen der Fussballgeschichte feierte, hatten Sie diese Marke schon überboten gehabt.

Von den vielen Spielen, die mir in Erinnerung geblieben sind, ist eines ganz besonders markant gewesen. Es war im Jahre 1941, also in jener Zeit der Unfreiheit, in der man uns als Ostmärker bezeichnete, als es gegen SCHALKE o4 um die deutsche Meisterschaft ging. In einem scheinbar aussichtslosen Spiel machten Sie durch drei Tore RAPID zum deutschen Meister !

Über Ihren Werdegang wurde viel geschrieben. Ich kann das alles unterstreichen, aber eines möchte ich festhalten: Trotz der überragenden Leistungen, die Sie im Fussballsport erbracht haben, sind Sie dennoch immer bescheiden geblieben und haben als Betreuer Ihr Wissen und Ihre Erfahrung an viele Nachwuchsspieler weitergegeben. Ihre Erfolge konnten bisher allerdings nicht überboten werden.

Zum 75. Lebensjahr, das Sie heute vollenden, wünsche ich Ihnen vor allem Gesundheit sowie Freude in der Familie und hoffentlich auch noch viele Jahre Freude an den Leistungen des SC RAPID.

Mit freundlichen Grüssen

Ihr Benya

Herrn
Franz BINDER
Kinkplatz 6
114o WIEN

LANDESHAUPTMANNSTELLVERTRETER
DR. ERWIN PRÖLL

WIEN, AM 26. November 1986
1014 - I, HERRENGASSE 11–13
TELEFON 0222 / 63 57 11 DURCHWAHL 2200

Herrn
Franz BINDER

Sehr geehrter Herr Binder!

Ich freue mich, Ihnen zum bevorstehenden 75. Geburtstag sehr herzlich gratulieren zu können und erlaube mir, damit meine besten Wünsche für die Zukunft zu verbinden.

Sie können, sehr geehrter Herr BINDER, auf ein erfolgreiches Leben zurückblicken, das durch viele Höhepunkte ausgezeichnet war und das Sie mit Stolz erfüllen kann. Sie haben für Ihr Vaterland Ehre eingelegt, was an dieser Stelle mit Dank und Anerkennung zum Ausdruck gebracht werden soll.

Ich hoffe, daß Ihnen weiterhin Gesundheit und persönliches Wohlbefinden geschenkt werden möge, um dem Leben noch viel Erfreuliches abgewinnen zu können.

Mit besten Grüßen verbleibe ich

Ihr Erwin Pröll

1224 1140 wn
ra taura wien 161 1421 12/01
zczc wab479 txb0275
auwi by auwi 051
wien-ra/tlx 51/41 01 1419

staatsvor
herrn franz binder c/o hanappi stadion
keisslergasse 6
1140/wien

lieber herr binder. leider verhindert, an ihrer heutigen geburtstagsfeier persoenlich teilzunehmen, uebermittle ich ihnen auf diesem weg meine allerherzlichste gratulation verbunden mit besten wuenschen fuer weiteres persoenliches wohlergehen. ihr
franz vranitzky

1224 1140 wn
ra taura wien 164 1458 12/01
zczc wae504 tfl130
auwi co auwx 032
wien/tel 32/26 01 1455

lx15
herrn franz binder p.a. bund oesterreichischer fussball-lehrer
hanappistadion keisslergasse 14
1140/wien

alles gute zum geburtstag wuenschen ihnen
die funktionaere und spieler des
fussballklubs austria memphis

KURT HELLER
MITGLIED DES BUNDESRATES

A-1011 WIEN, 1.Dezember 1986
POSTFACH 80
RINGTURM
TEL. 63 39 1020
tw

Herrn
Franz Binder

Kinkplatz 6
1140 Wien

Lieber großer Freund !

Ihre heutiger Geburtstag gibt mir die willkommene Gelegenheit, Ihnen nicht nur meine allerbesten Glückwünsche zu übermitteln, sondern Ihnen auch zu danken für die vielen schönen Stunden, die Sie mir als engagierter Rapidler schon als kleiner Bub bereitet haben. Ich denke noch heute gerne an die herrlichen Matches die ich am Rapidplatz erlebt habe und freue mich nach wie vor über die vielen wundervollen Tore, die mein Herz höher schlagen ließen.

Ich wünsche Ihnen für die Zukunft vor allem Gesundheit und verbleibe

mit lieben Grüßen

Ihr

Stadtrat Mrkvicka, Alfred Körner, Parlamentspräsident Anton Benya, Karl Decker, „Bimbo“ Binder und Robert Körner bei der großen Geburtstagsfeier im Hanappi-Stadion

Der Torjäger „Bimbo“ Binder wird 75 Jahre

Wien (dpa)

Sein Name steht für spektakuläre Tore. Nicht weniger als 1006 hat er in den 765 Spielen erzielt, die er für Rapid Wien, für die österreichische Nationalmannschaft – 19mal spielte er für Österreich – und für die deutschen Fußballfarben bestritten hat; das waren noch einmal neun Spiele. Er wird am 1. Dezember 75 Jahre alt: Franz („Bimbo“) Binder, der große Torjäger der späten 30er und der 40er Jahre.

Daß Franz Binder, im niederösterreichischen St. Pölten geboren, ein Fußballspieler mit ungewöhnlichen Torjägerqualitäten wurde, hat er im Grunde einem Trainingsspiel einer unterklassigen Mannschaft, in der er anfangs kickte, gegen die Stars von Rapid Wien zu verdanken. Den Talentsuchern des renommierten österreichischen Vereins fiel der „Lange“, wie er von seinen Mannschaftskameraden genannt wurde, auf: 1932 wurde er für die Wiener Grün-Weißen verpflichtet. Zwischen 1933 und 1941 wurde er sechsmal Torschützenkönig der höchsten österreichischen Spielklasse, je einmal mit seinen Gefährten Deutscher Meister und Pokalsieger.

Unvergeßlich bleibt allen älteren Fußballfreunden der 21. Juni 1941: Das Meisterschaftsfinale im Berliner Olympiastadion wurde zum Fußballkrimi. Im Spiel zwischen Schalke 04 und Rapid Wien – Österreich war von den braunen Machthabern längst einverleibt und aus

EIN FUSSBALL-IDOL WIRD 75: Nationalspieler Franz („Bimbo“) Binder. dpa

österreichischen waren zwangsweise deutsche Nationalspieler geworden – sahen die „Königsblauen“ aus dem Ruhrgebiet bereits wie die sicheren Sieger aus. Schließlich führten sie 3:0.

Aber nach dem Anschlußtreffer der Wiener trat „Bimbo“ Binder dreimal in Aktion: Zwei Freistöße und einen Strafstoß setzte er unter die Latte, Rapid Wien war Meister. Pokalsieger waren die Wiener schon 1938 nach ihrem 3:1 gegen den FSV Frankfurt geworden.

Nach dem zweiten Weltkrieg spielte Binder noch zwei Jahre lang Fußball. Dann wurde er Trainer. Natürlich bei Rapid. Aus seiner Fußballschule stammen Ernst Happel, Max Merkel und Gerhard Hanappi.

30 Samstag, 29. November 1986

»Bimbo« Binder 75 Jahre

Der Mann, der Netze zerschoß

(sid/dpa/gen) - Schon zu Lebzeiten ist er eine Legende: Franz »Bimbo« Binder (unser Hasse-Archivbild) wird am 1. Dezember in Wien 75 Jahre alt. Sein Name wird in Österreich in einem Atemzug mit dem eines Mathias Sindelar, eines Uridil oder eines Ocwirk und Hanappi genannt. Von der Schußkraft des über 1,90 Meter großen Stürmers von Rapid Wien schwärmten Generationen. 1 006 Tore schoß »Bimbo« in seiner großen Laufbahn in 756 Pflichtspielen für den Traditionsklub Rapid Wien, für den er von 1932 bis 1949 spielte. Ein von allen Torhütern gefürchteter »Kanonier« war der schwarzgelockte Riese auch auf internationalen Plätzen: 19mal vertrat er Österreichs Farben, neunmal spielte er im »großdeutschen« Dreß und traf dabei zehnmal ins Schwarze.

Legendär in Deutschland sind auch jene drei Tore, die Franz Binder 1941 im deutschen Endspiel 1941 gegen den FC Schalke 04 schoß und die aus einem 0:3 der Wiener im Berliner Olympiastadion noch einen 4:3-Sieg machten.

Am 30. April 1939 passierte im Münchner Dante-Stadion das, von dem ganze Fußball-Generationen träumten und schwärmten: Im Pokalspiel Rapid gegen 1860 München zerriß nach einem Schuß von Binder buchstäblich das Tornetz! Ein Foto in Binders-Wohnstube dokumentiert noch heute diesen sagenhaften Schuß.

Daß Franz Binder, im niederösterreichischen St. Pölten geboren, ein Fußball-Spieler mit ungewöhnlichen Torjäger-Qualitäten wurde, hat er im Grunde einem Trainingsspiel einer unterklassigen Mannschaft, in der er anfangs kickte, gegen die Stars von Rapid Wien zu verdanken. Den Talentsuchern des renommierten österreichischen Vereins fiel der »Lange« sofort auf: 1932 wurde er für die

Wiener Grün-Weißen verpflichtet. Zwischen 1933 und 1941 wurde er sechsmal Torschützenkönig der höchsten österreichischen Spielklasse, je einmal mit seinen Gefährten deutscher Meister und Pokalsieger.

Später wurde Binder ein begehrter Trainer. Zusammen mit seinem Freund Hans Pesser baute er in den fünfziger Jahren Rapid Wien zu einem der besten Teams in Europa auf. Der jetzige HSV-Trainer Ernst Happel gehörte in diese Mannschaft, in die Binder Könner wie Torwart Zeman, Hanappi, Riegler, Golobic, Dienst, Probst und die Körner-Brüder holte. In Deutschland war Binder beim 1. FC Nürnberg, beim SSV Jahn Regensburg und 1860 München. Mit Rapid Wien aber ist der Name Binder auch noch verbunden: Sohn Franz Binder junior ist dort Sekretär.

Kammersänger Holecek als Gratulant

„Bimbo" ist 75 Jahre

Am vergangenen Montag feierte Franz „Bimbo" Binder seinen 75. Geburtstag. Binder kam 19jährig von Sturm 19 St. Pölten zu Rapid Wien. Das „Denkmal der Hütteldorfer" erzielte in 756 Meisterschaftsspielen 1006 Tore, und welche Tore! Einmal durchschlug sogar ein Binder-Geschoß das gegnerische Netz. Er spielte außerdem siebzehnmal in der österreichischen und neunmal in der deutschen Nationalmannschaft. Sein größtes Spiel lieferte Franz Binder 1940 in Berlin vor 100.000 Zuschauern im Spiel um die deutsche Meisterschaft gegen Schalke 04. Die Deutschen lagen gegen Rapid bereits 3:0 voran, aber die Grün-Weißen aus Hütteldorf verwandelten diesen Rückstand durch drei Binder-Tore und einen Treffer unseres Versandchefs Georg Schors noch in einen 4:3-Sieg. Franz Binder war sicherlich der erfolgreichste Torschütze aller Zeiten. Wenn man weiß, was die Spitzenspieler der Großvereine gegenwärtig bekommen, dann müßte Franz Binder heute ein Vielfaches verdienen.

Das Geburtstagskind war auch ein erfolgreicher Trainer, vor allem schuf er mit seinem Freund Hans Pesser jene Rapid-Mannschaft mit Zemann, Happel, Hanappi, Dienst und den Brüdern Körner, die damals als die beste Mannschaft Europas galt.

Mit dem niederösterreichischen Fußball ist der jugendliche Fünfundsiebziger auch heute noch verbunden. Dafür sorgt schon unser Blatt, dessen treuer Leser das Geburtstagskind Woche für Woche ist.

Bleibt uns noch zu wünschen übrig, daß es Binder noch lange vergönnt sein möge, viele Siege seiner grün-weißen Mannschaft als fachkundiger Zuschauer mitzuerleben.

R. N.

Erkältung und Grippe hatte er Atemprobleme, und im Hanusch-Krankenhaus entfernte man Wasser aus der Lunge. Nach drei Tagen wurde er wieder als gesund entlassen und meinte, dass man diese Behandlung auch zu Hause hätte durchführen können.

Nach seinen Geburtstagsfeiern gab ihm sein Verein wieder Grund zur Freude. In der Spielsaison 1986/87 erreichte Rapid ein Double mit dem 28. Meistertitel und dem 13. Cupsieg. Ein Jahr später, 1988, folgte der 29. Meistertitel. Zu diesem Zeitpunkt war Rapid der Verein mit den meisten Meisterschaftstiteln in Europa.

Unser langjähriger und erfolgreicher Trainer Otto Baric verließ Rapid, und sein Nachfolger wurde der Kroate Vlatko Marković. Die Mannschaft Rapids hatte ihren Leistungszenit erreicht, und es war an der Zeit, eine neue, kampfkräftige Truppe zu formen. Es gab 1988 noch sechs Spieler, die bereits 1982 die Meisterschaft gewonnen hatten. Neben weiteren bewährten Leistungsträgern standen mit Pecl, Schöttel, Blizenec, Gager, Herzog, Puza, F. Weber und Wurz nicht weniger als acht Spieler aus dem eigenen Nachwuchs im Kader. Eine gute Mischung, wie auch „Bimbo" bestätigte. Er gratulierte, dass es uns gelungen war, Marković als Trainer nach Hütteldorf zu holen, denn ihm traute „Bimbo" zu, wieder eine starke Rapid-Elf zu gestalten.

Es war ein feuchter und kalter Samstag, auf dem Programm stand das Meisterschaftsspiel gegen VSE St. Pölten, die Nachwuchsmannschaften standen vor der Südtribüne Spalier, als ich die Ehrengäste, unsere Alt-Rapidler, einzeln vorstellte, begrüßte und ihnen ein Jubiläumsgeschenk überreichte. Es hat mir immer sehr viel bedeutet, wenn ich mich gemeinsam mit meinem Vater in der Öffentlichkeit zeigen konnte.

So auch an diesem Tag. Das Jubiläum wurde dann im Anschluss an das Spiel in unseren VIP-Räumen noch ausgiebig gefeiert. 90 Jahre Rapid – und „Bimbo"

„Bimbo" auf seinem Stammplatz in der Ehrenloge des Hanappi-Stadions

Am 17. März 1899 wurde der Sportklub Rapid aus der Taufe gehoben, und fast genau auf den gleichen Tag, am 18. März 1989, wollten wir das 90-jährige Jubiläum unseres Vereines in Erinnerung bringen (Bild rechts). „Bimbo“ Binder, Rudi Raftl und Georg Schors (Bild links) treffen sich vor den Feierlichkeiten im VIP-Club.

Binder jun. überreicht Binder sen. am 18. März 1989 das Erinnerungsgeschenk zum 90-Jahr-Jubiläum des Sportklub Rapid.

Den 90er von Rapid feiern hier vier Generationen von Rapid-Spielern im neuen VIP-Club. Von links: Michael Konsel, Walter Zeman, Rudolf Flögel, Heribert Weber (schneidet die Jubiläumstorte an), Franz „Bimbo" Binder, Alfred Körner und Robert Dienst. Das ist das letzte Foto mit meinem Vater.

war davon 61 Jahre mit seinem Lieblingsverein verbunden. Wie immer an solchen Ehrentagen wurde die Tradition des österreichischen Rekordmeisters hoch, gehalten, Geschichten aus der Vergangenheit erzählt, und alle Anwesenden freuten sich über die Erfolge der letzten Jahre. Es war eine sehr schöne Feier, und als ich meinen Vater nach Hause brachte, ahnte ich nicht, dass es unser letztes gemeinsames Feiern war.

Anfang April hatte mein Vater eine schwere Verkühlung, aber wie immer weigerte er sich, zum Arzt zu gehen. Am Donnerstag, dem 13. April, sprachen wir noch über das Meisterschaftsspiel gegen Innsbruck am Samstag, und da er noch hustete, sollte er diesmal auf den Stadionbesuch verzichten und zu Hause bleiben. Am Freitagmorgen hatte er einen Lungeninfarkt und war nicht mehr bei Bewusstsein, als der Notarzt eintraf. Er musste sogar noch vor dem Abtransport reanimiert werden, da das Herz aussetzte.

Er kam auf die Intensivstation im Hanusch-Krankenhaus, wo uns nach eingehender Untersuchung der Chefarzt mitteilte, dass mein Vater durch Sauerstoffmangel im Gehirn im Koma liegt. Der Arzt konnte uns, nach Auswertung der Untersuchungsergebnisse, keine Hoffnung auf eine Genesung machen. Nach zehn Tagen auf der Intensivstation gab auch das starke Herz meines Vaters auf, und am Morgen des 24. April 1989 kam die Nachricht von seinem Ableben.

Die Rapid-Familie, seine Freunde, ehemalige Kollegen und Fans, Vertreter aus der Politik, der Wirtschaft, der Kunst, der Stadt Wien und St. Pölten, der Fußballverbände aus Österreich und Deutschland und von Vereinen, bei denen er als Trainer tätig war, wollten ihm unbedingt die letzte Ehre erweisen. Hunderte von Personen gaben meinem Vater auf dem Baumgartner Friedhof das letzte Geleit, sodass die Waidhausenstraße im 14. Bezirk polizeilich gesperrt werden musste. Viele TV-Stationen zeichneten das Begräbnis auf. Ehrenpräsident Anton Benya, ein jahrzehntelanger Freund und Verehrer meines Vaters, wollte die Trauerrede halten, war aber dann von Gefühlen so übermannt, dass ÖFB-Präsident Mauhart als Redner einspringen musste. Zu Lebzeiten hatte mein Vater davon gesprochen, dass er sich für sein Begräbnis das Lied „Schau dir deine Freunde gut an", welches für sein Leben eine ganz besondere Bedeutung hatte, wünsche.

Als dieses Wienerlied erklang, hatten viele Trauergäste Tränen in den Augen. Es war für mich ein besonders trauriger Tag, meinen lieben Vater, treuen Freund, Berater und Beschützer verloren zu haben. Die Gemeinde wandelte unsere private Grabstätte in ein Ehrengrab der Stadt Wien um, in das „Bimbo" jetzt neben seiner geliebten, so früh verstorbenen Tochter Elisabeth zu seiner letzten Ruhe gebettet wurde. Nicht weit vom Grab meines Vaters ist auch sein Entdecker Dionys Schönecker begraben – Schönecker und Binder, die wesentlich für die Entwicklung und Gestaltung des SK Rapid zu einem europäischen Spitzenverein verantwortlich waren. Steht man vor einem dieser beiden Gräber und blickt nach Westen, sieht man die Flutlichtmasten des Gerhard-Hanappi-Stadions, und „Einheimische" erkennen auch den Ort, an dem die legendäre Pfarrwiese stand. Schießt Rapid ein Tor, so kann man den Jubel der Fans auch bis ans Grab meines Vaters hören.

Auch heute noch sind die große Popularität und die sportlichen Erfolge von Franz „Bimbo" Binder in der Sportöffentlichkeit nicht vergessen. Zu jedem Jubiläum, wie z.B. 100 und 110 Jahre Rapid, oder im Gedenken an große sportliche Ereignisse Rapids erinnern sich die Medien und die Sportöffentlichkeit an die großen Leistungen des Rapid-Idols.

Der SK Rapid legt großen Wert auf die Tradition des österreichischen Rekordmeisters und die lange und überaus erfolgreiche Vereinsgeschichte mit den vielen Spielerpersönlichkeiten, um diese auch bei der heutigen und der kommenden Fangeneration in Erinnerung zu halten.

Für mich als Sohn und großer Bewunderer von Franz „Bimbo" Binder war es ein Bedürfnis, anlässlich seines 100. Geburtstags am 1. Dezember 2011 mit diesem Buch meinem Vater ein Denkmal zu setzen.

In der Keisslergasse, an der Südtribüne, ist der SK Rapid dabei, einen „green-white-walk" und ein Rapid-Museum einzurichten. Am 8. Mai 2010 wurde die Ehrentafel für „Bimbo" Binder feierlich von Präsident Edlinger enthüllt.

Statistik

Name: **Geboren am:** **Verstorben am:**	Franz „Bimbo“ Binder 1. Dezember 1911 in St. Pölten 24. April 1989 (Ehrengrab auf dem Baumgartner Friedhof)
1926 – 1930	Spieler beim ASV Sturm 19 St. Pölten
1930 – 1949	Spieler beim SK Rapid Wien ab 1933 bis 1947 österreichischer Nationalspieler, auch Kapitän der Nationalmannschaft ab 1939 bis 1941 deutscher Nationalspieler ab 1946 bis 1949 Spieler und Sektionsleiter (Trainer) beim SK Rapid
1946 – 1952	Sektionsleiter (Trainer) beim SK Rapid (Staatsliga)
1952 – 1954	Trainer bei SSV Jahn Regensburg (Bayern-Liga und Süddeutsche Liga)
1954 – 1960	Trainer beim 1. FC Nürnberg (Süddeutsche Oberliga, 2 x Qualifikation für die deutsche Meisterschaft)
1960 – 1962	Trainer beim PSV Eindhoven (Eredivisie Niederlande)
1962 – 1966	Sektionsleiter (Trainer) beim SK Rapid Wien (Staatsliga)
1966 - 1968	Trainer bei SSV Jahn Regensburg (Bayern-Liga > Regionalliga Süd)
1968 - 1969	Trainer bei SW Bregenz (Staatsliga)
1969 – 1970	Trainer beim TSV 1860 München (Deutsche Bundesliga)
1972 – 1973	Trainer beim 1. FC Nürnberg (Amateure)
1975 – 1976	Sektionsleiter (Trainer) beim SK Rapid Wien (Bundesliga)

Als Spieler	
6 x österreichischer Fußballmeister	1935 - 1938 - 1940 - 1941 - 1946 - 1948
1 x österreichischer Pokalsieger	1946
1 x Double (Meister & Pokalsieger)	1946
1 x deutscher Pokalsieger	1938
1 x deutscher Meister	1941
6 x österreichischer Schützenkönig (davon 5 in Serie)	1933 (25 Tore) - 1937 (29) - 1938 (22) - 1939 (27) - 1940 (18) - 1941 (27)
3 x Wiens populärster Fußballer	1947 – 1948 – 1949
1 x Österreichs populärster Fußballer	1949
Als Sektionsleiter und Trainer	
4 x österreichischer Fußballmeister	1946 - 1948 - 1951 - 1964
2 x österreichischer Cupsieger	1946 - 1976
1 x Double (Meister und Cupsieger)	1946
Zentropacup-Sieger mit Rapid	1951
Aufstieg mit Jahn Regensburg in die süddeutsche Oberliga	1954
1 x Meister der süddeutschen Oberliga und Qualifikation für die deutsche Meisterschaft mit dem 1. FC Nürnberg	1957
2. der süddeutschen Oberliga und Qualifikation für die deutsche Meisterschaft mit dem 1. FC Nürnberg	1958
2. der niederländischen Meisterschaft mit PSV Eindhoven	1962
Aufstieg mit Jahn Regensburg in die Bayern-Liga	1967
Wahl ins „Rapid-Team des Jahrhunderts“	1999

Spiele und Tore von 1930 bis 1949				
	Spiele:	Tore:	Spiele:	Tore:
SPIELE / TORE FÜR DEN SK RAPID:				
Österreichische Meisterschaft:	245	271		
Wiener Cup:	35	66		
Mitropacup:	10	13		
Turnierspiele:	38	52		
Nationale Freundschaftsspiele:	153	274		
Internationale Freundschaftsspiele:	182	247		
Rapid kombiniert:	1	3		
Deutsche Meisterschaft:	17	25		
Deutscher Pokal:	19	33		
Summe Spiele / Tore für den SK Rapid:			**700**	**984**
A-Team Österreich:			19	16
B-Team Österreich:			2	2
Wiener Auswahl:			15	25
„Ostmark"-Auswahl:			9	8
Deutsche Nationalmannschaft:			9	10
TOTAL:			**754**	**1045**
Sportklub Rapid – Reservemannschaft 1930-31:			44	110
TOTAL*:			**798**	**1155**

* Über die Spiele und Tore, die Binder zwischen 1925 und 1930 für Sturm 19 St. Pölten und für die Auswahlmannschaften des VAFÖ Niederösterreich erzielte, gibt es leider keinerlei Aufzeichnungen.

Mir war schon immer bewusst, dass mein Vater zu den Besten dieser Welt zählt. Aber erst durch den genauen Vergleich und die Aufarbeitung der Daten und Statistiken seiner internationalen Kollegen aus der Vergangenheit, aus „Bimbos" Zeit und den heutigen Goalgettern konnte ich feststellen: Egal, wie man es betrachtet, er steht ganz oben an der Spitze.

Analysen der Tore, Spiele und Quoten der besten Goalgetter

Vom Meisterschaftsstart 1911/12 bis zum Ende des Zweiten Weltkrieges hatte die heimische Meisterschaft überwiegend 10 Vereine. Es gab aber durch Aufstockungen und das Testen von neuen Meisterschaftssystemen auch Saisonen mit 11, 12 und 13 Vereinen. Dies bedeutet für einen Spieler in einer 10er-Liga mit Hin- und Rückspiel, dass er maximal 18 Mal in einer Spielsaison für seinen Verein in der Meisterschaft antreten kann. Das ist sehr wenig, wenn man bedenkt, dass seit der Gründung der heutigen Bundesliga 36 Meisterschaftsspiele pro Saison auf dem Programm stehen. Dies erklärt auch, dass die Anzahl der Pflichtspiele der Vorkriegsspieler gegenüber den heutigen wesentlich niedriger ist. Umso bemerkenswerter sind die Trefferzahlen der damaligen Torschützen bzw. der Vereine in einer Spielsaison. Darüber gibt der Torquotient (Tore : Spiele) die beste Erklärung über die tatsächlichen Qualitäten eines Goalgetters ab.

Torrekorde in Pflichtspielen

Einen sensationellen WELTREKORD hält Franz„Bimbo" Binder in der aussagekräftigsten Kategorie: Pflichtspiele/Tore.

Binder spielte in seiner Karriere 379 Pflichtspiele* und erzielte dabei 469 Tore. Dies ergibt einen Torquotienten von 1,24, den kein anderer Spieler dieser Welt, weder Pelé, Gerd Müller, Krankl oder ein anderer, auch nur annähernd erreichte.

Franz „Bimbo" Binder **Pflichtspiele/Tore von 1930 bis 1949**	**Pflichtspiele**	**Tore**
Österreichische Meisterschaft:	244	271
Wiener Cup:	35	66
Mitropacup:	10	13
Deutsche Meisterschaft:	17	25
Deutscher Pokal:	19	33
A-Team Österreich:	19	16
B-Team Österreich:	2	2
Wiener Auswahl:	15	25
„Ostmark"-Auswahl:	9	8
Deutsche Nationalmannschaft:	9	10
Torquotient: 1,24 = „WELTREKORD"	**379***	**469**

*Pflichtspiele sind Einsätze in der höchsten Spielklasse einer Nation der österreichischen und deutschen Meisterschaft, Pokal (Cup), und Mitropacup mit Rapid, im österreichischen A- und B-Team, „Ostmark"- und Wiener Auswahl sowie in der deutschen Nationalmannschaft.

Tore in Meisterschaftsspielen

Zu den besten Torjägern in der Vereinsgeschichte des SK Rapid zählt zweifelsfrei auch Pepi Uridil, der erstmals 1921 in der „Gründerzeit" für Rapid Torschützenkönig wurde. Franz „Bimbo" Binder wurde 6 x (!) Schützenkönig der Zwischenkriegszeit, davon fünfmal hintereinander (1933, 1937–1941), Robert Dienst war in den erfolgreichen 50er Jahren 4 x (1951, 1953, 1954, 1957) an der Spitze, und Johann Krankl, Rekordtorschützenkönig von 1978 mit 41 Treffern, wurde in jüngster Vergangenheit 4 x Erster (1971, 1974, 1978,1983).

Nr. 1 der Torjäger des SK Rapid in Meisterschaftsspielen mit dem besten Torquotienten und damit der effizienteste ist **Robert Dienst**, er erreichte in der Saison 1950/1951 mit 38 Toren in 23 Einsätzen den Torquotienten von **1,652** Toren/Spiel.

Nr. 2 ist gemeinsam **Franz „Bimbo" Binder**, der in der Saison 1938/1939 mit 27 Tore in 17 Spielen einen Torquotienten von **1,59** Toren/Spiel erreichte, mit **Pepi Uridil,** der 1921 den gleichen Torquotienten mit 35 Toren in 22 Spielen erreichte.

Nr. 4 ist **Wilhelm Aurednik** mit einem Torquotienten von **1,40** mit 28 Toren in 20 Spielen der Saison 1945/46.

Hans Krankl erreichte einen Torquotienten von **1,14** Toren/Spiel mit der Rekordzahl von 41 Toren in 36 Spielen in der Saison 1977/1978.

Objektiv betrachtet, unter Berücksichtigung der Anzahl der Spiele, der erzielten Tore, der Länge der Vereinszugehörigkeiten, der Persönlichkeit und des Beliebtheitsgrades bei den Fans steht Franz „Bimbo" Binder vor dem „Goleador" Krankl und Robert Dienst bei Rapid und in Österreich an der Spitze.

Torschützenkönig höchste Spielklasse

Ein EUROPAREKORD sind Franz „Bimbo“ Binders sechs Titel als österreichischer Torschützenkönig (1933, 1937–1941), davon fünf in Folge.

In der Weltrangliste der Torjäger der Kategorie „Tore in der Karriere“ liegt „Bimbo“ hinter zwei Brasilianern an dritter Stelle.

Viele der berühmten Torjäger mit langen Karrieren, wie Ferenc Puskás, Sándor Kocsis, Alfredo di Stefano, Pedro Rocha, Gunnar Nordahl, Hughie Gallacher, Eusebio da Silva Ferreira, Branco Zebec, Silvio Piola, Gianni Riviera, Luigi Riva, George Best, Johann Cruyff, van Basten, Jimmy Greaves, Bobby Charlton, Gerd Müller, Uwe Seeler, Hans Krankl, Leonel Sánchez, Leônidas da Silva, Georgi Asparuhov oder Adolfo Pedernera oder José Moreno erreichten nicht einmal mehr Tore als Spiele.

Die besten Torschützen der Welt

Die RANGLISTE DER WELTBESTEN basiert auf Daten der FIFA und der jeweiligen Landesverbände und sieht wie folgt aus:

In der Karriere erzielte Tore:

1. Arthur Friedenreich (BRA) mit 1329 Toren / 944 Spielen in 26 Jahren von 1909 bis 1935.
2. Edson Arantes do Nacimento „Pelé“ (BRA) mit 1283 Toren / 1.363 Spielen in 21 Jahren von 1956 bis 1977.
3. **Franz „Bimbo“ Binder (AUT) mit 1155 Toren / 797 Spielen in 19 Jahren von 1930 bis 1949.**

Die vorstehende „Weltrangliste“ basiert nur auf der Anzahl der erzielten Tore einer Fußballerkarriere. Es wurden alle Tore aus Pflichtspielen, Freundschafts- oder Juxspielen aus einer Spielerkarriere berücksichtigt.

Anders sieht diese „Weltrangliste“ aus, wenn man auch die Anzahl der Spiele und die Dauer der einzelnen Spielerkarrieren in die Analyse mit einbezieht.

Beim Torquotienten (Tore/Spiel) liegt:

Franz „Bimbo“ Binder mit 1,45 an erster Stelle
vor Friedenreich mit 1,41 und Pelé mit 0,94.

Nimmt man die Anzahl der pro Karrierejahr erzielten Tore, so liegen hier „Bimbo“ und „Pele“ mit 61 Toren/Jahr an der Spitze
vor Friedenreich mit 51 Toren/Jahr.

Bringt man bei **Franz „Bimbo“ Binder** die 3 Jahre von 1942 bis 1945 die er beim Militär und praktisch ohne Spiele verbrachte in Abrechnung, so dauerte seine reine Fußballkarriere nur 16 Jahre.

Franz „Bimbo“ Binder hat mit seinen Toren in 16 aktiven Jahren (72 Tore/Jahr) auch Pelé (61 Tore/Jahr) klar geschlagen.

Mehr Tore als Spiele erreichte „Bimbo" …

	Tore	Spiele
… in der österreichischen Meisterschaft	271	244
… im Wiener Pokal	66	35
… im Mitropacup	13	11
… in Fußballturnieren	52	38
… in nationalen Freundschaftsspielen	274	153
… in internationalen Freundschaftsspielen	247	182
… im deutschen Pokal	33	19
… in der deutschen Meisterschaft	25	17
… in der Wiener Auswahl	25	15
… im deutschen Nationalteam	10	9

Lediglich in der österreichischen Nationalmannschaft – 16 Tore in 19 Spielen – und in der „Ostmark"-Auswahl – acht Tore in neun Spielen – verpasste er knapp einen positiven Torquotienten.

Tore für den Deutschen Fußball-Bund

Eine interessante Statistik hat der Deutsche Fußball-Bund in seinen Unterlagen. In der deutschen Nationalmannschaft haben nur 10 Spieler durchschnittlich mehr als ein Tor pro Spiel, bei mindestens drei absolvierten Spielen, erzielt:

	Tore / Spiele	Tore pro Spiel
1. Gottfried Fuchs	14 / 6	2,33
2. Ludwig Damminger und Ernst Poertgen	5 / 3	1,67
4. Ernst Willimowski	13 / 8	1,63
5. Georg Frank und Oskar Rohr	5 / 4	1,25
7. August Klinger	6 / 5	1,20
8. FRANZ „BIMBO" BINDER	**10 / 9**	**1,11**
9. Gerd Müller	68 / 62	1,10
10. Helmut Schön	17 / 16	1,06

Die meisten bzw. wichtige Tore erzielte „Bimbo“ Binder ...

... in der österreichischen Meisterschaft:	**7 Tore** beim 13:1-Sieg über Wiener Neustadt 1939
... im Wiener Cup:	**5 Tore** beim 6:3-Sieg über Wacker Wien 1939
... im Mitropacup:	**3 Tore** beim 4:1-Sieg über Bologna 1934
... in nationalen Freundschaftsspielen:	**4 x 6 Tore, 8 x 5 Tore und 17 x 4 Tore**
... in internationalen Freundschaftsspielen:	**6 Tore** beim 13:1-Sieg gegen Sundsvall 1947
	4 Tore gegen Slavia Prag 1939
	3 Tore gegen Manchester City 1935
	3 Tore gegen Glasgow Rangers 1939
	3 Tore gegen FC Basel 1932
... in der deutschen Meisterschaft:	**6 Tore** beim 7:0-Sieg über den FC Graslitz 1940
	3 Tore (Hattrick) beim 4:3-Sieg über Schalke 04 im Endspiel 1941
... im deutschen Pokal:	**5 Tore** beim 7:1-Sieg über Blau-Weiß Berlin
... im österreichischen A-Team:	**4 x 2 Tore** gegen Belgien 1933, Schweiz 1936, Ungarn 1947, ČSR 1946
... in der „Ostmark“-Auswahl:	**3 Tore** gegen Schlesien 1940
... in der deutschen Nationalmannschaft:	**3 Tore** gegen Weltmeister Italien beim 5:2-Sieg in Berlin 1939

Jubiläumstore für Rapid in der Meisterschaft

1400. Tor am 26.03.1933	SK Rapid – FC Wien	2:1
1600. Tor am 15.09.1935	SK Rapid – WAC	5:3
1700. Tor am 12.05.1937	SK Rapid – Post SV	6:2

Franz „Bimbo“ Binders Derbybilanz gegen Austria Wien

Er spielte in 25 Meisterschaftsderbys gegen die Violetten. Mit 14 Siegen, 5 Remis bei nur 6 Niederlagen ist hier die Bilanz positiv. Zweimal erzielte er 4 Tore. Seine höchsten Siege gegen Austria Wien waren 9:2 (1939) mit 4 Toren, 7:2 (1945) 2 Tore, 5:1 (1946) 4 Tore und 5:2 (1938) mit 2 Toren.

„Sportfunk“-Wahl zum populärsten Fußballer

1946/47, 1947/48 und 1948/49 wurde „Bimbo“ Binder in der vom „Sportfunk“ durchgeführten Fußballerwahl zum populärsten Fußballer in Wien gewählt. Wie bei seinen Toren erreichte „Bimbo“ auch hier einen lupenreinen Hattrick. 1948/49 zählte die Fußballerwahl des „Sportfunk“ für alle österreichischen Spieler. Durch die meisten Wählerstimmen wurde „Bimbo“ daher auch Österreichs populärster Fußballer.

Sportklub Rapid – „Team des Jahrhunderts

Leserwahl 1999 des „Rapid-Magazin“

Michael Konsel

Ernst Happel   Heribert Weber   Peter Schöttel

Antonin Panenka   Andreas Herzog   Gerhard Hanappi   Dietmar Kühbauer

Josef Uridil   Hans Krankl   **Franz „Bimbo“ Binder**

Auszeichnungen – Medaillen – Erinnerungen

Im Frühjahr 1945, unmittelbar bevor die sowjetische Armee in Wien einrückte, hatte meine Mutter Erna die Meisterschaftsmedaillen, Abzeichen, persönliche Erinnerungsgegenstände und eine große Zahl von Fotos meines Vaters aus der Zeit von 1930 bis 1942 zu ihren Verwandten nach St. Pölten geschickt. Aus Angst, die Russen würden alles beschlagnahmen, versteckte ihre Tante die Sport-Utensilien meines Vaters hinter einer Mauer unter der Kellerstiege ihres noch nicht fertiggestellten Hauses. Die Russen fanden das Versteck, nahmen alle Wertgegenstände mit und verbrannten im Garten die Sportfotos gemeinsam mit dem kargen Hausrat und einem Marillenbaum. Unwiederbringliche Andenken sind leider verlorengegangen. Ironie des Schicksals: Hätte meine Mutter die Auszeichnungen und Andenken meines Vaters in Wien gelassen, es wäre überhaupt nichts passiert. Während der ganzen Besatzungszeit sind nur einmal russische Soldaten durch den Gemeindebau gegangen.

1933

Kleiner, silberner, persönlicher Erinnerungspokal des Schottischen Fußballverbands an das Länderspiel Schottland – Österreich 2:2 am 29. November 1933 in Glasgow

1937

Erinnerungsmedaille des Französischen Fußballverbands an das Länderspiel Frankreich – Österreich 1:2 (1 Binder-Tor) am 24. Januar 1937 in Paris

1939

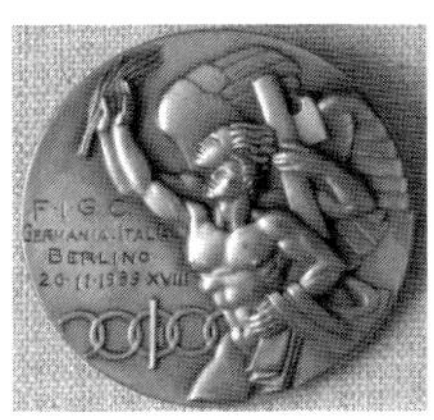

Erinnerungsmedaille des Italienischen Fußballverbands an das Länderspiel „Großdeutschland" – Italien (Weltmeister) 5:3 (3 Binder-Tore) am 26. November 1939 in Berlin

1939

Ehrennadel in Silber für den deutschen Pokalsieg

1940

Ehrennadel in Bronze für den dritten Platz in der deutschen Meisterschaft

1941

Ehrennadel in Gold für die deutsche Meisterschaft

1941

Berliner Bär (Porzellan), Erinnerung von der Stadt Berlin für die deutsche Meisterschaft

1946

Erinnerungsmedaille des WFV für den österreichischen Cupsieg

1946

Erinnerungsmedaille des WFV für die österreichische Meisterschaft 1945/46

1948

Populärster Fußballspieler Wiens

1949

Populärster Fußballspieler Österreichs

1962

Erinnerungsmedaille des DFB für neun Spiele in der deutschen Nationalmannschaft 1939–1941

1967

Ehrenmedaille der Stadt Regensburg

1972

Goldenes Verdienstzeichen des Landes Wien, überreicht durch Bürgermeister Slavik zum 60. Geburtstag

1976

ÖFB österreichischer Cupsieger 1975/76

1976

Ehrenmitglied des BÖFL
zum 70. Geburtstag

1981

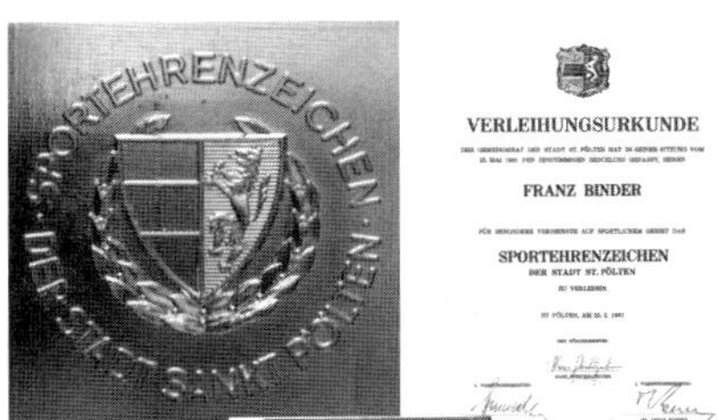

Sportehrenzeichen der Stadt St. Pölten
zum 70. Geburtstag

Sportehrenzeichen der Stadt St. Pölten
als Anstecknadel

1986

Ehrenabzeichen des WFV
zum 75. Geburtstag

1986

„Rathausmann“ der Stadt Wien zum 75. Geburtstag

1986

Goldenes Ehrenabzeichen des NÖFV zum 75. Geburtstag

1986

Goldener Ehrenring des ÖFB zum 75. Geburtstag

Franz „Bimbo“ Binder

Alle Spiele / Tore (Kampfmannschaft SK Rapid / österreichische Auswahlmannschaften / deutsche Nationalmannschaft) vom 25.03.1930 bis zum 09.06.1949

Spiele	Datum	Gegner	Ergeb.	Tore	Bewerbe
1.	25.03.1930	Slovan	N 1:2	0	Wiener Cup
2.	28.04.1930	W S C	N 2:3	0	Wiener Cup
3.	20.09.1930	Post SV	S 4:0	1	Nationales Freundschaftsspiel
4.	12.10.1930	Slovan	S 4:1	2	Österreichische Meisterschaft
5.	16.12.1930	Concordia Basel	S 10:0	1	Internationales Freundschaftsspiel
6.	02.05.1931	Hertha	S 5:0	1	Nationales Freundschaftsspiel
7.	21.06.1931	Budweis	S 15:0	2	Internationales Freundschaftsspiel
8.	28.06.1931	Slavia Prag	N 1:2	0	Internationales Freundschaftsspiel
9.	29.06.1931	Legja Warschau	S 5:2	1	Internationales Freundschaftsspiel
10.	22.08.1931	PSV Chemnitz	S 5:1	1	Internationales Freundschaftsspiel
11.	04.10.1931	Slavia Brünn	S 6:0	3	Internationales Freundschaftsspiel
12.	11.10.1931	Brigittenauer AC	N 0:2	0	Österreichische Meisterschaft
13.	29.11.1931	Soproni Vasutas	S 11:3	5	Internationales Freundschaftsspiel
14.	06.12.1931	Sparta Prag	N 2:3	0	Internationales Freundschaftsspiel
15.	08.12.1931	SK Bata Zlin	S 10:3	4	Internationales Freundschaftsspiel
16.	13.12.1931	W S C	S 6:1	1	Österreichische Meisterschaft
17.	20.12.1931	Admira	S 10:2	4	Nationales Freundschaftsspiel
18.	25.12.1931	Slovan	U 2:2	1	Turnier
19.	26.12.1931	Hakoah	S 12:1	2	Turnier
20.	27.12.1931	Nemzete Budapest	S 4:0	0	Turnier
21.	01.01.1932	FC Sevette Genf	N 2:4	0	Internationales Freundschaftsspiel
22.	03.01.1932	F A C	S 2:1	0	Nationales Freundschaftsspiel
23.	06.01.1932	FC Locarno	S 8:1	3	Internationales Freundschaftsspiel
24.	09.01.1932	FC Basel	S 5:0	3	Internationales Freundschaftsspiel
25.	10.01.1932	Lausanne Sports	U 3:3	2	Internationales Freundschaftsspiel
26.	24.01.1932	Landstraßer Amateure	S 11:3	4	Wiener Cup
27.	31.01.1932	Rudolfsheimer SV	S 16:1	5	Nationales Freundschaftsspiel
28.	07.02.1932	W S C	S 5:4	1	Österreichische Meisterschaft
29.	14.02.1932	Rapid Amateure	S 8:1	2	Wiener Cup
30.	21.02.1932	W A C	U 1:1	0	Österreichische Meisterschaft
31.	28.02.1932	Nicholson	N 1:4	0	Österreichische Meisterschaft
32.	06.03.1932	Slovan	S 3:2	3	Österreichische Meisterschaft
33.	13.03.1932	Brigittenauer AC	S 4:0	0	Österreichische Meisterschaft
34.	27.03.1932	Boldklub Akademisk	S 4:2	0	Internationales Freundschaftsspiel
35.	28.03.1932	Auswahl Kopenhagen	U 3:3	0	Internationales Freundschaftsspiel
36.	23.04.1932	SK Vasas Bratislava	S 10:2	2	Internationales Freundschaftsspiel
37.	30.04.1932	SK Minerva Berlin	S 5:2	0	Internationales Freundschaftsspiel
38.	16.05.1932	Hungaria Budapest	S 4:1	1	Turnier
39.	22.05.1932	Somogyi Kaposvar	U 2:2	0	Internationales Freundschaftsspiel

N = Niederlage S = Sieg U = Unentschieden

Spiele	Datum	Gegner	Ergeb.	Tore	Bewerbe
40.	01.06.1932	Sturm 19 St. Pölten	S 8:1	3	Nationales Freundschaftsspiel
41.	25.06.1932	F A C	S 4:2	1	Österreichische Meisterschaft
42.	02.07.1932	Primorje Laibach	S 8:0	1	Internationales Freundschaftsspiel
43.	03.07.1932	Ilirija Laibach	S 3:0	0	Internationales Freundschaftsspiel
44.	31.07.1932	Eimsbüttel Hamburg	S 9:5	1	Internationales Freundschaftsspiel
45.	03.08.1932	Dampfer Bremen	S 7:1	2	Internationales Freundschaftsspiel
46.	06.08.1932	SK Minerva	N 1:2	0	Internationales Freundschaftsspiel
47.	07.08.1932	Preußen Münster	S 11:1	1	Internationales Freundschaftsspiel
48.	15.08.1932	G A K	S 4:0	1	Nationales Freundschaftsspiel
49.	21.08.1932	Austria	N 1:3	1	Nationales Freundschaftsspiel
50.	24.08.1932	Vorwärts 06	U 3:3	1	Nationales Freundschaftsspiel
51.	04.09.1932	Vienna	N 2:3	0	Österreichische Meisterschaft
52.	11.09.1932	Brigittenauer AC	S 2:1	0	Österreichische Meisterschaft
53.	18.09.1932	F A C	U 1:1	0	Österreichische Meisterschaft
54.	25.09.1932	Wacker Wien	S 4:1	1	Österreichische Meisterschaft
55.	01.10.1932	Libertas	S 2:0	1	Nationales Freundschaftsspiel
56.	09.10.1932	W S C	S 5:3	2	Österreichische Meisterschaft
57.	16.10.1932	W A C	S 3:1	0	Österreichische Meisterschaft
58.	22.10.1932	DSV Saaz	N 0:1	0	Internationales Freundschaftsspiel
59.	23.10.1932	Victoria Pilsen	S 5:1	2	Internationales Freundschaftsspiel
60.	30.10.1932	Admira	S 7:4	6	Österreichische Meisterschaft
61.	01.11.1932	Törekves Budapest	S 10:2	3	Internationales Freundschaftsspiel
62.	06.11.1932	Hakoah	S 5:2	0	Österreichische Meisterschaft
63.	20.11.1932	Austria	N 0:2	0	Österreichische Meisterschaft
64.	18.12.1932	Austria	S 6:3	1	Nationales Freundschaftsspiel
65.	25.12.1932	AC Bellinzona	S 14:0	1	Internationales Freundschaftsspiel
66.	01.01.1933	FC Livorno	N 3:4	2	Internationales Freundschaftsspiel
67.	08.01.1933	Rapid Wieden	S 22:0	2	Nationales Freundschaftsspiel
68.	15.01.1933	„Ostmark“	S 12:0	1	Nationales Freundschaftsspiel
69.	21.01.1933	FC Liverpool	N 2:5	1	Internationales Freundschaftsspiel
70.	28.01.1933	Leicester City	S 3:1	1	Internationales Freundschaftsspiel
71.	12.02.1933	Neubau	S 17:2	5	Wiener Cup
72.	19.02.1933	Austria	N 4:6	2	Wiener Cup
73.	26.02.1933	W S C	S 4:1	2	Österreichische Meisterschaft
74.	05.03.1933	W A C	N 1:3	0	Österreichische Meisterschaft
75.	12.03.1933	Admira	S 4:2	2	Österreichische Meisterschaft
76.	19.03.1933	Hakoah	S 4:0	3	Österreichische Meisterschaft
77.	26.03.1933	FC Wien	S 2:1	2	Österreichische Meisterschaft
78.	02.04.1933	Austria	S 2:0	1	Österreichische Meisterschaft
79.	08.04.1933	Bonner FV	S 6:2	3	Internationales Freundschaftsspiel
80.	09.04.1933	Groß-Oberhausen	U 2:2	0	Internationales Freundschaftsspiel
81.	12.04.1933	Fortuna Düsseldorf	U 2:2	2	Internationales Freundschaftsspiel
82.	16.04.1933	Berschoot FC	S 6:2	3	Internationales Freundschaftsspiel

Spiele	Datum	Gegner	Ergeb.	Tore	Bewerbe
83.	17.04.1933	Vienna	U 3:3	2	Nationales Freundschaftsspiel
84.	23.04.1933	Ujpest Dosza	S 6:1	1	Internationales Freundschaftsspiel
85.	30.04.1933	Teplitzer FK	U 1:1	0	Internationales Freundschaftsspiel
86.	01.05.1933	Karlsbader FK	S 6:3	1	Internationales Freundschaftsspiel
87.	03.05.1933	Sparta Karlsbad	S 6:1	3	Internationales Freundschaftsspiel
88.	07.05.1933	Libertas	S 5:1	1	Österreichische Meisterschaft
89.	14.05.1933	Vienna	N 1:4	0	Österreichische Meisterschaft
90.	17.05.1933	Wacker Wien	S 7:2	1	Österreichische Meisterschaft
91.	21.05.1933	Brigittenauer AC	S 3:0	0	Österreichische Meisterschaft
92.	24.05.1933	Slavia Prag	U 1:1	0	Internationales Freundschaftsspiel
93.	28.05.1933	F A C	S 2:1	2	Österreichische Meisterschaft
94.	04.06.1933	Glasgow Rangers	S 4:3	3	Internationales Freundschaftsspiel
95.	07.06.1933	Belgrader SK	S 5:2	0	Internationales Freundschaftsspiel
96.	11.06.1933	Belgien (in Wien)	S 4:1	2	1. Einsatz im A-Team Österreich
97.	15.06.1933	Austria	U 3:3	1	Nationales Freundschaftsspiel
98.	18.06.1933	Budapest III. Bez.	S 8:0	1	Internationales Freundschaftsspiel
99.	24.06.1933	Belgrader SK	N 3:4	0	Internationales Freundschaftsspiel
100.	25.06.1933	Vojvodina Novi Sad	S 4:1	0	Internationales Freundschaftsspiel
101.	28.06.1933	B.A.S.K.	S 5:4	1	Internationales Freundschaftsspiel
102.	29.06.1933	SK Slavia	S 4:2	1	Internationales Freundschaftsspiel
103.	01.07.1933	Victoria Zagreb	S 2:1	1	Internationales Freundschaftsspiel
104.	02.07.1933	SpK Gradjanski	S 2:1	2	Internationales Freundschaftsspiel
105.	04.07.1933	Rapid Maribor	S 11:0	2	Internationales Freundschaftsspiel
106.	05.07.1933	G A K	S 4:1	0	Nationales Freundschaftsspiel
107.	08.07.1933	Team Oberösterreich	S 11:2	2	Nationales Freundschaftsspiel
108.	09.07.1933	SpV Urfahr	S 7:4	0	Nationales Freundschaftsspiel
109.	29.07.1933	Innsbrucker AC	S 16:2	4	Nationales Freundschaftsspiel
110.	30.07.1933	Turnerbund Lustenau	S 7:1	3	Nationales Freundschaftsspiel
111.	01.08.1933	FC Bern	S 9:4	4	Internationales Freundschaftsspiel
112.	03.08.1933	FC Luzern	S 3:1	0	Internationales Freundschaftsspiel
113.	05.08.1933	FC Brühl	S 8:1	2	Internationales Freundschaftsspiel
114.	06.08.1933	Young Fellows Zürich	S 2:1	1	Internationales Freundschaftsspiel
115.	08.08.1933	Turnerbund Lustenau	S 8:0	2	Nationales Freundschaftsspiel
116.	13.08.1933	Union Team	S 9:2	2	Nationales Freundschaftsspiel
117.	15.08.1933	Union „Grazer“ Team	S 8:1	3	SK Rapid - kombiniert
118.	20.08.1933	Admira	N 3:4	2	Nationales Freundschaftsspiel
119.	27.08.1933	Vienna	S 2:0	0	Österreichische Meisterschaft
120.	03.09.1933	Hakoah	S 2:0	0	Österreichische Meisterschaft
121.	10.09.1933	Donau	S 5:1	1	Österreichische Meisterschaft
122.	13.09.1933	Cracovia	S 6:0	2	Internationales Freundschaftsspiel
123.	17.09.1933	ČSR (in Prag)	U 3:3	0	2. MAl A-Team Österreich
124.	24.09.1933	Austria	N 0:1	0	Österreichische Meisterschaft
125.	30.09.1933	Nemzeti Budapest	S 8:1	5	Internationales Freundschaftsspiel
126.	08.10.1933	Admira	S 6:2	2	Österreichische Meisterschaft

Spiele	Datum	Gegner	Ergeb.	Tore	Bewerbe
127.	15.10.1933	W S C	S 2:1	1	Österreichische Meisterschaft
128.	22.10.1933	Libertas	U 3:3	2	Österreichische Meisterschaft
129.	01.11.1933	Slavia Prag	S 8:3	1	Internationales Freundschaftsspiel
130.	05.11.1933	Wacker Wien	S 6:3	2	Österreichische Meisterschaft
131.	12.11.1933	F A C	S 4:1	2	Österreichische Meisterschaft
132.	15.11.1933	Kremser SK	S 16:0	5	Nationales Freundschaftsspiel
133.	19.11.1933	FC Wien	S 3:0	1	Österreichische Meisterschaft
134.	22.11.1933	W A C	S 4:3	2	Österreichische Meisterschaft
135.	10.12.1933	Holland (in Amsterdam)	S 1:0	0	3. Mal A-Team Österreich
136.	25.12.1933	Szeged FC	S 8:3	3	Turnier
137.	26.12.1933	Favoritner SC	S 15:1	4	Turnier
138.	31.12.1933	DSV Saaz	S 6:1	2	Turnier
139.	01.01.1934	Vorwärts 06	S 8:1	6	Turnier
140.	06.01.1934	HASK Zagreb	S 15:1	4	Internationales Freundschaftsspiel
141.	07.01.1934	F A C	S 13:2	3	Nationales Freundschaftsspiel
142.	14.01.1934	Rudolfsheimer SV	S 10:1	1	Wiener Cup
143.	28.01.1934	Donau	U 5:5	2	Nationales Freundschaftsspiel
144.	04.02.1934	Astoria	S 8:1	4	Wiener Cup
145.	11.02.1934	Italien (in Turin)	S 4:2	1	4. Mal A-Team Österreich
146.	18.02.1934	W S C	N 1:2	0	Österreichische Meisterschaft
147.	25.02.1934	Libertas	S 6:3	1	Österreichische Meisterschaft
148.	04.03.1934	W A C	S 10:0	2	Österreichische Meisterschaft
149.	11.03.1934	Wacker Wien	N 3:4	1	Österreichische Meisterschaft
150.	14.03.1934	W S C	S 7:1	2	Wiener Cup
151.	25.03.1934	Schweiz (in Genf)	S 3:2	0	5. Mal A-Team Österreich
152.	28.03.1934	F A C	N 2:3	1	Österreichische Meisterschaft
153.	01.04.1934	Hungaria	S 4:0	1	Turnier
154.	02.04.1934	Ferencvaros Budapest	N 5:9	4	Turnier
155.	08.04.1934	FC Wien	N 1:2	0	Österreichische Meisterschaft
156.	11.04.1934	FC Wien	S 3:2	0	Wiener Cup
157.	14.04.1934	Rapid Wieden	S 16:0	5	Nationales Freundschaftsspiel
158.	22.04.1934	Vienna	N 1:2	0	Österreichische Meisterschaft
159.	29.04.1934	Hakoah	S 5:2	0	Österreichische Meisterschaft
160.	01.05.1934	Donau	S 8:1	3	Österreichische Meisterschaft
161.	06.05.1934	Austria	U 2:2	0	Österreichische Meisterschaft
162.	10.05.1934	Admira	N 0:8	0	Wiener Cup
163.	13.05.1934	Admira	S 3:0	0	Österreichische Meisterschaft
164.	20.05.1934	Vorwärts 06	S 6:1	1	Nationales Freundschaftsspiel
165.	21.05.1934	Burgtheater	S 3:1	2	Nationales Freundschaftsspiel
166.	27.05.1934	Slavia Brünn	S 4:2	1	Internationales Freundschaftsspiel
167.	31.05.1934	G A K	S 10:2	1	Nationales Freundschaftsspiel
168.	03.06.1934	SK Bratislava	S 3:1	1	Internationales Freundschaftsspiel
169.	10.06.1934	Sturm Graz	S 4:1	1	Nationales Freundschaftsspiel
170.	14.06.1934	Cricket	S 11:0	2	Nationales Freundschaftsspiel

Spiele	Datum	Gegner	Ergeb.	Tore	Bewerbe
171.	19.06.1934	Slavia Prag	S 3:1	0	Mitropacup
172.	24.06.1934	Slavia Prag	U 1:1	1	Mitropacup
173.	01.07.1934	FC Bologna	N 1:6	1	Mitropacup
174.	08.07.1934	FC Bologna	S 4:1	3	Mitropacup
175.	15.07.1934	St. Pöltener SK	S 11:1	0	Nationales Freundschaftsspiel
176.	05.08.1934	Badener AC	S 9:2	1	Nationales Freundschaftsspiel
177.	14.08.1934	Glasgow Rangers	N 1:3	1	Internationales Freundschaftsspiel
178.	15.08.1934	Hearts Edinburgh	N 1:5	1	Internationales Freundschaftsspiel
179.	19.08.1934	Bohemians Dublin	S 8:0	2	Internationales Freundschaftsspiel
180.	21.08.1934	Celtic Belfast	S 2:0	1	Internationales Freundschaftsspiel
181.	28.08.1934	Clapton Orient	S 3:2	2	Internationales Freundschaftsspiel
182.	02.09.1934	Libertas	S 7:1	2	Österreichische Meisterschaft
183.	09.09.1934	F A C	S 4:3	1	Österreichische Meisterschaft
184.	11.09.1934	Slavia Prag	S 3:2	1	Internationales Freundschaftsspiel
185.	16.09.1934	Vienna	U 0:0	0	Österreichische Meisterschaft
186.	23.09.1934	ČSR (in Wien)	U 2:2	1	6. Mal A-Team Österreich
187.	30.09.1934	Austria	S 3:1	1	Österreichische Meisterschaft
188.	06.10.1934	Favoritner AC	S 5:0	2	Nationales Freundschaftsspiel
189.	14.10.1934	Wacker Wien	S 7:5	1	Österreichische Meisterschaft
190.	21.10.1934	Admira	U 1:1	0	Österreichische Meisterschaft
191.	28.10.1934	Hakoah	S 5:1	1	Österreichische Meisterschaft
192.	01.11.1934	Sturm 19 St. Pölten	S 11:1	4	Nationales Freundschaftsspiel
193.	04.11.1934	FC Wien	U 3:3	1	Österreichische Meisterschaft
194.	10.11.1934	Badener AC	S 11:0	2	Nationales Freundschaftsspiel
195.	18.11.1934	W S C	S 3:2	1	Österreichische Meisterschaft
196.	25.11.1934	Favoritner SC	S 7:1	2	Österreichische Meisterschaft
197.	02.12.1934	W A C	S 4:2	0	Österreichische Meisterschaft
198.	08.12.1934	Hakoah	S 3:1	1	Nationales Freundschaftsspiel
199.	09.12.1934	Admira	N 5:7	2	Nationales Freundschaftsspiel
200.	16.12.1934	Gewerkschaftsbund	S 10:4	2	Nationales Freundschaftsspiel
201.	25.12.1934	Servette Genf	U 1:1	0	Internationales Freundschaftsspiel
202.	26.12.1934	Grasshoppers Zürich	S 4:1	1	Internationales Freundschaftsspiel
203.	30.12.1934	FC Livorno	S 3:2	1	Internationales Freundschaftsspiel
204.	01.01.1935	Lugano FC	N 1:3	0	Internationales Freundschaftsspiel
205.	02.01.1935	FC Biel	S 5:3	1	Internationales Freundschaftsspiel
206.	13.01.1935	Simmering	S 12:1	6	Nationales Freundschaftsspiel
207.	20.01.1935	Rapid Oberlaa	S 6:2	4	Wiener Cup
208.	27.01.1935	Amateure Atzgersdorf	S 13:1	6	Nationales Freundschaftsspiel
209.	17.02.1935	Admira	S 3:2	1	Österreichische Meisterschaft
210.	24.02.1935	Hakoah	S 8:1	2	Österreichische Meisterschaft
211.	10.03.1935	W A C	S 11:2	5	Österreichische Meisterschaft
212.	17.03.1935	W S C	S 5:2	0	Österreichische Meisterschaft
213.	24.03.1935	Italien B (in Livorno)	U 0:0	0	1. Mal B-Team Österreich

Spiele	Datum	Gegner	Ergeb.	Tore	Bewerbe
214.	31.03.1935	Paris (in Paris)	N 1:2	0	1. Mal Wien – Stadtauswahl
215.	04.04.1935	Wacker Wien	U 3:3	2	Wiener Cup
216.	10.04.1935	Wacker Wien	S 3:2	2	Wiener Cup
217.	14.04.1935	Prag (in Wien)	N 1:2	0	2. Mal Wiener Stadtauswahl
218.	17.04.1935	Libertas	S 3:1	0	Österreichische Meisterschaft
219.	17.04.1935	W S C	U 1:1	1	Wiener Cup
220.	21.04.1935	Sparta Prag	S 2:1	1	Turnier
221.	22.04.1935	Slavia Prag	S 4:2	2	Turnier
222.	28.04.1935	FC Wien	S 2:0	0	Österreichische Meisterschaft
223.	01.05.1935	Favoritner SC	S 4:1	2	Österreichische Meisterschaft
224.	05.05.1935	F A C	S 8:1	0	Österreichische Meisterschaft
225.	07.05.1935	Manchester City	N 3:5	3	Internationales Freundschaftsspiel
226.	12.05.1935	Polen (in Wien)	S 5:2	0	7. Einsatz A-Team Österreich
227.	15.05.1935	WSC	S 5:3	2	Wiener Cup
228.	16.05.1935	Sturm 19 St. Pölten	S 12:1	6	Nationales Freundschaftsspiel
229.	19.05.1935	Vienna	U 1:1	0	Österreichische Meisterschaft
230.	22.05.1935	W A C	N 4:5	2	Wiener Cup
231.	26.05.1935	Austria	S 5:2	1	Österreichische Meisterschaft
232.	02.06.1935	Wacker Wien	S 2:0	1	Österreichische Meisterschaft
233.	06.06.1935	FC Basel	S 2:0	0	Internationales Freundschaftsspiel
234.	09.06.1935	Lausanne Sports	U 4:4	3	Internationales Freundschaftsspiel
235.	10.06.1935	FC Bern	S 5:2	2	Internationales Freundschaftsspiel
236.	16.06.1935	SK Zidenice Brünn	N 2:3	0	Mitropacup
237.	23.06.1935	SK Zidenice Brünn	U 2:2	1	Mitropacup
238.	02.07.1935	1. Wr. Neustädter SK	S 6:2	2	Nationales Freundschaftsspiel
239.	06.07.1935	Badener AC	S 4:1	4	Nationales Freundschaftsspiel
240.	09.07.1935	Kremser Sportklub	S 7:1	3	Nationales Freundschaftsspiel
241.	13.07.1935	Rapid Hohenau	S 10:1	4	Nationales Freundschaftsspiel
242.	16.07.1935	Sturm 19 St. Pölten	S 7:1	2	Nationales Freundschaftsspiel
243.	20.07.1935	AC Marienthal	S 7:0	2	Nationales Freundschaftsspiel
244.	23.07.1935	SV Pitten	S 4:0	0	Nationales Freundschaftsspiel
245.	27.07.1935	SV Stockerau	S 7:1	3	Nationales Freundschaftsspiel
246.	31.07.1935	Polen A-Team	N 0:1	0	Internationales Freundschaftsspiel
247.	01.08.1935	Polen A-Team	U 2:2	0	Internationales Freundschaftsspiel
248.	18.08.1935	Hungaria	U 4:4	2	Internationales Freundschaftsspiel
249.	21.08.1935	Post SV	N 1:2	1	Nationales Freundschaftsspiel
250.	25.08.1935	Union Team	U 3:3	1	Nationales Freundschaftsspiel
251.	01.09.1935	Hakoah	S 1:0	0	Österreichische Meisterschaft
252.	08.09.1935	W S C	S 3:1	1	Österreichische Meisterschaft
253.	15.09.1935	W A C	S 5:3	2	Österreichische Meisterschaft
254.	22.09.1935	FC Wien	S 3:1	1	Österreichische Meisterschaft
255.	29.09.1935	Vienna	N 1:2	1	Österreichische Meisterschaft
256.	06.10.1935	Polen (in Warschau)	N 0:1	0	8. Mal A-Team Österreich

Spiele	Datum	Gegner	Ergeb.	Tore	Bewerbe
257.	13.10.1935	F A C	S 3:1	2	Österreichische Meisterschaft
258.	20.10.1935	Favoritner AC	S 5:1	1	Österreichische Meisterschaft
259.	27.10.1935	Admira	N 2:4	2	Österreichische Meisterschaft
260.	01.11.1935	Paris (in Paris)	N 5:6	3	3. Mal Wiener Stadtauswahl
261.	03.11.1935	Wacker Wien	U 2:2	0	Österreichische Meisterschaft
262.	10.11.1935	Libertas	N 1:2	0	Österreichische Meisterschaft
263.	17.11.1935	Austria	S 2:0	0	Österreichische Meisterschaft
264.	08.12.1935	Admira	N 2:4	1	Nationales Freundschaftsspiel
265.	15.12.1935	ASK Schwechat	S 5:3	3	Wiener Cup
266.	22.12.1935	Racing Uni Algier	S 3:1	2	Internationales Freundschaftsspiel
267.	25.12.1935	Victoria Pilsen	S 1:0	0	Internationales Freundschaftsspiel
268.	28.12.1935	Team Maroc	S 2:0	1	Internationales Freundschaftsspiel
269.	02.01.1936	Team Fes	S 16:0	5	Internationales Freundschaftsspiel
270.	05.01.1936	Ideal Mostaganem	S 7:1	3	Internationales Freundschaftsspiel
271.	19.01.1936	Spanien (in Madrid)	S 5:4	1	9. Mal A-Team Österreich
272.	26.01.1936	Portugal (in Porto)	S 3:2	1	10. Mal A-Team Österreich
273.	09.02.1936	Wacker Wien	N 2:3	1	Wiener Cup
274.	16.02.1936	Admira	N 5:6	3	Österreichische Meisterschaft
275.	01.03.1936	Libertas	S 2:1	0	Österreichische Meisterschaft
276.	15.03.1936	W S C	N 0:1	0	Österreichische Meisterschaft
277.	21.03.1936	Slovan	S 4:0	1	Nationales Freundschaftsspiel
278.	22.03.1936	Ostbahn XI	U 4:4	2	Nationales Freundschaftsspiel
279.	29.03.1936	Hakoah	S 6:0	2	Österreichische Meisterschaft
280.	12.04.1936	Sparta Prag	S 5:1	1	Turnier
281.	13.04.1936	Hungaria Budapest	U 3:3	1	Turnier
282.	18.04.1936	HASK Agram	S 2:1	1	Internationales Freundschaftsspiel
293.	19.04.1936	Gradjanski Agram	N 1:4	1	Internationales Freundschaftsspiel
284.	21.04.1936	G A K	S 5:1	4	Nationales Freundschaftsspiel
285.	26.04.1936	W A C	S 3:2	0	Österreichische Meisterschaft
286.	01.05.1936	FC Wien	S 5:2	0	Österreichische Meisterschaft
287.	10.05.1936	Austria	N 2:3	1	Österreichische Meisterschaft
288.	17.05.1936	Admira	S 3:2	1	Nationales Freundschaftsspiel
289.	24.05.1936	F A C	N 2:3	1	Österreichische Meisterschaft
290.	27.05.1936	Vienna	N 1:2	0	Österreichische Meisterschaft
291.	31.05.1936	US Triestina	S 8:0	3	Turnier
292.	01.06.1936	Ferencvaros Budapest	S 5:3	1	Turnier
293.	04.06.1936	Wacker Wien	S 5:3	2	Mitropacup
294.	11.06.1936	FC Wien	S 2:1	2	Mitropacup
295.	14.06.1936	SK Weiße Elf	S 7:2	2	Nationales Freundschaftsspiel
296.	21.06.1936	AS Roma	S 3:1	2	Mitropacup
297.	28.06.1936	AS Roma	N 1:5	1	Mitropacup
298.	15.07.1936	Sumadija - Slavia komb.	S 6:2	1	Internationales Freundschaftsspiel
299.	16.07.1936	Radnički Niš	S 8:4	2	Internationales Freundschaftsspiel

Spiele	Datum	Gegner	Ergeb.	Tore	Bewerbe
300.	19.07.1936	Jugoslavia Belgrad	N 1:5	1	Internationales Freundschaftsspiel
301.	22.07.1936	Beogradski SK	S 4:3	3	Internationales Freundschaftsspiel
302.	23.07.1936	Sparta Semelin	N 1:2	0	Internationales Freundschaftsspiel
303.	25.07.1936	Ocaci	S 3:0	1	Internationales Freundschaftsspiel
304.	26.07.1936	Slavija	U 2:2	0	Internationales Freundschaftsspiel
305.	01.08.1936	Pogon	S 5:1	2	Internationales Freundschaftsspiel
306.	02.08.1936	Pogon	S 4:1	3	Internationales Freundschaftsspiel
307.	05.08.1936	Cracovia	N 3:5	2	Internationales Freundschaftsspiel
308.	08.08.1936	Domb	S 3:1	1	Internationales Freundschaftsspiel
309.	12.08.1936	SC Harland	S 12:0	5	Nationales Freundschaftsspiel
310.	15.08.1936	Olympia-Team China	S 4:2	2	Internationales Freundschaftsspiel
311.	16.08.1936	Jugoslavia Belgrad	N 1:3	0	Internationales Freundschaftsspiel
312.	26.08.1936	FAC Himberg	S 8:3	1	Nationales Freundschaftsspiel
313.	30.08.1936	Hakoah	S 5:1	2	Österreichische Meisterschaft
314.	05.09.1936	W S C	U 2:2	2	Österreichische Meisterschaft
315.	06.09.1936	Sturm Graz	S 3:2	2	Nationales Freundschaftsspiel
316.	09.09.1936	Sliema Wanderers	S 6:1	2	Internationales Freundschaftsspiel
317.	13.09.1936	FC Wien	N 1:3	1	Österreichische Meisterschaft
318.	20.09.1936	Austria	U 1:1	0	Österreichische Meisterschaft
319.	27.09.1936	Ungarn (in Budapest)	N 3:5	1	11. Mal A-Team Österreich
320.	04.10.1936	Admira	U 0:0	0	Österreichische Meisterschaft
321.	11.10.1936	F A C	N 1:2	0	Österreichische Meisterschaft
322.	18.10.1936	Vienna	U 2:2	1	Österreichische Meisterschaft
323.	25.10.1936	Wacker Wien	S 6:1	4	Österreichische Meisterschaft
324.	08.11.1936	Schweiz (in Zürich)	S 3:1	2	12. Mal A-Team Österreich
325.	15.11.1936	Libertas	S 5:3	3	Österreichische Meisterschaft
326.	22.11.1936	Postsport	U 2:2	1	Österreichische Meisterschaft
327.	29.11.1936	Favoritner AC	N 0:2	0	Österreichische Meisterschaft
328.	06.12.1936	Ostbahn XI	S 7:1	4	Wiener Cup
329.	08.12.1936	Vienna	U 1:1	0	Nationales Freundschaftsspiel
330.	13.12.1936	W S C	S 8:0	1	Nationales Freundschaftsspiel
331.	19.12.1936	Army	U 2:2	1	Internationales Freundschaftsspiel
332.	20.12.1936	Sliema Wanderers	N 2:3	0	Internationales Freundschaftsspiel
333.	25.12.1936	Hibernians	S 4:2	1	Internationales Freundschaftsspiel
334.	27.12.1936	British Navy	S 4:2	2	Internationales Freundschaftsspiel
335.	01.01.1937	St. Georges	S 7:1	0	Internationales Freundschaftsspiel
336.	03.01.1937	Floriana	S 4:0	1	Internationales Freundschaftsspiel
337.	06.01.1937	Hungaria Budapest	N 1:2	1	Internationales Freundschaftsspiel
338.	17.01.1937	Postsport	S 6:1	3	Nationales Freundschaftsspiel
339.	24.01.1937	Frankreich (in Paris)	S 2:1	1	13. Mal A-Team Österreich
340.	31.01.1937	Merkur	S 7:0	5	Nationales Freundschaftsspiel
341.	07.02.1937	FC Wien	S 3:1	3	Wiener Cup
342.	14.02.1937	F A C	N 1:2	1	Österreichische Meisterschaft

Spiele	Datum	Gegner	Ergeb.	Tore	Bewerbe
343.	21.02.1937	Vienna	N 2:4	1	Österreichische Meisterschaft
344.	28.02.1937	Wacker Wien	N 0:3	0	Österreichische Meisterschaft
345.	07.03.1937	Favoritner AC	S 6:0	1	Österreichische Meisterschaft
346.	14.03.1937	Libertas	N 0:1	0	Österreichische Meisterschaft
347.	20.03.1937	Brigittenauer AC	S 3:2	0	Nationales Freundschaftsspiel
348.	28.03.1937	Hungaria Budapest	S 3:2	1	Turnier
349.	29.03.1937	Ferencvaros Budapest	N 2:4	1	Turnier
350.	11.04.1937	F A C	S 6:4	1	Wiener Cup
351.	18.04.1937	Hakoah	S 2:0	1	Österreichische Meisterschaft
352.	21.04.1937	W S C	N 2:3	0	Wiener Cup
353.	25.04.1937	W S C	U 1:1	1	Österreichische Meisterschaft
354.	02.05.1937	FC Wien	S 5:0	4	Österreichische Meisterschaft
355.	06.05.1937	SC Mariental	S 4:2	2	Nationales Freundschaftsspiel
356.	08.05.1937	SC Harland	S 12:1	5	Nationales Freundschaftsspiel
357.	12.05.1937	Postsport	S 6:2	4	Österreichische Meisterschaft
358.	16.05.1937	Austria	N 0:5	0	Österreichische Meisterschaft
359.	23.05.1937	SK Vöslau	S 9:3	4	Nationales Freundschaftsspiel
360.	30.05.1937	Admira	U 3:3	2	Österreichische Meisterschaft
361.	06.06.1937	Fenerbahce Istanbul	S 4:1	2	Internationales Freundschaftsspiel
362.	08.06.1937	Fenerbahce/Günes	N 2:3	2	Internationales Freundschaftsspiel
363.	10.06.1937	Ankaragocu	S 7:2	3	Internationales Freundschaftsspiel
364.	12.06.1937	Gencler Birligi Ankara	S 8:5	3	Internationales Freundschaftsspiel
365.	13.06.1937	Demispor Ankara	S 5:2	3	Internationales Freundschaftsspiel
366.	17.06.1937	SK Pernik Bulgarien	S 4:2	1	Internationales Freundschaftsspiel
367.	20.06.1937	Levski Sofia komb.	S 2:1	1	Internationales Freundschaftsspiel
368.	21.06.1937	Bulgarien A-Team	U 3:3	1	Internationales Freundschaftsspiel
369.	07.07.1937	Auswahl NÖ 1. Klasse	S 8:0	4	Nationales Freundschaftsspiel
370.	11.07.1937	GiIF Tidaholm	S 7:0	2	Internationales Freundschaftsspiel
371.	14.07.1937	IK Tord Jönköping	U 2:2	2	Internationales Freundschaftsspiel
372.	16.07.1937	Halmstad Boldklub	S 8:2	5	Internationales Freundschaftsspiel
373.	18.07.1937	AIF Motala	S 7:2	1	Internationales Freundschaftsspiel
374.	20.07.1937	Stadtauswahl Örebro	S 8:0	5	Internationales Freundschaftsspiel
375.	23.07.1937	IFK Norrköping	S 8:0	2	Internationales Freundschaftsspiel
376.	31.07.1937	SK Zidenice Brünn	N 1:3	1	Internationales Freundschaftsspiel
377.	01.08.1937	Red Star	S 4:2	2	Nationales Freundschaftsspiel
378.	14.08.1937	LFLS Kaunas	S 3:2	0	Internationales Freundschaftsspiel
379.	15.08.1937	SC Kovas Kaunas	U 0:0	0	Internationales Freundschaftsspiel
380.	17.08.1937	Lettland A-Team	S 6:0	2	Internationales Freundschaftsspiel
381.	18.08.1937	Lettland A-Team	S 5:2	1	Internationales Freundschaftsspiel
382.	22.08.1937	Ligeti Bratislava	S 9:1	4	Internationales Freundschaftsspiel
383.	29.08.1937	FC Wien	S 5:0	3	Österreichische Meisterschaft
384.	05.09.1937	W S C	N 1:2	1	Österreichische Meisterschaft
385.	19.09.1937	SK Helfort	S 4:2	2	Nationales Freundschaftsspiel
386.	22.09.1937	Vienna	S 2:0	0	Österreichische Meisterschaft

Spiele	Datum	Gegner	Ergeb.	Tore	Bewerbe
387.	26.09.1937	Favoritner AC	S 3:0	2	Österreichische Meisterschaft
388.	03.10.1937	Admira	S 5:3	2	Österreichische Meisterschaft
389.	05.10.1937	Lettland (in Wien)	S 2:1	1	14. Mal A-Team Österreich
390.	09.10.1937	G A K	U 2:2	1	Nationales Freundschaftsspiel
391.	14.10.1937	SK Bata Zlin	U 1:1	0	Internationales Freundschaftsspiel
392.	17.10.1937	Wacker Wien	U 3:3	2	Österreichische Meisterschaft
393.	23.10.1937	SC Diana	S 5:1	3	Nationales Freundschaftsspiel
394.	31.10.1937	F A C	S 2:1	2	Österreichische Meisterschaft
395.	01.11.1937	Ujpest	U 1:1	0	Internationales Freundschaftsspiel
396.	07.11.1937	Austria	S 2:1	1	Österreichische Meisterschaft
397.	14.11.1937	Simmering	S 5:1	1	Österreichische Meisterschaft
398.	15.11.1937	SV Straßenbahn	S 3:1	0	Nationales Freundschaftsspiel
399.	21.11.1937	Wacker Wien	S 1:0	0	Nationales Freundschaftsspiel
400.	28.11.1937	Admira	S 4:2	0	Nationales Freundschaftsspiel
401.	05.12.1937	SK Zidenice Brünn	U 1:1	1	Internationales Freundschaftsspiel
402.	08.12.1937	W S C	S 7:2	3	Nationales Freundschaftsspiel
403.	12.12.1937	Heiligenstätter SV	S 8:1	4	Nationales Freundschaftsspiel
404.	19.12.1937	Red Star	S 3:2	1	Nationales Freundschaftsspiel
405.	25.12.1937	Stadtauswahl Piräus	S 3:2	1	Internationales Freundschaftsspiel
406.	26.12.1937	Stadtauswahl Athen	S 3:2	2	Internationales Freundschaftsspiel
407.	01.01.1938	Griechenland A-Team	S 4:1	2	Internationales Freundschaftsspiel
408.	02.01.1938	Griechenland A-Team	N 0:3	0	Internationales Freundschaftsspiel
409.	06.01.1938	Stadtauswahl Saloniki	S 3:2	1	Internationales Freundschaftsspiel
410.	07.01.1938	Gradjanski Sofia	S 3:1	1	Internationales Freundschaftsspiel
411.	09.01.1938	Jugoslawien A-Team	N 2:4	0	Internationales Freundschaftsspiel
412.	23.01.1938	DFC Wien	S 19:0	5	Nationales Freundschaftsspiel
413.	30.01.1938	Rapid Wieden	S 15:2	5	Nationales Freundschaftsspiel
414.	06.02.1938	Admira	N 0:1	0	Wiener Cup
415.	13.02.1938	Wacker Wien	S 2:0	1	Österreichische Meisterschaft
416.	20.02.1938	F A C	S 3:0	2	Österreichische Meisterschaft
417.	06.03.1938	Austria	S 3:0	1	Österreichische Meisterschaft
418.	13.03.1938	Budai 11 Budapest	U 2:2	0	Internationales Freundschaftsspiel
419.	20.03.1938	Simmering	S 9:1	2	Österreichische Meisterschaft
420.	26.03.1938	Admira	N 1:2	0	Österreichische Meisterschaft
421.	03.04.1938	Deutschland	S 2:0	0	„Ostmark"-Auswahl
422.	12.04.1938	FC Wien	S 2:0	1	Österreichische Meisterschaft
423.	17.04.1938	SpVgg Fürth	U 0:0	0	Turnier
424.	18.04.1938	Stuttgarter Sportfreunde	S 6:0	2	Turnier
425.	28.04.1938	1. SV Jena	S 3:0	0	Nationales Freundschaftsspiel
426.	30.04.1938	Dresdner SC	S 3:0	0	Nationales Freundschaftsspiel
427.	01.05.1938	Hertha Berlin	S 6:2	1	Nationales Freundschaftsspiel
428.	15.05.1938	Aston Villa	N 2:3	1	„Ostmark"-Auswahl
429.	26.05.1938	Weiße Elf	S 8:1	4	Nationales Freundschaftsspiel

Spiele	Datum	Gegner	Ergeb.	Tore	Bewerbe
430.	29.05.1938	BC Augsburg	S 3:2	1	Nationales Freundschaftsspiel
431.	19.06.1938	Eimsbüttel	S 3:1	2	Nationales Freundschaftsspiel
432.	21.06.1938	VfB Bielefeld	S 2:1	1	Nationales Freundschaftsspiel
433.	22.06.1938	Borussia Dortmund	S 7:1	1	Nationales Freundschaftsspiel
434.	25.06.1938	VfL 99 Mühlheim Köln	S 9:1	3	Nationales Freundschaftsspiel
435.	26.06.1938	Koblenz Neuendorf	S 7:1	0	Nationales Freundschaftsspiel
436.	29.06.1938	Vienna	U 2:2	1	Österreichische Meisterschaft
437.	03.07.1938	W S C	S 3:1	0	Österreichische Meisterschaft
438.	14.08.1938	VfB Stuttgart	S 3:2	2	Nationales Freundschaftsspiel
439.	17.08.1938	Planitzer SC	N 2:3	1	Nationales Freundschaftsspiel
440.	20.08.1938	SpVgg Fürth	U 1:1	0	Nationales Freundschaftsspiel
441.	21.08.1938	1. FC Nürnberg	S 1:0	1	Nationales Freundschaftsspiel
442.	28.08.1938	Amateure Steyr (abgebrochen)	S 8:2	4	Österreichische Meisterschaft
443.	04.09.1938	Stadtauswahl Graz	S 5:1	1	Nationales Freundschaftsspiel
444.	11.09.1938	Admira	N 1:4	1	Österreichische Meisterschaft
445.	25.09.1938	W S C	S 8:0	4	Nationales Freundschaftsspiel
446.	01.10.1938	Libertas	S 13:3	6	Nationales Freundschaftsspiel
447.	09.10.1938	Amateure Fiat	U 2:2	1	Österreichische Meisterschaft
448.	16.10.1938	Austria	S 5:2	2	Österreichische Meisterschaft
449.	23.10.1938	Vienna	S 4:0	2	Österreichische Meisterschaft
450.	30.10.1938	Wacker Wr. Neustadt	S 2:0	0	Österreichische Meisterschaft
451.	01.11.1938	Amateure Steyr	S 4:3	3	Österreichische Meisterschaft
452.	06.11.1938	Austro Fiat	S 5:1	2	Deutscher Pokal
453.	13.11.1938	Wacker Wien	N 3:4	1	Österreichische Meisterschaft
454.	16.11.1938	1. FC Nürnberg	S 3:0	1	Internationales Freundschaftsspiel
455.	20.11.1938	Grazer SC	S 6:2	3	Österreichische Meisterschaft
456.	27.11.1938	Waldhof Mannheim	S 3:2	1	Deutscher Pokal
457.	04.12.1938	W S C	S 7:2	4	Österreichische Meisterschaft
458.	11.12.1938	1. FC Nürnberg	S 2:0	0	Deutscher Pokal
459.	18.12.1938	Baden	S 4:1	1	„Ostmark"-Auswahl
460.	25.12.1938	Polizei SV Chemnitz	U 5:5	0	Nationales Freundschaftsspiel
461.	26.12.1938	VfB Leipzig	S 7:4	2	Nationales Freundschaftsspiel
462.	08.01.1939	FSV Frankfurt – FINALE -	S 3:1	1	Deutscher Pokal
463.	22.01.1939	W S C	N 1:2	1	Österreichische Meisterschaft
464.	25.01.1939	Belgien	S 4:1	1	1. Einsatz Deutsche Nationalmannschaft
465.	05.02.1939	Wacker Wien	U 0:0	0	Österreichische Meisterschaft
466.	12.02.1939	Vienna	S 3:1	0	Österreichische Meisterschaft
467.	19.02.1939	Admira	U 0:0	0	Österreichische Meisterschaft
468.	26.02.1939	Amateure Steyr	S 3:1	1	Österreichische Meisterschaft
469.	05.03.1939	Grazer SC	S 3:0	1	Österreichische Meisterschaft
470.	12.03.1939	Wacker Wr. Neustadt	S 13:1	7	Österreichische Meisterschaft
471.	19.03.1939	Austria	N 0:4	0	Österreichische Meisterschaft

Spiele	Datum	Gegner	Ergeb.	Tore	Bewerbe
472.	25.03.1939	Bez.-Auswahl Krefeld	S 7:1	2	Nationales Freundschaftsspiel
473.	26.03.1939	Fortuna Düsseldorf	N 0:4	0	Nationales Freundschaftsspiel
474.	07.04.1939	Hannover 96	S 2:1	0	Nationales Freundschaftsspiel
475.	09.04.1939	Eintracht Frankfurt	N 2:3	2	Nationales Freundschaftsspiel
476.	10.04.1939	VfB Stuttgart	S 4:1	1	Nationales Freundschaftsspiel
477.	16.04.1939	Red Star	S 6:2	2	Deutscher Pokal
478.	22.04.1939	1. FC Kaiserslautern	S 6:0	2	Nationales Freundschaftsspiel
479.	23.04.1939	SV Wiesbaden	S 3:0	1	Nationales Freundschaftsspiel
480.	30.04.1939	Bayern München	S 5:2	3	Deutscher Pokal
481.	01.05.1939	SK Slavia Prag	S 7:4	4	Internationales Freundschaftsspiel
482.	07.05.1939	Königsberg (in Königsberg)	S 9:2	3	4. Mal Wiener Stadtauswahl
483.	13.05.1939	Hertha BSC	S 5:2	2	Nationales Freundschaftsspiel
484.	14.05.1939	SV Jena	S 9:1	4	Nationales Freundschaftsspiel
485.	18.05.1939	Jahn Regensburg	S 4:2	2	Deutscher Pokal
486.	21.05.1939	Böhmen-Mähren	S 7:1	2	„Ostmark"-Auswahl
487.	28.05.1939	Bratislava	S 2:1	0	Turnier
488.	29.05.1939	SK Zidenice Brünn	S 5:0	2	Turnier
489.	31.05.1939	SK Slavia Prag	N 2:5	1	Internationales Freundschaftsspiel
490.	04.06.1939	Fortuna Düsseldorf	U 2:2	0	Nationales Freundschaftsspiel
491.	08.06.1939	Hannover 96	S 11:1	4	Nationales Freundschaftsspiel
492.	11.06.1939	Schlesien	S 5:2	0	„Ostmark"-Auswahl
493.	17.06.1939	SV Waldhof Mannheim	S 2:1	0	Nationales Freundschaftsspiel
494.	18.06.1939	VfL Homburg	S 3:1	0	Nationales Freundschaftsspiel
495.	25.06.1939	Schweiz	U 0:0	0	„Ostmark"-Auswahl
496.	28.06.1939	Dresdner SC	S 5:1	4	Nationales Freundschaftsspiel
497.	23.07.1939	Belgrad (in Klagenfurt)	U 2:2	0	5. Mal Wiener Stadtauswahl
498.	13.08.1939	Wacker Wien	S 6:3	5	Wiener Cup
499.	20.08.1939	VfB Coburg	S 6:1	4	Deutscher Pokal
500.	22.08.1939	Sturm 19 St. Pölten	S 3:2	0	Nationales Freundschaftsspiel
501.	27.08.1939	Slowakei	N 0:2	0	2. Mal deutsche Nationalmannschaft
502.	10.09.1939	Wacker Wien	S 4:0	2	Turnier
503.	24.09.1939	Vienna	N 1:2	0	Österreichische Meisterschaft
504.	01.10.1939	Budapest (in Wien)	S 3:1	3	6. Mal Wiener Stadtauswahl
505.	15.10.1939	Wacker Wien	S 4:3	3	Österreichische Meisterschaft
506.	22.10.1939	Böhmen (in Prag)	U 5:5	2	7. Mal Wiener Stadtauswahl
507.	26.10.1939	Bratislava	S 5:3	2	Internationales Freundschaftsspiel
508.	29.10.1939	Admira	S 4:1	2	Österreichische Meisterschaft
509.	05.11.1939	Austria	S 9:2	4	Österreichische Meisterschaft
510.	10.11.1939	Sparta Prag	N 3:6	1	Internationales Freundschaftsspiel
511.	12.11.1939	Böhmen-Mähren	U 4:4	3	3. Mal deutsche Nationalmannschaft
512.	26.11.1939	Italien	S 5:2	3	4. Mal deutsche Nationalmannschaft
513.	03.12.1939	Sudetenland	S 3:1	0	„Ostmark"-Auswahl
514.	10.12.1939	Vorwärts Gleiwitz	S 6:1	2	Deutscher Pokal

Spiele	Datum	Gegner	Ergeb.	Tore	Bewerbe
515.	17.12.1939	W S C	U 1:1	0	Österreichische Meisterschaft
516.	25.12.1939	FC Wien	S 3:0	2	Österreichische Meisterschaft
517.	26.12.1939	Admira	S 5:3	0	Turnier
518.	01.01.1940	Vienna	S 3:1	0	Turnier
519.	07.01.1940	Blau-Weiß Berlin	S 7:1	5	Deutscher Pokal
520.	14.01.1940	Amateure Fiat	S 3:1	2	Österreichische Meisterschaft
521.	28.01.1940	Schlesien	S 6:1	3	„Ostmark"-Auswahl
522.	04.02.1940	Austria	S 4:1	1	Österreichische Meisterschaft
523.	11.02.1940	Vienna	U 5:5	1	Österreichische Meisterschaft
524.	10.03.1940	Amateure Fiat	S 7:1	2	Österreichische Meisterschaft
525.	17.03.1940	W S C	N 0:3	0	Österreichische Meisterschaft
526.	24.03.1940	Ferencvaros	N 2:6	1	Turnier
527.	25.03.1940	Hungaria	U 3:3	2	Turnier
528.	31.03.1940	1. FC Nürnberg	N 0:1	0	Deutscher Pokal
529.	07.04.1940	Ungarn	U 2:2	1	5. Mal deutsche Nationalmannschaft
530.	14.04.1940	Jugoslawien	N 1:2	0	6. Mal deutsche Nationalmannschaft
531.	21.04.1940	Admira	N 1:2	0	Österreichische Meisterschaft
532.	28.04.1940	Wacker Wien	S 4:1	1	Österreichische Meisterschaft
533.	05.05.1940	Italien	N 2:3	2	7. Mal deutsche Nationalmannschaft
534.	12.05.1940	NTSg Graslitz	S 7:0	6	Deutsche Meisterschaft
535.	13.05.1940	Berlin (in Berlin)	S 4:3	2	8. Mal Wiener Stadtauswahl
536.	19.05.1940	VR Gleiwitz	S 3:1	2	Deutsche Meisterschaft
537.	26.05.1940	NTSg Graslitz	S 7:1	2	Deutsche Meisterschaft
538.	02.06.1940	VR Gleiwitz	U 2:2	0	Deutsche Meisterschaft
539.	09.06.1940	Budapest (in Budapest)	S 1:0	0	9. Mal Wiener Stadtauswahl
540.	13.06.1940	GAK/Sturm komb.	S 3:0	1	Nationales Freundschaftsspiel
541.	17.06.1940	Bayern München	S 6:0	1	Nationales Freundschaftsspiel
542.	23.06.1940	Union Oberschönweide	S 3:2	0	Deutsche Meisterschaft
543.	26.06.1940	DSK Pressburg	S 4:2	0	Internationales Freundschaftsspiel
544.	30.06.1940	Union Oberschönweide	S 3:1	3	Deutsche Meisterschaft
545.	07.07.1940	SC Planitz	S 4:1	2	Nationales Freundschaftsspiel
546.	14.07.1940	Dresdner SC	N 1:2	1	Deutsche Meisterschaft
547.	21.07.1940	Waldhof Mannheim	U 4:4	0	Deutsche Meisterschaft
548.	28.07.1940	Waldhof Mannheim	N 5:2	0	Deutsche Meisterschaft
549.	25.08.1940	Berlin (in Regending)	S 4:3	1	10. Mal Wiener Stadtauswahl
550.	01.09.1940	Neumayer Nürnberg	S 2:1	0	Deutscher Pokal
551.	08.09.1940	FC Wien	N 1:3	1	Österreichische Meisterschaft
552.	15.09.1940	VfR Schweinfurt	S 7:1	1	Deutscher Pokal
553.	22.09.1940	Stuttgart (in Miesz)	S 6:3	2	11. Mal Wiener Stadtauswahl
554.	29.09.1940	Stuttgarter Kickers	S 5:1	0	Deutscher Pokal
555.	13.10.1940	Wacker Wien	U 1:1	0	Österreichische Meisterschaft

Spiele	Datum	Gegner	Ergeb.	Tore	Bewerbe
556.	20.10.1940	SpVgg Fürth	S 6:1	4	Deutscher Pokal
557.	27.10.1940	Austria	S 3:0	0	Österreichische Meisterschaft
558.	03.11.1940	Admira	S 6:1	2	Österreichische Meisterschaft
559.	10.11.1940	Dresdner SC	N 1:3	1	Deutscher Pokal
560.	17.11.1940	Dänemark	S 1:0	0	8. Mal deutsche Nationalmannschaft
561.	01.12.1940	Vienna	S 7:0	1	Österreichische Meisterschaft
562.	08.12.1940	W S C	N 2:3	0	Österreichische Meisterschaft
563.	15.12.1940	Grazer SC	S 11:1	1	Österreichische Meisterschaft
564.	22.12.1940	LASK	S 9:0	4	Österreichische Meisterschaft
565.	26.12.1940	Ferencvaros Budapest	S 6:1	2	Internationales Freundschaftsspiel
566.	29.12.1940	Ferencvaros Budapest	N 3:4	2	Internationales Freundschaftsspiel
567.	01.01.1941	Württemberg	S 6:2	1	„Ostmark“-Auswahl
568.	12.01.1941	F A C	S 7:0	1	Österreichische Meisterschaft
569.	02.02.1941	LASK	S 11:3	5	Österreichische Meisterschaft
570.	16.02.1941	F A C	S 5:4	4	Österreichische Meisterschaft
571.	23.02.1941	W S C	U 2:2	2	Österreichische Meisterschaft
572.	01.03.1941	Admira	S 3:0	1	Österreichische Meisterschaft
573.	09.03.1941	Wacker Wien	S 3:2	1	Österreichische Meisterschaft
574.	16.03.1941	Vienna	U 1:1	0	Österreichische Meisterschaft
575.	23.03.1941	FC Wien	U 5:5	1	Österreichische Meisterschaft
576.	30.03.1941	Austria	S 1:0	1	Österreichische Meisterschaft
577.	13.04.1941	VfL Neckarau	S 7:0	3	Deutsche Meisterschaft
578.	20.04.1941	Stuttgarter Kickers	U 1:1	0	Deutsche Meisterschaft
579.	27.04.1941	1860 München	N 1:2	0	Deutsche Meisterschaft
580.	05.05.1941	Stuttgarter Kickers	S 5:1	1	Deutsche Meisterschaft
581.	11.05.1941	VfL Neckarau	S 8:1	2	Deutsche Meisterschaft
582.	18.05.1941	1860 München	S 2:0	0	Deutsche Meisterschaft
583.	25.05.1941	Grazer SC	S 4:3	2	Österreichische Meisterschaft
584.	01.06.1941	Rumänien	S 4:1	0	9. Mal deutsche Nationalmannschaft
585.	08.06.1941	Dresdner SC	S 2:1	2	Deutsche Meisterschaft
586.	22.06.1941	Schalke 04 -ENDSPIEL-	S 4:3	3	Deutsche Meisterschaft
587.	01.07.1941	Gradjanski Agram	S 4:1	3	Internationales Freundschaftsspiel
588.	08.07.1941	FC Wien	S 4:3	3	Deutscher Pokal
589.	03.08.1941	Admira	N 3:5	2	Deutscher Pokal
590.	10.08.1941	Wacker Wien	N 2:3	1	Wiener Cup
591.	17.08.1941	HSV Hamburg	S 6:1	4	Nationales Freundschaftsspiel
592.	19.08.1941	Vorwärts 06	S 1:0	1	Nationales Freundschaftsspiel
593.	23.08.1941	SV Lufthansa Berlin	N 2:3	0	Turniere
594.	24.08.1941	Hertha BSC Berlin	N 1:2	0	Turniere
595.	31.08.1941	Post	S 3:1	1	Österreichische Meisterschaft
596.	07.09.1941	W S C	S 2:1	1	Österreichische Meisterschaft
597.	14.09.1941	Berlin (in Regending)	S 5:2	2	12. Mal Wiener Stadtauswahl

Spiele	Datum	Gegner	Ergeb.	Tore	Bewerbe
598.	21.09.1941	F A C	S 4:2	1	Österreichische Meisterschaft
599.	28.09.1941	Südbayern (in München)	N 4:5	2	13. Mal Wiener Stadtauswahl
600.	05.10.1941	Vienna	N 1:4	1	Österreichische Meisterschaft
601.	12.10.1941	Austria	U 2:2	1	Österreichische Meisterschaft
602.	19.10.1941	Admira	S 4:0	1	Österreichische Meisterschaft
603.	26.10.1941	Budapest (in Wien)	S 8:2	3	14. Mal Wiener Stadtauswahl
604.	02.11.1941	FC Wien	N 0:4	0	Österreichische Meisterschaft
605.	15.03.1942	Vienna	N 0:1	0	Österreichische Meisterschaft
606.	04.10.1942	Vienna	U 3:3	1	Österreichische Meisterschaft
607.	09.04.1943	W S C	S 9:4	4	Österreichische Meisterschaft
608.	14.11.1943	FC Wien	S 1:0	0	Österreichische Meisterschaft
609.	21.05.1944	SK Licanin Agram	N 1:3	0	Internationales Freundschaftsspiel
610.	04.06.1944	Admira	S 1:0	0	Deutscher Pokal
611.	21.10.1945	Helfort	S 4:1	0	Österreichische Meisterschaft
612.	28.10.1945	FC Wien	S 1:0	1	Österreichische Meisterschaft
613.	04.11.1945	Austria	U 0:0	0	Österreichische Meisterschaft
614.	11.11.1945	F A C	S 9:0	4	Österreichische Meisterschaft
615.	06.12.1945	Frankreich (in Wien)	S 4:1	0	15. Mal A-Team Österreich
616.	09.12.1945	W S C	S 10:5	4	Nationales Freundschaftsspiel
617.	23.12.1945	Austria	N 2:6	0	Turnier
618.	26.12.1945	Wacker Wien	S 1:0	0	Nationales Freundschaftsspiel
619.	24.02.1946	W A C	S 9:0	3	Österreichische Meisterschaft
620.	03.03.1946	Admira	S 5:1	0	Österreichische Meisterschaft
621.	24.03.1946	W S C	S 6:2	2	Österreichische Meisterschaft
622.	27.03.1946	Ostbahn XI	S 10:0	1	Österreichische Meisterschaft
623.	31.03.1946	Wacker Wien (abgebr.)	U 3:3	1	Österreichische Meisterschaft
624.	21.04.1946	Ferencvaros Budapest	U 1:1	0	Turnier
625.	22.04.1946	MTK Budapest	S 3:1	1	Turnier
626.	28.04.1946	W S C	S 4:2	2	Wiener Cup
627.	01.05.1946	Vorarlberger Auswahl	S 4:0	1	Nationales Freundschaftsspiel
628.	04.05.1946	FC Bludenz	S 12:1	3	Nationales Freundschaftsspiel
629.	11.05.1946	Helfort	N 1:2	0	Österreichische Meisterschaft
630.	19.05.1946	FC Wien	S 5:1	0	Österreichische Meisterschaft
631.	26.05.1946	Austria	S 5:1	4	Österreichische Meisterschaft
632.	30.05.1946	FC Wien	S 4:0	3	Wiener Cup
633.	02.06.1946	F A C	S 4:0	1	Österreichische Meisterschaft
634.	08.06.1946	FC Winterthur	S 9:1	4	Internationales Freundschaftsspiel
635.	20.06.1946	Vienna	S 2:1	2	Wiener Cup
636.	23.06.1946	Wacker Wien	N 1:4	0	Österreichische Meisterschaft
637.	27.07.1946	LASK	N 2:3	0	Nationales Freundschaftsspiel
638.	30.07.1946	Welser SC	S 3:2	0	Nationales Freundschaftsspiel
639.	01.08.1946	Gmundner SC	S 6:2	0	Nationales Freundschaftsspiel
640.	03.08.1946	Salzburger SK	S 3:1	0	Nationales Freundschaftsspiel
641.	17.08.1946	FC Cantonal Neuchatel	S 6:1	2	Turnier

Spiele	Datum	Gegner	Ergeb.	Tore	Bewerbe
642.	18.08.1946	Bata Zlin	S 7:5	0	Turnier
643.	28.08.1946	ASV Hollabrunn	S 9:1	1	Nationales Freundschaftsspiel
644.	01.09.1946	Hochstädt	S 4:1	0	Österreichische Meisterschaft
645.	04.09.1946	Slavia Prag	U 0:0	0	Internationales Freundschaftsspiel
646.	08.09.1946	Vienna	U 2:2	1	Österreichische Meisterschaft
647.	15.09.1946	Sturm Graz	N 1:5	0	Nationales Freundschaftsspiel
648.	22.09.1946	Wacker Wien	S 3:2	1	Österreichische Meisterschaft
649.	29.09.1946	Austria	S 4:0	0	Österreichische Meisterschaft
650.	06.10.1946	Budapest (in Wien)	S 4:3	2	15. Mal Wiener Stadtauswahl
651.	20.10.1946	F A C	N 4:5	2	Österreichische Meisterschaft
652.	27.10.1946	ČSR (in Wien)	N 3:4	2	16. Mal A-Team Österreich
653.	28.10.1946	SK Bratislava	N 1:6	1	Internationales Freundschaftsspiel
654.	03.11.1946	Admira	S 4:0	1	Österreichische Meisterschaft
655.	10.11.1946	Schweiz (in Bern)	N 0:1	0	17. Mal A-Team Österreich
656.	17.11.1946	Breitensee	S 6:0	3	Wiener Cup
657.	24.11.1946	W S C	S 2:1	1	Österreichische Meisterschaft
658.	08.12.1946	FC Wien	S 4:3	1	Österreichische Meisterschaft
659.	15.12.1946	Wacker Wien	S 3:1	2	Nationales Freundschaftsspiel
660.	24.12.1946	Lazio Rom	U 2:2	2	Internationales Freundschaftsspiel
661.	25.12.1946	Sampdoria Genua	S 2:1	1	Internationales Freundschaftsspiel
662.	02.03.1947	Red Star	S 10:0	4	Nationales Freundschaftsspiel
663.	09.03.1947	Vienna	N 0:4	0	Österreichische Meisterschaft
664.	16.03.1947	SC Charleroi	N 2:3	1	Internationales Freundschaftsspiel
665.	17.03.1947	Stadtausw. Esch LUX	S 9:1	2	Internationales Freundschaftsspiel
666.	23.03.1947	Post	N 0:1	0	Österreichische Meisterschaft
667.	30.03.1947	Austria	N 2:3	0	Österreichische Meisterschaft
668.	13.04.1947	W A C	S 2:1	1	Österreichische Meisterschaft
669.	16.04.1947	Vienna	S 3:2	1	Wiener Cup
670.	15.05.1947	Slavia Prag	S 5:3	1	Internationales Freundschaftsspiel
671.	18.05.1947	Admira	S 2:0	1	Österreichische Meisterschaft
672.	25.05.1947	SK Kladno	S 5:0	1	Turnier
673.	26.05.1947	MTK Budapest	S 6:2	2	Turnier
674.	01.06.1947	W S C	S 5:1	3	Österreichische Meisterschaft
675.	08.06.1947	FC Wien	N 2:3	0	Österreichische Meisterschaft
676.	13.06.1947	Sparta Prag	N 0:4	0	Internationales Freundschaftsspiel
677.	18.06.1947	Boras	N 2:3	2	Internationales Freundschaftsspiel
678.	19.06.1947	Gävle	S 2:0	1	Internationales Freundschaftsspiel
679.	22.06.1947	Sanviken	S 3:1	1	Internationales Freundschaftsspiel
680.	25.06.1947	Sundsvall	S 13:1	6	Internationales Freundschaftsspiel
681.	24.07.1947	ASV Sturm 19 St. Pölten	S 9:0	1	Nationales Freundschaftsspiel
682.	02.08.1947	Kosice	S 4:2	0	Internationales Freundschaftsspiel
683.	15.08.1947	Pribica	S 6:2	1	Internationales Freundschaftsspiel
684.	17.08.1947	Novo Zamky	S 10:0	2	Internationales Freundschaftsspiel
685.	20.08.1947	SC Ortmann	S 4:1	0	Nationales Freundschaftsspiel

Spiele	Datum	Gegner	Ergeb.	Tore	Bewerbe
686.	24.08.1947	SC Helfort	S 6:0	0	Nationales Freundschaftsspiel
687.	31.08.1947	Rapid Oberlaa	S 6:3	1	Österreichische Meisterschaft
688.	07.09.1947	Wacker Wien	S 4:2	2	Österreichische Meisterschaft
689.	14.09.1947	Ungarn (in Wien)	S 4:3	2	18. Mal A-Team Österreich
690.	28.09.1947	Vienna	S 4:3	1	Österreichische Meisterschaft
691.	05.10.1947	ČSR (in Prag)	N 2:3	1	19. Mal A-Team Österreich
692.	08.10.1947	SC Neunkirchen	S 7:0	0	Nationales Freundschaftsspiel
693.	12.10.1947	F A C	S 5:0	1	Österreichische Meisterschaft
694.	19.10.1947	W A C	S 5:0	0	Österreichische Meisterschaft
695.	26.10.1947	Admira	N 1:2	0	Österreichische Meisterschaft
696.	28.10.1947	SK Znojmo	S 10:4	2	Internationales Freundschaftsspiel
697.	02.11.1947	FC Wien	S 1:0	1	Österreichische Meisterschaft
698.	16.11.1947	Gaswerk	S 11:5	2	Wiener Cup
699.	23.11.1947	Austria	S 7:2	2	Österreichische Meisterschaft
700.	30.11.1947	W A C	S 3:0	0	Wiener Cup
701.	07.12.1947	Grazer SC	S 4:0	0	Nationales Freundschaftsspiel
702.	13.12.1947	Amateure Steyr	S 5:0	1	Nationales Freundschaftsspiel
703.	14.12.1947	LASK	S 3:1	1	Nationales Freundschaftsspiel
704.	21.12.1947	Red Star	S 5:2	0	Nationales Freundschaftsspiel
705.	25.12.1947	Anderlecht	N 4:6	2	Internationales Freundschaftsspiel
706.	29.12.1947	Auswahl Luxemburg	S 7:1	1	Internationales Freundschaftsspiel
707.	01.01.1948	Auswahl Lüttich	S 7:2	1	Internationales Freundschaftsspiel
708.	03.01.1948	Komb. Verein Gand	S 2:1	1	Internationales Freundschaftsspiel
709.	04.01.1948	Auswahl Antwerpen	N 0:1	0	Internationales Freundschaftsspiel
710.	06.01.1948	Kispest	S 1:0	0	Internationales Freundschaftsspiel
711.	18.01.1948	Inter Mailand	U 2:2	0	Internationales Freundschaftsspiel
712.	25.01.1948	AC Bozen	S 5:0	0	Internationales Freundschaftsspiel
713.	15.02.1948	Post	S 12:0	1	Nationales Freundschaftsspiel
714.	28.02.1948	Rapid Oberlaa	S 3:2	0	Österreichische Meisterschaft
715.	29.02.1948	Sturm Graz	N 1:4	0	Nationales Freundschaftsspiel
716.	07.03.1948	Wacker Wien	N 0:1	0	Österreichische Meisterschaft
717.	14.03.1948	W S C	S 2:1	0	Österreichische Meisterschaft
718.	21.03.1948	Austria	N 2:5	0	Wiener Cup
719.	04.04.1948	Vienna	S 2:1	0	Österreichische Meisterschaft
720.	11.04.1948	F A C	U 2:2	0	Österreichische Meisterschaft
721.	25.04.1948	W A C	S 4:0	0	Österreichische Meisterschaft
722.	02.05.1948	Luxemburg A (in Lux.)	S 7:2	2	1. Mal B-Team Österreich
723.	06.05.1948	SC Harland	S 13:0	1	Nationales Freundschaftsspiel
724.	09.05.1948	Admira	S 6:0	3	Österreichische Meisterschaft
725.	16.05.1948	FC Zürich	S 6:3	1	Turnier
726.	19.05.1948	Kispest	N 1:3	0	Internationales Freundschaftsspiel
727.	23.05.1948	FC Wien	N 0:2	0	Österreichische Meisterschaft
728.	06.06.1948	Austria	U 2:2	0	Österreichische Meisterschaft
729.	09.06.1948	Racing Club de Paris	N 2:3	0	Internationales Freundschaftsspiel

Spiele	Datum	Gegner	Ergeb.	Tore	Bewerbe
730.	10.06.1948	Moex de Mines	S 4:3	1	Internationales Freundschaftsspiel
731.	12.06.1948	FC Nantes/Riennes	S 3:2	0	Internationales Freundschaftsspiel
732.	19.06.1948	Racing Club de Paris	S 4:1	1	Internationales Freundschaftsspiel
733.	07.07.1948	Hertha Wels	S 9:0	2	Nationales Freundschaftsspiel
734.	14.07.1948	SV Gmunden	S 5:2	2	Nationales Freundschaftsspiel
735.	16.07.1948	Steyr Auswahl	S 4:0	1	Nationales Freundschaftsspiel
736.	08.08.1948	ASC Schrems	S 9:1	0	Nationales Freundschaftsspiel
737.	15.08.1948	SK Schwechat	U 2:2	1	Nationales Freundschaftsspiel
738.	18.08.1948	Helfort	S 2:0	0	Nationales Freundschaftsspiel
739.	22.08.1948	Simmering	S 5:1	1	Nationales Freundschaftsspiel
740.	28.08.1948	Wacker Wien	U 1:1	0	Österreichische Meisterschaft
741.	05.09.1948	Vienna	N 1:5	0	Österreichische Meisterschaft
742.	26.09.1948	W S C	U 1:1	0	Österreichische Meisterschaft
743.	03.10.1948	SK Partizan Belgrad	N 1:2	1	Internationales Freundschaftsspiel
744.	05.10.1948	Roter Stern Belgrad	U 3:3	0	Internationales Freundschaftsspiel
745.	10.10.1948	FC Wien	S 5:1	1	Österreichische Meisterschaft
746.	17.10.1948	Admira	N 2:3	1	Österreichische Meisterschaft
747.	24.10.1948	Austria	N 1:2	0	Österreichische Meisterschaft
748.	12.11.1948	SK Feuerwehr	S 4:1	2	Wiener Cup
749.	25.12.1948	La Valetta	S 6:1	0	Internationales Freundschaftsspiel
750.	09.02.1949	Kanal-Tram Suez	S 4:2	1	Internationales Freundschaftsspiel
751.	11.02.1949	A-Team Ägypten	U 0:0	0	Internationales Freundschaftsspiel
752.	13.03.1949	F A C	S 8:2	0	Österreichische Meisterschaft
753.	17.04.1949	SK Partizan Belgrad	N 2:5	1	Turnier
754.	09.06.1949	Vasco da Gama	N 0:5	0	Internationales Freundschaftsspiel
754 Spiele		**1045 Tore**			

Rapid Amateure 2011-2012

Ottakringer
HELLES
SEIT 1837
Ottakringer
BRAUEREI
HELLES

Literatur

Franz Binder jun.: Die „unendliche" grün-weiße Geschichte. Wien 1993.
H. Fonje, H. Lang: Das ist Rapid. Wien 1952.
Fritz Hack: Torjäger des Jahrhunderts. Frankfurt/M. 1971.
Roland Holzinger: Rapid. Die Chronik 1899–1999. Waidhofen/Thaya 1999.
Karl Kastler: Fußballsport in Österreich. Linz 1972.
Gerd Krämer: An Tagen, da das Endspiel war. 60 Jahre deutsche Fußballmeisterschaft. Bad Homburg 1963.
Karl Langisch: Geschichte des Fußballsports in Österreich. Wien 1964.
Max Merkel: Geheuert – Gefeiert – Gefeuert. Die bemerke(l)nswerten Erlebnisse eines Fussballtrainers. München 1980.
Jakob Rosenberg, Georg Spitaler: Grün-weiß unterm Hakenkreuz. Der Sportklub Rapid im Nationalsozialismus. Wien 2011.
Leo Schidrowitz: Geschichte des Fußballsports in Österreich. Wien 1951.

Franz Binder jun.: Rapid-Journale
Rapid-Festschriften und Journale
ÖFB-Broschüren

Zeitungen: Kurier, Kronen Zeitung, Arbeiterzeitung, Express, Sport Journal, Kicker, Sportmagazin, Sport am Montag, Sportfunk, Fußball Sonntag/Woche, Wiener Tagblatt, Deutsche Sportillustrierte, Kleine Volkszeitung, Kleines Sportblatt, Bild Telegraf, Welt am Montag, Sport & Toto, Volksstimme, Der Abend, Neues Österreich, Oberösterreichische Nachrichten

Bildnachweis
Privatarchiv Binder, Peter Perszem, Blaha, Votava, Wibiral – AZ-Dokuarchiv, Peroutka/Wirtschaftsblatt, Voigtländer, Sündhofer

Bibliografische Information der Deutschen Bibliothek
Die Deutsche Bibliothek verzeichnet diese Publikation in der Deutschen Nationalbibliografie; detaillierte bibliografische Daten sind im Internet über http://dnb.d-nb.de abrufbar.

www.residenzverlag.at

Umschlaggestaltung: José Coll/B.A.C.K. Grafik & Multimedia GmbH
Grafische Gestaltung/Satz: José Coll/B.A.C.K. Grafik & Multimedia GmbH
Projektbetreuung Verlag: Günther Eisenhuber
Lektorat: Wolfgang Straub
Gesamtherstellung: CPI Moravia

ISBN 978-3-7017-3270-8